CB056512

O EVANGELHO SEGUNDO MATEUS
A NARRATIVA DO REI

CHARLES H. SPURGEON

COMENTÁRIOS EXPOSITIVOS

O EVANGELHO SEGUNDO MATEUS

A NARRATIVA DO REI

1ª Edição
2018

© 2018 Charles Haddon Spurgeon

Título original: *Words of council for christians workers*
Publicado originalmente por Passmore and Alabaster, 1896.

Todos os direitos reservados e protegidos pela Lei 9.610, de 19/02/1998.

É expressamente proibida a reprodução total ou parcial deste livro, por quaisquer meios (eletrônicos, mecânicos, fotográficos, gravação e outros), sem prévia autorização, por escrito, da editora.

Tradução: William Teixeira / Camila Rebeca
Revisão: Helen Bampi / Virgínia Ayres
Editores: Renato Juneo / Juan Carlos Martinez
Capa: Salvio Bhering
Diagramação: Jasiene Guimarães
1ª edição - Junho - 2018
Reimpressão - Julho - 2019
Impressão e Acabamento: Imprensa da Fé

Todos os direitos desta edição reservados para:
Estação da Fé
Caixa postal 246 - CEP 74001-970 - Goiânia - GO / Tel.: (62) 3643-55251 - www.estacaodafe.com.br
e Editora Hagnos Ltda
Av. Jacinto Júlio, 27 - CEP 04815-160 - São Paulo - SP / Tel.: (11) 5668-5668 - www.hagnos.com.br

Dados Internacionais de Catalogação na Publicação (CIP)
Angélica Ilacqua CRB-8/7057

```
Spurgeon, C. H. (Charles Haddon), 1834-1892
   O evangelho segundo Mateus : a narrativa do rei / Charles
Haddon Spurgeon ; tradução de Willian Teixeira Pedrosa, Camila
Rebeca Vieira de Almeida. -- São Paulo : Hagnos, 2017.

ISBN 978-85-7742-212-8
Título original: Commentary on Matthew - The Gospel of the Kingdom

1. Bíblia. N.T. Mateus - Comentários 2. I. Título II. Pedrosa,
Willian Teixeira III. Almeida, Camila Rebeca Vieira de

17.224                                              CDD 226.2
```

Índices para catálogo sistemático:

1. Bíblia N.T. - Mateus

SUMÁRIO

Nota introdutória 15

A genealogia do Rei
(Mt 1.1-17) 19

O nascimento do Rei
(Mt 1.18-25) 25

O Rei anunciado e perseguido
(Mt 2) 31

O arauto do Rei
(Mt 3.1-12) 41

O Rei reconhecido e ungido
(Mt 3.13-17) 47

O Rei começa seu governo combatendo o príncipe das trevas
(Mt 4.1-11) 51

O Rei é estabelecido
(Mt 4.12-25) 59

O Rei promulga as leis de seu reino
(Mt 5.1-16) 65

Nosso Rei honra a lei de seu Pai
(Mt 5.17-20) 75

O Rei corrige a lei criada pela tradição
(Mt 5.21-37) **79**

O Rei contrasta as leis de seu reino com a conduta de religiosos exteriores quanto às esmolas e à oração
(Mt 6.1-18) **91**

O Rei dá ordens quanto aos cuidados da vida
(Mt 6.19-34) **101**

O Rei continua a regular o comportamento de seus súditos
(Mt 7.1-12) **109**

O Rei ensina os seus servos a discernirem e a distinguirem
(Mt 7.13-23) **115**

O Rei resume o seu discurso
(Mt 7.24-29) **121**

O Rei, tendo falado em sabedoria, age com poder
(Mt 8.1-18) **125**

Nosso Rei conhece os seus verdadeiros seguidores
(Mt 8.19-22) **133**

Nosso Rei governa o mar
(Mt 8.23-27) **137**

O Rei expulsa legiões
(Mt 8.28-34) **141**

O Rei continua a demonstrar seu poder real
(Mt 9.1-8) **145**

A graça do reino
(Mt 9.9-13) **151**

A alegria do reino
(Mt 9.14-17)..**155**

O domínio do Rei sobre a doença e a morte
(Mt 9.18-26)..**161**

O toque do Rei cura o cego
(Mt 9.27-31)..**167**

O Rei e os endemoninhados
(Mt 9.32-35)..**171**

O Rei se compadece das multidões
(Mt 9.36-38)..**175**

O Rei comissiona seus oficiais
(Mt 10.1-15)..**179**

Os mensageiros do Rei podem esperar ser maltratados
(Mt 10.16-25)..**187**

O Rei consola os seus seguidores
(Mt 10.26-42)..**193**

O Rei auxilia os seus mensageiros por sua própria aparição
O Rei defende e consola o seu arauto
(Mt 11.1-19)..**201**

Advertências, alegrias e convites do Rei
(Mt 11.20-30)..**211**

O nosso Rei como o Senhor do *Sabath*
(Mt 12.1-13)..**219**

Nosso Rei na majestade de sua quietude
(Mt 12.14-21)..**227**

Nosso Rei e os poderes das trevas
(Mt 12.22-37)...**231**

Nosso Rei é desafiado a dar um sinal
(Mt 12.38-42)...**239**

Nosso Rei revela a tática do arqui-inimigo
(Mt 12.43-45)...**243**

O nosso Rei e seus parentes terrenos
(Mt 12.46-50)...**247**

Nosso Rei profere sete parábolas sobre o seu reino
(Mt 13.1-53)...**251**

O Rei em sua própria pátria
(Mt 13.54-58)...**275**

O arauto do Rei é assassinado
(Mt 14.1-12)...**279**

Nosso Rei dá um grande banquete
(Mt 14.13-22)...**285**

O Rei controla ventos e ondas
(Mt 14.23-36)...**293**

Nosso Rei combate os formalistas
(Mt 15.1-20)...**301**

Nosso Rei e a mulher cananeia
(Mt 15.21-28)...**311**

O Rei dá outro banquete
(Mt 15.29-39)...**317**

O Rei e o seu sinal muito apropriado
(Mt 16.1-4) **325**

O Rei é mal compreendido por seus próprios discípulos
(Mt 16.5-12) **329**

O Rei sozinho com seus amigos
(Mt 16.13-28) **335**

Nosso Rei transfigurado em glória
(Mt 17.1-13) **347**

O Rei volta para o campo de conflito
(Mt 17.14-21) **355**

Mais uma vez o Rei fala sobre a sua morte
(Mt 17.22,23) **361**

Nosso Rei e a moeda do tributo
(Mt 17.24-27) **363**

O Rei revela quem é o maior no seu reino
(Mt 18.1-5) **367**

Nosso Rei alerta contra as ofensas, especialmente aquelas que prejudicam os pequeninos
(Mt 18.6-14) **371**

A Lei do Rei sobre as ofensas
(Mt 18.15-35) **377**

O Rei e as leis sobre o casamento
(Mt 19.1-12) **389**

O grande Rei entre os pequeninos
(Mt 19.13-15) **395**

O Rei estabelece a ordem de precedência
(Mt 19.16-30) **399**

A parábola do reino
(Mt 20.1-16) **409**

O Rei em seu caminho para a cruz
(Mt 20.17-28) **417**

O Rei abre os olhos dos cegos
(Mt 20.29-34) **425**

O Rei entra triunfalmente em sua capital
(Mt 21.1-11) **429**

O Rei purifica o templo
(Mt 21.12-14) **437**

O Rei reconhece as aclamações das crianças
(Mt 21.15,16) **441**

O Rei dá um sinal do julgamento de Jerusalém e do poder da oração
(Mt 21.17-22) **445**

O Rei confunde e alerta os seus inimigos
(Mt 21.23-32) **451**

O Rei faz com que seus inimigos julguem a si mesmos
(Mt 21.33-44) **457**

Os inimigos do Rei tramam contra Ele
(Mt 21.45-46) **465**

A parábola sobre o casamento do filho do rei
(Mt 22.1-14) **467**

Os inimigos do Rei tentam enganá-lo
(Mt 22.15-22)..**481**

O Rei e os saduceus
(Mt 22.23-33)..**489**

O Rei é testado por um doutor da lei
(Mt 22.34-40)..**495**

O Rei faz perguntas
(Mt 22.41-46)..**501**

O alerta do Rei contra os falsos mestres
(Mt 23.1-12)..**505**

O Rei profere *ais*
(Mt 23.13-33)..**511**

O Rei se despede de Jerusalém
(Mt 23.34-39)..**519**

O Rei e a casa de seu Pai
(Mt 24.1,2)..**523**

O Rei responde a perguntas difíceis
(Mt 24.3-31)..**525**

O Rei fala sobre o tempo de sua vinda
(Mt 24.32-41)..**535**

O Rei ordena os seus servos a vigiarem
(Mt 24.42-51)..**539**

O Rei e seu cortejo nupcial
(Mt 25.1-13)..**545**

A parábola dos talentos
(Mt 25.14-30)...**553**

O juiz real e universal
(Mt 25.31-46)...**559**

O Rei profetiza, seus inimigos conspiram
(Mt 26.1-5)...**567**

O Rei é ungido para o seu sepultamento
(Mt 26.6-13)...**569**

O traidor barganha
(Mt 26.14-16)...**573**

A última páscoa e o novo memorial
(Mt 26.17-30)...**575**

O Rei profetiza novamente, Pedro protesta
(Mt 26.31-35)...**581**

O Rei nas oliveiras
(Mt 26.36-46)...**585**

O Rei é traído
(Mt 26.47-56)...**591**

O Rei diante do sumo sacerdote judaico
(Mt 26.57-68)...**595**

O Rei é negado por seu discípulo
(Mt 26.69-75)...**599**

O Rei é levado a Pilatos
(Mt 27.1,2)..**603**

O remorso e suicídio do traidor
(Mt 27.3-10) **605**

Jesus, Pilatos e Barrabás
(Mt 27.11-26) **609**

O Rei é ridicularizado pelos soldados
(Mt 27.27-31) **615**

O Rei é crucificado
(Mt 27.32-38) **617**

A zombaria ao Rei crucificado
(Mt 27.39-49) **621**

Está consumado
(Mt 27.50-54) **625**

Os fiéis amigos do Rei
(Mt 27.55-61) **629**

A guarda do sepulcro do Rei
(Mt 27.62-66) **633**

O sepulcro vazio
(Mt 28.1-7) **637**

O Rei ressuscitado
(Mt 28.8-10) **641**

Falsidade e suborno
(Mt 28.11-15) **645**

NOTA INTRODUTÓRIA

Poucas e simples devem ser as palavras que introduzem este livro ansiosamente esperado por muitos amigos que o receberão.

O amado autor partiu para a sua recompensa eterna, ele é *o bendito do Senhor para sempre*, mas deixou conosco este último precioso legado, que atrai os nossos corações ao céu, onde ele está.

Este livro permanece único em seu santo e triste significado. É o último labor de amor do cansado trabalhador por seu Senhor. Esta é a última doce canção dos lábios que estão para sempre entoando louvores ao seu Rei. É o brado agonizante da vitória do porta-bandeira que conduziu com firmeza o estandarte de seu capitão em meio à luta mais intensa.

Reverentemente, nós o colocamos aos pés do amado Mestre, com amor, lágrimas e orações. O livro não precisa de comentários. Ele vai além de toda a crítica. Mas a sua aceitação e aprovação serão a sua recompensa e glória.

Durante dois invernos passados, no sul da França, uma grande parte do lazer do querido Sr. Spurgeon era dedicar-se à produção deste comentário, que apresenta muita evidência interior do brilho do litoral ensolarado em que foi escrito.

Na última visita a Mentone, depois de sua terrível doença, sua força mental foi aparentemente bastante restaurada, e este serviço deleitoso foi ansiosamente retomado. Isso ocorreu tão ansiosamente, que muitas vezes nós temíamos que a sua saúde sofreria por sua devoção a essa tarefa feliz. Mas era difícil convencê-lo a diminuir os seus esforços, pois, com o seu Mestre, ele diria: "Meu alimento é fazer a vontade daquele que me enviou e realizar a sua obra"; e, até alguns dias antes do fim de sua vida amável e graciosa, ele esteve incessantemente ocupado em expor esta porção da Palavra de Deus.

Ainda assim, ao ler os argumentos da última obra de meu amado, eu tenho sido muito impactada tanto pela profunda simplicidade quanto pelo sensível poder dos comentários do querido expositor. Certamente, o segredo de sua grande força está no fato de que ele estava disposto a dizer o que Deus colocou em seu coração, e não buscou usar palavras persuasivas de sabedoria humana.

Embora o chamado do Mestre para seu fiel servo tenha vindo antes que ele pudesse completar a revisão de seus manuscritos, as páginas finais foram compiladas, com carinho, completamente a partir de suas próprias palavras faladas e escritas, pela querida amiga que esteve mais próxima a ele em toda a sua obra para Deus.

Susannah Spurgeon
Westwood, Beulah Hill,
Upper Norwood, Janeiro de 1893.

MATEUS 1.1–17
A GENEALOGIA DO REI

1. Livro da geração de Jesus Cristo, filho de Davi, filho de Abraão.

Este versículo nos indica o objetivo especial do Evangelho de Mateus. Ele foi movido pelo Espírito Santo a escrever sobre o nosso Senhor Jesus Cristo como Rei, *filho de Davi*. Ele deve ser anunciado especialmente como reinando sobre a verdadeira semente de Abraão; assim, Ele é chamado de *filho de Abraão*. Oh Senhor Jesus, faz com que cada um de nós chame a ti: "Meu Deus e Rei"! Enquanto lemos este maravilhoso evangelho *do reino*, que possamos ser cheios de leal obediência e prestemos humilde homenagem a ti! Tu és tanto um Rei quanto o Filho de um Rei.

A porção diante de nós parece uma sequência de nomes e podemos imaginar que ela nos dá pouco alimento espiritual, mas não podemos pensar superficialmente sobre qualquer linha do volume inspirado. Aqui o Espírito coloca diante de nós a genealogia de Jesus e os esboços da árvore genealógica do Rei dos Judeus. É condescendência maravilhosa que seja um homem e tenha uma linhagem aquele que "estava no princípio com Deus" e que "não teve por usurpação ser igual a Deus"[1]! Leiamos cada linha do *Livro da geração* com grata adoração por termos um Rei que é um conosco em nossa natureza: "Um em laços de sangue com os pecadores"[2].

2. Abraão gerou a Isaque; e Isaque gerou a Jacó; e Jacó gerou a Judá e a seus irmãos.

O pacto foi feito com Abraão, que, em sua semente, todas as nações da terra seriam abençoadas. A sua descendência não foi chamada em Ismael, o filho da carne, mas em Isaque, que nasceu segundo a promessa; e, pelo propósito divino, ela fluiu no eleito Jacó, e não no primogênito, Esaú. Observemos e admiremos a soberania de Deus. Nosso Senhor procedeu de Judá, tribo da qual nada é dito a respeito de sacerdócio, para que fosse evidente que o seu sacerdócio "não foi feito segundo a lei do mandamento carnal, mas

---

[1] Cf. João 1.1-3 e Filipenses 2.6.
[2] Aqui Spurgeon cita um trecho do hino *In ties of blood, with sinners one*.

segundo a virtude da vida incorruptível"[3]. Ainda assim, Cristo veio da nobre tribo de Judá, pois Ele é Rei.

3, 4. E Judá gerou, de Tamar, a Perez e a Zerá; e Perez gerou a Esrom; e Esrom gerou a Arão; e Arão gerou a Aminadabe; e Aminadabe gerou a Naassom; e Naassom gerou a Salmom.

Observe a trilha de sangue impuro que entra em curso por meio do incesto de Judá com Tamar. Oh Senhor, tu és o amigo do pecador!

5. E Salmom gerou, de Raabe, a Boaz; e Boaz gerou de Rute a Obede; e Obede gerou a Jessé.

Nós observamos que duas mulheres são mencionadas neste quinto versículo: uma cananeia e uma moabita. Assim, sangue gentílico se mistura com a raça hebraica. Nosso Rei veio para derrubar a parede de separação. Como gentios, nos alegramos com isso. Jesus é o herdeiro de uma linhagem na qual flui o sangue da prostituta Raabe e da camponesa Rute; Ele é parente dos caídos e dos humildes e mostrará o seu amor até mesmo aos mais pobres e vis. Eu também posso ter parte e porção n'Ele.

6-9. E Jessé gerou ao rei Davi; e o rei Davi gerou a Salomão da que foi mulher de Urias. E Salomão gerou a Roboão; e Roboão gerou a Abias; e Abias gerou a Asa; e Asa gerou a Josafá; e Josafá gerou a Jorão; e Jorão gerou a Uzias; e Uzias gerou a Jotão; e Jotão gerou a Acaz; e Acaz gerou a Ezequias.

A lembrança de Davi e Bate-Seba bem pode comover os nossos corações! O fruto de sua união profana morreu; mas, depois do arrependimento, aquela *que foi mulher de Urias* se tornou a esposa de Davi e mãe de Salomão.

A graça de Deus foi notória nesse caso, de modo que a linhagem fosse continuada por meio desse casal uma vez culpado; mas o parentesco com a humanidade caída demonstra a graça de nosso Senhor! Nós não investigaremos o mistério da encarnação, mas admiraremos a graça condescendente que estabeleceu o nosso Senhor em tal linhagem.

---

[3] Cf. Hebreus 7.16.

10. E Ezequias gerou a Manassés; e Manassés gerou a Amom; e Amom gerou a Josias.

Vemos aqui uma linhagem de reis de caráter misto; nenhum deles foi perfeito, e alguns deles foram tão maus quanto a maldade pode ser. Três são completamente omitidos, como pecadores que apenas serviram para ser esquecidos nessa linha sucessória; e isso mostra o quão pouco é ser nascido da vontade do homem, ou da vontade da carne. Nessa especial linha de descendência, a salvação não foi a partir do sangue nem do nascimento. Principalmente, vamos pensar em alguém como Manassés estando entre os ancestrais de nosso Senhor, sugerindo que haver algum dos principais *pecadores* na linhagem que vem depois dele seria um milagre de misericórdia. Novamente, nós afirmamos por meio dessa sua genealogia o quão perto Jesus veio à nossa raça caída!

11. E Josias gerou a Jeconias e a seus irmãos na deportação para Babilônia.

Pobres cativos, e aqueles que estão presos aos grilhões do pecado, podem ver alguns semelhantes a si mesmos nesta esplêndida ascendência. Eles são prisioneiros da esperança, uma vez que Cristo é nascido de uma raça que já foi *deportada para Babilônia*.

12-16. E, depois da deportação para a Babilônia, Jeconias gerou a Salatiel; e Salatiel gerou a Zorobabel; e Zorobabel gerou a Abiúde; e Abiúde gerou a Eliaquim; e Eliaquim gerou a Azor; e Azor gerou a Sadoque; e Sadoque gerou a Aquim; e Aquim gerou a Eliúde; e Eliúde gerou a Eleázar; e Eleázar gerou a Matã; e Matã gerou a Jacó; e Jacó gerou a José, marido de Maria, da qual nasceu Jesus, que se chama o Cristo.

Com uma ou duas exceções, estes são nomes de pessoas de pouca ou nenhuma relevância.

Essas últimas eram pessoas totalmente desconhecidas e insignificantes. Nosso Senhor foi "como raiz de uma terra seca"[4], um rebento do seco tronco de Jessé. Ele colocou pequena importância na grandeza terrena. Cristo deve necessariamente ser da raça humana, mas Ele vem a uma família pobre e não tem um pai renomado, José é um carpinteiro de Nazaré. Ele é o Rei do homem

---
[4] Cf. Isaías 53.2.

pobre. Ele não desprezará qualquer um de nós, embora a casa do nosso Pai seja pequena em Israel. Ele será condescendente com homens em condição humilde.

Maravilha das maravilhas; a Palavra por quem todas as coisas foram feitas fez-se carne e habitou entre nós! Ele nasceu de uma mãe humana, a humilde virgem Maria. "E, visto como os filhos participam da carne e do sangue, também ele participou das mesmas coisas"[5]. Nossos corações deveriam ungir com o doce perfume do amor e louvar a bendita cabeça daquele *que se chama o Cristo*, o ungido.

17. De sorte que todas as gerações, desde Abraão até Davi, são catorze gerações; e desde Davi até a deportação para a Babilônia, catorze gerações; e desde a deportação para a Babilônia até Cristo, catorze gerações.

O Espírito Santo fez com que o seu servo Mateus adotasse um método simples e não detalhado para auxiliar as memórias fracas. Aqui há três referências a *catorze gerações*. Aprendamos com isso a nos familiarizar com a genealogia de nosso Senhor e a meditar muito sobre o seu nascimento no mundo. Especialmente, consideremos que Ele era, literalmente, da casa de Davi e da descendência de Abraão, pois muitas profecias do Antigo Testamento apontam para esse fato. Ele é verdadeiramente o Messias, o príncipe que estava por vir.

---

[5] Cf. Hebreus 2.14.

MATEUS 1.18-25
O NASCIMENTO DO REI

18. Ora, o nascimento de Jesus Cristo foi assim: estando Maria, sua mãe, desposada com José, antes de se ajuntarem, achou-se ter concebido do Espírito Santo.

Uma ou duas palavras descrevem suficientemente o nascimento de todos os reis cujos nomes nós temos lido; mas, quanto ao nosso Senhor Jesus Cristo, há muito mais a ser dito. O evangelista se prepara para seu dever solene e escreve: *Ora, o nascimento de Jesus Cristo foi assim*. Este é um assunto profundo, misterioso e delicado, mais adaptado para a fé reverente do que para a curiosidade especulativa. O Espírito Santo formou o corpo de nosso Senhor no ventre da virgem eleita. Não havia outra maneira de Ele ter nascido; pois, se Ele tivesse por pai um pecador, como possuiria uma natureza sem pecado? Ele nasceu de uma mulher para que fosse humano, mas não por meio do homem, para que Ele não fosse pecador. Veja como o Espírito Santo coopera na obra da nossa redenção, preparando o corpo de nosso Senhor!

19. Então José, seu marido, como era justo, e a não queria infamar, intentou deixá-la secretamente.

Maria estava desposada com José, e ele ficou muito triste e perplexo quando soube que ela se tornaria mãe antes de eles terem realmente casado. Muitos a teriam rejeitado por indignação e a exposto à vergonha pública, mas José era de um espírito nobre, bem como de uma descendência real. Ele não exporia o que pensava ser o pecado de sua futura esposa; embora sentisse que deveria deixá-la, ele o faria secretamente. Quando nós precisamos fazer algo grave, devemos escolher a forma mais terna, ou talvez não precisemos fazê-lo de modo algum.

20. E, projetando ele isto, eis que em sonho lhe apareceu um anjo do Senhor, dizendo: José, filho de Davi, não temas receber a Maria, tua mulher, porque o que nela está gerado é do Espírito Santo.

Ele não conseguiu deixar de se sentir muito ansioso, e sem dúvida orou sobre essas questões dia e noite. Deus não deixaria sem cuidado a honra da virgem-mãe eleita. Em breve José teria melhor orientação. Desde o céu, ele teve a confirmação de que Maria não tinha pecado, mas havia sido favorecida pelo Senhor. José é lembrado por sua posição real, *filho de Davi*, e é ordenado a lançar fora o temor. Como ele deve ter sido consolado pelo "não temas" do Senhor! José deveria cuidar amorosamente de Maria e ser um pai adotivo para o filho que nasceria dela.

Maria provavelmente esteve em grande ansiedade por si mesma, para saber se sua história sobre a visitação angelical seria crida, pois parecia bastante improvável. Nós não duvidamos que a fé a sustentou, mas ela precisava de muita fé. Todo grande favor traz uma grande prova consigo, como a sua sombra, e se torna, assim, um novo teste de fé. O Senhor, muito graciosamente, removeu qualquer suspeita da mente de José e, portanto, proveu a honra da mãe e o conforto da santa criança.

Se Jesus é nascido em nossos corações, teremos aflições, mas o Senhor testemunhará que Cristo é nosso, e Ele certamente nos ajudará.

21. E dará à luz um filho e chamarás o seu nome Jesus; porque ele salvará o seu povo dos seus pecados.

O Senhor da glória nasce como o Filho do homem e é nomeado pela ordem de Deus e pela boca do homem, Jesus, o Salvador. Ele é o que é chamado. Ele nos salva do castigo e da culpa do pecado; e, depois, do vil efeito e poder maligno do pecado. Ele faz isso por *seu povo*, ou seja, todos os que creem n'Ele. É de sua natureza fazer isso, como podemos ver no fato de que seu próprio nome é *Jesus, Salvador*. Nós ainda o chamamos por esse nome, pois Ele ainda nos salva nestes últimos dias. Vamos e anunciemos o seu nome entre os homens, porque Ele salvará outros.

22, 23. Tudo isto aconteceu para que se cumprisse o que foi dito da parte do Senhor, pelo profeta, que diz: eis que a virgem conceberá, e dará à luz um filho, e chamá-lo-ão pelo nome de Emanuel, que traduzido é: Deus conosco.

Quem pensaria que a profecia de Isaías 7.14 se referia ao nosso Senhor? No futuro, descobriremos muito mais na Palavra inspirada do que podemos perceber hoje. Talvez seja necessário para a nossa compreensão vermos uma profecia ser realmente cumprida. Que olhos cegos nós temos!

É deleitoso observar que, de acordo com este versículo e com o vigésimo primeiro, *Emanuel* e *Jesus* significam a mesma coisa: *Deus conosco* é o nosso Salvador. Ele está conosco como Deus, com o propósito de nos salvar. A encarnação de Jesus é a nossa salvação.

Para animar José e fortalecê-lo, as Sagradas Escrituras são trazidas à sua memória; e, verdadeiramente, quando estamos em um dilema, nada nos concede tanta confiança quanto manter os oráculos sagrados guardados no coração. Quão familiarizado José era com os profetas, para que as suas palavras estivessem diante dele em um sonho!

Senhor, se eu leio a tua Palavra quando acordado, ou a tenho em minha memória durante o sono, é sempre preciosa para mim! Mas tu, Senhor Jesus, Deus conosco, és ainda mais querido; e a Palavra escrita é principalmente preciosa porque fala de ti, o verbo encarnado.

24, 25. E José, despertando do sono, fez como o anjo do Senhor lhe ordenara, e recebeu a sua mulher; e não a conheceu até que deu à luz seu filho, o primogênito; e pôs-lhe por nome Jesus.

José não foi desobediente à visão celestial. Ele não demorou, mas logo que despertou *fez como o anjo do Senhor lhe ordenara*. Sem atraso, demora ou reserva, ele obedeceu. O santo temor encheu o seu coração enquanto ele recebia a agraciada virgem em sua casa, para que ela fosse respeitosa e carinhosamente protegida de todo o mal! O que ele deve ter pensado quando viu o Filho do Altíssimo deitado no seio daquela a quem tinha desposado! Ele estava feliz em prestar algum serviço ao Rei recém-nascido. Desde que aceitou Maria como sua esposa, seu filho era o herdeiro de José, e assim de Davi; e, assim, era por direito o Rei dos judeus. Nosso Senhor Jesus teve um direito de nascimento por sua mãe, mas o seu direito por parte do pai foi por ato e ação de José, direito esse que estava acima de qualquer questionamento.

Deixemos esta passagem maravilhosa adorando o Filho de Deus, que condescendeu em nascer o Filho do homem. Assim, nosso Deus se tornou nosso irmão, osso dos nossos ossos e carne da nossa carne. Quanto mais perto de nós Ele chegar, mais humildemente o adoremos. Quanto mais verdadeiro o parentesco do nosso Rei, mais jubilosamente vamos coroá-lo Senhor de tudo!

MATEUS 2
O REI ANUNCIADO E PERSEGUIDO

1,2. E, tendo nascido Jesus em Belém de Judeia, no tempo do rei Herodes, eis que uns magos vieram do oriente a Jerusalém, dizendo: onde está aquele que é nascido rei dos judeus? Porque vimos a sua estrela no oriente, e viemos a adorá-lo.

O Rei nasceu, e agora isso deve ser anunciado. No mesmo instante, Ele será perseguido. Seu nascimento ocorreu durante o reinado de outro rei, um edomita que havia usurpado o trono de Davi. O reino do mundo se opõe ao de nosso Senhor; onde Jesus nasce é certo que há um Herodes no poder. É algo maravilhoso que os magos do oriente soubessem que o grande Rei nasceu e viessem de uma distância tão grande para lhe prestar homenagem, pois os homens sábios do mundo não são encontrados frequentemente se prostrando aos pés de Jesus. Quando os homens sábios buscam o nosso Rei, eles são realmente sábios. Aqueles eram homens piedosos, para quem as estrelas falavam sobre Deus. Uma estrela incomum indicava o nascimento do homem prometido, por quem muitos, em todas as terras, aguardavam. Estrelas podem nos guiar se estivermos dispostos a ser conduzidos. Senhor Jesus, faz tudo falar comigo sobre ti e que eu possa ser realmente guiado até que eu te encontre!

Os sábios não estavam contentes em *ver a sua estrela*, eles precisavam vê-lo; e, vendo, eles deveriam adorá-lo. Estes não estavam em dúvida quanto à sua divindade; eles disseram: *viemos a adorá-lo*. Senhor, peço-te, faz com que todos os sábios te adorem!

3. E o rei Herodes, ouvindo isto, perturbou-se, e toda Jerusalém com ele.

Herodes é expressamente chamado de *o rei Herodes*. Nessa característica, ele é o inimigo de nosso Rei. Estão em um estado triste aqueles para quem o Salvador é um problema. Alguns, como Herodes, estão preocupados porque temem que perderão posição e honra se a verdadeira religião fizer progressos, e muitos têm um medo inexplicável de que a presença de Jesus os prive de seus prazeres ou os convoque a fazer sacrifícios indesejáveis.

Oh, tu, que és o Rei do céu, tu não causas problemas a mim, tu és a minha alegria!

Veja a influência de um homem: a aflição de Herodes perturba *toda Jerusalém*. Bem poderia ser assim, pois este príncipe cruel se deleita em derramar sangue e o seu semblante indica a morte para muitos. Triste Jerusalém, estava perturbada pelo nascimento do Salvador! São pessoas infelizes aquelas para quem a verdadeira piedade é um cansaço!

4. E, congregados todos os príncipes dos sacerdotes, e os escribas do povo, perguntou-lhes onde havia de nascer o Cristo.

Quando o rei terreno lida levianamente com teologia, isso não prediz nada de bom, pois, em verdade, Herodes, entre sacerdotes e escribas, ainda é Herodes. Alguns homens podem se tornar bem instruídos por suas Bíblias, e ainda se tornar piores por aquilo que descobrem. Como Herodes, eles fazem mau uso do que aprendem; ou, como aqueles escribas, eles podem saber muito sobre o Senhor Jesus e ainda assim não ter o coração inclinado a Ele.

5, 6. E eles lhe disseram: Em Belém de Judeia; porque assim está escrito pelo profeta: e tu, Belém, terra de Judá, de modo nenhum és a menor entre as capitais de Judá; porque de ti sairá o guia que há de apascentar o meu povo de Israel.

Eles estavam certos em sua conclusão, embora um pouco confusos em sua afirmação. Jesus deveria nascer na cidade de Davi, em Belém, que significa *a casa do pão*. Embora a cidade fosse pequena, seu nascimento nela a tornou notável. Jesus enobrece tudo o que Ele toca. Aqueles escribas sabiam onde encontrar o texto sobre o nascimento do Salvador e poderiam apontar no mapa o lugar onde Ele nasceria; e, contudo, eles ainda não conheciam o Rei, nem se preocupavam em buscá-lo. Que nunca seja o meu caso ser um mestre de geografia, profecia e teologia bíblica e ainda assim carecer daquele de quem a Escritura fala!

Com alegria, observemos o nome de *Guia*, aqui dado a Jesus. Pertencemos a Israel espiritual se Ele nos guia. Oh, que em breve chegue o dia em que o Israel literal contemplará o governo aqui colocado sobre os seus ombros!

7. Então Herodes, chamando secretamente os magos, inquiriu exatamente deles acerca do tempo em que a estrela lhes aparecera.

Nós nos deleitamos com *inquiridores* minuciosos, mas o inquiridor em questão era de um tipo muito mau. Muitos investigam as coisas santas para que possam ridicularizá-las ou se oporem a elas. Que vil diligência é essa! Quando inquéritos muito *secretos* são feitos, nós podemos suspeitar que algo está errado; e, no entanto, nem sempre é assim.

Porém, a verdade não teme a luz. Se os homens questionam secretamente ou não, estamos prontos para lhes fornecer as informações sobre o nosso Senhor e mais do que isso, sobre tudo o que lhe diz respeito.

8. E, enviando-os a Belém, disse: ide, e perguntai diligentemente pelo menino e, quando o achardes, participai-mo, para que também eu vá e o adore.

Desgraçado, miserável! O assassinato estava em seu coração, mas pretextos piedosos estavam em sua língua. Que nenhum de nós seja hipócrita como Herodes! A promessa de adoração usada como disfarce para a intenção de destruir é uma parte dos artifícios muito comuns na atualidade.

Observe que os sábios nunca prometeram voltar a Herodes: eles provavelmente perceberam que todo aquele zelo ansioso não era tão puro quanto parecia, e seu silêncio não significa consentimento. Não devemos acreditar em todos aqueles que fazem profissões de fé extravagantes nem fazer tudo o que eles pedem, para que não os ajudemos em algum mau propósito.

9, 10. E, tendo eles ouvido o rei, partiram; e eis que a estrela, que tinham visto no oriente, ia adiante deles, até que, chegando, se deteve sobre o lugar onde estava o menino. E, vendo eles a estrela, regozijaram-se muito com grande alegria.

Sim, *partiram*, e foram sábios em sair da vil companhia de Herodes. Eles não fizeram nenhum acordo com ele; ouviram as suas falsas declarações e seguiram o seu caminho. A estrela apareceu quando o tirano desapareceu.

A estrela era, provavelmente, um meteoro que brilhou o suficiente nos céus ocidentais para guiá-los até a Judeia, depois deixou de ser visível, mas brilhou novamente enquanto eles deixavam Jerusalém. Nem sempre devemos esperar ter sinais visíveis para que nos alegremos, mas somos muito contentes por eles quando o Senhor os concede. Procuramos não pela estrela dos sentimentos interiores ou por sinais exteriores, mas pelo próprio Jesus; ainda assim, nós temos grande alegria quando consolos celestiais brilham sobre as nossas almas. Senhor, mostra-me um sinal para o bem, isso me alegrará. Mostra-me a ti mesmo, e eu me *regozijarei muito com grande alegria*.

Veja como as estrelas no alto, bem como os homens abaixo, prestam suas reverências ao Rei recém-nascido! Minha alma, não seja lenta para adorar o seu Salvador! A estrela se moveu "até que, chegando, se deteve sobre o lugar onde estava o menino"; assim, o meu coração nunca descansará até que se detenha onde está o Senhor.

11. E, entrando na casa, acharam o menino com Maria sua mãe e, prostrando-se, o adoraram; e abrindo os seus tesouros, ofertaram-lhe dádivas: ouro, incenso e mirra.

Aqueles que buscam por Jesus o verão. Aqueles que realmente o veem, o adorarão. Aqueles que o adoram, consagrarão seus bens a Ele. O ouro e as especiarias foram apresentados não à Maria, mas ao *menino*. Os sábios mantiveram seus bens guardados até que viram a Jesus, e depois *abriram os seus tesouros*. Mantenhamos o nosso amor e o nosso santo serviço diante de nosso Senhor e nunca desejemos expô-los diante do mundo. As ofertas dos homens sábios eram nobres, com um toque sacerdotal nelas: *ouro, incenso* e *mirra*. Essas ofertas preciosas, especialmente o ouro, ajudariam José e Maria a suprirem a nobre criança, que tão cedo foi perseguida. Deus trouxe os provedores do Extremo Oriente para suprir as necessidades de seu Filho. Lembre-se de que o onipotente tem servos em todos os lugares. Antes que o bebê partisse para o Egito, os sábios orientais pagariam as suas despesas.

Senhor, tu terás a minha adoração e as minhas ofertas, pois tu és o único monarca da minha alma; e eu ajudarei a tua causa missionária, para que, quando tu fores para a África com o teu evangelho, minhas ofertas possam ir contigo.

12. E, sendo por divina revelação avisados em sonhos para que não voltassem para junto de Herodes, partiram para a sua terra por outro caminho.

Provavelmente, eles já suspeitavam um pouco de Herodes; e, por meio de um sonho, o Senhor conduziu os seus pensamentos ainda mais nessa mesma direção. Os sábios precisam ser *avisados* por Deus; quando eles o são, mudam seus pensamentos imediatamente. Apesar de terem planejado voltar por um caminho, eles vão por outro. Eles não demoraram, mas *partiram para a sua terra por outro caminho*. Oh, que eu nunca seja desobediente a uma sugestão vinda do trono! *Guiar-me-ás com o teu conselho* (Sl 73.24).

13. E, tendo eles se retirado, eis que o anjo do Senhor apareceu a José em sonhos, dizendo: levanta-te, e toma o menino e sua mãe, e foge para o Egito, e demora-te lá até que eu te diga; porque Herodes há de procurar o menino para o matar.

Os anjos estavam ocupados naqueles dias, pois tinham um serviço especial a fazer por seu mestre real. A elevada responsabilidade de José, enquanto guardião do menino e sua mãe, o envolveu em cuidados e fez dele um exilado de seu país. Não podemos esperar servir ao Senhor e ainda assim ter uma vida fácil. Devemos alegremente peregrinar em meio a um deserto, se nós temos que realizar um serviço ao nosso Deus; e devemos permanecer em exílio, se necessário, e nunca ousar retornar até que o Senhor nos envie as nossas passagens de volta. Nossas ordens são: *Demora-te lá até que eu te diga*. Os servos do Senhor devem aguardar a sua Palavra antes de fazerem algum movimento, seja ir para outro país ou voltar para casa. Esperar é um trabalho árduo, especialmente quando a espera é no Egito, mas é seguro permanecer até que recebamos ordens para marcharmos.

14, 15. E, levantando-se ele, tomou o menino e sua mãe, de noite, e foi para o Egito. E esteve lá, até a morte de Herodes, para que se cumprisse o que foi dito da parte do Senhor pelo profeta, que diz: do Egito chamei o meu Filho.

Viagens noturnas, tanto em sentido temporal quanto espiritual, podem ser a porção daqueles que têm Jesus consigo. Até mesmo o Filho de Deus, que é proeminentemente superior a todos os outros, deve partir para o

Egito como o restante da família e só deve sair de lá quando for chamado. Não nos maravilhemos se nós também tivermos que ir para o Egito, e ir com pressa, e ir de noite, e sejamos ordenados a permanecer lá por muitos dias. Nós também devemos ser chamados em tempo devido por aquele cujo chamado é eficaz. O anjo que nos leva para o Egito será o mesmo que nos trará a palavra quando for o tempo de retornarmos de lá, pois todos os nossos tempos estão nas mãos do Senhor. Nunca nos esqueçamos de que os eleitos podem ter que ir para o Egito, mas eles devem ser retirados de lá, pois a regra é de amplo alcance: *do Egito chamei o meu Filho*.

Como as profecias marcam o caminho de nosso Senhor desde o começo! O Rei de Israel sai do Egito, assim como Moisés. Aquele que nos dias de Moisés foi Rei em Jesurum.

16. Então Herodes, vendo que tinha sido iludido pelos magos, irritou-se muito, e mandou matar todos os meninos que havia em Belém, e em todos os seus contornos de dois anos para baixo, segundo o tempo que diligentemente inquirira dos magos.

Herodes, com toda a sua astúcia, é despistado. Ele percebe que foi enganado, embora os sábios não tivessem essa intenção. Homens soberbos são rápidos em imaginar insultos. Herodes está furioso e precisa matar o Rei recém-nascido, para que Ele não reivindique a sua coroa; e, portanto, Herodes ordena a morte de todas as crianças de dois anos para baixo em Belém; ele considerou uma boa margem, de modo que ninguém escapasse por erro na idade. De que importaria se alguns bebês fossem mortos desnecessariamente? Ele deveria se certificar de que o pequeno Rei fosse aniquilado; e ele imagina que uma matança rápida e indiscriminada de todos os que estejam em seu segundo ano afugentará todo o medo desse notável rival. Os homens farão qualquer coisa para se livrarem de Jesus. Eles não se preocupam com quantas crianças, homens ou mulheres serão destruídos, para que possam resistir ao seu reino e esmagar a sua santa causa completamente. Todavia, a sua ira é vã; a santa criança está além de sua jurisdição e de sua espada.

17, 18. Então se cumpriu o que foi dito pelo profeta Jeremias, que diz: em Ramá se ouviu uma voz, lamentação, choro e grande pranto: Raquel chorando os seus filhos, e não querendo ser consolada, porque já não existem.

Nosso Príncipe pisa em um caminho pavimentado por profecias. Ainda assim, veja que tribulações Ele sofre em seus dias de infância! O profeta das lágrimas prediz o pranto pelos inocentes. Jesus é a causa inocente da morte de muitos inocentes. Os homens dizem que a religião tem sido a causa da crueldade e do derramamento de sangue; a honestidade deve obrigá-los a admitir que não é a religião, mas a oposição à religião que tem feito isso. O quê? Culpar Jesus porque Herodes buscou matá-lo e assim fez tantas mães chorarem por seus bebês mortos? Que três gotas de fel são estas: *lamentação, choro e grande pranto*! A mistura desses três é muito comum.

Muitas, como Raquel, ainda choram; porém, as santas mulheres que conhecem ao Senhor Jesus agora não dizem que seus pequeninos já não existem. Elas sabem que seus filhos existem, e sabem onde eles estão, e esperam encontrá-los novamente na glória. Certamente, essas mulheres poderiam ser consoladas se apenas soubessem que, embora os seus filhinhos estivessem mortos, o amigo das crianças tinha escapado e ainda vive para ser o Salvador de todos os que morrem antes que cometam transgressão pessoal.

19, 20. Morto, porém, Herodes, eis que o anjo do Senhor apareceu num sonho a José no Egito, dizendo: levanta-te, e toma o menino e sua mãe, e vai para a terra de Israel; porque já estão mortos os que procuravam a morte do menino.

Anjos outra vez! Sim, e eles ainda estão ocupados em volta do *amado do Senhor*. José ainda vigia em sua honrosa responsabilidade, assim como no passado, José cuidou de Israel no Egito. Observe a ordem em que a família é apresentada: *o menino e sua mãe*. O Senhor é colocado em primeiro lugar; aqui não é como em Roma, "a Virgem e o menino". É repugnante ao anjo mencionar o nome de Herodes, mas disse: *já estão mortos*. Tal miserável não merecia ser nomeado por um santo anjo. Herodes tinha ido ao seu próprio lugar, e agora o Senhor traz de volta ao seu lugar aqueles que haviam sido exilados. Em vez de matar Jesus, o tirano está morto. Com a espada na mão, Herodes perdeu a criança; mas, sem uma espada, o Pai dessa criança atingiu o seu coração. É um alívio para o mundo quando alguns homens morrem; certamente foi assim no caso de Herodes. Aqueles que afastam o nosso Rei de si mesmos não são suscetíveis a viver por muito tempo. Minha alma, reflita sobre as lições da história a respeito dos adversários do Rei!

21, 22. Então ele se levantou, e tomou o menino e sua mãe, e foi para a terra de Israel. E, ouvindo que Arquelau reinava na Judeia em lugar de Herodes, seu pai, receou ir para lá; mas, avisado em sonhos, por divina revelação, foi para as partes da Galileia.

José obedeceu sem questionar: *ele se levantou*, ou seja, logo que acordou, começou a fazer como lhe foi ordenado. Ele imediatamente fez a viagem e foi para a terra de Israel; assim devemos nos apressar em obedecer. Ele tinha seus receios sobre a Judeia, mas não seguiu os seus temores, antes apenas foi, como o seu guia celeste o dirigiu. Este José era um sonhador como o José do passado; e ele também era um homem prático e transformou os seus sonhos em um sábio relato. Ele *foi para a terra de Israel*, mas foi autorizado a ir para a parte dela que estava sob um governo melhor do que aquele de Arquelau[7], o qual não era melhor do que seu pai. A Galileia, um país desprezado, uma terra onde os gentios estavam misturados com os judeus, uma terra sombria e marcada por ignorância, seria a terra dos primeiros dias de nosso Senhor. Ele fazia parte das pessoas comuns e foi educado em uma região simples, nas *partes da Galileia*, entre o povo humilde que não tinha nenhuma das maneiras sofisticadas das cidades. Bendito Rei, os dias da tua infância não foram gastos na corte, mas entre a multidão comum, a quem ainda te deleitas em abençoar! Peço-te que vás para as partes da Galileia e habites comigo.

23. E chegou, e habitou numa cidade chamada Nazaré, para que se cumprisse o que fora dito pelos profetas: Ele será chamado Nazareno.

Nosso Senhor foi chamado de *Netzar, O Ramo*. Provavelmente, esta é a profecia referida, pois *Nazaré* significa *rebentos* ou *brotos*. Possivelmente, alguma profecia não registrada, muitas vezes repetida pelos profetas e conhecida por todas as pessoas, é aqui referida. Certamente, Ele foi chamado

---
[7] Herodes Arquelau (23 a.C.-18) governou a Judeia, foi cruel e despótico. Ele foi filho e sucessor de Herodes, o Grande.

Nazareno, tanto por judeus quanto por incrédulos agressivos. Cuspindo no chão com desgosto, muitas vezes o seu adversário feroz citou o nome *Nazareno* como se fosse o auge do desprezo. No entanto, oh Nazareno, tu triunfaste! Jesus de Nazaré, o maior nome entre os homens. Oh Senhor, meu Rei, como tu és desonrado por teus inimigos, assim tu és adorado por teus amigos, com todo o seu coração e toda a sua alma! Enquanto outros te chamam de *Nazareno*, nós te chamamos de Jesus, o Senhor, Rei dos reis e Senhor dos senhores.

MATEUS 3.1-12
O ARAUTO DO REI

O Rei se manteve oculto por muito tempo, e chega o momento em que o seu arauto aparece e anuncia a sua vinda. Este capítulo nos conta sobre o valente que veio adiante de seu Rei.

1, 2. E, naqueles dias, apareceu João o Batista pregando no deserto da Judeia, e dizendo: arrependei-vos, porque é chegado o reino dos céus.

Enquanto Jesus ainda permanecia em Nazaré, seu parente, o Batista, fez a sua aparição: a estrela da manhã é vista antes do sol. João não foi para o palácio, mas para os desertos solitários, lugares em que havia ovelhas e algumas pessoas simples. A missão de Jesus Cristo é para os simples e para os lugares desertos da terra. Para estes, o precursor do Senhor se encaminha e ali adequadamente prega a ordem: *arrependei-vos*. Renuncie aos seus espinhos e abrolhos, oh deserto, pois o seu Senhor está vindo até você! Veja como João anuncia a vinda do reino, como ordena aos homens que se preparem para isso, e ele os exorta a serem rápidos em sua preparação: *porque é chegado o reino dos céus*. Que eu esteja pronto para a vinda do meu Senhor e lance fora tudo o que entristeceria o seu Espírito Santo!

3. Porque este é o anunciado pelo profeta Isaías, que disse: voz do que clama no deserto: preparai o caminho do Senhor, endireitai as suas veredas.

Mateus mantém o seu costume de citar o Antigo Testamento. Os profetas não só descreveram o Rei, mas o seu precursor também. Eles mencionam o caráter desse precursor: ele era uma *voz* (Jesus é *a Palavra*); seu tom de voz: *que clama*; seu lugar: *no deserto*; e sua mensagem anunciada, na qual ele ordenou a preparação para a vinda do Rei: *Preparai o caminho do Senhor*.

Os corações dos homens eram como um deserto, onde não há nenhum caminho; mas, como súditos leais preparam estradas para a chegada dos príncipes amados, assim os homens deveriam acolher o Senhor e recebê-lo com um coração sincero e disposto.

Oh Senhor, eu quero receber-te, se tu quiseres vir até mim. Eu tenho grande necessidade da tua presença real e, portanto, eu gostaria de preparar um caminho para ti. Em meu coração, os meus desejos fizeram para ti um caminho curto e suave. Vem, Senhor, e não te detenhas. Entra em meu deserto natural e o transforma em um jardim do Senhor!

4. E este João tinha as suas vestes de pelos de camelo, e um cinto de couro em torno de seus lombos; e alimentava-se de gafanhotos e de mel silvestre.

Ele era austero e sério como Elias. Suas vestes indicavam sua simplicidade, sua austeridade e sua autonegação. Sua comida, o produto do deserto onde morava, mostrou que ele não se importava com luxos. Todo o seu comportamento era simbólico, mas era também adequado e apropriado ao seu ofício. O mais simples dos alimentos é o melhor para o corpo, mente e espírito e, além disso, promove a virilidade. Senhor, não deixes que o meu alimento, bebida nem vestuário me impeçam de trabalhar para ti!

5, 6. Então ia ter com ele Jerusalém, e toda a Judeia, e toda a província adjacente ao Jordão; e eram por ele batizados no rio Jordão, confessando os seus pecados.

As pessoas estavam aguardando um Messias, e então elas todas foram até João, tão logo a sua voz estridente dissipou a calmaria. O batismo, ou a lavagem do corpo em água, muito apropriadamente acompanhou o clamor: *arrependei-vos*. O *confessando os seus pecados* que ocorreu com o batismo no Jordão lhe deu o seu significado. Sem a confissão da culpa, isso seria apenas um mero banho de pessoas, desprovido de significado espiritual, mas a confissão fez disso um sinal instrutivo. João deve ter interiormente se maravilhado ao ver as multidões vindo, mas o seu pensamento principal estava estabelecido adiante, em seu Senhor, que estava prestes a vir. Ele pensou mais sobre Ele do que sobre *toda a Judeia*.

7. E, vendo ele muitos dos fariseus e dos saduceus, que vinham ao seu batismo, dizia-lhes: raça de víboras, quem vos ensinou a fugir da ira futura?

Era estranho ver os orgulhosos separatistas e os moralistas céticos virem para ser batizados; e, portanto, como um teste, João lhes dirigiu duras palavras. João percebeu que eles eram como serpentes em suas motivações e ardilosos em seus temperamentos e, desse modo, ele os chama de *raça de víboras*, assim veria se eles eram sinceros ou não. Ele pergunta *quem lhes ensinou a fugir* daquela ira que estava anunciando, de acordo com as palavras de conclusão do Antigo Testamento. Essa pergunta não foi amável, mas não é a preocupação de os servos do Senhor se tornarem agradáveis; eles devem ser fiéis, e especialmente assim devem ser os eminentes e eruditos. João Batista era fiel desse modo e devido a isso ele foi honrado por aquele que o enviou.

8. Produzi, pois, frutos dignos de arrependimento.

Aja em conformidade a uma mudança de mentalidade; acima de tudo, pare de orgulhar-se de si mesmo e abandone as motivações enganosas que agora lhe movem. Senhor, salva-nos de um arrependimento infrutífero, pois isso seria apenas um agravamento dos nossos pecados anteriores.

9. E não presumais, de vós mesmos, dizendo: temos por pai a Abraão; porque eu vos digo que, mesmo destas pedras, Deus pode suscitar filhos a Abraão.

Não imagine que Deus precisa de você para realizar a sua promessa ao seu servo Abraão, pois Ele pode fazer de cada pedra no Jordão um herdeiro da graça. Não presuma sobre a sua ascendência e não pense que todas as bênçãos do reino vindouro serão suas porque você é descendente do pai dos crentes. Deus pode tão facilmente suscitar filhos de pedras quanto a partir de uma geração de víboras. Ele nunca será dependente de meios para cumprir a sua aliança, nem curvará o seu evangelho diante do capricho de homens vaidosos. Ele buscará um povo nos valados se o seu evangelho for rejeitado pelas pessoas consideradas respeitáveis. Que nenhum de nós, porque somos ortodoxos ou abundantemente bíblicos em nossas observâncias religiosas, imagine que por isso estamos no favor de Deus e que não estamos sob nenhuma necessidade de nos arrependermos. Deus pode agir sem nós, mas não podemos agir sem arrependimento e obras que atestam que o arrependimento seja verdadeiro. Que bênção saber que Deus pode transformar corações de pedra em espíritos filiais! As maravilhas da graça pertencem a Deus!

10. E também agora está posto o machado à raiz das árvores; toda a árvore, pois, que não produz bom fruto, é cortada e lançada no fogo.

Ele indica que o Rei está vindo; o cortador de todas as árvores infrutíferas chegou. O grande lenhador pôs seu machado *à raiz das árvores*. Ele ergue o seu machado, golpeia, e a árvore infrutífera é abatida e lançada ao fogo. O relato é vívido. O Batista vê florestas caindo sob o machado, pois aquele a quem ele anuncia será o juiz dos homens e o executor da justiça. Que anúncio ele tinha para fazer! Que imagem os seus olhos crentes viram! Nossa visão é a mesma: o machado ainda está ativo. Senhor, não me cortes nem me lances ao fogo. Eu sei que a ausência de bom fruto é tão fatal quanto a presença de fruto mau. Senhor, não me deixes ser infrutífero, para que eu não seja *cortado e lançado no fogo*.

11. E eu, em verdade, vos batizo com água, para o arrependimento; mas aquele que vem após mim é mais poderoso do que eu; cujas alparcas não sou digno de levar; ele vos batizará com o Espírito Santo, e com fogo.

João poderia imergir o penitente em água, mas alguém maior do que ele batizaria os homens *com o Espírito Santo, e com fogo*. O arrependimento é bem simbolizado pela lavagem em água, mas o verdadeiro batismo do crente pelo próprio Senhor Jesus nos traz transbordamentos espirituais do fogo sagrado. João não se considerava melhor do que um escravo doméstico, indigno até mesmo de levar as sandálias de seu mestre; e seu batismo em água era tão inferior ao batismo com o Espírito quanto um escravo é em relação ao seu senhor. Jesus é o Senhor divino que nos cobre com as influências do fogo do Espírito Santo. Nós conhecemos esse batismo? O que é o batismo em água sem isso? O que são todos aqueles semelhantes a João, com os seus batismos em água, quando comparados com Jesus e seu batismo *com fogo*?

12. Em sua mão tem a pá, e limpará a sua eira, e recolherá no celeiro o seu trigo, e queimará a palha com fogo que nunca se apagará.

Ele anuncia o seu Senhor sob outra figura, a de um agricultor. Dessa vez, Ele não tem na mão o machado, mas a pá.

Fariseus, saduceus e todo o restante estão em *sua eira*. É com eles que João lida: *limpará a sua eira*. Se eles não desejam ser purificados por Jesus, não deveriam estar lá; mas, se têm esse desejo, Jesus lidará com eles. *Em sua mão tem a pá*; Ele levanta os molhos ao vento, para que possa testar e dividir. Ele recolhe o seu trigo, pois busca os tais. *A palha* é lançada para o lugar onde o fogo arde continuamente e é queimada. João afirma que este é o *fogo que nunca se apagará*. O ensino de nosso Senhor agirá como uma grande pá, recolhendo os verdadeiros e lançando fora os falsos e inúteis, para que sejam destruídos. Foi assim na vida de nosso Senhor; é assim todos os dias, onde Ele é pregado. Ele é o grande divisor. É por sua Palavra que separa os pecadores dos santos e reúne um povo para si mesmo.

Assim, o arauto preparou o povo para o Rei, que seria o purificador, o lenhador e o divisor. Minha alma, contemple o seu Senhor sob esses aspectos e o adore!

MATEUS 3.13-17
O REI RECONHECIDO E UNGIDO

Era necessário que houvesse algum reconhecimento público do Rei; alguns o distinguiram pelo fiel testemunho entre os homens e alguma indicação do Pai celeste de que Ele verdadeiramente era o seu Filho amado.

13. Então veio Jesus da Galileia ter com João, junto do Jordão, para ser batizado por ele.

No devido tempo, quando tudo estava preparado, o Príncipe deixou o seu anonimato. Colocando-se em um lugar humilde, Ele não chamou o Batista para vir até o mar da Galileia, mas percorreu o país ao longo das margens do Jordão, até João, e solicitou o batismo. Acaso qualquer um dos servos negligencia tão amável solicitação de seu Senhor? Você dirá: "O batismo não é essencial?". Foi essencial para o nosso Senhor Jesus? Está escrito *para ser*, e o que era tão necessário para Ele não é desnecessário para os seus seguidores. Se para isso tivermos que fazer uma viagem, ainda assim vamos atender à ordem que é obrigatória para todos os crentes.

14. Mas João opunha-se-lhe, dizendo: eu careço de ser batizado por ti, e vens tu a mim?

Essa foi uma atitude muito natural. João sabe que Jesus é eminentemente mais santo do que ele e, portanto, protesta contra parecer ser o seu purificador. João foi veemente nesse protesto, ele *opunha-se-lhe*, pois lhe pareceu ser fora de ordem batizar alguém tão sumamente bom. Embora ele ainda não estivesse assegurado desde o céu de que Jesus era o Messias (pois ele ainda não tinha visto o Espírito descer e repousar sobre Jesus), ainda assim ele sensatamente discerniu que Jesus era realmente o Cristo. João sabia que Jesus era um grande e especial favorecido de Deus, superior a ele próprio, e, portanto, esperou pelo sinal que lhe confirmaria a identidade messiânica de Jesus.

João nunca se esquivou de um dever, mas recusou uma honra. Ele mesmo se via como de nenhuma importância, em comparação com o seu Senhor. Bom Jesus, ensina-nos semelhante humildade!

15. Jesus, porém, respondendo, disse-lhe: deixa por agora, porque assim nos convém cumprir toda a justiça. Então ele o permitiu.

Jesus respondeu a João de modo tão pleno, que ele mudou de ideia imediatamente. Tornou-se necessário tanto para João quanto para Jesus que o nosso Senhor fosse batizado por ele. Essa resposta satisfez o Batista de tal forma, que, ainda sob protesto, *ele o permitiu*. O batismo *convinha* mesmo para o nosso Senhor, que não precisava de purificação pessoal, pois Ele era o cabeça sobre todas as coisas para a sua igreja e era necessário que Ele fizesse o que os seus membros deveriam fazer. O batismo lindamente anuncia a imersão do Senhor em seus sofrimentos, seu sepultamento e sua ressurreição. Assim, simbolicamente, Ele cumpre *toda a justiça*. A ordenança é mais repleta de significado quando observada corretamente; e é mais reverentemente considerada, uma vez que o próprio Senhor se submete a ela. Devo recusar seguir o meu Senhor? Devo pensar que não há nenhuma importância em uma ordenança sobre a qual Ele disse: *Assim nos convém cumprir toda a justiça*?

16, 17. E, sendo Jesus batizado, saiu logo da água, e eis que se lhe abriram os céus, e viu o Espírito de Deus descendo como pomba e vindo sobre ele. E eis que uma voz dos céus dizia: este é o meu Filho amado, em quem me comprazo.

Nosso Senhor foi imerso em água, pois Ele *saiu logo da água*. Ele não demora para realizar o que tinha para fazer no rio; pois, quando cumpria um dever, Ele *logo* seguia o seu caminho para cumprir outro. No batismo, o Senhor foi publicamente confirmado e selado como o *Filho amado*, tanto pela Palavra quanto pelo Espírito de Deus. Que outra testemunha é necessária? Muitas vezes é assim com o seu povo: a sua filiação é evidenciada durante um ato de obediência, e a Palavra e o Espírito dão testemunho com a sua consciência.

Nosso Senhor Jesus agora iniciava sua obra de vida pública, e Ele o fez da melhor maneira. O mundo estava se abrindo diante dEle: *E eis que se lhe abriram os céus*. À medida que a sua necessidade surgiu, uma fonte para seu suprimento foi aberta à sua frente. A unção divina também desceu sobre Ele. Como uma pura e pacífica pomba, de asas rápidas, *o Espírito de Deus* veio e repousou sobre Ele. Após haver sido imerso pelo elemento do batismo, a água, Ele foi imediatamente envolto pelo elemento divino do Espírito. Depois também o seu ouvido foi acariciado com o reconhecimento audível do Pai a respeito d'Ele e com a expressão daquela boa vontade que o Senhor Deus sempre teve n'Ele. Foi um momento glorioso. Nosso Rei foi agora anunciado e ungido. Seu próximo passo não seria se apossar do reino? Nós veremos.

Nosso Senhor e Rei está agora totalmente diante de nós. Ele foi precedido, previsto e indicado por João Batista; Ele foi consagrado à sua obra no batismo; Ele foi ungido pelo Espírito e confessado pelo Pai; e, portanto, Ele tem justamente iniciado a sua obra como Rei. Que nenhum de nós comece o serviço do Senhor antes do tempo ou avance sem um senso de aprovação do Pai e sem aquela unção espiritual que vem do alto!

Oh meu Senhor, unge-me e aprova-me no devido tempo, conforme o teu exemplo. Assim, eu quero contemplar o brilho da unção do Espírito com a plena convicção de que eu sou ungido em ti, como o corpo recebe a unção por meio da cabeça ungida.

MATEUS 4.1-11
O REI COMEÇA SEU GOVERNO COMBATENDO O PRÍNCIPE DAS TREVAS

1. Então foi conduzido Jesus pelo Espírito ao deserto, para ser tentado pelo diabo.

Tão logo Jesus foi ungido, esteve sob ataque. Ele não procurou a tentação, mas foi *conduzido* [...] *pelo Espírito*. O tempo escolhido foi imediatamente após sua filiação ser atestada, quando poderíamos ter pensado que era menos provável de Ele ser atacado nesse ponto. Tempos de alegria santificada são seguidos por períodos de tentação. Nosso Senhor foi levado *ao deserto*, um lugar de grande solidão, onde Ele estaria sozinho no conflito. O próprio diabo veio ao lugar e dobrou as suas artimanhas diabólicas contra o homem para destruí-lo.

Permita-me estar sempre em minha torre de vigia, e especialmente durante temporadas de grande deleite, pois, em seguida, Satanás muito provavelmente me atacará. Senhor Jesus, sê comigo na hora da minha provação, pois tu sabes como socorrer os que são tentados.

2. E, tendo jejuado quarenta dias e quarenta noites, depois teve fome.

Durante todo o longo jejum, Ele foi milagrosamente sustentado, mas ao final dele a fome começou a tentá-lo. Estamos em maior perigo quando o nosso labor ou sofrimento termina após havermos suportado firme e continuamente por certo período. Agora que o Senhor está emagrecido por seu longo jejum e debilitado pela fome, o inimigo virá contra Ele. O diabo é um grande covarde e, de forma vil, busca as melhores oportunidades para obter vantagens contra nós.

Senhor, fortalece-me contra o inimigo!

3. E, chegando-se a ele o tentador, disse: se tu és o Filho de Deus, manda que estas pedras se tornem em pães.

O *tentador* adaptou a tentação às circunstâncias: ele tentou um homem faminto com pão. Ele agiu muito astuciosamente. Apenas uma única palavra e as duras pedras do deserto se tornariam comestíveis; que Ele seja o seu próprio provedor e use o seu poder milagroso como *Filho de Deus* para preparar uma mesa para si mesmo. O tentador começa a sua sugestão com um *se*, um *se* sobre sua filiação; esse é o seu modo habitual de agir. Satanás ordena que o Senhor comprove a sua filiação por alimentar a si mesmo; e, ainda assim, essa teria sido a melhor forma para provar que Ele não era o Filho de Deus. Um verdadeiro filho não duvidaria de seu pai e não aceitaria suprir a si mesmo, ele esperará ser alimentado vindo da mão de seu pai. O maligno queria que o Filho unigênito deixasse de depender de Deus e tomasse a questão em suas próprias mãos. Tentações para que, de modo incrédulo, busquemos ajudar a nós mesmos são bastante comuns, porém muito perigosas.

4. Ele, porém, respondendo, disse: está escrito: nem só de pão viverá o homem, mas de toda a palavra que sai da boca de Deus.

A espada do Espírito brilhou; nosso Senhor não lutará com nenhuma outra arma. Ele poderia ter proferido novas revelações, mas Ele escolheu dizer: *está escrito*. Há um poder na Palavra de Deus que nem o diabo pode negar.

Nossa vida e sustento não dependem do que é visível, embora o visível seja normalmente utilizado para o nosso auxílio: *nem só de pão* nós vivemos, embora esse seja o meio usual pelo qual sustentamos nossa vida. Aquele que sustentou o Salvador no jejum de quarenta dias ainda pode mantê-lo vivo sem pão. A influência secreta da Palavra do onipotente poderia manter as forças vitais em ação mesmo sem pão. O pão deve a sua capacidade de nutrir nossos corpos à agência secreta de Deus; essa agência divina poderia funcionar tão seguramente sem os meios habituais quanto com eles. A Palavra do Senhor, que fez os céus, pode seguramente sustentar tudo o que fez. Nosso Senhor Jesus, em verdade, disse ao tentador que Ele não desconfiaria da providência de Deus, mas esperaria o tempo de seu Pai alimentá-lo e que de modo algum seria levado a um ato de incredulidade e autossuficiência.

5,6. Então o diabo o transportou à cidade santa, e colocou-o sobre o pináculo do templo, e disse-lhe: se tu és o Filho de Deus, lança-te de aqui abaixo; porque está escrito: que aos seus anjos dará ordens a teu respeito, e tomar-te-ão nas mãos, para que nunca tropeces em alguma pedra.

Esta segunda tentação é astuta; Jesus é persuadido a exercer grande crença, em vez de crer pouco. Agora Ele não deve cuidar de si mesmo, mas deve, imprudentemente, presumir e confiar em uma distorção da promessa de seu Pai. O lugar foi maliciosamente escolhido, o *pináculo do templo* não era um lugar seguro para se estar de pé; lugares elevados e santos são propícios a tentações. A posição era vantajosa para o tentador, pois a natureza sente uma tendência a cair quando está em um *pináculo*. O objetivo do dardo inflamado era a filiação de nosso Senhor, *se tu és o Filho de Deus*. Se o inimigo pudesse ferir a confiança filial de nosso Senhor, ele teria alcançado o seu propósito.

Satanás tomou emprestada a nossa arma do Senhor e disse: *está escrito*, mas ele não usou a espada da maneira lícita. Não era da natureza do inimigo falso citar corretamente a Escritura. Ele removeu as palavras necessárias: "em todos os teus caminhos"[8]. Assim, ele fez a promessa dizer o que na verdade ela nunca afirmou, e depois ousadamente prescreveu uma ação que a lei de Deus condenaria, dizendo: *Lança-te de aqui abaixo*. Nós seremos guardados em nossos caminhos, não em nossas tolices. A omissão de uma palavra pode estragar o significado de uma Escritura; a inspiração verbal faz a citação exata ser um dever, uma vez que a omissão de uma ou duas palavras muda completamente o sentido. Que inspiração confiável pode haver, senão a que sugere palavras, bem como ideias?

Ouça como *o diabo* fala sobre anjos, seu Senhor, sua função, seus cuidados e sua diligência. Um homem pode tratar de assuntos sagrados com grande familiaridade e ainda ele mesmo ser um profano. É desprezível falar sobre anjo e, contudo, agir como demônio.

Veja como o demônio passa de uma tentação sobre o simples pão para uma de caráter ambicioso e ousado; o diabo espera que uma mudança súbita obtenha vantagem sobre o Senhor em um caminho, mesmo que Ele escapou dele em outro. Mas nosso Senhor estava pronto para lidar com ele. Sua espada

---
[8] Cf. Salmo 91.11.

estava desembainhada e preparada para todos os tipos de golpes. Que a sua graça nos mantenha desta mesma maneira: bem-armados contra o inimigo! Embora o inimigo mude as suas táticas, não devemos cessar a nossa resistência ou alterar a nossa arma.

7. Disse-lhe Jesus: também está escrito: não tentarás o Senhor teu Deus.

Também está escrito. Um texto não deve ser analisado separadamente e ampliado de forma desproporcional, como se fosse a Bíblia inteira; cada pronunciação do Senhor deve ser considerada em conexão com outras partes das Escrituras. Há um equilíbrio e proporção na verdade divina. *Está escrito* deve ser colocado ao lado de *também está escrito*.

Quão rápido e decisivo foi o golpe de nosso Senhor contra o grande inimigo! Ele confronta a citação de uma falsa promessa com um preceito evidente e nos impede de cair em presunção. O *não* [...] da boca de Deus é o escudo da consciência contra uma tentação insensata. A nossa regra de ação não é nem uma promessa nem uma providência, mas a ordem clara do Senhor.

A presunção é uma tentação a Deus; e *tentar o Senhor* não deve ser cogitado nem por um momento. Lembre-se, crente, Ele é *teu Deus*, Ele deve ser crido, e não tentado. Na segunda vez, o adversário ficou tão completamente perplexo, que nada respondeu, porém mudou sua estratégia de combate.

Senhor, ajuda-me a não pecar pela presunção, e nem agir precipitadamente! Eu vejo que a fé é para os caminhos da obediência, e não para voos da imaginação. Que eu não me lance para baixo e assim me lance para fora da tua prometida segurança.

8, 9. Novamente o transportou o diabo a um monte muito alto; e mostrou-lhe todos os reinos do mundo, e a glória deles. E disse-lhe: tudo isto te darei se, prostrado, me adorares.

Traidor miserável! Nenhum desses reinos pertencia realmente a ele; eles eram, na verdade, a herança legítima do Senhor para quem ele fingiu que poderia dar-lhes. Como ele pôde abrir a boca e dizer: *tudo isto te darei*?! Que pobre *tudo* foi esse, afinal? E esse seria apenas um presente roubado se ele o concedesse. No entanto, para qualquer um de nós, aquela seria uma visão muito deslumbrante e fascinante, pois as glórias de um único reino fariam os corações pulsarem mais forte, os olhos brilharem e os pés escorregarem. A isca é doce, mas há um anzol sob ela.

A glória resplandecente seria comprada por um preço muitíssimo caro por aquela demanda: *se, prostrado, me adorares*. Se Jesus tivesse adotado meios carnais, Ele logo teria *os reinos do mundo* aos seus pés. Um pouco de adulteração da verdade e bajulação e Ele teria muitos homens ao seu redor, irresistíveis em seu fanatismo. Por seus esforços entusiásticos, Ele logo seria capaz de exercer uma grande força, diante da qual Roma cairia. O nosso santo Senhor desprezou usar a ajuda do mal, embora o mestre do mal lhe tenha prometido sucesso. Como Ele poderia se prostrar diante do diabo? Foi o cúmulo da imprudência o demônio mentiroso solicitar a adoração daquele que é perfeito.

Cristo aos pés do diabo! Isso nos lembra a religião apoiada por representações teatrais e sorte. Que presente do vil demônio poderia tentar o Filho de Deus a ser um servo do mal? O tentador não ousa mencionar a filiação nesse caso, pois isso evidenciaria a blasfêmia da sugestão. Nenhum filho de Deus pode adorar o diabo.

Oh Deus, faz com que, se estivermos famintos ou pobres, como aconteceu com nosso Senhor Jesus, nós nunca venhamos a ceder à tentação de fazer o mal para obter riqueza e honra ou mesmo para suprir uma necessidade urgente! Que a tua igreja nunca dê ao mundo a ideia de edificar o reino de Cristo de uma maneira mais fácil e rápida do que por meio da simples pregação do evangelho!

10. Então disse-lhe Jesus: vai-te, Satanás, porque está escrito: ao Senhor teu Deus adorarás, e só a ele servirás.

O Senhor falou severamente com o tentador. *Satanás* havia revelado o seu próprio caráter, e agora ele recebe o seu nome próprio e é ordenado a ausentar-se. Como essa palavra o atordoou: *vai-te*! Essa foi a palavra final pela qual ele foi banido da presença do Senhor. Então ele retirou-se e se apressou, envergonhado, como um cão que é mandado para casa.

Nosso Senhor lhe deu um golpe final com a espada do Espírito. Mais uma vez Ele disse: *está escrito*. O comando de Deus, o qual exige toda a adoração e serviço a Jeová, o único Deus da aliança, foi uma palavra para Satanás lembrar enquanto mergulhava no mais profundo abismo, para esconder a cabeça em confusão por sua derrota completa. Ele também está sob a lei de Deus e não pode lançar de si as cordas d'Ele. Oh, que nós tenhamos o poder desse preceito e sintamos que não temos nada a ver com ganhar o mundo inteiro e a sua glória, mas devemos entregar a nossa vida inteira a serviço do único Senhor! A idolatria da criatura sucumbe sob o calor ardente dessa lei imperativa do Altíssimo. Não devemos prestar nenhum grau de estima ao mal, ainda que o mundo inteiro seja a recompensa de um único ato de submissão pecaminosa: *só a Ele servirás*. Devemos escolher o Senhor como nosso Deus e então viver somente para o seu louvor e serviço.

É notório o fato de que todas as passagens citadas por nosso Senhor são do livro de Deuteronômio[9], livro que foi tão rudemente atacado por críticos destrutivos. Assim, o nosso Senhor honrou especialmente aquela porção do Antigo Testamento que Ele previu que seria a mais atacada. Os últimos anos têm demonstrado que o diabo não gosta de Deuteronômio, ele deseja se vingar das feridas causadas naquela ocasião tão memorável.

11. Então o diabo o deixou; e eis que chegaram os anjos, e o serviam.

O inimigo o deixou quando Ele desferiu seu último golpe; mas, mesmo assim, o *diabo* deixou Jesus apenas por um momento, buscando voltar na primeira oportunidade. Somente quando ele tentar o seu melhor, o tentador deixará um filho de Deus sozinho, e mesmo assim ele estará atento para outra oportunidade.

Assim, logo que o maligno vai embora, os anjos aparecem para cumprir um ministério que eles ansiosamente desejavam, mas que a presença do diabo prejudicava. Sem dúvida, eles estavam por perto, esperando a sua oportunidade. Esses santos seres não apareceram enquanto a batalha estava sendo travada, para que não parecessem dividir as honras da vitória; mas, quando o duelo terminou, eles se apressaram em levar alimentos para o corpo e consolo para a mente do Rei vitorioso. Aquela foi uma batalha real, e a vitória merecia ser celebrada pelos súditos do Rei celestial. *Eis que chegaram os anjos*,

---
[9] A saber: Deuteronômio 8.3, 6.13 e 6.16.

contemplemos, enquanto aprendemos com o seu exemplo, e creiamos que eles também estão perto de todos os soldados da cruz nas horas de seus conflitos contra o diabo.

Oh tentado, mas triunfante Rei, teus servos te adoram e pedem permissão e graça para ministrarem a ti como os anjos fizeram!

MATEUS 4.12-25
O REI É ESTABELECIDO

12. Jesus, porém, ouvindo que João estava preso, voltou para a Galileia.

A história não é consecutiva, pois não era o propósito de Mateus escrevê-la assim. Ele omite muito do que outros registram, porque não está de acordo com o seu propósito. Possivelmente, João foi preso mais de uma vez. Parece que a prisão de João afastou nosso Senhor da cena imediata da perseguição para a região menos nobre da Galileia. Ele se tornou mais ativo publicamente quando seu precursor foi confinado. Quando a estrela da manhã se esconde, o sol brilha mais fortemente. Sua saída não foi causada pelo medo nem pelo desejo de autossatisfação, mas Ele agiu sob a orientação do Senhor Deus que o enviou.

13-16. E, deixando Nazaré, foi habitar em Cafarnaum, cidade marítima, nos confins de Zebulom e Naftali, para que se cumprisse o que foi dito pelo profeta Isaías, que diz: a terra de Zebulom, e a terra de Naftali, junto ao caminho do mar, além do Jordão, a Galileia das nações. O povo, que estava assentado em trevas, viu uma grande luz; e, aos que estavam assentados na região e sombra da morte, a luz raiou.

Observe como as ações do nosso Rei são ordenadas de acordo com a profecia divina. *E, deixando Nazaré, foi habitar em Cafarnaum, para que se cumprisse* uma passagem no livro de Isaías[10]. Havia uma diretriz antiga, estabelecida desde os tempos remotos, sobre o trajeto de seu percurso real. Ele foi aonde a presciência e predestinação de Jeová haviam estabelecido o seu trajeto.

Além disso, Ele ia aonde era necessário, mesmo *nos confins de Zebulom e Naftali*. *A grande luz* se encontrou com a grande escuridão; os que estavam distantes foram visitados por aquele que congrega os dispersos de Israel. Nosso Senhor não atrai aqueles que se gloriam em sua luz, mas aqueles que desfalecem em sua escuridão; Ele vem com a vida celeste, não para aqueles que se gloriam de sua própria vida e poder, mas para aqueles que estão sob

---

[10] Cf. Isaías 9.1-2.

condenação e que sentem as sombras da morte privando-os da luz e da esperança. *Grande luz* é uma figura muito sugestiva do evangelho, e *assentados na região e sombra da morte* é uma descrição muito sugestiva dos homens curvados sob o poder do pecado e paralisados pelo medo da condenação. Que grande misericórdia para aqueles que parecem fora do alcance dos meios habituais, mesmo aos que habitam *junto ao caminho do mar, além do Jordão, a Galileia das nações*, Jesus vem com poder para iluminar e vivificar!

Se me sinto um pecador fora do caminho, Senhor, vem a mim e faz-me conhecer que *a luz raiou* mesmo para mim!

17. Desde então começou Jesus a pregar, e a dizer: arrependei-vos, porque é chegado o reino dos céus.

Ele continuou a advertência que João tinha dado: *arrependei-vos, porque é chegado o reino dos céus*. O Rei excede seu arauto, mas não difere dele quanto à sua mensagem. Feliz é o pregador cuja palavra é tal, que o seu Senhor possa endossá-lo! O arrependimento é a exigência da lei, do evangelho e de João, que foi o elo entre os dois. O arrependimento imediato é exigido porque a teocracia é estabelecida: o reino exige o abandono do pecado. Em Cristo Jesus, Deus estava prestes a reinar entre os filhos dos homens, e, portanto, os homens deveriam buscar a paz com Ele. Quanto mais devemos nos arrepender, pois vivemos no meio daquele reino! Que tipo de pessoas devemos ser se anelamos a sua segunda vinda? *Porque é chegado o reino dos céus*, sejamos como os homens que buscam o seu Senhor. Oh meu gracioso Rei e Salvador, peço-te que aceites o meu arrependimento das rebeliões passadas como uma prova de minha atual fidelidade!

18, 19. E Jesus, andando junto ao mar da Galileia, viu a dois irmãos, Simão, chamado Pedro, e André, os quais lançavam as redes ao mar, porque eram pescadores; e disse-lhes: vinde após mim, e eu vos farei pescadores de homens.

Nosso Senhor não só pregou sobre o reino, mas agora começou a chamar alguns para o seu serviço e privilégios. Ele estava *andando junto ao mar* e ali começou a converter, chamar e ordenar ao trabalho. Ele demonstrou o seu poder onde viveu. Nossa esfera de ação é onde estamos.

Jesus tinha um olhar especial para os pescadores. Ele chamou para o seu lado os irmãos pescadores que já havia escolhido desde os tempos antigos. Jesus já os havia chamado pela graça, e agora Ele os chama para o ministério. Eles estavam ocupados em uma tarefa lícita quando Ele os chamou para serem ministros. Nosso Senhor não chama os ociosos, mas os pescadores. Sua palavra foi imperial: *vinde após mim*, sua obra era adequada à ocupação deles como pescadores; sua promessa estava repleta de realeza, *eu vos farei pescadores de homens*, e era eminentemente instrutiva, pois um evangelista e um pescador são homens com muitas semelhanças. A partir dessa passagem, aprendemos que ninguém pode se tornar pescador de homens, exceto o próprio Senhor, e que aqueles chamados por Ele só podem ser bem-sucedidos se o seguirem.

Senhor, como um ganhador de almas, faz-me imitar o teu espírito e método, para que eu não trabalhe em vão!

20. Então eles, deixando logo as redes, seguiram-no.

O chamado foi eficaz. Nenhuma rede pode impedir aqueles a quem Jesus chama a segui-lo. Eles vêm *logo*; eles vêm apesar de todo o custo; eles vêm sem fazerem nenhuma pergunta; eles abandonam seus antigos refúgios; eles vêm para seguir o seu líder, sem condição ou reserva.

Senhor, faz-me sempre ser teu fiel e disposto seguidor enquanto eu viver! Que nenhuma rede me impeça quando tu me custares tudo!

21, 22. E, adiantando-se dali, viu outros dois irmãos, Tiago, filho de Zebedeu, e João, seu irmão, num barco com seu pai, Zebedeu, consertando as redes e chamou-os; eles, deixando imediatamente o barco e seu pai, seguiram-no.

Nosso Senhor se agradou de pescadores; possivelmente seu coração destemido e caráter sincero os capacitavam para o seu serviço. De qualquer forma, estes seriam os espinhos dos quais Ele poderia extrair as rosas da sua graça. Jesus chama alguns para pregar quando estavam lançando suas redes e alguns enquanto as consertavam, mas em ambos os casos eles estavam ocupados. Precisaremos de ambos, lançar e consertar as redes, depois de sermos chamados à obra de nosso Senhor. Observe como nosso Senhor chama novamente *dois irmãos*. Dois juntos são muito melhores do que um agindo sozinho. O Senhor sabe que a nossa natureza procura companhia; nenhum companheiro no trabalho é melhor do que um irmão.

Estes irmãos *deixaram imediatamente* [...] *seu pai*, bem como a sua pescaria; os primeiros deixaram as suas redes, mas estes *deixaram* [...] *o barco*; os primeiros não tiveram os seus parentes mencionados, mas estes deixaram pai e mãe por amor de Cristo; e eles o fizeram sem hesitação, como os outros. Seguir a Jesus, que nem sequer possuía uma casa, não parecia ser algo bom a se fazer, mas uma atração interior os compeliu e eles prosseguiram, em obediência à voz divina. Zebedeu poderia ter pensado que seus filhos partirem seria uma grande perda para ele, mas não está registrado que ele expressou qualquer objeção à partida deles. Talvez, de boa vontade, ele entregou seus filhos para tal serviço; temos a certeza de que sua mãe o fez. No serviço de Jesus, não devemos ser restringidos pelos laços de parentesco; Jesus tem uma reivindicação maior do que o pai ou o marido.

Senhor, chama a mim, a meu irmão e a toda a minha família à tua graça, ainda que não nos chames para o teu ministério!

23. E percorria Jesus toda a Galileia, ensinando nas suas sinagogas e pregando o evangelho do reino, e curando todas as enfermidades e moléstias entre o povo.

Nosso Senhor sempre adotava este modo de agir: *E percorria Jesus toda a Galileia*. O grande pregador itinerante fez de uma província seu campo missionário. Jesus ensinou *nas sinagogas*, mas igualmente ensinou nas casas e nas ruas. Ele não se importava com lugares consagrados. *Ensinando* [...] *e pregando*, bem como *curando*; assim, alma e corpo são cuidados. O grande poder de nosso Senhor é visto na universalidade de seu poder para curar *todas as enfermidades e moléstias*. Medite nesta palavra: *todas*. Mas o Senhor não estava contente com milagres para o corpo, Ele tinha o evangelho para a alma, o evangelho habita em sua própria pessoa como um Rei, em sua promessa de perdão para os crentes e em sua regra de amor por aqueles que são leais a Ele. Ele pregou *o evangelho do reino*, um evangelho justo e real, o qual faz dos homens reis e sacerdotes. Para esse evangelho, os milagres de cura funcionavam como muitos selos. Atualmente, a cura das almas é um selo divino, igualmente seguro, para o evangelho.

Senhor, eu conheço a verdade e certeza do teu evangelho, pois eu senti a tua mão que cura tocar em meu coração; posso sentir o governo e o poder do teu reino e alegremente me entrego ao teu governo!

24. E a sua fama correu por toda a Síria, e traziam-lhe todos os que padeciam, acometidos de várias enfermidades e tormentos, os endemoninhados, os lunáticos e os paralíticos, e Ele os curava.

Evidentemente, os homens contaram uns aos outros sobre o grande profeta. Mesmo as regiões distantes começaram a ouvir sobre Ele. A Síria ouviu mais uma vez que havia um Deus em Israel que era capaz de recuperar um homem da sua lepra. Agora os piores casos são apresentados a Ele; os paralíticos, os endemoninhados e os lunáticos foram levados a Ele, e não foram levados em vão. Que catálogo de enfermidades encontramos neste versículo!

Enfermidades e tormentos, os endemoninhados, os lunáticos e os paralíticos. E que grande observação lemos em seguida! *Ele os curava*! Oh, se os homens estivessem ansiosos para levar os seus males espirituais ao Salvador! Eles teriam o mesmo resultado; em todos os casos leríamos: *Ele os curava*.

Nosso Rei se cercou com o esplendor espiritual da gratidão, demonstrando o seu poder para abençoar os aflitos. Alguns reis têm fingido curar pelo seu toque, mas Jesus realmente fez isso. Nenhum rei ou profeta poderia operar tais maravilhas como Ele o fez. Por isso é grande a *sua fama*.

25. E seguia-o uma grande multidão da Galileia, de Decápolis, de Jerusalém, da Judeia, e de além do Jordão.

Tal mestre certamente terá seguidores. No entanto, quão poucos são os seus seguidores espirituais comparados à *grande multidão* que aparentemente o seguia! Nosso Rei tem muitos súditos nominais, mas poucos são os que o conhecem como seu Senhor, de modo a serem renovados no coração pelo poder da sua graça. Estes entram verdadeiramente em seu reino, e é tolo e vil incluir quaisquer outros em seu domínio espiritual. No entanto, é um sinal de esperança quando há uma grande solicitude por Jesus, e cada região e cidade produz sua porção para a multidão de ouvintes.

Agora vamos ouvir mais dos lábios benditos daquele que era o rei em Jerusalém e também o pregador para o povo.

MATEUS 5.1-16
O REI PROMULGA AS LEIS DO SEU REINO

Esta é a ordem natural da ação real. O Rei é ungido, vai até o seu povo para mostrar o seu poder e depois age como legislador, estabelecendo os seus estatutos.

1. E Jesus, vendo a multidão, subiu a um monte, e, assentando-se, aproximaram-se dele os seus discípulos.

Buscando um lugar afastado, ar fresco e espaço amplo, o Rei subiu a um monte. Era adequado que tão elevada ética fosse ensinada a partir de um monte. Um monte era mais adequado para seus ensinamentos verdadeiros do que um púlpito de mármore teria sido. Aqueles que desejavam segui-lo como *discípulos* estavam bem próximos de onde o Rabi estava sentado, ocupando o trono da instrução entre eles; e, ao derredor, *as multidões* estavam reunidas para ouvi-lo.

2. E, abrindo a sua boca, os ensinava, dizendo:

Mesmo quando sua boca estava fechada, Ele estava ensinando através de sua vida; ainda assim, Ele não reteve o testemunho de seus lábios. Homens honestos, quando se dirigem aos seus companheiros, não cochicham nem titubeiam, mas falam claramente, abrindo suas bocas. Quando Jesus *abre a sua boca*, nós devemos abrir os nossos ouvidos e corações.

3. Bem-aventurados os pobres de espírito, porque deles é o reino dos céus.

Os primeiros estatutos do Rei são as bem-aventuranças. Ele começa Seu ensino falando de grandes bênçãos. O Antigo Testamento terminou com "uma maldição", o Novo Testamento começa com *bem-aventurados*. Esta palavra é entendida por alguns como *feliz*, mas nós gostamos mais de defini-la como *abençoado*. Nosso Senhor conduz os homens às verdadeiras bem--aventuranças por seu ensino e pelo seu reino.

A pobreza espiritual é tanto ordenada quanto recomendada. Ela é a base da experiência cristã. Ninguém começa corretamente, a menos que sinta pobreza de espírito. Assim, esse primeiro sinal da graça é o que caracteriza aqueles a quem o reino é dado em possessão presente: *porque deles é o reino dos céus*. No que diz respeito ao reino dos céus, a questão não é: "Você é um nobre?", mas sim: "Você é pobre de espírito?", aqueles que não possuem nenhuma importância aos seus próprios olhos são aqueles, em todo o universo, que possuem sangue real. Somente estes possuem os princípios e as qualificações para o reino celestial. Que eu seja um deles!

4. Bem-aventurados os que choram, porque eles serão consolados.

Estes parecem piores do que aqueles meramente pobres de espírito, porque *eles choram*. Eles estão em um nível superior, embora pareçam estar em um nível inferior. A maneira de subir ao reino é descer em nós mesmos. Esses homens se afligem pelo pecado e são tentados pelos males deste tempo, mas um futuro de descanso e alegria está preparado para eles. Aqueles que sorriem se lamentarão, mas aqueles que estão tristes cantarão. Que grande bênção é a tristeza, uma vez que ela dá espaço para o Senhor nos consolar! Nossas dores são abençoadas, pois elas são os nossos pontos de contato com o consolador divino. A bem-aventurança parece ser um paradoxo, mas é verdadeira, e alguns de nós sabemos disso muito bem. Nossos tempos de choro nos trouxeram mais consolo do que nossos dias de alegria.

5. Bem-aventurados os mansos, porque eles herdarão a terra.

Eles são de mentalidade humilde e estão dispostos a desistirem de sua porção na terra; por isso ela lhes será dada novamente. Eles não se vangloriam, não contendem, nem se sentem superiores a outrem, mas eles são herdeiros de todo o bem que Deus criou sobre a face da terra. Em sua mansidão, eles se assemelham ao seu Rei e reinarão com Ele. A terra prometida é para as tribos dos mansos, os cananeus serão expulsos de diante deles. Deus reservou o melhor deste mundo para aqueles que pensam menos neste mundo e menos em si mesmos.

6. Bem-aventurados os que têm fome e sede de justiça, porque eles serão fartos.

Eles não estão cheios de justiça própria, mas anseiam por mais e mais daquela justiça que vem do alto. Eles se esforçam para serem justos tanto para com Deus quanto para com os homens e desejam muito que a justiça triunfe em todo o mundo. Tal é o seu anseio por Deus, que é comparado com os apetites da *fome e sede*, só que relacionados ao seu amor pela justiça. Onde Deus opera um desejo tão insaciável, podemos ter a certeza de que ele vai satisfazê-lo; sim, o fartará completamente. Ao contemplar a justiça de Deus, a justiça de Cristo e a vitória da justiça nos últimos dias, somos mais do que fartos. No mundo vindouro, a satisfação dos desejos do homem será completa, pois nada aqui abaixo pode fartar uma alma imortal; e, uma vez que está escrito: *eles serão fartos*, nós olhamos para frente com alegre confiança, para um céu de santidade onde seremos eternamente satisfeitos.

7. Bem-aventurados os misericordiosos, porque eles alcançarão misericórdia.

Eles perdoam e são perdoados. Eles julgam misericordiosamente e não serão condenados. Eles ajudam os necessitados e serão ajudados em sua necessidade. O que somos para os outros, Deus será para nós. Alguns trabalham arduamente para vencer sua mesquinhez a fim de serem gentis; porém, a bênção não reside apenas em praticar um ato de misericórdia, mas em ser misericordioso em disposição. Os seguidores de Jesus devem ser homens misericordiosos, pois eles encontraram misericórdia, e a misericórdia os encontrou. Ao buscarmos que *naquele dia achemos misericórdia diante do Senhor*[11], devemos mostrar misericórdia no dia de hoje.

8. Bem-aventurados os limpos de coração, porque eles verão a Deus.

Corações sujos obscurecem nossos olhos para que não vejamos a Deus. Para que limpemos nossos olhos, devemos purificar nosso coração. Somente a pureza tem qualquer entendimento em relação a Deus e qualquer visão verdadeira d'Ele. É uma grande recompensa ser capaz de *ver a Deus*; e, por outro lado, ter uma verdadeira visão daquele que é três vezes santo é de grande

---

[11] Cf. 2Timóteo 1.18.

auxílio na busca por *pureza de coração*. Não há corações puros no planeta, a menos que o Senhor os tenha feito assim, e ninguém poderá ver a Deus no céu sem que antes tenha sido purificado pela graça enquanto aqui abaixo. Senhor, cria em mim um coração puro, para que eu possa te ver, agora e para sempre!

9. Bem-aventurados os pacificadores, porque eles serão chamados filhos de Deus.

Eles não são apenas passivamente pacíficos, como os mansos, que mantêm a paz; eles são ativamente pacíficos, pois se esforçam para acabar com guerras e contendas e assim fazer a paz. Estes não são apenas os filhos do Deus que ama a paz, mas também serão assim chamados, pois os homens são afetados por sua semelhança com seu Pai. Nisso, a nossa filiação é conhecida a nós mesmos e aos outros. Homens pacíficos são os filhos do Deus de paz e as bênçãos de seu Pai repousam sobre eles.

Esta sétima bem-aventurança é muito sublime e gloriosa; vamos empregar todo o nosso esforço para obtê-la. Nunca sejamos contenciosos; antes cada vez mais *pacificadores*. No entanto, não devemos clamar: "paz, paz, quando não há paz"[12]. O versículo anterior fala de pureza, e este, de paz. Primeiramente, puros, depois pacíficos, essa é a ordem de Deus, e deve ser a nossa.

10. Bem-aventurados os que sofrem perseguição por causa da justiça, porque deles é o reino dos céus.

Esta é a bênção peculiar dos eleitos de Deus e encabeça a lista de honra. A única homenagem que a maldade pode prestar à justiça é persegui-la. Aqueles que, na primeira bênção, eram pobres em espírito estão aqui desprezados como indigentes, e nisso eles obtêm uma nova característica real, a qual, pela segunda vez, lhes assegura que deles é *o reino dos céus*. Sim, a eles pertence o reino agora: é deles em possessão agora mesmo. Não por causa de alguma falha pessoal, mas simplesmente devido ao seu caráter piedoso, aqueles que, como Daniel, pertencem ao Senhor são odiados, porém eles são bem-aventurados por aquilo que parece ser uma maldição. Ismael zomba de Isaque;

---

[12] "Paz, paz" era o que diziam os falsos profetas e sacerdotes de Israel nos tempos do profeta Jeremias, mesmo "quando não havia paz", pois o castigo de Deus sobre o povo era iminente, devido aos seus pecados e corrupções (Cf. Jr 6.13-14).

contudo, Isaque possui a herança, e Ismael é expulso. É um dom de Deus quando Ele permite que alguém sofra por seu nome. Assim, podemos ser ajudados a nos alegramos na cruz de Cristo, quando somos honrados ao sermos insultados por amor de seu nome.

11, 12. Bem-aventurados sois vós, quando vos injuriarem e perseguirem e, mentindo, disserem todo o mal contra vós por minha causa. Exultai e alegrai-vos, porque é grande o vosso galardão nos céus; porque assim perseguiram os profetas que foram antes de vós.

A perseguição da língua é a mais comum, mas não menos cruel do que a perseguição da mão. A calúnia não possui escrúpulos e está disposta a fazer acusações de todo tipo: *todo o mal*, esta é uma frase completa. Nenhum crime é vil demais para ser posto à porta dos inocentes; nem o perseguidor tem qualquer hesitação quanto à malignidade da acusação. A regra parece ser: "Jogue muita lama, e uma parte desta não será removida". Quando sob essas gravíssimas provações, os bons homens devem ser mais do que ordinariamente felizes, porque assim eles são elevados ao nível dos profetas, os quais eram açoitados com uma tremenda fúria pelas tempestades de falsidades. *Assim perseguiram os profetas*. Esta é a herança dos mensageiros do Senhor: eles mataram um e apedrejaram outro. A honra de sofrer com os profetas, por causa do Senhor, é tão grande, que ela pode muito bem nos reconciliar com tudo o que isso envolve. Há uma sucessão inquisitorial dos perseguidores; *porque assim perseguiram os profetas que foram antes de vós*; e há uma sucessão profética dos santos, ordenados para glorificar o Senhor mesmo em meio às chamas. É o nosso elevado privilégio pertencer a essa sucessão; e estamos felizes porque isso é assim. Nossa alegria e felicidade ultrapassam todos os limites normais quando somos honrados com a condecoração da Cruz de Ferro[13] e do Colar de S.S.[14], ou difamação furiosa.

---

[13] A Cruz de Ferro era uma condecoração militar do Reino da Prússia, instituída pelo rei Frederico Guilherme III e concedida pela primeira vez em 10 de março de 1813. É uma condecoração exclusiva de tempos de guerra e era concedida por bravura e outras contribuições no campo de batalha. Aqui Spurgeon a cita como sinal de bravura e nobre resistência em tempo de perseguições.

[14] Colar de S.S. (Collar of S.S., ou Colar ESSES) é um colar condecorativo que tem estado em uso contínuo na Inglaterra desde o século XIV. É um sinal de nobreza e grande honraria.

13. Vós sois o sal da terra; e se o sal for insípido, com que se há de salgar? Para nada mais presta senão para se lançar fora, e ser pisado pelos homens.

Assim, Jesus fala com aqueles a quem Ele alistou em seu reino. Em seu caráter, há um poder de preservação para guardar o restante da sociedade de se corromper totalmente. Se eles não estivessem espalhados dentre os homens, a raça apodreceria. Mas, se eles são cristãos apenas no nome e não há poder real, nada pode salvá-los e eles não têm utilidade alguma para as pessoas com quem eles têm contato. Há uma coisa oculta, que é o segredo do poder do crente: ele dá sabor; isso não é fácil de ser definido, contudo é absolutamente essencial para sua utilidade. Uma pessoa comum pode ser de alguma utilidade, mesmo se falhar em certos aspectos, mas um cristão que não é cristão de fato é absolutamente ruim, ele *para nada mais presta*, é totalmente inútil para qualquer um e para todos. Uma rejeição total o aguarda: ele será *lançado fora, e pisado pelos homens*. Sua religião abre um caminho para o modismo ou para o desprezo, visto que o mundo não pode tolerar a religião verdadeira; em ambos os casos ele não serve para preservar, pois nem sequer preserva a si mesmo do desprezo.

Como isso ensina a necessidade da perseverança final! Pois, se o sabor da graça divina pudesse ser completamente retirado de um homem, este jamais poderia ser restaurado; quanto a isso, o texto é muito claro e positivo. Quão absurdamente antibíblico é supor que um homem tenha nascido de novo e ainda assim possa perder a vida divina e depois a recuperar novamente. A regeneração não pode falhar. Se assim fosse, o homem perderia a esperança para sempre. Ele não poderia nascer de novo, e de novo, e de novo. O seu caso estaria além do alcance da misericórdia. Mas quem está sem esperança? Há alguém a quem seja impossível restaurar? Se assim for, alguns podem ter caído completamente da graça, mas não poderão cair novamente. Aqueles que falam de todos os homens como estando dentro do alcance da graça não podem bíblica ou logicamente acreditar em apostasia total, uma vez que *é impossível que os que [...] recaíram sejam outra vez renovados para arrependimento*[15], isso se eles houverem apostatado.

---
[15] Cf. Hebreus 6.4-6.

A grande lição é que, se a graça somente não conseguir salvar um homem, nada mais pode ser feito por ele. *Se o sal for insípido, com que se há de salgar?* Você pode salgar a carne, mas você não pode salgar o sal. Assim, se a graça falhar, tudo falha. Gracioso mestre, não permitas que eu prove qualquer experiência do quão longe eu posso ir sem perder o meu sabor, mas sempre me mantém cheio de graça e de verdade.

14, 15. Vós sois a luz do mundo; não se pode esconder uma cidade edificada sobre um monte; nem se acende a candeia e se coloca debaixo do alqueire, mas no velador, e dá luz a todos que estão na casa.

Nós devemos remover a escuridão da ignorância, do pecado e tristeza. Cristo nos iluminou para que pudéssemos iluminar o mundo. Não devemos buscar ocultar o nosso cristianismo. Deus intenta que sua graça seja tão visível quanto *uma cidade edificada sobre um monte*. Tentar esconder o seu Espírito é algo tão tolo quanto colocar uma lâmpada *debaixo do alqueire*, a lâmpada deve ser vista por *todos que estão na casa*, e assim deve ser com as graças cristãs.

A piedade doméstica é o melhor da piedade. Se nossa luz não é vista em nossa casa, é porque provavelmente não temos nenhuma. Candeias são destinadas para salas e quartos. Não vamos encobrir a luz da graça. Na verdade, nós não podemos nos esconder uma vez o Senhor nos edificou sobre a colina de seu amor, nem poderemos habitar na escuridão se Deus nos iluminou e nos colocou "no velador".

Senhor, permite que eu seja zeloso para irradiar a luz que recebi de ti, mesmo em todo o mundo! Pelo menos, concede-me a graça de brilhar em minha própria casa.

16. Assim resplandeça a vossa luz diante dos homens, para que vejam as vossas boas obras e glorifiquem a vosso Pai, que está nos céus.

A luz é nossa, mas a glorificação é para o nosso *Pai, que está nos céus*. Nós brilhamos porque temos a luz e somos vistos porque brilhamos. Pelas boas obras, nós brilhamos melhor diante dos homens. O verdadeiro brilho é silencioso, contudo é tão útil, que os homens que são muito frequentemente maus juízes são obrigados a bendizer a Deus pelo bem que eles recebem através da luz que Ele acendeu. Anjos glorificam a Deus, a quem eles veem; e os homens são obrigados a glorificar a Deus, a quem não veem, quando eles testemunham as *boas obras* de seus santos. Não devemos evitar sermos vistos, embora isso não seja o nosso objetivo. Desde que os homens testemunhem as nossas excelências, se possuímos alguma, que eles considerem também que toda a glória é dada ao nosso Senhor, a quem elas são inteiramente devidas. Não a nós, não a nós, mas ao teu nome, oh Senhor, seja o louvor!

MATEUS 5.17-20
NOSSO REI HONRA A LEI DE SEU PAI

Jesus teve o cuidado de revisar e reformar as leis dos homens, mas a lei de Deus, Ele estabeleceu e confirmou.

17. Não cuideis que vim destruir a lei ou os profetas: não vim ab-rogar, mas cumprir.

O Antigo Testamento permanece em todas as suas partes, tanto *a lei ou os profetas*. O Senhor Jesus não conhecia nada acerca de "criticismo destrutivo". Ele estabelece em seu sentido mais profundo tudo o que está escrito nas Sagradas Escrituras e o expõe com uma plenitude jamais vista. Ele diz isso antes que venha a fazer comentários sobre as palavras dos homens dos tempos antigos. Ele próprio é o cumprimento e a substância dos tipos, profecias e ordenanças da lei.

18. Porque em verdade vos digo que, até que o céu e a terra passem, nem um jota ou um til se omitirá da lei, sem que tudo seja cumprido.

Nem uma sílaba se tornará sem efeito. Nem mesmo as menores letras, o pingo de cada "i" e o corte de cada "t", a lei durará mais do que a criação. O Antigo Testamento é tão sagradamente mantido quanto o Novo. *A palavra do Senhor permanece para sempre*[16]. Os críticos modernos estabeleceram para si uma tarefa impossível para seus esforços, a saber, livrarem-se da inspiração de todo o volume sagrado, ou desse livro, ou desse capítulo, ou daquele versículo; é impossível, pois as Escrituras, em sua totalidade, sairão de sua fornalha como prata purificada sete vezes!

---

[16] Cf. 1Pedro 1.25.

19. Qualquer, pois, que violar um destes mandamentos, por menor que seja, e assim ensinar aos homens, será chamado o menor no reino dos céus; aquele, porém, que os cumprir e ensinar será chamado grande no reino dos céus.

Nosso Rei não veio ab-rogar a lei, mas confirmar e reafirmá-la. Seus mandamentos são eternos; e, se qualquer um daqueles que a ensinam erroneamente violarem a sua lei e ensinarem que o seu menor mandamento está anulado, eles vão perder posição e descer aos lugares mais baixos. A nobreza do seu reino é ordenada de acordo com a obediência. Nem o direito de nascimento, nem o grau de conhecimento e nem o sucesso farão um homem ser grande; mas sim a humildade e a obediência exata em palavras e ações. Aquele que *os cumprir e ensinar*, este é o homem que *será chamado grande no reino dos céus*. Por isso, o Senhor Jesus não estabelece uma lei mais branda, nem permitirá que qualquer um dos seus servos presunçosamente aja assim. Nosso Rei cumpre a lei antiga, e seu Espírito opera em nós tanto o querer quanto o efetuar, segundo a boa vontade de Deus, conforme estabelecida nos estatutos imutáveis da justiça. Senhor, faz-me um súdito justo e leal deste teu reino e que eu possa *os cumprir e ensinar*, de acordo com a tua palavra! Seja eu pequeno ou grande na terra, faz-me grande em obediência a ti.

20. Porque vos digo que, se a vossa justiça não exceder a dos escribas e fariseus, de modo nenhum entrareis no reino dos céus.

Nós não podemos nem *entrar no reino*, nem começar a ser do Senhor, sem ir além de onde estão os religiosos do mundo. Os crentes não devem possuir as piores condutas, antes devem se portar muito melhor do que os legalistas mais rigorosos. No coração, e até mesmo nas atitudes, devemos ser superiores àqueles que criam leis e aos que se vangloriam na lei. O reino não é para os rebeldes, mas para os precisamente obedientes. Ele não somente exige de nós santidade, reverência, integridade e pureza, mas opera todas estas em nossos corações e vidas. O evangelho não nos dá liberdade para pecar devido à excelência superior de uma suposta santidade interior; mas, antes, produz santidade e opera no íntimo de nossas almas uma liberdade gloriosa na lei do Senhor.

Que Rei temos em Jesus! Que tipo de pessoas devemos ser, posto que confessamos pertencer ao seu santo reino! Quão conservadores devemos ser da vontade revelada de nosso Pai! Quão determinados devemos estar para não permitir que a lei e os profetas sejam reduzidos à insignificância!

MATEUS 5.21-37
O REI CORRIGE A LEI CRIADA PELA TRADIÇÃO

Era necessário que o Senhor Jesus abolisse as tradições humanas para dar espaço para seu próprio ensinamento espiritual.

21. Ouvistes que foi dito aos antigos: não matarás; mas qualquer que matar será réu de juízo.

A antiguidade é muitas vezes defendida como se fosse uma autoridade, mas o nosso Rei corrige o dito dos *antigos*. Ele começa com uma das alterações da lei de seu Pai que os mestres do passado fizeram. Eles acrescentaram por sua própria conta aos oráculos sagrados. A primeira parte da palavra que o Senhor citou era divina, mas foi arrastada para um baixo nível por adições feitas pelos tribunais humanos, e a responsabilidade do assassino ali aparece muito mais próxima de um provérbio humano do que de um enunciado inspirado da boca de Deus. O significado desse mandamento, como falado por Deus, é muito mais abrangente do que quando sua infração foi restrita à morte atual, a qual poderia ser julgada perante um tribunal humano. Limitar um mandamento é semelhante a anulá-lo. Nós não podemos fazer isso, mesmo que a antiguidade o aprove. Melhor é toda a verdade recém-estabelecida do que toda a falsidade contida no que foi dito pelos antigos.

22. Eu, porém, vos digo que qualquer que, sem motivo, se encolerizar contra seu irmão, será réu de juízo; e qualquer que disser a seu irmão: Raca, será réu do sinédrio; e qualquer que lhe disser: louco, será réu do fogo do inferno.

O assassinato está no interior da raiva, pois desejamos prejudicar o objeto de nossa ira, ou mesmo desejamos que ele não exista, e isso é matá-lo no desejo. A ira *sem motivo* é proibida pelo mandamento que diz *não matarás*, pois a ira injusta é matar em intenção. Essa raiva sem motivo nos traz sob o julgamento maior do que o dos tribunais judaicos. Deus conhece as emoções a partir das quais os atos de ódio podem surgir e nos chama a prestar contas tanto do sentimento de raiva quanto da ação assassina. As palavras também são trazidas à mesma condenação: um homem será julgado pelo que *disser a seu irmão*. Chamar um homem raca[17] é matá-lo em sua reputação; e chamar-lhe louco é matá-lo quanto às características mais nobres de um homem. Por isso, todos esses ficam sob censura enquanto os homens fazem suas considerações; sim, sob o que é muito pior, a punição realizada pelo maior tribunal do universo, que condena os homens ao *fogo do inferno*. Assim, nosso Senhor e Rei restaura a lei de Deus à sua verdadeira força e nos adverte de que não denuncia apenas o ato evidente de matar, mas cada pensamento, sentimento e palavra que tendem a prejudicar um irmão ou aniquilá-lo por desprezo.

Que lei purificadora é essa! Minha consciência poderia suportar facilmente o exterior do mandamento: *não matarás*; porém, se a raiva sem motivo é assassinato, o que farei? "Livra-me dos crimes de sangue, oh Deus, Deus da minha salvação"[18].

23, 24. Portanto, se trouxeres a tua oferta ao altar, e aí te lembrares de que teu irmão tem alguma coisa contra ti, deixa ali diante do altar a tua oferta, e vai reconciliar-te primeiro com teu irmão e, depois, vem e apresenta a tua oferta.

O fariseu insistia em encobrir sua maldade, enquanto trazia um sacrifício para fazer expiação; mas nosso Senhor ordena perdoar o nosso irmão primeiro e depois apresentar a oferta. Devemos adorar a Deus conscientemente, e, se em nossa consciência nos lembrarmos que o nosso irmão tem alguma coisa contra nós, devemos parar. Se erramos com alguém, devemos fazer uma pausa, cessar a adoração e nos apressarmos em buscar a reconciliação. Nós facilmente lembramos se temos alguma coisa contra o nosso irmão, mas agora a memória deve considerar o outro lado. Somente quando tivermos nos lembrado da nossa ação errada e feito a reconciliação podemos esperar a aceitação do Senhor. A regra é: primeiro as pazes com o homem e, depois, a aceitação de Deus. O santo lugar deve ser percorrido para que cheguemos ao Santo dos santos. Após fazermos as pazes com o nosso irmão, vamos concluir a nossa adoração ao nosso Pai, e vamos fazer isso com o coração mais leve e com zelo mais verdadeiro.

---

[17] Raca é um termo popular de insulto, que provavelmente significava *vil, desprezível*. Está em estreita conexão com a palavra *rekim*, que em Juízes 11.3 é traduzida por *homens levianos*.
[18] Cf. Salmo 51.14.

Eu, ansiosamente, desejo estar em paz com todos os homens antes de buscar adorar a Deus, para que eu não apresente a Ele o sacrifício de tolos.

25, 26. Concilia-te depressa com o teu adversário, enquanto estás no caminho com ele, para que não aconteça que o adversário te entregue ao juiz, e o juiz te entregue ao oficial, e te encerrem na prisão. Em verdade te digo que de maneira nenhuma sairás dali enquanto não pagares o último ceitil.

Em todos os desacordos, esteja ansioso pela paz. Deixe a contenda antes de começar.

Nos termos da lei, procure conciliação rápida e pacífica. Muitas vezes, nos dias de nosso Senhor, essa era a forma mais benéfica, e, normalmente, é assim agora. É melhor perder os seus direitos do que ficar nas mãos daqueles que somente o prejudicarão em nome da justiça, buscando enredá-lo até que haja uma aparência de demanda contra você ou um centavo lhe seja extraído. Em um país onde "justiça" significava roubo, seria sábio não fazer nenhuma reclamação após ser roubado. Mesmo em nosso próprio país, uma reconciliação amigável é tida como melhor do que um litígio repleto de ações judiciais. Muitos vão para o tribunal para obter a lã, mas saem de lá despidos. Prossiga sem processos raivosos nos tribunais, mas faça as pazes com a máxima prontidão.

27, 28. Ouvistes que foi dito aos antigos: não cometerás adultério. Eu, porém, vos digo que qualquer que atentar numa mulher para a cobiçar, já em seu coração cometeu adultério com ela.

Neste caso, o nosso Rei novamente deixa de lado as interpretações dos homens sobre os mandamentos de Deus e faz a lei ser vista em sua vasta amplitude espiritual. Considerando que a tradição havia limitado a proibição a um ato evidente de falta de castidade, o Rei mostra que a lei também proibia os desejos impuros do coração. Aqui se evidencia que a lei divina se refere não somente ao ato de conversação ilícita, mas mesmo ao desejo, imaginação ou paixão, que sugere tal infâmia. Que Rei é o nosso, que estende o cetro sobre o reino dos nossos desejos interiores? Quão soberanamente Ele diz: *Eu, porém, vos digo*. Quem, senão um ser divino, tem autoridade para falar nesses termos?

A sua Palavra é lei. Assim deve ser, pois Ele alcança o vício em sua raiz e proíbe a impureza no coração. Se o pecado não fosse autorizado na mente, ele nunca se manifestaria no corpo; portanto, essa é uma maneira muito eficaz de lidar com o pecado. Mas como esquadrinha, assim condena! Olhares indevidos, desejos impuros e paixões fortes são a própria essência do adultério; e quem pode reivindicar estar livre destes ao longo de sua vida? No entanto, essas são as coisas que contaminam o homem. Senhor, elimina essas coisas da minha natureza e me faz interiormente puro.

29. Portanto, se o teu olho direito te escandalizar, arranca-o e atira-o para longe de ti; pois te é melhor que se perca um dos teus membros do que seja todo o teu corpo lançado no inferno.

Aquilo que é a causa do pecado deve ser renunciado, bem como o próprio pecado. Não é pecado ter um *olho* ou cultivar uma percepção aguçada; mas, se o olho do conhecimento especulativo nos leva à ofensa pelo pecado intelectual, torna-se a causa do mal, e isso deve ser evitado. Há algo que, embora inofensivo, leva-me a fazer, pensar ou sentir algo errado? Devo me livrar disso como se fosse um mal em si. Embora fazer isso envolva privação, deve ser removido, já que sofrer uma grave perda é muito melhor do que o homem todo venha a perder-se. É melhor ser um santo cego do que um pecador que enxerga bem. Se a abstenção de álcool provoca fraqueza do corpo, seria melhor ser fraco do que ser forte e cair em embriaguez. Desde que especulações e raciocínios vãos conduzem o homem à incredulidade, evitaremos a ambos. Ser *lançado no inferno* é um risco muito grande para meramente satisfazer a luxúria ou curiosidade do olho malicioso.

30. E, se a tua mão direita te escandalizar, corta-a e atira-a para longe de ti, porque te é melhor que um dos teus membros se perca do que seja todo o teu corpo lançado no inferno.

A causa do escândalo pode ser tão ativa quanto a *mão*, ou intelectual quanto o olho, mas é melhor ser prejudicado em nossa obra do que cair em tentação. A mão mais hábil não deve ser poupada se ela nos encoraja a fazer o mal. Não é porque algo pode nos fazer inteligentes e bem-sucedidos que devemos permiti-lo; se ele provar ser a causa frequente de quedas em pecado, devemos removê-lo e nos submeter a suportar desvantagens em nossas vidas profissionais, em vez de arruinar todo o nosso ser pelo pecado. A santidade deve ser o nosso primeiro objetivo, todo o restante deve ter um lugar muito secundário. Olho direito e mão direita não são bons se eles nos levam a errar. Mesmo as mãos e os olhos devem ser cortados, se podemos ofender a Deus por meio deles. Ainda assim, que nenhum homem leia isso literalmente e, dessa forma, mutile o seu corpo, como alguns fanáticos insensatos têm feito. O verdadeiro significado é bastante claro.

Senhor, eu te amo mais do que amo os meus olhos e mãos; faz com que eu nunca hesite nem por um momento de desistir de tudo por ti!

31, 32. Também foi dito: qualquer que deixar sua mulher, dê-lhe carta de desquite. Eu, porém, vos digo que qualquer que repudiar sua mulher, a não ser por causa de prostituição, faz que ela cometa adultério, e qualquer que casar com a repudiada comete adultério.

Desta vez, o nosso Rei cita e condena a promulgação permissiva do Estado Judaico. Os homens estavam acostumados a "repudiarem" as suas esposas, e uma palavra precipitada era considerada suficiente como um ato de divórcio. Moisés insistiu em uma *carta de desquite* que as paixões pudessem se acalmar e que a separação, se ocorresse, fosse realizada com deliberação e formalidade legal. A exigência de uma carta era, até certo ponto, uma repreensão a um mau hábito que estava tão enraizado nas pessoas, que o recusar completamente seria inútil e somente daria ocasião a um outro crime. A lei de Moisés foi tão longe quanto poderia ser praticada; foi por causa da dureza de seus corações que o divórcio era tolerado, porém nunca foi aprovado.

Mas o nosso Senhor é mais heroico em sua legislação. Ele proíbe o divórcio, exceto para o crime de infidelidade durante o compromisso de casamento. Aquela que comete adultério, por meio desse ato e ação, em verdade, rompe o vínculo matrimonial, e este deveria, então, ser formalmente reconhecido pelo Estado como sendo rompido; porém, por nada mais um homem deve se divorciar de sua esposa. O casamento é para a vida e não pode ser rompido, a não ser por tão grande crime, que rompe seu vínculo, sem importar qual dos dois foi culpado disso. Nosso Senhor nunca toleraria leis más de alguns estados americanos, que permitem que os homens e as mulheres casados se separem por mero pretexto. Uma mulher divorciada que, por qualquer causa, *a não ser por causa de prostituição*, se casar de novo está cometendo adultério diante de Deus, não importa como as leis dos homens possam chamar isso. Isso é muito claro e positivo; e, portanto, uma santidade é conferida ao casamento, que a legislação humana não deve violar. Não estejamos entre aqueles que têm novas ideias sobre o casamento e procuram deformar as leis de casamento sob a desculpa de reformá-las. Nosso Senhor é mais sábio do que nossos reformadores sociais modernos. É melhor ficamos somente com as leis de Deus, porque nós nunca descobriremos nada melhor.

33-37. Outrossim, ouvistes que foi dito aos antigos: não perjurarás, mas cumprirás os teus juramentos ao Senhor. Eu, porém, vos digo que de maneira nenhuma jureis; nem pelo céu, porque é o trono de Deus; nem pela terra, porque é o escabelo de seus pés; nem por Jerusalém, porque é a cidade do grande Rei; nem jurarás pela tua cabeça, porque não podes tornar um cabelo branco ou preto. Seja, porém, o vosso falar: sim, sim; não, não; porque o que passa disto é de procedência maligna.

Falso juramento foi proibido no passado, mas cada tipo de juramento é proibido agora pela Palavra de nosso Senhor Jesus. Ele menciona várias formas de juramento, e proíbe todas elas, e, em seguida, prescreve formas simples de afirmação ou negação, como tudo o que seus seguidores devem usar.

Embora muito seja dito em contrário, não há como se evadir do sentido claro dessa passagem, em que cada tipo de juramento, embora solene ou verdadeiro, é proibido para um seguidor de Jesus. Seja no tribunal de justiça ou fora dele, a regra é: *de maneira nenhuma jureis*. Todavia, neste país cristão, nós temos perjúrios em todos os lugares, e especialmente entre os legisladores. Nossos legisladores começam a sua carreira oficial jurando. Para aqueles que obedecem à lei do reino do Salvador, todo juramento é removido, para que a simples palavra de afirmação ou negação, calmamente repetida, permaneça como um vínculo suficiente da verdade. Um homem mau não pode ser crido em seu juramento, e um bom homem fala a verdade sem juramento. Para que propósito é preservado o costume supérfluo do juramento legal? Os cristãos não devem ceder a um costume mau, não importa quão grande pressão seja exercida sobre eles, mas devem respeitar o mandamento claro e inconfundível de seu Senhor e Rei.

38. Ouvistes que foi dito: olho por olho, e dente por dente.

A lei do olho por olho, como administrada nos apropriados tribunais da lei, foi fundada na justiça e era muito mais equitativa do que o moderno sistema de penalidades, pois esse método atual permite que os homens ricos pratiquem ofensas com relativa impunidade. Mas, quando a lei de talião[19] veio a ser a regra da vida cotidiana, promoveu a vingança, e nosso Salvador não toleraria isso como um princípio de ação de indivíduos. Uma boa lei no tribunal pode ser um costume muito mau na sociedade comum. Ele falou contra o que havia se tornado um provérbio, e foi ouvido e dito entre as pessoas: *Ouvistes que foi dito*.

Nosso amoroso Rei requer que os relacionamentos privados sejam regulados pelo espírito de amor, e não pela lei judicial.

39. Eu, porém, vos digo que não resistais ao mal; mas, se qualquer te bater na face direita, oferece-lhe também a outra.

Não resistência e tolerância devem ser a regra entre os cristãos. Eles devem sofrer danos pessoais sem revidar. Eles devem ser como uma bigorna quando os homens maus são os martelos e, assim, devem vencer pelo perdão paciente. A regra do tribunal não é para a vida comum, mas a regra da cruz e do sofredor que tudo padeceu é para todos nós. Ainda assim, muitos consideram tudo isso como fanático, utópico e até covarde. O Senhor, nosso Rei, requer que nós suportemos, perdoemos e vençamos pela poderosa paciência. Nós podemos fazer isso? Como somos os servos de Cristo, se não temos o seu espírito?

40. E, ao que quiser pleitear contigo, e tirar-te a túnica, larga-lhe também a capa.

Que ele tenha tudo o que pede e muito mais. É melhor perder uma peça de roupa do que ser levado a um pleito legal. Os tribunais dos dias de nosso Senhor eram viciosos; e os seus discípulos foram aconselhados a antes sofrer injustamente do que recorrer a eles.

---

[19] A lei de talião, do latim *lex talionis*, consiste na rigorosa reciprocidade do crime e sua penalidade. É frequentemente expressa pela frase *olho por olho, dente por dente* (Cf. Êx 21.24; Dt 19.21).

Nossos próprios tribunais muitas vezes fornecem o método mais seguro de resolver uma dificuldade pela autoridade, e nós sabemos que agem com a finalidade de prevenir conflitos. No entanto, mesmo em um país onde a justiça pode ser alcançada, não devemos recorrer à lei por cada erro pessoal. Devemos, antes, suportar ser maltratados do que sempre clamarmos: "Eu vou processar".

Às vezes, essa mesma regra de autossacrifício pode nos obrigar a seguir o caminho do recurso legal, para que danos não venham pesadamente sobre outras pessoas. Mas nós devemos frequentemente renunciar a nossa própria vantagem, sim, sempre que o motivo principal seja um desejo orgulhoso de autojustificação.

Senhor, dá-me um espírito paciente, para que eu não busque me vingar, mesmo quando eu corretamente poderia fazê-lo!

41. E, se qualquer te obrigar a caminhar uma milha, vai com ele duas.

Os governos naqueles dias exigiam serviço forçado de seus suboficiais. Os cristãos deveriam ter um temperamento submisso e antes suportar uma dupla demanda do que provocar com palavras maldosas e iradas. Não devemos fugir da tributação, mas devemos estar prontos para dar a César o que lhe é devido. Submissão é o nosso lema. Levantar-nos contra a força não é exatamente a nossa porção; nós podemos deixar isso para os outros. Quão poucos creem nas doutrinas de longanimidade e não resistência do nosso rei!

42. Dá a quem te pedir, e não te desvies daquele que quiser que lhe emprestes.

Seja generoso. Um avarento não é um seguidor de Jesus. Contudo, discrição deve ser usada em nossa doação, para que não incentivemos a ociosidade e a mendicância; mas a regra geral é: *Dá a quem te pedir*. Às vezes, um empréstimo pode ser mais útil do que uma doação; não o recuse àqueles que farão uso correto dele. Esses preceitos não são destinados para os tolos; eles estão diante de nós como nossa regra geral, mas cada regra é equilibrada por outros mandamentos bíblicos, e aqui há o ensinamento de um senso comum filantrópico para nos guiar. Nosso espírito deve estar em prontidão para ajudar os necessitados por meio de doação ou empréstimo, e nós não somos facilmente propensos a errar por excesso nessa diretriz, daí a simplicidade desse comando.

43. Ouvistes que foi dito: amarás o teu próximo, e odiarás o teu inimigo.

Neste caso, um comando da Escritura havia sido acrescido de uma antítese humana apropriada para a mente depravada, e essa adição era um equívoco. Esse é um método comum, adicionar ao ensino da Escritura algo que parece ter sido extraído dela ou ser uma inferência natural a partir da própria; isso pode ser um modo de agir falso e ímpio. Esse é um triste delito contra a Palavra do Senhor. O Espírito Santo apenas apoiará as suas próprias palavras. Ele é dono do preceito: *amarás o teu próximo*, mas Ele odeia a adição ímpia: *odiarás o teu inimigo*. Esta última frase é mais destrutiva, porque parece ser a legítima consequência da primeira, embora aquele denominado aqui de *inimigo* é, de fato, próximo. Agora o amor é a lei universal; e nosso Rei, que o ordenou, é o próprio padrão do amor. Ele não quer vê-lo reduzido e colocado em um ambiente de ódio. Que a graça impeça que qualquer um de nós caia nesse erro!

44, 45. Eu, porém, vos digo: amai a vossos inimigos, bendizei os que vos maldizem, fazei bem aos que vos odeiam, e orai pelos que vos maltratam e vos perseguem; para que sejais filhos do vosso Pai que está nos céus; porque faz que o seu sol se levante sobre maus e bons, e a chuva desça sobre justos e injustos.

Nós devemos persistir no amor, mesmo se os homens persistirem na inimizade. Devemos bendizer os que nos maldizem, orar pelos perseguidores. Mesmo nos casos de inimigos cruéis, devemos *fazer o bem a eles, e orar por eles*. Não somos mais inimigos de ninguém, mas amigos de todos. Não nos limitamos a deixar de odiar e depois permanecermos em uma neutralidade indiferente, mas nós amamos onde o ódio parecia inevitável. Nós bendizemos onde nossa velha natureza nos convidaria a maldizer e somos ativos em fazer o bem para aqueles que merecem receber de nós o mal. Onde isso é realizado na prática, os homens se maravilham, respeitam e admiram os seguidores de Jesus. A teoria pode ser ridicularizada, mas a prática é reverenciada e é considerada tão surpreendente, que os homens atribuem alguma qualidade divina aos cristãos e reconhecem que eles *são os filhos do Pai que está nos céus*. Na verdade, é um filho de Deus aquele que pode bendizer os ingratos e os maus, porque na providência diária o Senhor está fazendo isso em grande escala, e ninguém, senão os seus filhos, vai imitá-lo. Fazer o bem por estar motivado a fazer o bem, e não por causa do caráter da pessoa beneficiada, é uma nobre imitação de Deus. Se o Senhor enviasse chuva fertilizante somente sobre a terra do justo, a seca privaria porções inteiras de terra de toda a esperança de uma colheita. Nós também devemos fazer o bem aos maus, ou teremos uma esfera limitada, nossos corações se tornarão hostis e a nossa filiação ao bom Deus será tida como duvidosa.

46. Pois, se amardes os que vos amam, que galardão tereis? Não fazem os publicanos também o mesmo?

Qualquer tipo comum de homem amará aqueles que o amam; mesmo o coletor de impostos e homens vis podem ter essa pobre e insuficiente virtude. Os santos não conseguem se contentar com uma forma baixa de agir. Amor por amor é típico do homem, mas o amor pelo ódio é imitar a Cristo. Não devemos desejar agir conforme nosso elevado chamado?

47. E, se saudardes unicamente os vossos irmãos, que fazeis de mais? Não fazem os publicanos também assim?

Em uma viagem, ou nas ruas, ou em casa, não devemos limitar as nossas saudações amigáveis àqueles que são próximos e queridos para nós. A cortesia deve ser ampla e, contudo, não deixar de ser sincera pelo fato de ser geral. Devemos falar gentilmente com todos e tratar cada homem como um irmão. Qualquer um dará as mãos a um velho amigo, mas nós devemos ser cordialmente educados com todos os seres humanos. Senão, estaremos em um nível não superior aos meros párias. Mesmo um cão saudará um cão.

48. Sede vós pois perfeitos, como é perfeito o vosso Pai que está nos céus.

Ou *sereis perfeitos*. Devemos chegar à completude no amor e estarmos cheios de amor por todos ao nosso redor. O amor é o vínculo da perfeição, e, se tivermos amor perfeito, ele forjará em nós um caráter perfeito. Aqui está o que nós almejamos, a perfeição como a de Deus; aqui está a maneira de obtê-la, a saber, por sermos cheios de amor; e isso indica quão diligentes nós devemos ser em seguir essa diretriz celeste e também a razão pela qual devemos perseverar nela até o fim, porque, como filhos, nós devemos nos assemelhar ao nosso Pai. A perfeição bíblica é atingível, ela se encontra mais na proporção do que em grau. O caráter de um homem pode ser reto e íntegro, sem faltar nada; e ainda assim um homem será o primeiro a admitir que a obra da graça nele, na melhor das hipóteses, está apenas em seu início e, embora perfeito, se considerará como uma criança que ainda não atingiu a plenitude da maturidade.

Que objetivo é colocado diante de nós pelo nosso perfeito Rei, que, falando desde o monte, como se este fosse seu trono, diz: *Sede vós pois perfeitos, como é perfeito o vosso Pai que está nos céus*! Senhor, dá-nos o que tu ordenas; então tanto a graça quanto a glória serão tuas somente.

MATEUS 6.1-18
O REI CONTRASTA AS LEIS DE SEU REINO COM A CONDUTA DE RELIGIOSOS EXTERIORES QUANTO ÀS EMOLAS E À ORAÇÃO

21. 1. Guardai-vos de fazer a vossa esmola diante dos homens, para serdes vistos por eles; aliás, não tereis galardão junto de vosso Pai, que está nos céus.

Nosso Rei corrige os homens quanto às esmolas. Isso é feito a partir do pressuposto de que nós ajudamos os pobres. Como poderíamos estar no reino de Cristo se não o fizermos?

Esmolas podem ser dadas publicamente, mas não por causa da publicidade. É importante que nós tenhamos um objetivo correto, pois, se obtivermos resultado a partir de um objetivo errado, o nosso sucesso será um fracasso. Se dermos esmola para sermos vistos, haverá uma consequência: *não tereis galardão junto de vosso Pai, que está nos céus*; nós perderemos a única recompensa digna de ser obtida. Mas, se ajudarmos para agradar o nosso Pai, obteremos a nossa recompensa de suas mãos. Quanto à questão da nossa intenção e propósito, é preciso *guardar-nos*, pois ninguém agirá corretamente sem ter cuidado da motivação pela qual age. Nossa esmola precisa ser um dever sagrado, cuidadosamente executado, não para a nossa própria honra, mas para agradar a Deus. Que cada leitor se pergunte o quanto tem agido da forma como o Rei prescreve.

2. Quando, pois, deres esmola, não faças tocar trombeta diante de ti, como fazem os hipócritas nas sinagogas e nas ruas, para serem glorificados pelos homens. Em verdade vos digo que já receberam o seu galardão.

Não devemos copiar a caridade espalhafatosa de certas pessoas vaidosas: seu caráter é hipócrita, a sua forma é ostensiva, o seu objetivo é o de serem vistos pelos homens, a recompensa é imediata. Essa recompensa é muito miserável e logo passa. Ficar com um centavo em uma mão e uma trombeta na outra é uma postura hipócrita. Ser *glorificado pelos homens* é algo que pode ser comprado, mas a honra a Deus é uma coisa muito diferente. Este é um tempo de publicidade, e muitos estão dizendo: "Eis aqui minha generosidade!".

Aqueles que têm Jesus como seu Rei devem usar sua veste de humildade, e não os ornamentos chamativos de uma generosidade orgulhosa que toca a sua própria trombeta, não só nas ruas, mas mesmo nas sinagogas. Não podemos esperar duas recompensas pela mesma ação; se a temos agora, não a teremos futuramente. Somente esmolas ainda sem recompensa contarão no registro do último dia.

3, 4. Mas, quando tu deres esmola, não saiba a tua mão esquerda o que faz a tua direita; para que a tua esmola seja dada em secreto; e teu Pai, que vê em secreto, ele mesmo te recompensará publicamente.

Busque segredo para as suas boas ações. Nem mesmo veja a sua própria virtude. Esconda de si mesmo aquilo que você tem feito de louvável, pois a contemplação orgulhosa de sua própria generosidade pode manchar todas as suas esmolas. Mantenha tão secreto, que mesmo você dificilmente esteja consciente de que está fazendo algo louvável. Que Deus esteja presente, e você terá público suficiente. Ele o *recompensará publicamente* como um Pai recompensa um filho, o recompensará como alguém que viu o que você fez e sabia que o fez completamente para Ele.

Senhor, ajuda-me quando eu estiver fazendo o bem, para que eu mantenha a minha mão esquerda longe disso, que eu não tenha nenhum motivo escuso e nenhum desejo de ter atual galardão de louvor entre os meus semelhantes.

5. E, quando orares, não sejas como os hipócritas; pois se comprazem em orar em pé nas sinagogas, e às esquinas das ruas, para serem vistos pelos homens. Em verdade vos digo que já receberam o seu galardão.

O Senhor Jesus também pressupôs que seus seguidores orariam. Nenhum homem pode estar no reino dos céus se não ora.

Aqueles em torno de nosso Senhor sabiam o que Ele queria dizer quando aludiu aos *hipócritas*, pois eles frequentemente tinham sido os orgulhosos partidários em pé em lugares públicos repetindo as suas orações e muito provavelmente eles, até então, sentiam-se obrigados a sustentar tal reputação de santidade superior. Esses *hipócritas* são desmascarados pelas palavras de nosso Senhor, que declarou o que eles realmente eram. Nosso Rei falava de modo maravilhosamente claro e chamou coisas e pessoas pelos seus nomes corretos. Aqueles religiosos não eram buscadores de Deus, mas buscavam a popularidade; homens que perverteram mesmo a devoção, transformando-a em um meio de auto-exaltação. Eles escolhiam lugares e momentos que tornariam notáveis as palavras de suas orações. As *sinagogas e esquinas das ruas* lhes convinham admiravelmente, pois o seu objetivo era *serem vistos pelos homens*. Eles eram vistos. Eles tiveram o que buscavam. Esse foi todo o seu galardão. Senhor, que eu nunca seja tão profano a ponto de orar a ti com a intenção de obter louvores para mim mesmo.

6. Mas tu, quando orares, entra no teu aposento e, fechando a tua porta, ora a teu Pai que está em secreto; e teu Pai, que vê em secreto, te recompensará publicamente.

Esteja sozinho; entre em um pequeno cômodo em que nenhum outro possa entrar; impeça a entrada de todos os intrusos, fechando a porta; e ali, dessa forma, com todo o seu coração, derrame a sua súplica. *Ora a teu Pai*, a oração deve ser principalmente dirigida a Deus, o Pai; e sempre a Deus como o nosso Pai. Ora a teu Pai que está ali presente, a teu Pai, que te vê, e, especialmente, cuida para que te dirijas somente a Ele, e isso *em secreto*, onde nenhum olho possa ver, senão os teus próprios. Se de fato oramos a Deus, não há necessidade de que qualquer outra pessoa esteja presente, pois seria antes um obstáculo do que um auxílio à devoção ter uma terceira pessoa testemunhando nossa cordial relação particular com o Senhor.

Como a própria alma da oração está na comunhão com Deus, oraremos melhor quando toda a nossa atenção se voltar para Ele; e alcançaremos melhor o nosso objetivo de sermos aceitos por Ele quando não nos preocuparmos com qualquer outra pessoa. A oração secreta é verdadeiramente ouvida e *publicamente* respondida do modo e no tempo próprios do Senhor. Nosso Rei reina *em secreto*, ali Ele estabelece a sua corte e lá Ele acolherá as nossas súplicas. Nós não estamos onde Deus nos vê quando desejamos publicidade e oramos para obter crédito por nossa devoção.

7, 8. E, orando, não useis de vãs repetições, como os gentios, que pensam que por muito falarem serão ouvidos. Não vos assemelheis, pois, a eles; porque vosso Pai sabe o que vos é necessário, antes de vós lho pedirdes.

Repetir uma forma de oração por muitas vezes pareceu à ignorância religiosa ser algo louvável, mas seguramente não é. É um mero exercício da memória e do aparelho fonador, e é absurdo imaginar que agir como um papagaio seja agradável ao Deus vivo. Os muçulmanos e papistas mantêm esse costume pagão, mas nós não devemos imitá-los.

Deus não precisa que oremos para informá-lo, pois Ele sabe *o que vos é necessário*; nem que repitamos uma e outra vez a oração para a sua persuasão, pois, como nosso Pai, Ele está disposto a nos abençoar. Portanto, não sejamos supersticiosos e imaginemos que há alguma virtude no *muito falar*. Na multidão de palavras, mesmo em oração, não falta pecado.

Nós podemos repetir, mas que não sejam *vãs repetições*. Usar rosários e calcular o tempo em devoção são duas coisas vãs.

As orações cristãs são medidas pela sinceridade, e não pela duração. Muitas das orações mais prevalecentes foram tão curtas quanto fortes.

9. Portanto, vós orareis assim: Pai nosso, que estás nos céus, santificado seja o teu nome.

Nosso Senhor, tendo nos advertido contra certos vícios relativos ao lugar e disposição em oração, agora nos concede um modelo para as nossas orações. Esta oração deleitosa é breve, devota e repleta de significado. Suas primeiras três súplicas são por Deus e sua glória. Nossas principais orações a Deus devem ser para a sua glória. Será que começamos assim, com Deus, em oração? O pão nosso de cada dia, muitas vezes, não vem antes do reino?

Oramos como filhos de um pai, e oramos como irmãos, pois nós dizemos: *Pai nosso*. *Pai nosso* é um termo familiar, mas as palavras *que estás nos céus* sugerem a reverência devida a Ele. Pai nosso e ainda assim está no céu; está no céu e ainda assim é nosso Pai. Que seu nome seja tratado com reverência, e tudo o que diz respeito a Ele, sua Palavra e seu evangelho sejam considerados com o mais profundo temor! Devemos caminhar diante do Senhor em toda a humildade, para que todos vejam que nós reverenciamos o caráter do único três vezes santo. Então podemos realmente orar: *Santificado seja o teu nome*, quando nós mesmos o santificarmos.

10. Venha o teu reino, seja feita a tua vontade, assim na terra como no céu.

Oh, se tu reinasses sobre todos os corações e terras! Os homens têm negado sua fidelidade ao nosso Pai, Deus; e oramos com toda a nossa força para que Ele, por sua graça todo-poderosa, subjugue-os à obediência fiel. Nós anelamos pela vinda do Rei Jesus, mas enquanto isso clamamos ao nosso Pai: *Venha o teu reino*. Nós desejamos que a vontade soberana *seja feita na terra*, com uma obediência alegre, constante e total, como no *céu*. Queremos que a vontade do Senhor seja cumprida, não só pelas grandes forças da natureza que nunca deixam de ser obedientes a Deus, mas por espíritos amorosamente ativos; por homens, uma vez rebeldes, mas graciosamente regenerados. Oh, que todos os que fazem essa oração possam demonstrar na terra o santo entusiasmo da obediência que é vista no feliz, cordial, unido e submisso serviço dos santos aperfeiçoados e dos anjos diante do trono. O maior desejo do nosso coração é a honra, domínio e glória de Deus.

11. O pão nosso de cada dia nos dá hoje.

Oramos pelo suprimento providencial para nós mesmos e para outros: *dá-nos*. Nós pedimos a nossa comida como um dom: *dá-nos*. Não solicitamos mais do que *pão* ou os alimentos necessários para nós. Nossa petição se refere a *cada dia*, e solicitamos apenas um fornecimento diário; pão suficiente para esse dia. Nós não pedimos o pão que pertence a outros, mas somente para o que é honestamente o nosso próprio alimento: *o pão nosso de cada dia*. Essa é a oração de um espírito humilde e contente, de quem é tão santificado, que espera em Deus mesmo pela sua comida diária, e a quem afetuosamente se unem outros em sua empatia e oração. Dá-me, Senhor, tanto o pão do céu quanto o da terra: o que alimenta a minha alma e o que sustenta o meu corpo. Que eu possa esperar em ti por tudo, meu Pai.

12. E perdoa-nos as nossas dívidas, assim como nós perdoamos aos nossos devedores.

Nenhuma oração dos homens mortais poderia ser completa sem a confissão de pecados. A oração que não busca perdão falhará, como a oração que o fariseu fez. Que os homens orgulhosos se gloriem como quiserem, mas aqueles que estão no reino de Cristo sempre orarão: *perdoa-nos as nossas dívidas*. Nosso Senhor sabia que sempre teríamos dívidas e, portanto, que sempre precisaríamos clamar: *perdoa-nos*! Essa é a oração dos homens a quem o juiz absolveu devido à sua fé no grande sacrifício, pois agora eles vêm até seu Pai por perdão gratuito, como filhos. Nenhum homem pode passar um dia sem orar "perdoa-me", e, em sua súplica, ele não deve esquecer os seus companheiros pecadores, mas deve orar: "perdoa-nos". O escritor se aventura a orar: "Senhor, perdoa-me, e perdoa ainda mais a meu irmão que diz que é perfeito, sem pecados".

Esse perdão nós só podemos obter enquanto perdoamos livremente as ofensas dos outros contra nós mesmos: *assim como nós perdoamos aos nossos devedores*. Essa é uma demanda razoável, ou melhor, bendita, a qual é um deleite cumprir. Não seria seguro que Deus perdoasse um homem que não perdoará aos outros.

Senhor, eu muito sinceramente perdoo todos aqueles que me fizeram algum mal, eu sou longânimo para com aqueles que estão em dívida comigo; e agora, com o coração esperançoso, peço-te que me perdoes, tão seguramente, como eu agora perdoo todos os que são, em algum sentido, meus *devedores*.

13. E não nos conduzas à tentação; mas livra-nos do mal; porque teu é o reino, e o poder, e a glória, para sempre. Amém.

No curso da providência, o Senhor prova as nossas graças e a sinceridade da nossa profissão de fé; e, para essa finalidade, Ele *nos conduz à tentação*. Suplicamos-te que não nos conduzas à tentação com demasiada severidade. Senhor, não permitas que as minhas alegrias ou dores se tornem tentações para mim. Como eu não desejo me lançar em tentação, peço-te que não me conduzas aonde eu inevitavelmente a encontrarei.

Mas, se eu for tentado, Senhor, *livra-me do mal* e, especialmente, preserva-me do *maligno*, que, acima de todos, procura a minha vida para destruí-la. A tentação ou provação serão para o meu bem, se estou livre do mal. Senhor, faz isso por mim, pois eu não posso preservar a mim mesmo.

A oração termina com uma doxologia. Essa devoção que começa com a oração termina em louvor. Todo reino, poder e glória pertencem a Deus; que a Ele todos esses sejam atribuídos. Seu é o *reino*, ou o direito de governar; *o poder*, ou a força para defender a sua autoridade; *e a glória*, ou a honra que emana de seu governo. Todo o nosso coração se deleita no fato de que o Senhor seja assim, supremo e glorioso; e, portanto, podemos dizer: *Amém*.

Quão perfeito é esse modelo de oração! É muito apropriado para que o homem ore de modo adequado ao ir diante do trono da majestade nas alturas. Oh, que possamos ter a graça de usá-lo em todos os nossos dias! Jesus, nosso Rei, não recusará apresentar uma oração que é de sua própria autoria e é dirigida ao Pai, a quem Ele ama glorificar.

14, 15. Porque, se perdoardes aos homens as suas ofensas, também vosso Pai celestial vos perdoará a vós; se, porém, não perdoardes aos homens as suas ofensas, também vosso Pai vos não perdoará as vossas ofensas.

Limitar o poder da oração à nossa medida de obediência à ordem de perdoar nos leva a agir de modo cristão. Se quisermos ser perdoados, devemos perdoar; se não perdoamos, nós não podemos ser perdoados. Esse jugo é suave, esse fardo é leve. Sermos prejudicados pode ser uma bênção, uma vez que nos oferece uma oportunidade de julgar se somos de fato os beneficiários do perdão que vem do trono de Deus. Muito doce é perdoar as ofensas de outros homens contra nós mesmos, porque assim nós aprendemos como é doce ao Senhor perdoar-nos.

16. E, quando jejuardes, não vos mostreis contristados como os hipócritas; porque desfiguram os seus rostos, para que aos homens pareça que jejuam. Em verdade vos digo que já receberam o seu galardão.

Tendo lidado com a oração, o nosso Rei agora nos instrui quanto ao jejum. O jejum tomou um lugar de destaque na devoção sob a lei e poderia ser proveitosamente mais praticado mesmo agora sob o evangelho. Os puritanos o chamavam de "jejum engorda alma", e muitos comprovaram ser assim. Devemos, por ordem do nosso Rei, evitar qualquer tentativa de exibição em conexão com essa forma de devoção. Os hipócritas andavam com rostos sujos e tristes, para que todos pudessem dizer: "Veja quão rigidamente esse homem realiza o jejum. Que bom homem ele deve ser!". Parecer miserável a fim de ser tido como santo é uma hipocrisia infeliz, e o jejuar assim, como um truque para obter a admiração humana, destrói-o como um meio de graça. Não podemos esperar receber um galardão de louvor de nossos companheiros e o galardão do deleite de Deus. Nós temos que escolher um dos dois, e, enquanto nós desprezamos o galardão menor, amamos o maior. Que nunca seja dito sobre nós: *Já receberam o seu galardão*.

17, 18. Tu, porém, quando jejuares, unge a tua cabeça, e lava o teu rosto, para não pareceres aos homens que jejuas, mas a teu Pai, que está em secreto; e teu Pai, que vê em secreto, te recompensará publicamente.

Use a diligência para ocultar o que seria insensato exibir. Não deixe de realizar nenhum ato exterior de higiene pessoal ou adorno: *unge a tua cabeça, e lava o teu rosto*. Se o seu jejum é para Deus, guarde-o para Ele. Aja em períodos de devoção extraordinária como você age em outros momentos, para que as pessoas com quem você entrar em contato não saibam que você está praticando uma devoção especial. Você pode jejuar, e esse jejum pode ser descoberto, mas que não seja a sua intenção *parecer aos homens que jejua*. Jejue da vaidade, da ambição, do orgulho e da autoglorificação. Jejue em segredo diante daquele *que vê em secreto*. Jejum secreto terá uma *recompensa pública* da parte do Senhor, mas o que é feito por mera ostentação não será contado nos livros d'Ele. Assim, o nosso Rei nos ensinou como dar esmolas, como orar e como jejuar; e agora Ele continuará a nos ensinar como regular as preocupações da vida cotidiana.

MATEUS 6.19-34
O REI DÁ ORDENS QUANTO AOS CUIDADOS DA VIDA

Jesus não queria que seus servos buscassem dois objetivos e servissem a dois senhores. Ele os chama para longe das ansiedades sobre esta vida, para uma fé que descansa em Deus.

19. Não ajunteis tesouros na terra, onde a traça e a ferrugem tudo consomem, e onde os ladrões minam e roubam.

Não gaste a sua vida para acumular riqueza; isso seria degradante para você como servo do reino celestial. Se você acumular dinheiro ou roupas, seus tesouros serão consumidos pela *traça e a ferrugem* e você pode ser privado de ambos por homens desonestos. As coisas terrenas entrarem em decadência ou serem retiradas de nós é uma excelente razão para não fazermos delas os grandes objetivos de nossa busca. Não ajunte para os *ladrões*, não ajunte para a corrupção; ajunte para a eternidade e vá com os seus *tesouros* para o lugar ao qual você está indo. Viver buscando se tornar rico é uma morte dourada em vida.

20. Mas ajuntai tesouros no céu, onde nem a traça nem a ferrugem consomem, e onde os ladrões não minam nem roubam.

Que os nossos desejos e esforços sejam pelas coisas celestiais. Estas não são sujeitas a qualquer deterioração interior nem podem ser retiradas de nós por força ou fraude. A sabedoria não nos ordena a buscarmos bens seguros? Os nossos bens terrenos que são usados para Deus estão *ajuntados no céu*. O que é dado aos pobres e à causa do Senhor é depositado no banco da eternidade. Nós estamos indo para o céu; enviemos os nossos tesouros adiante de nós. Ali, eles estarão a salvo da degradação e do roubo, mas em nenhum outro lugar podemos considerar que eles estejam seguros.

Senhor, faz-me rico para ti. Que eu possa enviar mais dos meus bens ao meu tesouro no céu, além dos que já enviei. Eu também me lembrarei da igreja e suas missões, órfãos, santos idosos e irmãos pobres; estes são as câmaras da tesouraria, e eu depositarei o meu dinheiro ali.

21. Porque onde estiver o vosso tesouro, aí estará também o vosso coração.

Este é um grande motivo moral para nos guardar de desejar objetivos terrenos. O coração irá em direção àquilo que consideramos precioso. O homem inteiro será transformado à semelhança daquilo para o que ele vive. Os nossos pensamentos naturalmente se inclinarão para onde colocarmos os nossos tesouros. Seria sábio deixar tudo o que temos funcionar como ímãs que nos levem à direção certa. Se o nosso melhor estiver no céu, os nossos melhores pensamentos irão na mesma direção; mas, se os nossos bens mais preciosos são terrenos, o nosso coração estará preso à terra.

22, 23. A candeia do corpo são os olhos; de sorte que, se os teus olhos forem bons, todo o teu corpo terá luz; se, porém, os teus olhos forem maus, o teu corpo será tenebroso. Se, portanto, a luz que em ti há são trevas, quão grandes serão tais trevas!

O motivo é o olho da alma, e, se for bom, o caráter inteiro estará correto; mas, se ele estiver contaminado, todo o nosso ser se tornará corrupto. Aqui é possível que a referência também seja ao olho do entendimento: se um homem não vê as coisas sob uma luz boa, ele pode viver em pecado e ainda imaginar que está cumprindo o seu dever. Um homem deve viver de acordo com a sua luz; mas, se esta luz for a própria escuridão, todo o seu modo de vida será errado! Se nossa religião nos leva a pecar, é pior do que a descrença. Se nossa fé for presunção, nosso zelo for egoísmo, a nossa oração for formalidade, a nossa esperança for uma ilusão e a nossa experiência for entusiasmo, a escuridão é tão grande, que até mesmo o nosso Senhor ergue as mãos com espanto e diz: *quão grandes serão tais trevas!*

Oh, que olhemos unicamente para a glória de Deus e busquemos uma consagração sincera ao Senhor! Isso por si só pode encher a nossa alma com luz.

24. Ninguém pode servir a dois senhores; porque ou há de odiar um e amar o outro, ou se dedicará a um e desprezará o outro. Não podeis servir a Deus e a Mamom.

Aqui o nosso rei proíbe a divisão em nosso objetivo de vida. Não podemos ter duas paixões como *senhor*; se pudéssemos, seria impossível servir a ambos; seus interesses logo entrariam em conflito, e seríamos forçados a escolher entre eles. Deus e o mundo nunca estarão em acordo, e, por mais que possamos tentar fazê-lo, nunca seremos capazes de servir a ambos. Nosso perigo é que, na tentativa de ganhar dinheiro, ou na busca de qualquer outro objetivo, podemos colocar esse objetivo em um lugar errado e permitir que ele tenha o domínio de nossa mente. O lucro e a piedade não podem ser senhores de nossas almas: nós podemos servir a dois, mas não a *dois senhores*. Você pode viver para este mundo ou viver para o que está por vir, mas viver igualmente para ambos é impossível. Onde Deus reina, o desejo de lucro será deposto.

Oh, que sejamos decididos assim, para que possamos buscar apenas uma coisa! Nós *odiaríamos* o mal e *amaríamos* a Deus, *desprezaríamos* a falsidade e nos *dedicaríamos* à verdade! Precisamos saber como somos afetados, tanto pela justiça quanto pelo pecado; e, quando isso for determinado para nosso conforto, precisamos permanecer honestos, com firmeza intransigente. Mamom é o oposto direto de Deus, tanto hoje como nas épocas antigas, e devemos detestar a sua ganância, o seu egoísmo, a sua opressão e o seu orgulho; ou nós não amamos a Deus.

25. Por isso vos digo: não andeis cuidadosos quanto à vossa vida, pelo que haveis de comer ou pelo que haveis de beber; nem quanto ao vosso corpo, pelo que haveis de vestir. Não é a vida mais do que o mantimento, e o corpo mais do que o vestuário?

Por isso, a fim de que o nosso único mestre seja servido, devemos cessar de servir *ao eu* e ao cuidado desordenado que o egoísmo envolve.

Leia a passagem: *não andeis cuidadosos quanto à vossa vida*. Observe que podemos cuidar, mas não devemos estar ansiosos ou ter cuidados desordenados. As nossas necessidades corporais mais urgentes não devem inundar as nossas mentes. Nossa vida é mais importante do que a comida que comemos ou as roupas que vestimos. Deus, que nos dá a vida, nos dará o pão e a roupa. Devemos nos preocupar mais com o modo como vivemos do que com o que comeremos. O espiritual deve estar antes do corporal, e o que é eterno, antes do que é temporal. O que vestir é de pouquíssima importância em comparação com o que somos. Portanto, cuidemos mais do que é principal, isto é, de concentrar todo o nosso pensamento unicamente para o objetivo todo-atrativo de toda vida verdadeira: a glória de Deus.

26. Olhai para as aves do céu, que nem semeiam, nem segam, nem ajuntam em celeiros; e vosso Pai celestial as alimenta. Não tendes vós muito mais valor do que elas?

As aves são alimentadas por Deus; Ele não nos alimentará? Elas são livres da preocupação que advém de armazenar e negociar; não devemos estar livres também? Se Deus alimenta as aves do céu que não semeiam, nem segam e nem ajuntam, Ele certamente nos suprirá quando nós confiantemente usarmos esses meios. De fato, depender desses meios e esquecer nosso Deus seria loucura. Nosso Rei quer que seus súditos dediquem os corações ao seu amor e serviço e não se preocupem com as ansiedades vis. É bom para nós que tenhamos necessidades diárias, porque elas nos levam ao nosso Pai celestial; mas, se nós estivermos ansiosos, elas são desviadas de seu propósito e transformadas em barreiras que nos afastam do Senhor. Oh, se nós fôssemos tão bons quanto as aves em confiança, uma vez que em dignidade natural nós somos de *muito mais valor do que elas*!

27. E qual de vós poderá, com todos os seus cuidados, acrescentar um côvado à sua estatura?

É de pouca importância se somos altos ou baixos; e, ainda assim, toda a preocupação do mundo não poderia nos fazer um côvado mais altos. Por que, então, nos preocupamos com coisas que não podemos mudar? Se ficarmos preocupados fosse de alguma utilidade, poderia haver alguma desculpa; mas, como não traz nenhum bem, vamos parar de fazê-lo.

28, 29. E, quanto ao vestuário, por que andais solícitos? Olhai para os lírios do campo, como eles crescem; não trabalham nem fiam; e eu vos digo que nem mesmo Salomão, em toda a sua glória, se vestiu como qualquer deles.

As roupas não devem nos preocupar muito; as flores em muito nos superam, mesmo quando usamos nossas melhores roupas. Não devemos estar muito preocupados com a forma como estamos vestidos, pois os *lírios do campo*, que não estão sob os cuidados do jardineiro, são tão gloriosos quanto os reis mais pomposos e, ainda assim, desfrutam de uma vida livre de trabalhos e ansiedades. Belos lírios, como vocês repreendem o nosso nervosismo tolo! A vestimenta dos lírios vem sem preocupação; por que nós sofremos e nos preocupamos com aquilo que Deus dá às plantas, que com nada se preocupam?

Meu Senhor, eu gostaria de louvar-te como o lírio do campo e estar contente com o que tu fazes a mim e com a roupa que tu dás a mim.

30. Pois, se Deus assim veste a erva do campo, que hoje existe, e amanhã é lançada no forno, não vos vestirá muito mais a vós, homens de pouca fé?

Os lírios não somente crescem, mas o próprio Deus os veste com extrema beleza. Esses lírios, quando crescem, parecem ser apenas *erva do campo*, algo muito comum, mas Salomão não poderia excedê-los quando Deus os veste em sua completa veste dourada. Será que Deus se esquece de cuidar de nós, que somos preciosos a Ele? Por que devemos ser tão pouco confiantes, de modo a ter alguma dúvida sobre essa questão? Se o que é de tão breve duração é tão adornado pelo Senhor, creia, Ele guardará os espíritos imortais e até mesmo os corpos mortais com os quais estão associados.

Pouca fé não é uma falha pequena, pois peca grandemente contra o Senhor e, infelizmente, faz sofrer o espírito impaciente. Pensar que o Senhor que veste os lírios deixará os seus próprios filhos nus é vergonhoso. Oh pouca fé, aprenda melhores modos!

31. Não andeis, pois, inquietos, dizendo: que comeremos, ou que beberemos, ou com que nos vestiremos?

"Não estejais, pois, ansiosos" é a interpretação correta. Pense que você não precisa estar ansioso. Os países não estão para sempre sob os cuidados da Trindade? As perguntas deste versículo são extraídas do catecismo de desconfiança dos mundanos. Os filhos de Deus podem tranquilamente trabalhar de dia em dia e lançar fora todos os cuidados que são frutos da inquietude.

32. (Porque todas estas coisas os gentios procuram.) De certo vosso Pai celestial bem sabe que necessitais de todas estas coisas.

Devemos destacar aqueles que são estrangeiros e peregrinos: as *coisas que os gentios procuram* não são boas o suficiente para o Israel de Deus. Os homens do mundo procuram coisas terrenas e não têm disposição para qualquer coisa além disso. Nós temos um Pai celestial e, portanto, temos objetivos e aspirações mais elevados.

Além disso, como nosso Pai sabe tudo sobre nossas necessidades, não precisamos estar ansiosos, pois Ele certamente suprirá todas as nossas necessidades. Que os gentios busquem os seus muitos objetivos carnais, mas que os filhos do Senhor entreguem as suas necessidades temporais ao Senhor de infinita graça e, depois, que eles busquem a única coisa necessária.

Senhor, permita-me ser uma pessoa quieta. E que eu seja tão desejoso pelas coisas celestiais, que entregue completamente os meus cuidados terrenos a ti!

33. Mas buscai primeiro o reino de Deus, e a sua justiça, e todas estas coisas vos serão acrescentadas.

Busque a Deus em primeiro lugar e o restante será oportunamente acrescentado. Quanto a *todas estas coisas*, você não terá que buscá-las, pois elas acontecerão como uma consequência. Deus, que lhe concedeu o céu, não lhe negará o pão durante seu caminho para lá. O *reino de Deus* e a *justiça* própria desse reino: busque por esses, em primeiro lugar, e, em seguida, tudo o que você possivelmente venha a precisar lhe será acrescentado. Promover o reino de Cristo e praticar a justiça é um único objetivo; e que esse seja o único objetivo de nossas vidas! Gastemos a vida nesse único alvo, e ela será bem gasta; quanto aos demais objetivos secundários, eles também serão nossos, se buscarmos em primeiro lugar aquela única coisa.

34. Não vos inquieteis, pois, pelo dia de amanhã, porque o dia de amanhã cuidará de si mesmo. Basta a cada dia o seu mal.

Entenda os versículos anteriores como o argumento para este *pois*. A ansiedade não pode ajudá-lo (v. 27), ela é completamente inútil, ela rebaixaria você ao nível dos pagãos (v. 32); e não há necessidade para isso (v. 33), portanto não antecipe o sofrimento por estar ansioso quanto ao futuro. Nossos afazeres dizem respeito ao dia de hoje. Nós somente devemos pedir o pão a cada dia, e apenas o suficiente para o consumo diário. Trazer as possíveis dores do amanhã para os pensamentos de hoje é uma grande incredulidade. Quando o amanhã trouxer tristeza, ele trará força para aquela tristeza. O hoje exigirá todo o vigor de que precisaremos para lidar com os seus males imediatos; não há nenhuma necessidade de adiantar os cuidados do futuro. Carregar o hoje com tribulações que ainda não chegaram seria sobrecarregá-lo. A ansiedade é vil, mas a ansiedade sobre coisas que ainda não aconteceram é completamente indesculpável. "Lance fora os cuidados, Deus provê para hoje."

Oh meu coração, que descanso há para você se entregar ao Senhor e deixar todas as suas próprias preocupações com Ele! Preocupe-se com os negócios do seu Senhor, e Ele cuidará dos seus negócios.

MATEUS 7.1–12
O REI CONTINUA A REGULAR O COMPORTAMENTO DE SEUS SÚDITOS

Jesus agora lida com os nossos assuntos e relacionamentos com os nossos semelhantes, como antes Ele regulou a nossa devoção pessoal a Deus e nossos próprios assuntos particulares.

1, 2. Não julgueis, para que não sejais julgados. Porque com o juízo com que julgardes sereis julgados, e com a medida com que tiverdes medido vos hão de medir a vós.

Use seu julgamento, é claro. O versículo não proíbe que você julgue segundo a reta justiça. Mas não critique os outros em uma forma de censura ou como se estivesse investido de autoridade e tivesse o direito de realizar o julgamento de seus companheiros. Se você atribuir motivos e fingir ler corações, os outros farão o mesmo em relação a você. Um comportamento duro e censurador certamente provocará represálias. Aqueles ao seu redor agirão com você conforme você agiu com eles e o medirão segundo você os mediu. Você não se opõe aos homens que formam uma opinião correta acerca de seu caráter e não está proibido de fazer o mesmo em relação a eles; contudo, assim como você se oporia ao julgamento negativo deles ao seu respeito, não os julgue. Este não é o tempo do julgamento, nem nós somos juízes de sua majestade e, portanto, não podemos antecipar a hora marcada para o juízo final, nem devemos roubar as prerrogativas do juiz de toda a terra.

Certamente, se eu me conheço devidamente, não preciso julgar de modo a prejudicar outros homens, pois eu posso me ocupar plenamente no tribunal de minha própria consciência, para julgar os traidores dentro do meu próprio peito.

3-5. E por que reparas tu no argueiro que está no olho do teu irmão, e não vês a trave que está no teu olho? Ou como dirás a teu irmão: deixa-me tirar o argueiro do teu olho, estando uma trave no teu? Hipócrita, tira primeiro a trave do teu olho, e então cuidarás em tirar o argueiro do olho do teu irmão.

A capacidade de julgar é mais bem utilizada entre os nossos próximos. Nossa tendência é observar os argueiros nos olhos de outros homens, e não ver a trave em nossos próprios. Em vez de *reparar* com alegria no olhar a pequena falha dos outros, agiremos sensatamente se *virmos* a nossa maior culpa. É *a trave em nosso olho* que nos cega para a nossa própria maldade, mas tal cegueira não é suficiente para nos desculpar, uma vez que, evidentemente, não fechamos os olhos para o pequeno erro de nosso irmão. O intrometido se comporta como oculista; mas, em verdade, o seu comportamento é de tolo. Suponha que um homem com uma trave em seu olho pretenda lidar com uma parte muito sensível de alguém, como o olho, e tente remover algo tão pequeno como um *argueiro*! Não é um hipócrita aquele que finge estar tão preocupado com os olhos de outros homens e, ainda assim, nunca cuida dos seus próprios? Jesus é gentil, mas Ele chama esse homem de *hipócrita*, que reclama de coisas pequenas em outros e não presta atenção às grandes questões em sua própria pessoa. Nossas reformas devem começar em nós mesmos, ou elas não são verdadeiras e não fluem de um motivo certo. Podemos repreender o pecado, mas não se também cedemos a ele. Podemos protestar contra o mal, mas não se voluntariamente o praticamos. Os fariseus eram rápidos em censurar, mas lentos em se corrigirem. Nosso Senhor não terá seu reino composto por teóricos hipócritas; Ele ordena obediência prática às regras da santidade.

Depois de nós mesmos sermos santificados, somos obrigados a ser olhos para o cego e a corrigir a vida profana, mas não antes disso. Até que tenhamos piedade pessoal, a nossa pregação sobre a santidade é pura hipocrisia. Que nenhum de nós provoque o Senhor a chamar-nos: *hipócrita*!

6. Não deis aos cães as coisas santas, nem deiteis aos porcos as vossas pérolas, não aconteça que as pisem com os pés e, voltando-se, vos despedacem.

Quando os homens são, evidentemente, incapazes de perceber a pureza de uma grande verdade, não a estabeleça diante deles. Eles são como mero cão, e, se você anunciar as coisas santas a eles, serão provocados a *voltarem-se e vos despedaçarem*. As coisas santas não são para o profano. Enquanto eles forem cães, não serão autorizados a entrar no lugar santo. Quando você estiver no meio dos viciosos, que são como *porcos*, não anuncie os mistérios preciosos da fé, pois eles irão desprezá-los e *pisarão com os pés*. Você não deve provocar desnecessariamente o ataque sobre si mesmo ou sobre as verdades mais elevadas do evangelho. Você não deve julgar, mas não deve agir sem julgamento. Não considere os homens serem cães ou porcos; porém, quando eles se confessarem serem os tais, ou, por sua conduta, agirem como se fossem, não coloque ocasiões no caminho deles para a demonstração de seu caráter maligno. Os santos não devem ser simplórios; eles não devem ser juízes, mas também não devem ser tolos.

Grande Rei, quanta sabedoria os teus preceitos exigem! Eu preciso de ti, não somente para abrir a boca, mas também, às vezes, para mantê-la fechada.

7, 8. Pedi, e dar-se-vos-á; buscai, e encontrareis; batei, e abrir-se-vos-á. Porque, aquele que pede, recebe; e, o que busca, encontra; e, ao que bate, abrir-se-lhe-á.

Nem sempre você pode falar sobre as coisas celestiais para os homens, mas para Deus sim.

Pedir, buscar, bater; que a sua oração seja adequada para o caso; que ela aumente de intensidade; que ela progrida conforme a grandeza do seu objetivo. Receber um presente é simples; encontrar um tesouro é mais enriquecedor; entrar em um palácio é o melhor de todos. Cada forma de oração é prescrita, aceita e recompensada de uma maneira adequada à sua característica. A promessa é universal a todos os que obedecem ao preceito. As ordens estão em oposição aos métodos de cuidados ansiosos que foram denunciados no capítulo anterior; e elas são encorajamentos para os preceitos de ajudar e não resistir, estabelecidos anteriormente, desde que tendo recebido de Deus, podemos muito bem dar aos homens que pedem e até mesmo ceder àqueles que demandam injustamente. Com tais estoques ilimitados no comando, não devemos ser mesquinhos ou litigiosos. Senhor, ajuda-me a acabar com a ansiedade e abundar em pedir, buscar e bater; assim, em breve transbordarei em ação de graças.

9, 10. E qual de entre vós é o homem que, pedindo-lhe pão o seu filho, lhe dará uma pedra? E, pedindo-lhe peixe, lhe dará uma serpente?

Nós erramos nas coisas temporais e pedimos como pão o que pensamos ser assim, quando na verdade é uma pedra. Confundimos uma serpente com um peixe e imploramos por isso como por um peixe. Nosso Pai celestial corrige a nossa oração e dá-nos não o que ignorantemente pedimos, mas o que nós realmente precisamos. A promessa de dar o que pedimos é explicada aqui e estabelecida em sua verdadeira luz.

Essa é uma correção graciosa aos insensatos que poderiam ler as palavras do Senhor no sentido mais literal e nos fazer imaginar que todos os nossos caprichos devem apenas ser assunto de oração, a fim de que sejam realizados. Nossas orações vão para o céu em uma versão revisada. Seria algo terrível se Deus sempre nos desse tudo o que pedimos. Nosso Pai celestial *sabe dar* muito melhor do que nós sabemos pedir.

11. Se vós, pois, sendo maus, sabeis dar boas coisas aos vossos filhos, quanto mais vosso Pai, que está nos céus, dará bens aos que lhe pedirem?

Nós, embora maus em nós mesmos, corrigimos os erros de nossos filhos em suas solicitações a nós, e muito mais o nosso todo-sábio e bom Pai celestial, em suas concessões, corrigirá os erros de nossas súplicas. Ele dará o bem que nós não pedimos e reterá o mal que nós tão imprudentemente solicitamos. Conhecemos os nossos filhos e conhecemos pelos nossos filhos, embora nós sejamos pobres criaturas más; o nosso Pai, perfeitamente bom, o qual conhece todas as coisas, não ordenará os seus dons mais graciosamente? Sim, temos a certeza de que Ele o fará. *Quanto mais*, diz o nosso Senhor, e Ele não diz o quanto mais, mas deixa isso para as nossas meditações. Não sabemos o que devemos pedir como convém; mas, em sua perfeição, Ele sabe como dar como convém; e Ele fará assim. Ele dará *bens* e, especialmente, o seu Espírito Santo, que é a soma de todo o bem. Senhor, eu desejo pensar mais em ti do que em minha própria oração; mais sobre o teu Filho do que sobre a minha própria fé; e mais sobre o teu Espírito Santo do que sobre todos os outros bens.

12. Portanto, tudo o que vós quereis que os homens vos façam, fazei-lo também vós, porque esta é a lei e os profetas.

Tudo o que foi dito antes nos conduz a isso, e defende-o, e então Ele diz: *Portanto*. Será instrutivo olhar para trás e pensar nisso. Que o meu leitor medite sobre isso.

Nesta passagem, o nosso Rei nos dá a sua *regra de ouro*. Coloque-se no lugar do outro e então aja em relação a ele como gostaria que ele agisse em relação a você sob as mesmas circunstâncias. Essa é uma justa regra real, um preceito sempre à mão, sempre aplicável e sempre certo. Aqui você pode ser um juiz e, ainda assim, não julgar os outros, mas julgar pelos outros. Essa é a soma do Decálogo, do Pentateuco e de todas as Sagradas Escrituras.

Oh, se todos os homens agissem de acordo com esse preceito, não haveria escravidão, nem guerra, nem terror, nem contenda, nem mentira e nem roubo, tudo seria justiça e amor! Que reino é esse que tem uma tal lei? Esse é o código cristão. Esse é o resumo de tudo o que é justo e generoso. Nós adoramos o Rei de cuja boca e coração tal lei fluiu. Essa regra é uma prova do caráter divino de nossa santa religião. A prática universal dela por todos os que se denominam cristãos chamaria à convicção o judeu, o turco[20] e o infiel, com mais rapidez e segurança do que todas as apologias e argumentos que o testemunho ou a piedade dos homens poderiam produzir.

Senhor, ensina essa regra a mim! Escreve-a nas tábuas de carne do meu coração regenerado! Escreve-a por completo em minha vida!

---

[20] *Turco* era o termo comumente utilizado para se referir a *muçulmanos* na época de Spurgeon.

MATEUS 7.13–23
O REI ENSINA OS SEUS SERVOS A DISCERNIREM E A DISTINGUIREM

13, 14. Entrai pela porta estreita; porque larga é a porta, e espaçoso o caminho que conduz à perdição, e muitos são os que entram por ela; e porque estreita é a porta, e apertado o caminho que leva à vida, e poucos há que a encontrem.

Esteja sempre prosseguindo em sua jornada. Entre pela porta no início do caminho e não fique hesitante. Se é o caminho certo, você descobrirá que a entrada é um pouco difícil e extremamente estreita, pois exige abnegação e demanda estrita obediência e vigilância de espírito.

Mesmo assim, *entrai pela porta estreita*. Quaisquer que sejam as desvantagens pelo pequeno número de peregrinos ou pela estreiteza da entrada, ainda assim escolha essa porta e entre por ela. É verdade que existe um outro caminho, amplo e muito frequentado, mas este conduz à destruição. Os homens vão à ruína ao longo da via expressa, mas o caminho para o céu é um caminho árduo. Podem chegar outros tempos, quando, então, uma multidão estará no caminho estreito; mas, atualmente, para que alguém seja popular, deve ser *largo* — *largo* na doutrina, na moral e na espiritualidade. Porém, aqueles na estrada estreita irão direto para a glória, e aqueles no caminho largo irão todos para as trevas exteriores. Tudo está bem quando acaba bem; nós podemos consentir andar em um lugar estreito no caminho certo, em vez de andarmos em um lugar espaçoso no caminho errado, porque o primeiro termina na vida eterna, e o segundo conduz apressadamente à morte eterna.

Senhor, livra-me da tentação de estar no caminho *amplo* e mantém-me no caminho estreito, embora poucos o encontrem.

15. Acautelai-vos, porém, dos falsos profetas, que vêm até vós vestidos como ovelhas, mas, interiormente, são lobos devoradores.

Temos necessidade de fazer julgamentos e temos de provar os espíritos daqueles que professam ser enviados de Deus. Há homens que têm grandes dons, mas que são *falsos profetas*. Estes simulam a aparência, a linguagem e o espírito do povo de Deus, ao passo que eles realmente querem devorar as almas, assim como os lobos têm sede do sangue das ovelhas. *Vestidos como ovelhas*, eles têm uma ótima aparência, mas precisamos olhar o que está encoberto e descobrir os *lobos*. Um homem é o que ele é *interiormente*. Precisamos *tomar cuidado*. Esse preceito é oportuno atualmente. Devemos ser cuidadosos não somente com o nosso caminho, mas com os nossos líderes. Eles vêm até nós; eles vêm como profetas; eles vêm com todas as recomendações exteriores; mas eles podem ser como Balaão e certamente amaldiçoarão aqueles que fingem abençoar.

16. Por seus frutos os conhecereis. Porventura colhem-se uvas dos espinheiros, ou figos dos abrolhos?

Seus ensinamentos, a sua vida e o seu efeito sobre nossas mentes serão um teste seguro para nós. Toda doutrina e teoria podem ser assim julgadas. Se colhermos *uvas* deles, eles não são *espinheiros*; se eles não produzem nada além de *abrolhos,* eles não são figueiras. Alguns objetam o presente método prático de teste, mas os cristãos sábios o manterão como o critério final. Qual é o efeito da teologia moderna sobre a espiritualidade, a devoção e a santidade do povo? Ela tem qualquer bom efeito?

17, 18. Assim, toda a árvore boa produz bons frutos, e toda a árvore má produz frutos maus. Não pode a árvore boa dar maus frutos; nem a árvore má dar frutos bons.

Todo homem produz de acordo com a sua natureza; ele não pode fazer o contrário. *A árvore boa produz bons frutos; a árvore má, frutos maus*. Não há possibilidade de o efeito ser maior e melhor do que a causa. O verdadeiramente bom não produz o mau; isso seria contrário à sua natureza. O radicalmente mau nunca se eleva de modo a produzir o bom, embora pareça fazê-lo. Portanto, um e outro podem ser conhecidos pelo fruto específico de cada um. Nosso Rei é um grande mestre da prudência. Nós não devemos julgar, mas devemos conhecer, e a regra desse conhecimento é tão simples quanto segura. Tal conhecimento dos homens pode nos salvar do grande dano que nos sobrevirá caso nos associemos com pessoas más e enganosas.

19. Toda a árvore que não dá bom fruto corta-se e lança-se no fogo.

Aqui está o fim para o qual as coisas más tendem. O machado e o fogo aguardam o ímpio, embora eles pareçam ter as boas folhas da profissão de fé[21]. Apenas dê tempo suficiente e cada homem na terra que não tem qualquer bom fruto encontrará o seu castigo. Não é apenas o ímpio, que carrega frutos maus, que será cortado, mas o morto, o homem que não dá fruto positivamente bom, também será lançado ao fogo.

20. Portanto, pelos seus frutos os conhecereis.

Não cabe a nós saber como serão queimados, nem cabe a nós queimá-los, mas nós devemos *conhecê-los*. Esse conhecimento serve para nos levar a evitarmos ficar sob a sombra ou influência de falsos mestres. Quem deseja construir o seu ninho sobre uma árvore que está prestes a ser cortada? Quem escolheria uma árvore estéril para ser o centro de seu pomar?

Senhor, permita-me lembrar que devo me julgar por essa regra. Faz-me uma verdadeira árvore frutífera.

21. Nem todo o que me diz "Senhor, Senhor!" entrará no reino dos céus, mas aquele que faz a vontade de meu Pai, que está nos céus.

Nenhuma homenagem verbal será suficiente: *Nem todo o que me diz*. Podemos crer na divindade de nosso Senhor e podemos fazer um grande esforço para repetidamente afirmá-la como o nosso: *Senhor, Senhor*; mas, se não obedecemos às ordens do Pai, nós não prestamos a verdadeira honra ao Filho. Podemos confessar nossos deveres para com Jesus e assim chamá-lo: "Senhor, Senhor"; porém, se nós nunca, na prática, realizarmos essas obrigações, de que valem as nossas afirmações? Nosso Rei não recebe em seu reino aqueles cuja religião está nas palavras e cerimônias, mas apenas aqueles cujas vidas exibem a obediência do verdadeiro discipulado.

---

[21] Cf. Mateus 21.19 e Marcos 11.13-14.

22, 23. Muitos me dirão naquele dia: Senhor, Senhor, não profetizamos nós em teu nome? E em teu nome não expulsamos demônios? E em teu nome não fizemos muitas maravilhas? E então lhes direi abertamente: nunca vos conheci; apartai-vos de mim, vós que praticais a iniquidade.

Somente um credo ortodoxo não é o suficiente para nos salvar, nem mesmo se for acompanhado de posição oficial e serviço. Essas pessoas disseram: *Senhor, Senhor*; e, além disso, alegaram ter profetizado ou pregado em seu nome. Toda a pregação do mundo não salvará o pregador se ele não pratica o que prega. Sim, e ele pode ter sido bem-sucedido a um grau muito elevado: *e em teu nome não expulsamos demônios?*, e, ainda assim, sem a santidade pessoal, ele próprio será expulso como os demônios. Aqueles homens se gabaram do sucesso de terem tido sobre si circunstâncias surpreendentes de interesses variados: *e em teu nome não fizemos muitas maravilhas?*; e, ainda assim, eles podiam ser desconhecidos para Cristo. Por três vezes as pessoas são descritas como fazendo tudo *em teu nome*; e, mesmo assim, o Senhor, cujo nome eles usaram tão livre e ousadamente, não conhecia nada sobre eles e não lhes permitiu permanecerem em sua presença. O Senhor não pode suportar a presença daqueles que o chamam de *Senhor, Senhor* e depois praticam a iniquidade. Eles professavam conhecê-lo, mas Ele declarará: *nunca vos conheci*.

Quão solene é esse lembrete para mim e para outros! Nada revelará se somos verdadeiros cristãos, senão quando fazemos sinceramente a vontade do Pai! Podemos ser conhecidos por todos como tendo grande poder espiritual sobre os demônios e os homens e, ainda assim, nosso Senhor pode não nos confessar no grande dia, mas pode nos expulsar como impostores, os quais Ele não pode tolerar em sua presença.

MATEUS 7.24-29
O REI RESUME O SEU DISCURSO

24,25. Todo aquele, pois, que escuta estas minhas palavras, e as pratica, assemelhá-lo-ei ao homem prudente, que edificou a sua casa sobre a rocha; e desceu a chuva, e correram rios, e assopraram ventos, e combateram aquela casa, e não caiu, porque estava edificada sobre a rocha.

Estamos ouvindo o nosso Senhor, e, naturalmente, significa que estamos aceitando o que Ele diz como autoridade; isso é mais do que alguns fazem, neste momento, pois eles julgam os ensinamentos do Senhor. Mas ouvir não é suficiente, precisamos *praticar essas coisas*. Deve haver piedade prática, ou nada está certo dentro de nós. O ouvinte praticante construiu uma casa com um fundamento estável: a coisa mais sábia e mais segura, porém a mais dispendiosa e trabalhosa de ser feita. Aflições vieram a ele. Sua sinceridade e veracidade não o impediram de ser provado. De alto a baixo, e de todos os lados, vieram as provações: *chuva, inundações e vento*. Nenhum anteparo é interposto, pois todos esses *combateram aquela casa*. Essa é uma estrutura firme, mas as provações se tornam tão graves, que nada pode salvar a casa, senão a força de sua fundação, porque o apoio principal é bastante inamovível, toda a casa é preservada: *não caiu*. Ela pode ter sofrido danos eventuais e ter sido muito maltratada pelas intempéries, mas *não caiu*. Que a rocha eterna seja louvada; depois da terrível tribulação, podemos dizer sobre a nossa fé: *não caiu, porque estava edificada sobre a rocha.*

26,27. E aquele que ouve estas minhas palavras, e não as cumpre, compará-lo-ei ao homem insensato, que edificou a sua casa sobre a areia; e desceu a chuva, e correram rios, e assopraram ventos, e combateram aquela casa, e caiu, e foi grande a sua queda.

O mero ouvinte está em uma má situação. Ele também é um construtor de casas. Ouvir as declarações do Senhor o faz trabalhar, e esse trabalho se destina a lhe oferecer abrigo e conforto. Ele *edificou a sua casa*, ele era prático e perseverante, e não começou e a deixou inacabada, ele a concluiu.

No entanto, embora fosse laborioso, ele era *insensato*. Sem dúvida, ele construiu rapidamente, pois a sua fundação não lhe custou nenhum trabalho pesado; suas escavações foram feitas rapidamente, pois não havia rocha a ser escavada: *ele edificou a sua casa sobre a areia.* Mas as provações vêm até mesmo aos professos insinceros. Não somos todos nascidos para tribulações?[22] O mesmo tipo de aflições vem para o insensato e para o sábio, e opera exatamente da mesma maneira, mas o resultado é muito diferente.

Caiu. Esta é uma palavra solene. Aquela era uma bela casa e prometia permanecer por eras, mas *caiu*. Havia pequenas falhas na edificação, porém a sua principal fraqueza era subterrânea, no lugar secreto da fundação: o homem *construiu a sua casa sobre a areia*. Os fundamentos estavam errados.

O estrondo foi terrível; o som foi ouvido de longe: *foi grande a sua queda*. A sua ruína foi definitiva e irrecuperável. Muitos ouviram a queda e muitos mais viram as ruínas, que permaneceram como um memorial perpétuo do resultado da loucura que é estar satisfeito com ouvir e negligenciar a prática.

28,29. E aconteceu que, concluindo Jesus este discurso, a multidão se admirou da sua doutrina; porquanto os ensinava como tendo autoridade; e não como os escribas.

O sermão acabou, e qual foi seu resultado? Nunca houve tão grande pregador e Ele nunca fez um discurso maior do que esse. Quantos se arrependeram? Quantos foram convertidos? Nós não ouvimos nada a respeito de qualquer um. A verdade divina, mesmo quando pregada perfeitamente, por si mesma não afetará o coração a ponto de levá-lo à conversão. A mais poderosa *autoridade* não produz obediência, a menos que o Espírito Santo subjugue o coração do ouvinte.

A multidão se admirou. Isso foi tudo? Temo que foi. Duas coisas surpreenderam a multidão: o conteúdo e a forma de seu ensinamento. Eles nunca ouviram tal *doutrina* antes; os preceitos que Jesus havia pregado eram muito novos para os seus pensamentos, mas a sua principal surpresa estava na forma. Havia certamente um poder, um peso sobre o ensino, como nunca tinham visto nos instrutores profissionais comuns. Ele não levanta questões nem fala com hesitação; Ele não cita uma autoridade nem oculta a sua própria

---

[22] Cf. Jó 5.7.

responsabilidade por se esconder atrás de grandes nomes. *Os ensinava como tendo autoridade.* Ele falou como Rei, a verdade em si era o seu próprio argumento e demonstração. Ele ensinou profeticamente, como alguém inspirado desde o alto. Os homens acharam que Ele falava como um enviado de Deus. Não foi culpa da parte deles ficarem admirados, mas foi um crime grave ficarem *admirados*, e nada mais.

Meu Salvador, esta foi uma resposta miserável para o teu justo discurso como Rei: *a multidão se admirou*. Assegura para mim que eu não me importe em surpreender as pessoas, mas que eu possa ganhá-las para ti; e isso com os meus melhores esforços. Se eu faço com que elas se admirem, e nada mais, nunca posso queixar-me, pois como o discípulo estaria acima de seu Senhor?

MATEUS 8.1-18
O REI, TENDO FALADO EM SABEDORIA, AGE COM PODER

1. E, descendo ele do monte, seguiu-o uma grande multidão.

A curiosidade atraiu a multidão. Nosso Senhor era popular, mas Ele nunca valorizou essa popularidade para o seu próprio bem. Ele era sábio demais para pensar muito naquilo que é tão inconstante. No entanto, temos o prazer de ver essas multidões se reunirem para ouvir a Palavra, pois pode advir algum bem disso. Jesus *desceu* para levantar multidões.

2. E, eis que veio um leproso, e o adorou, dizendo: Senhor, se quiseres, podes tornar-me limpo.

Este versículo inicia com *eis*. Não era maravilhoso que grandes multidões viessem a Jesus, mas era uma maravilha que um leproso cresse que Ele poderia remover uma doença incurável. O leproso prestou honra divina a Cristo; e, se Jesus fosse apenas um bom homem, e nada mais, Ele teria recusado o culto com santa indignação. Aqueles que chamam Jesus de *Senhor* e não o adoram são mais doentes do que esse leproso. Ele possuía uma grande fé, pois, tanto quanto sabemos, ninguém creu antes em Jesus dessa maneira. A lepra gera grande desespero, mas aquela pobre criatura se ergueu acima de qualquer dúvida: se Jesus quisesse, mesmo ele poderia ser curado.

Ele não duvidou da vontade do Salvador quando disse: *Senhor, se* [...]. Não, antes, ele tanto cria no poder de nosso Senhor, que ele sentiu que tinha apenas que dispor a sua vontade e a cura seria feita imediatamente. Nós temos uma fé como essa? Estamos convencidos de que a simples vontade de Jesus nos traria uma ajuda decisiva?

Senhor, eu posso e irei tão longe quanto esse leproso, e ainda mais.

3. E Jesus, estendendo a mão, tocou-o, dizendo: quero; sê limpo. E logo ficou purificado da lepra.

Qualquer outra pessoa teria sido contaminada por tocar um leproso, mas o poder de cura que estava em Jesus repeliu a contaminação. Ele nos toca com o dedo de sua humanidade, porém Ele não se contamina por isso. Seu toque prova a sua condescendência, a sua compaixão e a sua comunhão. Não foi por toque acidental: *Jesus, estendendo a mão*. Nosso Senhor veio até nós pelo seu próprio ato e vontade; Ele estava determinado a vir até nós, em toda a nossa repugnância e contaminação. Após o toque, veio a palavra: *quero*. Alguém bem observou que Jesus nunca diz *não quero*. Ele quer, queiramos nós ou não. *Sê limpo* foi a palavra real de alguém consciente de seu poder abundante. Que obra, limpar um leproso! No entanto, isso é muito fácil para o nosso Rei, considerando que Ele é divino; se Ele não fosse Deus, a incredulidade seria muito razoável.

Com que prazer Jesus falou! Com que alegria o leproso ouviu! Com que curiosidade os transeuntes observavam! Eles não tiveram que esperar, pois o milagre seguiu imediatamente a palavra, sem um instante de demora. A cura foi instantânea. Jesus falou e tudo foi feito. Nosso Rei ter deixado o seu trono para ficar ao lado do leproso foi o maior de todos os milagres; e depois nós não nos admiramos de que outros milagres tenham fluído deste.

4. Disse-lhe então Jesus: olha, não o digas a alguém, mas vai, mostra-te ao sacerdote, e apresenta a oferta que Moisés determinou, para lhes servir de testemunho.

Nosso Senhor não buscava engradecer a sua própria reputação. Ele procurou não receber a honra dos homens e Ele não quis aumentar as multidões que, mesmo agora, tornavam quase impossível que Ele prosseguisse com seu trabalho. Ele buscou a utilidade, e não a fama. Teria sido difícil para o leproso não ter dito nada a ninguém, mas ele deveria ter feito isso quando ordenado. Que falemos, ou fiquemos em silêncio, conforme o nosso Senhor exigir.

A antiga lei permanecia, e nosso Senhor quis honrá-la enquanto ela durasse; portanto, o leproso curado deveria ir ao sacerdote, apresentar a sua oferta e obter do oficial adequado uma comprovação de saúde. Além disso, ele assim testemunharia à nação que havia alguém entre eles que poderia curar a lepra. O homem estava limpo e, ainda assim, ele deveria ir à cerimônia purificado! Depois de obtermos o que é significado por uma ordenança, não devemos renunciar o sinal, mas antes devemos nos submeter à ordenança com cuidado. Quão prudente foi da parte de nosso Senhor não remover os regulamentos antigos até que viesse o tempo completo para a introdução dos novos!

5-7. E, entrando Jesus em Cafarnaum, chegou junto dele um centurião, rogando-lhe, e dizendo: Senhor, o meu criado jaz em casa, paralítico, e violentamente atormentado. E Jesus lhe disse: eu irei, e lhe darei saúde.

Um gentio se aproxima de nosso Rei; um soldado, um dos opressores de Israel; e nosso Senhor recebe-o com um *eu irei*, assim como Ele recebera o leproso. Esse oficial romano veio a Ele por causa de seu criado. É bom que os senhores se preocupem com os seus servos, especialmente quando estão doentes. E melhor ainda é quando eles vão a Jesus por seus servos, como esse centurião fez.

O criado estava na casa do seu senhor. Ele não tinha saído com ele porque o criado estava doente. O gentil senhor vê o servo no leito e simpaticamente descreve o que tinha visto. Ele busca uma cura, mas não prescreve ao Senhor como ou onde Ele deve realizá-la. De fato, ele não pede em palavras, mas relata o caso e permite que a tristeza fale. Que o jovem estava *violentamente atormentado* é mencionado como um argumento para mover nosso Senhor à piedade. Não se vê muitas vezes a paralisia e dor aguda unidas, porém o centurião vigilante havia observado esses sintomas e os comunica a Jesus. Não o mérito, mas a miséria deve ser a nossa alegação para com o Salvador. Nosso Senhor precisou de pouquíssima súplica. Ele prontamente disse: *Eu irei*. Senhor, diz isso para nós a respeito daqueles por quem nós amorosamente intercedemos!

8, 9. E o centurião, respondendo, disse: Senhor, não sou digno de que entres debaixo do meu telhado, mas dize somente uma palavra, e o meu criado há de sarar. Pois também eu sou homem sob autoridade, e tenho soldados às minhas ordens; e digo a este: vai, e ele vai; e a outro: vem, e ele vem; e ao meu criado: faze isto, e ele o faz.

O centurião não quis dar trabalho ao Senhor, de modo que Ele precisasse ir até sua casa. Ele se sentiu indigno de ser servido dessa forma por tal Senhor. Ele argumenta que *uma palavra* bastará. Ele estava *sob autoridade* e, portanto, podia exercer autoridade sobre os outros. Ele cria que o Senhor Jesus também tinha uma comissão do poder supremo e que isso o fortalecia para exercer senhorio sobre todas as menores forças do universo; e tal comando Ele poderia exercer à distância, com uma única palavra. Se os soldados iam e vinham conforme a ordem de um centurião, muito mais do que doenças seria dissipado pela Palavra do Senhor Jesus. Esse era um argumento suposto, mas era justo e resoluto. Que nós também conheçamos Jesus sob autoridade, Jesus com autoridade e a nós mesmos sob a autoridade de Jesus! Que nós também creiamos na onipotência da Palavra de Deus, prossigamos e provemos o seu poder nos corações dos homens! Oh tu que és o nosso Rei, demonstra o teu poder real!

10. E maravilhou-se Jesus, ouvindo isto, e disse aos que o seguiam: em verdade vos digo que nem mesmo em Israel encontrei tanta fé.

Jesus se maravilhava em ver qualquer homem crer, pois os homens são incrédulos por natureza. Ele se alegra em ver algum gentio crer, pois, infelizmente, os ouvintes favorecidos são lentos para confiar n'Ele. Ele se maravilha por um soldado, um oficial, ter *tanta fé*. Jesus não faz o elogio na frente do centurião, mas Ele o *disse aos que o seguiam*. Evite elogiar jovens convertidos. Aprenda pelo que nosso Senhor disse, que Ele busca por fé, e a busca entre os ouvintes da Palavra; que Ele não costuma encontrá-la; mas, quando encontra, a fé pode ser tão grande, de modo a surpreendê-lo. Grande fé pode crescer onde há pouco solo, e nenhuma fé pode vir de onde tudo parecia prometê-la e promovê-la. Uma grande fé é muito querida pelo Senhor Jesus, mas Ele se maravilha quando a encontra, pois é muito rara.

11, 12. Mas eu vos digo que muitos virão do oriente e do ocidente, e assentar-se-ão à mesa com Abraão, e Isaque, e Jacó, no reino dos céus; e os filhos do reino serão lançados nas trevas exteriores; ali haverá pranto e ranger de dentes.

O céu será preenchido. Se os prováveis não virão, os improváveis virão. Muitos amados já estão lá: *Abraão, e Isaque, e Jacó*. *Do oriente e do ocidente*, virão multidões, sem serem impedidas pela distância, e elas compartilharão o mesmo céu, como os patriarcas do passado. Como é triste pensar que os descendentes daqueles patriarcas serão lançados fora como reprovados, *lançados nas trevas exteriores* e deixados em agonia, *rangendo os dentes*! Que inversão! O mais próximo é lançado fora, e o mais distante é aproximado! Quantas vezes esse é o caso!

O centurião vem do campo até Cristo, e o israelita vai da sinagoga para o inferno. A prostituta se curva aos pés de Jesus em arrependimento, enquanto o fariseu hipócrita rejeita a grande salvação. Oh, que esse incidente possa docemente nos persuadir a crer muitíssimo, que nenhum de nós duvide do poder do Filho de Deus encarnado!

13. Então disse Jesus ao centurião: vai, e como creste te seja feito. E naquela mesma hora o seu criado sarou.

Na palavra *vai*, vemos que, muitas vezes, um retorno às nossas funções comuns e à nossa habitual quietude de espírito pode ser a melhor prova de que nossa fé tenha obtido a bênção prometida. Por que ele deveria permanecer, se obteve tudo o que buscava? Sim, que ele vá para casa e usufrua dos frutos do seu êxito em oração. O Senhor frequentemente dá em proporção à fé. *Como creste te seja feito* é uma palavra pela qual somos autorizados a trazer a nossa própria medida e definir o padrão da bênção que gostaríamos de obter. Nosso Senhor falou a palavra, conforme o desejo do centurião. O resultado foi imediato e pleno: não somente a vida foi poupada, mas a saúde foi restaurada. Muitas vezes, prolongar-se em oração é apenas um resmungar da descrença; devemos voltar às nossas atividades após crermos na Palavra do Senhor e honrarmos sua veracidade.

Senhor, concede-me fé suficiente para ir às minhas atividades, tendo feito a oração da fé. No mesmo momento em que eu crer em ti, agrada-te em operar o milagre que eu desejo.

14. E Jesus, entrando em casa de Pedro, viu a sogra deste acamada, e com febre.

Jesus chega a um lugar onde havia febre. A piedade não torna saudáveis os lugares insalubres. Pedro tinha uma esposa, que os assim chamados sucessores de Pedro se lembrem desse fato. A mãe de sua esposa estava com febre. A santidade não garante imunização contra a enfermidade. Essa sogra era uma mulher especialmente boa, pois vivia com o seu genro, que anelava por ver a sua saúde restaurada. O Senhor Jesus viu a enferma, pois ela não foi colocada em um quarto, e *Ele* não teve o cuidado de se manter longe da doença contagiosa. Jesus não temeu a febre.

Nosso Senhor vê todos os nossos queridos doentes, e nisso reside a nossa esperança de sua cura.

15. E tocou-lhe na mão, e a febre a deixou; e levantou-se, e serviu-os.

Nosso Senhor era solícito para com os seus amigos, e, portanto, tocou a mão da mulher, e por meio de um toque a curou. O primeiro milagre neste capítulo foi por um toque, o segundo, por uma palavra, e agora este foi por um toque novamente; tudo isso é a mesma coisa para Jesus. A cura foi instantânea e completa. Nós esperávamos ler que a febre a enfraqueceu, mas as curas de nosso Senhor são sempre perfeitas. Ela se sentiu tão ativa, que se levantou com vigor suficiente para trabalhar, e nem precisamos adicionar que ela estava grata o bastante para servir o seu médico e todos os seus amigos. Nenhuma prova de cura da febre do pecado é mais certa do que a seriedade santa dos curados em fazer obras dignas de gratidão por aquele que os restaurou.

16. E, chegada a tarde, trouxeram-lhe muitos endemoninhados, e ele com a sua palavra expulsou deles os espíritos, e curou todos os que estavam enfermos.

Nosso Senhor tinha dias longos; o pôr do sol não cessava o seu poder. Pessoas sábias traziam os seus doentes à sua presença logo que o *Sabath* terminava. Ele vivia como que em um hospital — e era um hospital de pessoas com doenças incuráveis — que tinha *muitos* enfermos; ainda assim, nenhum caso estava além de sua capacidade. Ele expulsou demônios que possuíam pobres homens e mulheres; não somente ordenou que eles saíssem, mas *expulsou* com uma divina violência. Quanto às enfermidades, Ele não se omitiu de nenhuma, Ele curou todos os que estavam enfermos. O Rei lutou com legiões de inimigos e prontamente venceu todos eles. O que eram demônios ou enfermidades diante do Senhor onipotente? Sua palavra ainda é todo--poderosa.

17. Para que se cumprisse o que fora dito pelo profeta Isaías, que diz: Ele tomou sobre si as nossas enfermidades, e levou as nossas doenças.

Seus atos de cura mostraram a sua compaixão ativa pelos homens. Tornando-se homem, Ele considerou as enfermidades do homem como sendo as suas próprias enfermidades. Ele olhou para os males dos homens como se fossem seus próprios e não demorou um momento para removê-los.

Além disso, a cura sobrecarregou a sua estrutura corporal, que foi oprimida com o fardo da dor humana. Enquanto saía virtude d'Ele, o seu organismo era enfraquecido; e, assim, enquanto a sua força saía em direção aos homens, as fraquezas destes pareciam se dirigir para Ele. Jesus curvou as suas costas pelo nosso fardo e, assim, levantou-o naqueles ombros que foram esmagados até o chão por tal carga.

Oh Senhor, que eu nunca me esqueça de que irmão tu és e quão seguramente a tua ajuda nos prova que verdadeiramente te compadeces das nossas aflições!

18. E Jesus, vendo em torno de si uma grande multidão, ordenou que passassem para o outro lado.

Ele fugia da popularidade. Tendo curado todos os que estavam enfermos, o médico real procurava um novo lugar para agir. Ele viu as multidões se tornando perigosas, e talvez muito entusiasmadas, e por isso Ele tomou um barco para a outra margem, de modo que estivesse longe de seus atos precipitados. Muitas vezes nós cortejamos a notoriedade que nosso Senhor evitou. Isso não é porque somos seduzidos por motivos inferiores, os quais não tinham poder sobre Ele? Não devemos tender para o lado em que somos bajulados, mas devemos *passar para o outro lado*, para começarmos um novo trabalho. Além disso, *o outro lado* pode ser onde mais nós somos necessários, e é certo mesmo deixar uma multidão que teve a sua porção de privilégio, para irmos até aqueles poucos que ainda não tiveram uma oportunidade graciosa.

Senhor, envia-me, para que eu *passe para o outro lado*! Vem comigo, e eu começarei novamente.

MATEUS 8.19-22
NOSSO REI CONHECE OS SEUS VERDADEIROS SEGUIDORES

19,20. E, aproximando-se dele um escriba, disse-lhe: mestre, aonde quer que fores, eu te seguirei. E disse Jesus: as raposas têm covis, e as aves do céu têm ninhos, mas o Filho do homem não tem onde reclinar a cabeça.

Este escriba ficou encantado com o que ouviu e viu de nosso Senhor? Nós pensamos que sim. Em um súbito acesso de entusiasmo, ele o chama de *mestre*. Ele provavelmente havia percorrido o litoral em busca de Jesus e declara que sempre o seguirá, por onde o mestre for. Seu discipulado é incondicional, não se importando com tempo ou lugar: *aonde quer que fores, eu te seguirei*. Ele seguiu a Cristo sem ser chamado, pois o Senhor não tinha dito a ele: "Segue-me". Esse foi o melhor fruto da natureza, mas não era o resultado da graça. Nosso Rei logo testa a lealdade proclamada de modo muito enfático, dizendo ao novo convertido que Ele era um mestre tão pobre, que os animais dos campos e *as aves do céu* tinham melhor situação de habitação do que Ele. Se o líder estava tão mal, havia uma pobre perspectiva para o seu seguidor. Quão grande foi a humilhação de nosso Senhor e Rei! Ele não tinha nenhum palácio e nenhuma veste de seda. Ele, que era nossa cabeça, não tinha onde reclinar a sua própria cabeça.

Será que esse escriba aceitou ter o seu nome inscrito entre os pobres alunos de um mestre sem-teto? Nós não sabemos. E como fica o nosso caso? Podemos seguir uma causa sem esperar ganhar um único centavo? Podemos proclamar uma doutrina que é desprezada?

21. E outro de seus discípulos lhe disse: Senhor, permite-me que primeiramente vá sepultar meu pai.

O primeiro homem foi muito rápido, o segundo foi muito lento. Essa pessoa era um discípulo, Jesus lhe enviou em uma missão; ele não estava pronto para começar. Ele gostaria de fazer outra coisa primeiro. Isso é algo que tinha a ver com um pai morto. Foi uma falta grave colocar o sepultamento na frente do

Salvador. Seu pai certamente seria enterrado por algum outro membro da família, mas nenhum outro poderia obedecer à ordem de Cristo, além do discípulo que a havia recebido. Nós podemos deixar o trabalho que outro pode fazer quando nosso Senhor nos indica a um serviço pessoal específico. Cristo deve estar em primeiro lugar, e o pai depois. Ordens relativas aos vivos devem ter precedência diante dos deveres para com os mortos. Soldados não podem ser dispensados da guerra por causa de demandas domésticas.

22. Jesus, porém, disse-lhe: segue-me, e deixa os mortos sepultar os seus mortos.

Nosso Senhor repetiu a ordem: *segue-me*. Outros poderiam enterrar os mortos; este discípulo deveria obedecer às suas ordens. Os homens que não são regenerados estão mortos e são muito capazes de participar das atividades relativas aos mortos, como um funeral. Grande parte das preocupações sobre política, táticas partidárias, reuniões de comissões, reformas sociais, divertimentos levianos e assim por diante pode muito propriamente ser descrita como enterro de mortos. Muito disso é um trabalho necessário, apropriado e louvável, mas ainda assim são apenas atividades que um não regenerado pode realizar tão bem quanto os discípulos de Jesus. Que eles o façam; mas, se somos chamados para pregar o evangelho, que nos entreguemos inteiramente à nossa santa vocação. Que o trabalhador mais nobre não se embarace com aquilo que os mundanos podem fazer tão bem quanto ele. *Segue-me* é um preceito que necessitará de nossas forças para realizá-lo, mas pela graça nós obedeceremos.

MATEUS 8.23-27
NOSSO REI GOVERNA O MAR

23. E, entrando ele no barco, seus discípulos o seguiram.

Eles foram sábios por seguirem a Jesus e estavam seguros ao fazê-lo, mas eles não estavam, por isso, livres de tribulação. O barco com Jesus é um lugar feliz, porém as tempestades podem vir até mesmo quando estamos ali.

24. E eis que no mar se levantou uma tempestade, tão grande, que o barco era coberto pelas ondas; Ele, porém, estava dormindo.

Esse mar era sujeito a tormentas e tempestades repentinas, em que o vento soprava de tal forma, que poderia levantar o barco para fora da água. Essa foi uma tempestade forte e incomum, o barquinho parecia perdido, a tempestade o *cobria*. O consolo era que Cristo estava no barco, e sua presença envolvia o barco, tão certamente quanto as ondas o cobriam. No entanto, a presença do nosso grande Senhor não impedirá que sejamos incomodados por uma grande *tempestade*.

25. E os seus discípulos, aproximando-se, o despertaram, dizendo: Senhor, salva-nos! que perecemos.

Ele não se perturbou; sua confiança em seu grande Pai era tão firme, que, embalado no barco, como se fosse em berço, ele dormia tranquilamente. Os ventos uivavam e as águas eram lançadas sobre Ele, mas Jesus dormia. Seus discípulos lhe inquietaram mais do que a tempestade. Eles *o despertaram* com gritos. Eles estavam desconfiados e prontos para criticá-lo com indiferença. A pequena fé orou: *salva-nos*, o grande medo gritou: *que perecemos*. Homens em uma tempestade não podem ser muito seletivos em sua linguagem, mas eles são muito sérios e impacientes. O apelo desses discípulos pode servir a muitos. Aqui havia reverência por Jesus: *Senhor*; uma súplica inteligente: *salva-nos* e um argumento irresistível: *que perecemos*.

26. E ele disse-lhes: por que temeis, homens de pouca fé? Então, levantando-se, repreendeu os ventos e o mar, e seguiu-se uma grande bonança.

Ele falou com os homens primeiramente, porque eles eram os mais difíceis de lidar; o vento e o mar poderiam ser repreendidos depois. Ele questiona os discípulos. Infelizmente, eles haviam questionado Jesus em um sentido indigno! Não há nenhuma razão para a nossa incredulidade. Esse *por que?* é impossível de ser respondido. Se estamos certos de que temos alguma fé, devemos estar errados em ter qualquer medo. Pouca fé, de um ponto de vista, é muito preciosa; mas, sob outro aspecto, é muito injustificável. Por que *pouca fé* em um grande Deus? É bom que seja fé; é mau que seja pouca.

Veja o Senhor levantando-se de sua cama dura. Em dignidade real, Ele se levanta. Uma palavra traz a calma. Assim como havia uma grande tempestade, agora Ele dá uma *grande bonança*; nada era pequeno nessa situação, a não ser a fé dos discípulos. Quando o nosso Senhor repreendeu os ventos, Ele repreendeu da melhor maneira a incredulidade deles. Jesus tem maneiras muito benditas de nos corrigir pela grandeza de sua misericórdia para conosco.

Minha alma, você conhece o que é essa *grande bonança*; daqui em diante, exerça uma grande fé naquele que opera uma grande bonança. Certifique-se de ter aquela fé quando estiver passando por uma grande tempestade.

27. E aqueles homens se maravilharam, dizendo: que homem é este, que até os ventos e o mar lhe obedecem?

Foi bom eles terem se maravilhado, mas seria melhor se eles tivessem adorado. Se Cristo fosse apenas homem, a maravilha sobre Ele teria sido além de toda a admiração. Ele era divino e, portanto, a sua palavra real levou a natureza a submeter-se. Esse é o fim da maravilha do intelecto, mas é o início da adoração do coração. Nesse caso, nosso glorioso Rei revelou a sua glória momentaneamente e ordenou a obediência do mais violento dos elementos. Em nossos próprios casos, quantas vezes já tivemos que clamar: *que homem é este*! Quão grandiosamente Ele tem nos conduzido em meio a tempestades terríveis! Quão facilmente Ele acalmou as ondas de nossas almas! Bendito seja o seu nome! Ainda hoje, *os ventos e o mar lhe obedecem*.

MATEUS 8.28-34
O REI EXPULSA LEGIÕES

28. E, tendo chegado ao outro lado, à província dos gadarenos, saíram-lhe ao encontro dois endemoninhados, vindos dos sepulcros; tão ferozes eram, que ninguém podia passar por aquele caminho.

Será que eles saíram para se opor a Jesus? Enquanto Ele pisa no litoral, Satanás intenciona fazê-lo recuar com duas legiões de demônios? Os túmulos constituíam o castelo de Satanás; ele usou a loucura daqueles homens afligidos como suas armas de guerra. Eles tinham afugentado todo mundo; eles avançarão contra o Senhor Jesus? Eles foram *ferozes*; será que assustarão Jesus, para que fuja?

29. E eis que clamaram, dizendo: que temos nós contigo, Jesus, Filho de Deus? Vieste aqui atormentar-nos antes do tempo?

Este é o antigo grito: "Cuide da sua vida! Não interfira em nossos assuntos! Deixe-nos e vá para outro lugar!". Os demônios nunca gostam de ser interferidos. Mas se demônios não têm relação com Jesus, Jesus tem algo a ver com eles. Sua presença é um tormento para os demônios. Eles sabem que a hora vem, quando eles receberão plenamente o seu inferno, mas esse tempo parece ser antecipado quando o Senhor Jesus invade a sua solidão e observa aquele lugar entre os túmulos. Os demônios aqui falaram e compeliram os lábios dos homens a pleitearem contra si mesmos. Quão parecido é isso com o caso do blasfemador cuja boca é usada para lançar uma maldição sobre si mesmo! Os demônios confessam que Jesus é o *Filho de Deus*, pois mesmo eles não são tão vis para que neguem a sua divindade. Os demônios confessaram que Jesus não estava sob o governo deles: *que temos nós contigo?*; eles também expressaram o temor de sua onipotência e temeram o tormento que mereciam.

30, 31. E andava pastando distante deles uma manada de muitos porcos. E os demônios rogaram-lhe, dizendo: se nos expulsas, permite-nos que entremos naquela manada de porcos.

Aos judeus não era lícito apascentar manadas de porcos, pois estes não eram puros para eles. Os demônios começaram a tremer antes que Jesus dissesse alguma palavra e disseram: *se nos expulsas*. Eles não podem suportar ir ao seu próprio lugar e por isso pedem para entrar nos porcos. Os demônios prefeririam habitar nos porcos a estarem na presença de Jesus. Se eles não poderiam fazer mal aos homens, eles preferiam destruir porcos a ficar sem fazer o mal. Os demônios, no entanto, não podem afligir os porcos sem a permissão de Cristo. Medite sobre esses demônios que orgulhosamente suplicam a Jesus e lhe rogam o pequeno benefício de serem autorizados a entrarem em uma manada de porcos. Verdadeiramente, o Filho de Deus é o Rei! Os lamentos de uma legião de demônios admitem a sua soberania.

32. E ele lhes disse: ide. E, saindo eles, se introduziram na manada dos porcos; e eis que toda aquela manada de porcos se precipitou no mar por um despenhadeiro, e morreram nas águas.

Nosso Senhor nunca desperdiça palavras com os demônios: *E ele lhes disse: ide*. Quanto menos falarmos com os homens maus, melhor é. Uma palavra é suficiente para tais cães como aqueles espíritos atormentadores. Os demônios logo saíram dos lunáticos para os porcos. De um louco para um animal, essa foi uma mudança pequena para um espírito imundo. *A manada de porcos* prefere a morte a ser atormentada por demônios; e, se os homens não fossem piores do que os porcos, eles teriam a mesma opinião. Eles correm rapidamente para onde o diabo os dirige. O diabo dirige os seus porcos para um mau caminho. Os que seguem uma trajetória descendente, sem consideração, serão finalmente destruídos. Os porcos *morreram nas águas*, mas os demônios estão reservados para o juízo do fogo eterno. Não precisamos temer os poderes do inferno, eles fogem desordenadamente diante de nosso Senhor.

33. Os porqueiros fugiram e, chegando à cidade, divulgaram tudo o que acontecera aos endemoninhados.

Bem podem *fugir os porqueiros*! Quando os homens ímpios perecerem, por fim, os seus pastores ímpios passarão por tempos difíceis.

Quão vividamente eles divulgaram a sua história! Nenhum detalhe foi omitido! *Divulgaram tudo*. Provavelmente, todos os detalhes foram exagerados. Assim, eles poderiam se desculpar por perderem os porcos que deveriam guardar, mas que viram ser perdidos diante de seus olhos. Seus empregadores, os donos da manada, devem ter lamentado muito a sua perda, mas eles devem ter tremido quando viram a mão de Deus nisso. Que desgraça terrível para os porqueiros de Gadara! Quem se apiedou deles, uma vez que o seu negócio era ilícito? A história da cura dos endemoninhados foi mencionada pelos porqueiros como uma questão secundária; mas, na verdade, esse era o ponto central da narrativa. Para alguns homens, as almas são secundárias em relação aos porcos. A cura dos dois endemoninhados aumentou a maravilha e atiçou os ouvidos de todos na *cidade*. No entanto, o resultado sobre o povo não foi o esperado.

34. E eis que toda aquela cidade saiu ao encontro de Jesus e, vendo-o, rogaram-lhe que se retirasse dos seus termos.

Esta é uma rara ocorrência de uma cidade inteira encontrando Jesus, e essa cidade foi unânime em seu apelo a Ele. Infelizmente, foi uma unanimidade má! Aqui uma cidade inteira estava reunida em oração, orando contra a sua própria bênção. Pense no Senhor entre eles, curando a pior das doenças e ainda sendo instado a se afastar deles! Eles queriam estar longe do único ser glorioso que poderia abençoá-los. A oração deles foi horrível, mas foi ouvida, e Jesus saiu de seus termos. Ele não forçará a sua companhia a ninguém. Ele será um convidado bem-vindo ou irá embora. Que misericórdia que nosso Senhor não ouve todas as orações desse tipo! O que aconteceria aos blasfemos se as suas imprecações fossem cumpridas?

Oh Senhor, graças te dou, pois não me deixaste quando eu, em minha condição não regenerada, desejei que me deixasses sozinho!

MATEUS 9.1-8
O REI CONTINUA A DEMONSTRAR SEU PODER REAL

1a. E, entrando no barco, passou para o outro lado, e chegou à sua cidade.

Ele já havia atravessado o mar da Galileia por diversas vezes; mas, dessa vez, com mais tristeza do que raiva, havia deixado para trás um povo que havia rogado para que Ele fosse embora dali. Ele havia feito de Cafarnaum a sua própria cidade pelos privilégios com os quais a exaltou. Que nome! *Sua cidade*. Foi uma grande honra o fato de Jesus haver navegado rumo ao seu porto, sim, aquele que foi o grande almirante de todos os mares. Entretanto, a cidade favorecida o recusou e não conheceu o dia de sua visitação. Pode ser que algum de nós seja assim favorecido e se mostre, finalmente, desprezível!

1b, 2. E eis que lhe trouxeram um paralítico, deitado numa cama. E Jesus, vendo a fé deles, disse ao paralítico: filho, tem bom ânimo, perdoados te são os teus pecados.

Aqui o nosso Rei demonstra seu poder sobre as doenças. O homem está triste e paralisado; o peso do pecado está em sua consciência e seu corpo está em prisão. No entanto, ele tem bons amigos, que se unem, e quatro deles o levam até o telhado da casa em que o nosso Senhor está pregando, e o descem, ele e sua cama, por meio de cordas. Eles têm fé em Jesus, e o paralítico também; e o Senhor responde à sua *fé* com uma palavra animadora, Ele o chamou de *filho*. Que doce palavra para um jovem tão debilitado! Sua angústia mental era terrível, e nosso Senhor a removeu com uma palavra. Talvez o pecado da juventude tivesse alguma relação com sua paralisia, e isso era a causa de uma angústia dupla. Ninguém, senão Jesus, poderia perdoar o pecado, mas com uma palavra real Ele pronunciou uma absolvição eficaz.

Isso aconteceu, em primeiro lugar, porque era o que mais desejava o paralítico, porque era maior benefício, porque o mal removido estava na base de todos os outros males e porque Ele, assim, revelou sua majestade e teve a oportunidade de instruir os opositores. Como o rosto do jovem se iluminou quando sentiu o conforto desse perdão eficaz! Ele ainda não conseguia andar, mas se sentia mais feliz do que a língua poderia mencionar. *Perdoados te são os teus pecados* é uma declaração que jamais deixa de trazer *bom ânimo*, mesmo para o coração mais triste.

3. E eis que alguns dos escribas diziam entre si: ele blasfema.

Eles estavam com medo de falar abertamente, mas *diziam entre si*. Cada um desses escribas se sentiu amargurado em relação ao Senhor Jesus, e seus olhares conspiraram para acusá-lo. Eles não o chamaram por seu nome. Eles não sabiam como chamá-lo, nem mesmo em seus corações, eles queriam dizer: "Este", este arrivista, este ninguém, este ser estranho, que é tão grande, que temos medo d'Ele, tão bom, que nós o odiamos. Eles estavam blasfemando-o pelo seu agnosticismo, e, no entanto, esses blasfemos acusavam o Senhor de blasfêmia. Por outro lado, supondo que nosso Senhor era apenas um homem, eles estavam certos. O perdão de pecados é uma prerrogativa exclusiva de Deus. Quem ousa usurpá-la?

Eu sei que só Deus pode perdoar, mas Jesus me perdoou, e, ao fazer isso, Ele não blasfema, pois verdadeiramente Ele é Deus.

4. Mas Jesus, conhecendo os seus pensamentos, disse: por que pensais mal em vossos corações?

Ele é o grande conhecedor dos pensamentos. Já havíamos nos encontrado com a expressão: *vendo a fé deles*, e agora lemos: *conhecendo os seus pensamentos*. Ele questiona os interrogadores. Seus porquês vão à raiz da questão. Somos responsáveis por nossos pensamentos secretos, e o Senhor, um dia, nos chamará para uma prestação de contas a respeito deles. As acusações contra Jesus são sempre irracionais e, quando confrontadas, são completamente silenciadas. Seria bom se muitos dos inimigos de nosso Senhor hoje pudessem ser levados a refletir sobre a pergunta: *por que pensais mal em vossos corações?* Qual é a causa disso? O que há de bom nisso? Por que não deixam de fazê-lo?

5. Pois, qual é mais fácil? dizer: perdoados te são os teus pecados; ou dizer: levanta-te e anda?

Ele responde a seus maus pensamentos através de uma pergunta que para eles era irrespondível. Certamente, as duas coisas estão igualmente além do que o poder humano é capaz. Contudo, dizer *perdoados te são os teus pecados* parece ser mais fácil, pois nenhum resultado aparente deverá ocorrer pelo qual a realidade do que foi dito possa ser testada. Milhares de pessoas fingiram perdoar um homem de seu pecado, as quais não teriam coragem de ordenar a uma doença que desaparecesse. A diferença é que o primeiro discurso pode ficar apenas no *dizer*. Se compararmos os dois milagres, seria impossível chegar a uma resposta a respeito de qual é mais fácil, pois ambos são impossíveis aos homens. Em alguns aspectos, o perdão do pecado é a maior obra dos dois, pois para sua realização é necessário tudo aquilo que envolve a encarnação e a redenção. Nosso Senhor operou ambos os milagres e, assim, confirmou sua alegação de poder por um sinal visível que ninguém poderia questionar.

Aquele que pode perdoar a minha alma pode curar meu corpo, pois este parece ser o mais fácil dos dois atos de misericórdia. Eu posso trazer a Jesus ambas as formas do mal e Ele lidará com elas. Senhor, cura o meu espírito e cura a minha carne! Sim, tu realizarás este trabalho mais efetivamente quando ressuscitares o meu corpo, que será tão incorruptível como o teu.

6. Ora, para que saibais que o Filho do homem tem na terra autoridade para perdoar pecados (disse então ao paralítico): levanta-te, toma a tua cama, e vai para tua casa.

A segunda parte do milagre foi silenciar a objeção capciosa dos escribas: *para que saibais*. Será que eles já haviam entendido isso? O caso ficou claro para eles, mas eles não queriam vê-lo. Jesus, o *Filho do homem*, estando ainda *na terra*, mesmo em sua humilde condição, tinha autoridade e poder para perdoar pecados contra Deus, pois Ele era Deus. Ele provou que *tem na terra autoridade* ao curar o paralítico. Ao exercer o que eles achavam que era necessário maior poder, Ele provou que poderia fazer aquilo que necessitava apenas de um poder menor. Ele ordenou ao homem: *Levanta-te*, ou ergue-te por ti mesmo. Ele diz ainda: *toma a tua cama*, ou enrola a tua cama e a põe sobre teus ombros, e então *vai para tua casa*. Assim, o paciente obediente, pelo livre uso de seus membros, provou por si mesmo que estava totalmente curado. Essa não era uma palavra fácil de ser crida, mas ele, que já tinha recebido o perdão dos lábios de nosso Senhor, não sentiu nenhuma dificuldade em acreditar e viu que sua fé foi honrada. Se o pecado é perdoado, nada é impossível. Certamente se segue que, se Jesus tinha poder na terra para perdoar pecados, Ele pode perdoar abundantemente agora que o vemos como o Filho de Deus, entronizado no céu.

7. E, levantando-se, foi para sua casa.

Seus membros tinham recebido força e, simultaneamente, ele fez o que Jesus lhe ordenou fazer. A fé se apegou ao comando do Salvador e o obedeceu. Não houve atraso, nem ele se desviou da ordem ou falhou em executá-la. Deve ter parecido difícil deixar para trás aquele a quem ele muito devia e ir imediatamente para sua casa, mas ele fez o que lhe foi ordenado, e é aí que ele é um exemplo para todos nós. Ele não foi ao templo como aqueles que confiam nos sacramentos, nem ao teatro com o homem do mundo; ele foi para sua casa. Sua paralisia tinha feito com que sua casa se tornasse triste, e agora a sua cura iria fazer sua família alegrar-se. A restauração de um homem pela graça é mais comemorada em sua própria casa. Senhor, que assim seja em minha casa. Se eu levar a minha cama, ou minha cama me levar, que eu possa fazer tudo para tua glória!

8. E a multidão, vendo isto, maravilhou-se, e glorificou a Deus, que dera tal poder aos homens.

Isto foi visto abertamente por toda *a multidão*. Multidões ouviram falar da maravilha; toda a cidade estava comentando. Evidentemente, aquilo não era uma ilusão, o paralítico desenganado foi verdadeiramente curado, pois ele havia tomado sua cama e ido para casa. As pessoas comuns não contestaram; antes elas se maravilharam, e então tremeram, ficaram receosas e, finalmente, foram levadas à adoração a Deus. Por enquanto tudo estava bem, mas isso não duraria muito tempo. Os homens podem ver, maravilhar-se e até mesmo proferir palavras que glorifiquem a Deus e, contudo, não aceitarem o seu Filho como Senhor. As multidões tiveram bom senso suficiente para dar a glória de tal obra a Deus e de se maravilharem pelo fato de que Deus *dera tal poder aos homens*. Evidentemente, eles viam Jesus como um homem a quem Deus concedeu dons especiais; como um profeta que tinha recebido poder para operar milagres e o usava em favor dos homens. Eles foram tão longe quanto seu conhecimento permitiu; receio que eu possa dizer o mesmo de muitos que, neste dia, se recusam a dar ao nosso Senhor as honras divinas que Ele requer e abundantemente merece. Se o Filho do homem tinha todo esse poder, como podemos limitá-lo como o Filho de Deus? Não deixemos a narrativa até que tenhamos glorificado a Deus por todas as muitas maneiras em que Ele dá poder àqueles que não têm força, cura os crentes da paralisia do pecado e faz deles bênçãos para os outros.

MATEUS 9.9-13
A GRAÇA DO REINO

9. E Jesus, passando adiante dali, viu assentado na recebedoria um homem, chamado Mateus, e disse-lhe: segue-me. E ele, levantando-se, o seguiu.

Assim, o nosso evangelista fala de si mesmo como *um homem, chamado Mateus*. Ele diz que o Senhor lhe *viu*. O quão significativo é esse *ver*! Leitor, que o Senhor lhe veja, seja qual for o seu nome! Mateus era de algum modo alguém como o homem paralítico? Ele menciona sua conversão aqui para sugerir um paralelo? Seu antigo nome tinha sido Levi: Mateus era seu novo nome ou era o que ele tinha tomado quando se tornara um publicano? De qualquer forma, é um belo nome, que significa "dado": ele foi um presente de Jeová. Para nós, ele tem sido um verdadeiro *Teodoro*, ou seja, um presente de Deus, por ser o escritor deste evangelho. Ele era um oficial de um reino e, portanto, estava bem apto para escrever este *evangelho do reino*. Naquele momento, ele estava em sua ocupação, mas foi chamado para uma obra que consiste essencialmente em *dar*. Ele estava sentado *na recebedoria*, mas ele agora seguiu o seu Senhor, fazendo o bem. Uma palavra foi suficiente para sua conversão e obediência: *Segue-me*. É uma palavra muito completa e abrangente. Assim como o homem paralítico, Mateus fez exatamente o que lhe foi dito para fazer: *Ele, levantando-se, o seguiu*. Mateus descreve sua própria conduta a partir de seu conhecimento pessoal, mas ele não usa palavras supérfluas. Ele agiu com grande determinação e presteza. Sem dúvida, ele havia concluído seu expediente; ou, talvez, ele havia acabado de fechar as contas e poderia sair imediatamente, sem causar prejuízo à recebedoria. De qualquer forma, ele cuidou de todas as coisas na recebedoria e, em seguida, seguiu a Jesus como a ovelha segue o seu pastor.

Senhor, que minha obediência a ti seja como a do eco à voz.

10-12. E aconteceu que, estando ele em casa sentado à mesa, chegaram muitos publicanos e pecadores, e sentaram-se juntamente com Jesus e seus discípulos. E os fariseus, vendo isto, disseram aos seus discípulos: por que come o vosso mestre com os publicanos e pecadores? Jesus, porém, ouvindo, disse-lhes: não necessitam de médico os sãos, mas sim os doentes.

O Salvador estava *sentado à mesa*, na casa de Mateus. O novo convertido muito naturalmente chamou seus velhos amigos, para que eles se beneficiassem do ensino de nosso Senhor. Eles viriam para uma ceia mais facilmente do que para um sermão, e então ele lhes deu um banquete e, assim, os atraiu ao lugar onde Jesus estava. Podemos usar todos os meios justos para trazer outras pessoas para ouvir a Palavra. Uma boa parte da ralé veio. *Pecadores*, devido às suas ocupações, bem como pecadores por caráter, compareceram à casa do publicano e se atreveram a sentar *juntamente com Jesus e seus discípulos* como se fossem integrantes de seu grupo. Provavelmente eles tinham sido bons companheiros de Mateus, e agora ele desejava que eles se tornassem seus irmãos em Cristo.

Nosso Senhor aceitou de bom grado a hospitalidade de Mateus, pois desejava fazer o bem para aqueles que mais precisavam ser restaurados. Ele permitiu pessoas de má fama sentaram-se juntamente com Ele e seus discípulos. Essa era uma boa oportunidade para os fariseus escarnecedores. Eles insinuaram que o Senhor Jesus poderia ser uma pessoa pesarosa, visto que chamou aqueles publicamos e pecadores para se aproximarem d'Ele e até permitiu que eles fossem seus companheiros à mesa. *Os fariseus* eram muito cuidadosos em relação à escolha de seus companheiros, pois eles pensavam que sua santidade superior seria rebaixada caso permitissem que os pecadores se assentassem com eles; e agora eles estão com pedras nas mãos para atirar em Jesus enquanto Ele *come com os publicanos e pecadores*.

Os fariseus eram covardes o suficiente para falar da sua objeção a *os seus discípulos* em vez de ao Senhor, mas o líder adiantou-se e logo confundiu os adversários. Seu raciocínio foi insuperável, e sua justificativa, completa. Onde deve estar um médico, senão entre os doentes? Quem deve vir para a casa de um médico, senão aqueles que estão doentes? Assim, nosso Senhor estava mais do que justificado em ser aquele em torno do qual os moralmente doentes deveriam se reunir para a sua cura espiritual.

Senhor, concede que, se alguma vez formos encontrados na companhia de pecadores, possa ser com o objetivo de curá-los, e que nunca venhamos a nos infectar com a sua doença!

13. Ide, porém, e aprendei o que significa: misericórdia quero, e não sacrifício. Porque eu não vim a chamar os justos, mas os pecadores, ao arrependimento.

Nosso Senhor, tendo gloriosamente se defendido das insinuações dos fariseus orgulhosos, agora leva a guerra para o território dos inimigos. Ele lhes diz: *Ide, porém, e aprendei*; e isso por si só era desagradável para aqueles homens que achavam que já sabiam tudo. Eles deveriam aprender o significado de uma passagem das Escrituras encontrada em Oséias 6.6; e esta lhes ensinaria que ter misericórdia dos pecadores é uma obra mais agradável a Deus do que a realização de sacrifícios dispendiosos ou a realização de exercícios religiosos. Eles deveriam aprender que Deus preferia que eles tivessem misericórdia d'Ele mesmo e ordenava que eles fossem misericordiosos para com os outros, antes que viesse a aceitar suas observâncias mais meticulosas.

O Senhor Jesus também lhes falou uma palavra clara quanto ao objetivo de sua vinda entre os homens. Ele não veio para ser servido pelo bom, mas para salvar o mau. Ele veio chamar ao arrependimento aqueles que precisavam de arrependimento, e não aqueles justos que não necessitavam de nenhum arrependimento, se os tais existissem. Essa foi uma sátira muito justa sobre os fariseus e suas noções de si mesmos; mas, ao mesmo tempo, isso era, é e sempre será um grande consolo para aqueles que conhecem sua culpa. Nosso Rei Salvador veio para salvar pecadores reais. Ele não lida com nossos méritos, mas com os nossos deméritos. Não haveria necessidade de nos salvar se não estivéssemos perdidos. O Filho de Deus não faz nenhum trabalho que seja desnecessário; porém, para aqueles que precisam de arrependimento, Ele veio para trazê-lo.

Senhor, eu sou aquele que precisa do teu chamado, pois com certeza, se alguém tem necessidade de se arrepender, este sou eu. Chama-me com o teu chamado eficaz. "Converte-me, e converter-me-ei."[23]

---

[23] Cf. Jeremias 31.18.

MATEUS 9.14-17
A ALEGRIA DO REINO

14. Então, chegaram ao pé dele os discípulos de João, dizendo: por que jejuamos nós e os fariseus muitas vezes, e os teus discípulos não jejuam?

Os discípulos de João, como seu líder, eram ascetas e, portanto, como *os fariseus*, jejuavam muitas vezes. Eles ficaram escandalizados porque os discípulos de Jesus foram vistos em festas e não eram vistos jejuando. Eles não murmuraram em oculto como os escribas, antes falaram face a face. Eles *chegaram ao pé dele*. Como amigos honestos, que se sentiam magoados, eles chegaram ao quartel-general e perguntaram ao próprio Senhor. Essa expressão aberta evitou que houvesse dissensão e foi, portanto, uma atitude prudente. Quando os bons homens diferem, é recomendável levar ao próprio Senhor, pois concordamos que discordar pode ser algo muito bom, mas ter a diferença removida pela explicação é muito melhor.

15. E disse-lhes Jesus: podem porventura andar tristes os filhos das bodas, enquanto o esposo está com eles? Dias, porém, virão, em que lhes será tirado o esposo, e então jejuarão.

Aqui o nosso Senhor respondeu à segunda parte de sua pergunta; a primeira parte eles devem responder por sua própria conta. Eles sabiam, ou deveriam saber, por que eles e os fariseus jejuavam. Então o Senhor Jesus passa a explicar por que os seus discípulos não jejuavam. Ele é *o esposo* que veio para conquistar e ganhar sua noiva; aqueles que o seguiam eram os convidados, os melhores companheiros do noivo; eles deveriam regozijar-se enquanto o noivo estivesse com eles, pois tristeza não é adequada para as bodas. Nosso Senhor é que é o noivo sobre o qual Salomão cantou no Cântico dos Cânticos, e nós que gostamos de sua companhia somos um com Ele em sua alegria. Por que deveríamos jejuar enquanto Ele está conosco? Podemos permitir que pequenas coisas matem nossa grande alegria? Podemos, em coerência com a razão e em harmonia com o respeito pelo nosso Senhor, *chorar e andar tristes enquanto o esposo está conosco*?

Mas Jesus prossegue, dizendo: *Dias, porém, virão, em que lhes será tirado o esposo.* Aqui, primeiramente, Ele se refere à sua morte. Será que os seus discípulos perceberam o aviso? Quando seu amado lhes fosse tirado, eles deveriam jejuar. Quão verdadeiro era isso! Dores vieram sobre eles quando Ele se foi. O mesmo acontece conosco. Nosso Senhor é a nossa alegria, sua presença é o nosso banquete; sua ausência é o nosso jejum, sombrio e amargo. Todo jejum ritualista é uma mera casca, a realidade do jejum é conhecida apenas pelos *filhos das bodas*, quando seu Senhor não está mais com eles. Esse é o jejum de fato, como alguns de nós sabem muito bem.

Não há casamento sem um esposo, nem pode haver algum deleite sem Jesus. Em sua presença, há plenitude de alegria; em sua ausência, há profundidade de miséria. Vamos apenas repousar o nosso coração em seu amor e não desejar mais nada. Tire o senso de seu amor da alma e o que resta é escuro, vazio e quase morte.

16. Ninguém deita remendo de pano novo em roupa velha, porque semelhante remendo rompe a roupa, e faz-se maior a rotura.

Jesus não veio para reparar o manto desgastado de Israel, mas para trazer novas vestes. Mesmo que um simples conserto houvesse sido designado, ele não poderia ter sido feito por meio de seus discípulos copiarem as maneiras antigas. O *pano novo*, que quando for lavado ainda encolherá, não está apto para ser usado como um remendo para consertar a *roupa velha* que já encolheu totalmente após muitas lavagens. Seus discípulos devem agir de forma consistente, e não jejuarem antes do tempo para que possam desfrutar de sua companhia. Eles não eram o tipo de pessoas que deveriam reparar a velha religião do judaísmo, que se tornou desgastada. Eles eram homens *novos*, que não haviam sido encolhidos pelo espírito da tradição; assim, tentar colocá-los dentro do manto da religião ritualística legal não tenderia à unidade, mas ao inverso. Crentes genuínos não deveriam buscar se unirem aos cerimonialistas; eles logo se sentiriam deslocados. Jesus não veio para consertar nossa velha religiosidade exterior, mas para fazer um novo manto de justiça para nós. Todas as tentativas de adicionar o evangelho ao legalismo somente servirão para piorar as coisas. Pode-se acrescentar que as tentativas precipitadas de unir as várias igrejas por entendermos que todos os seus erros estão dentro dos limites da suposta verdade somente servirão para aumentar as atuais e lamentáveis divisões e deixar a verdadeira unidade mais distante.

17. Nem se deita vinho novo em odres velhos; aliás rompem-se os odres, e entorna-se o vinho, e os odres estragam-se; mas deita-se vinho novo em odres novos, e assim ambos se conservam.

Seus ensinamentos e espírito não podem ser associados ao modo farisaico de ordenar as coisas. O judaísmo, em sua condição degenerada, era um odre velho que já havia passado de seu prazo de utilidade, e nosso Senhor não deitaria o *vinho novo* do reino dos céus nele. Os discípulos de João foram tentados a imitar os fariseus e a se unirem em uma causa comum com eles para preservar a antiga igreja.

Jesus não teria nada a ver com esse projeto. Ele faria uma nova igreja para a sua nova doutrina e pelo seu novo espírito. Não deveria haver amalgamação. O cristianismo não deveria ser uma consequência natural do rabinismo[24]. Não deveria ser uma dicotomia entre Jesus e os escribas e sua escola de pensamento, pois Cristo veio resolvido a fazer novas todas as coisas. Esse é um ensino raro em nossos dias e serve de orientação para a presente crise.

Compromissos são frequentemente propostos, e temos boas pessoas, como os discípulos de João, que gostariam de nos conformar com o que eles pensam estar bem, no presente estado de coisas, mas achamos melhor agir de forma consistente e começar de *novo*. A roupa velha será sempre rasgada, e rasgada por conta de nossos remendos novos; portanto, vamos deixar a roupa velha para aqueles que preferem a antiguidade em vez da verdade.

A mistura de festa por ocasião de casamento e jejuns por ocasião de funeral, o remendar roupa velha com remendos de pano novo e a colocação de vinho novo em odres velhos são todas as imagens dessas misturas e compromissos que não podem, na natureza das coisas, servir para qualquer propósito bom e duradouro. Se seguirmos o esposo nos regozijando, não iremos jejuar como os fariseus nem como os sacramentaristas. Não dê atenção aos céticos científicos, pois a fé deles não está em suas mentes, contudo eles conhecem o bastante para nunca ser agnósticos. Vamos fazer com as dúvidas o

---

[24] Rabinismo: este termo abrange as crenças, práticas e preceitos dos rabinos do período talmúdico.

que nós fazemos com o jejum, a mantenhamos bem longe de nossa festa enquanto o esposo ainda está entre nós pelo seu Espírito.

Nós não seguiremos nada ao lado de Jesus, seguiremos Jesus crucificado somente!

MATEUS 9.18–26
O DOMÍNIO DO REI SOBRE A DOENÇA E A MORTE

18, 19. Dizendo-lhes ele estas coisas, eis que chegou um chefe, e o adorou, dizendo: minha filha faleceu agora mesmo; mas vem, impõe-lhe a tua mão, e ela viverá. E Jesus, levantando-se, seguiu-o, ele e os seus discípulos.

Nosso Senhor tinha feito melhor do que falar de comidas e bebidas, festas e jejuns. Ele logo esclareceu esse debate. Enquanto isso, estava sendo travada uma batalha violenta entre a vida e a morte, e Ele era necessário nesse combate.

O sofrimento vem até mesmo sobre as famílias dos nobres da terra. *O chefe* da sinagoga, que era um crente em Jesus, teve sua filha acometida por uma enfermidade que a levou à beira da morte, e provavelmente a essa altura ela estivesse realmente morta. Mas o pai tem uma grande fé. Mesmo que ela esteja morta, Jesus pode restaurá-la apenas com um toque. Oh, se Ele apenas fosse até ela! Ele adora o Senhor e implora, dizendo-lhe: *vem, impõe-lhe a tua mão, e ela viverá*. Temos nós tal fé como essa? Depois de séculos de manifestação, Jesus é tão confiável como nos dias da sua carne? Há entre nós aqueles que ainda não aprenderam a feliz harmonia que vemos na conduta do chefe? Ele veio a Jesus, o adorou, orou a Ele e confiou n'Ele.

Nosso Rei, a quem pertence o poder de vida e morte, atendeu imediatamente à petição da fé e se dirigiu para a casa do líder. O Senhor *segue* os crentes, pois os crentes seguem seu Senhor. É isso que vemos no final do versículo 19.

Jesus age quando oramos, e nós devemos seguir conforme Ele nos conduz. O pregador desce de seu púlpito e se torna um cirurgião para visitar sua paciente. Nosso grande Rabi muito facilmente se desvia das discussões de questões da igreja para ir e ver uma menina enferma, aliás, morta. Ele se sente mais à vontade em fazer o bem do que em qualquer outra coisa.

20, 21. E eis que uma mulher que havia já doze anos padecia de um fluxo de sangue, chegando por detrás dele, tocou a orla de sua roupa; porque dizia consigo: se eu tão somente tocar a sua roupa, ficarei sã.

Aconteceu um incidente na estrada, uma maravilha pelo caminho. Enquanto o Senhor está se dirigindo para o quarto da filha morta do chefe, Ele opera um milagre sem dizer uma única palavra. Ele intentava em seu desígnio ressuscitar uma menina; mas, mesmo que não houvesse previamente intentado, Ele cura uma velha mulher. Os próprios fluir e transbordar de poder de Cristo são preciosos.

Note a palavra *eis*. Aqui temos uma circunstância notável. Essa mulher aflita sofria *havia já doze anos* de uma hemorragia que a enfraquecia e não havia encontrado nenhuma cura, mas agora ela viu o grande operador de milagres e, com uma coragem tímida, rompeu a multidão e tocou na orla de sua roupa. Um grande medo a impedia de se apresentar diante d'Ele. Uma grande fé a levou a acreditar que um toque em sua roupa iria curá-la. Ela era ignorante o suficiente para pensar que a cura não foi do conhecimento de Jesus; mas, contudo, a sua fé viva, apesar de sua ignorância, triunfou sobre a sua timidez. Era sua própria ideia tocar n'Ele e furtar uma cura: Ela *dizia consigo*. Foi a sua sabedoria que a levou a realizar o que havia determinado. Pobre alma! Era a única chance e ela não iria perdê-la. Aconteceu que a roupa de nosso Senhor foi puxada para trás em meio à multidão, e ela foi capaz de, com o dedo, atingir a orla de sua roupa. Ela acreditava que isso seria suficiente, e assim foi. Oh, se estivéssemos tão desejosos de sermos salvos como ela estava de ser curada! Oh, se tivéssemos tanta confiança em Jesus a ponto de termos a certeza dela, de que, se entrássemos em contato com Ele, mesmo pela menor promessa e a menor fé, Ele poderia e iria nos salvar!

Minha alma, quando você está em necessidade urgente, seja corajosa para se aproximar de seu Senhor; pois, se um toque em sua roupa curará, que esta virtude venha sobre você!

22. E Jesus, voltando-se, e vendo-a, disse: tem ânimo, filha, a tua fé te salvou. E imediatamente a mulher ficou sã.

Nós não temos toda a história aqui. Será bom a lermos conforme é encontrada em Marcos 5 e Lucas 8. Jesus sabia tudo o que estava acontecendo atrás d'Ele. Se as costas d'Ele estão viradas para nós agora, isso não necessariamente será sempre assim, pois Ele *voltou-se*. Mesmo quando o medo a faria se esconder de Jesus, Ele a observa tremendo. Seu olho a encontrou rapidamente, pois sabia para onde olhar. *E Jesus [...] vendo-a.* Sua voz a animou com tons alegres de aceitação. Ele não reprovou sua ignorância atrapalhada, mas elogiou a bravura de sua fé e consolou seu coração tremente. A orla de sua veste e um dedo são suficientes para estabelecer um contato entre um crente sofredor e um Salvador Todo-poderoso. Por essa linha da fé, foi enviada a sua mensagem, e o amor foi sua resposta. Ela *ficou sã*, e sabia disso, mas temia quando fosse encontrada e que viesse a perder a bênção e receber uma maldição. Esse medo logo desapareceu: Jesus a chamou de *filha*. Ele foi o pai dela porque Ele havia gerado a fé nela. Ele lhe deu *bom ânimo*, porque ela tinha boa fé. Foi a sua roupa que ela tocou, mas foi a sua fé que a havia movido a fazer isso; portanto, nosso Senhor disse: *a tua fé te salvou*; e, assim, Ele colocou a coroa sobre a cabeça de sua fé, porque a fé já tinha posto a coroa na cabeça d'Ele. No momento em que tocamos em Jesus, somos feitos sãos, sim, *imediatamente*. Que possamos tocá-lo agora e que esta hora seja tão memorável para nós como aquela foi para ela!

23, 24. E Jesus, chegando à casa daquele chefe, e vendo os instrumentistas, e o povo em alvoroço, disse-lhes: retirai-vos, que a menina não está morta, mas dorme. E riam-se dele.

O luto funeral já havia começado. *Os instrumentistas* haviam começado as suas discórdias hediondas. Amigos desconfiados estavam ansiosos para enterrá-la antes do tempo devido; e nós mesmos somos muito propensos a cair no mesmo erro em relação aos outros. Em nossa incredulidade, solicitamos empresas funerárias e pranteadores para o enterro daqueles que ainda viverão por anos. Nós não temos muita esperança em relação àqueles a quem Jesus irá salvar; ou começamos a fazer *alvoroço* onde uma atitude silenciosa e graciosa seria muito mais adequada.

Jesus interrompe a canção da morte, pois esta era prematura e até mesmo falsa em seu significado. Ele disse aos instrumentistas: *retirai-vos*. Muitas coisas têm que ser retiradas quando Jesus entra em cena; e Ele cuida para que eles se retirem, pois Ele os coloca para fora da sala. Para Ele, a menina está dormindo, em vez de morta, porque Ele está prestes a chamá-la de volta à vida. Ele vê o futuro, bem como o presente, e, sob este aspecto, para Ele *a menina não está morta, mas dorme*. O Senhor Jesus não quer gaiteiros, flautistas e pranteadores; sua própria voz é mais adequada para operar no quarto em que a menina está morta. Jesus irá operar maravilhas, e as performances dos instrumentistas contratados não estão em sintonia com isso.

Quando Jesus diz aos instrumentistas contratados que não haverá necessidade de continuar com o funeral, pois a menina viverá, eles respondem com zombarias, porque eles têm certeza de que ela está morta. É uma coisa vergonhosa rir de Cristo. No entanto, Jesus "suportou tais contradições dos pecadores contra si mesmo"[25] e não se irou. Nós não precisamos nos espantar quando somos ridicularizados, pois *riram-se dele*. Nem podemos parar o nosso trabalho por causa da zombaria, porque Jesus continuou com o seu trabalho de ressuscitar a menina apesar dos escarnecedores.

25. E, logo que o povo foi posto fora, entrou Jesus, e pegou-lhe na mão, e a menina levantou-se.

Vemos que o povo irreverente não contemplou o mistério majestoso da ressurreição; ele foi *posto fora*. Além disso, o alvoroço dos pranteadores não era um acompanhamento adequado para a palavra poderosa do Salvador. As pessoas foram retiradas, e então o Senhor *entrou* para operar seu milagre. Ele gosta de trabalhar na quietude. Aqui há instruções para a vida da igreja moderna, para que o alvoroço e a agitação popular sejam retirados, antes que isso seja feito pelo Senhor.

Quando lemos: *e pegou-lhe na mão*, somos lembrados de quando Jesus tocou a sogra de Pedro. Ele mostra uma familiaridade sagrada com aqueles a quem salva. Não é dito neste evangelho que Ele falou, e, assim, o contraste entre o vácuo do alvoroço e seu poderoso silêncio é notado claramente. A vida

---

[25] Cf. Hebreus 12.3.

havia deixado a menina, mas o resultado foi o mesmo que no caso da sogra de Pedro, que ainda estava viva: *ela se levantou*. Jamais havia acontecido antes de uma menina morta levantar-se! Esse é o primeiro caso de ressurreição de nosso Senhor; era o de quem tinha acabado de morrer, e é típico da doação da vida espiritual às pessoas que ainda não chegaram ao estágio de corrupção e que necessitam ser carregadas, como o filho da viúva; ou de deterioração real, que requeria o enterro, como no caso de Lázaro. Em cada caso, o milagre foi o mesmo, mas as circunstâncias eram muito diferentes, de modo que recebemos variadas instruções.

Senhor, pega nossos amados filhinhos pela mão e levanta-os para a vida eterna enquanto são crianças!

26. E espalhou-se aquela notícia por todo aquele país.

A notícia da ressurreição dos mortos certamente se espalharia, especialmente pelo fato de haver ocorrido com a filha do chefe da sinagoga. Onde a nova vida é concedida, não haverá temor de que ela deixe de ser notada. Jesus terá *fama*, se recebemos a vida, e devemos tomar cuidado para que isso seja assim.

MATEUS 9.27-31
O TOQUE DO REI CURA O CEGO

27. E, partindo Jesus dali, seguiram-no dois cegos, clamando, e dizendo: tem compaixão de nós, filho de Davi.

Assim que Jesus partiu, logo surgiram novos candidatos para que sua generosidade fosse exercida: dois cegos buscavam ser curados por Ele. Dois homens cegos haviam se tornado companheiros de aflição; eles podem ter sido pai e filho. Eles estavam em uma situação extremamente séria, *pois seguiram-no dois cegos, clamando, e dizendo: tem compaixão de nós*. O seu apelo era perseverante e veemente, e ainda inteligente. Eles pensavam o mesmo a respeito de Jesus e, portanto, adotaram o mesmo comportamento e fizeram uma única oração a uma única e mesma pessoa. Nosso Senhor é aqui chamado por seu nome real: *Filho de Davi*. Mesmo os cegos poderiam ver que Ele era filho de um rei. Como Filho de Davi, Ele é instado a mostrar misericórdia e agir de acordo com sua natureza real. É a *misericórdia* que nos dá nossas capacidades e é somente a misericórdia que pode restaurá-las.

Essa oração nos convém quando percebemos a ignorância de nossas próprias mentes. Quando não pudermos ver o nosso caminho até a verdade, vamos clamar ao nosso Senhor pela sua instrução graciosa; sempre lembrando que não temos nenhuma reivindicação, exceto a que se origina em sua misericórdia.

28. E, quando chegou a casa, os cegos se aproximaram dele; e Jesus disse-lhes: credes vós que eu possa fazer isto? Disseram-lhe eles: sim, Senhor.

Eles estavam muito desejosos de serem abençoados. Eles não deixaram a Jesus. Eles o pressionaram, e, mesmo ao chegar *a casa*, Ele não teve nenhuma privacidade ou descanso. Eles *se aproximaram dele*, do próprio Jesus. O Senhor quer que lhe mostremos nossa fé e por isso pergunta o que eles creem acerca d'Ele mesmo. Jesus não faz nenhuma pergunta sobre os seus olhos, mas apenas sobre a sua fé; esse é sempre o ponto vital. Eles não podiam ver, mas podiam crer; e assim fizeram. Eles tinham uma fé específica quanto ao assunto sobre o qual eles oraram, pois nosso Senhor lhes perguntou abertamente: *credes vós que eu possa fazer isto?*; eles também tinham uma visão clara do caráter daquele a quem eles suplicaram, pois já o haviam chamado de *Filho de Davi*, e agora eles o chamaram de *Senhor*.

29. Tocou então os olhos deles, dizendo: seja-vos feito segundo a vossa fé.

Mais uma vez, Ele evoca a fé deles; e, dessa vez, lança toda a responsabilidade sobre a confiança que eles depositavam n'Ele. *Seja-vos feito segundo a vossa fé*. Ele lhes tocou com a mão, mas eles também deveriam tocá-lo com a sua fé. *Seja-vos feito segundo a vossa fé*, Ele costuma agir continuamente de acordo com essas palavras poderosas, de modo que podemos usá-las, para muitas bênçãos, como uma regra do reino. Temos a medida correspondente de nossas próprias misericórdias; nossa fé obtém mais ou menos, de acordo com a sua própria capacidade de receber. Se esses homens possuíssem meramente uma fé fingida, teriam permanecido cegos. Se nós não crermos verdadeiramente em nosso Senhor, morreremos em nossos pecados.

30. E os olhos se lhes abriram. E Jesus ameaçou-os, dizendo: olhai que ninguém o saiba.

Ambos os homens viram, simultaneamente, o milagre duplo aconteceu. De companheiros na escuridão, eles agora são companheiros na luz. De modo singular, essas duas almas tiveram, assim, o mesmo desfecho! Esse foi um duplo fato singular e merecia ser amplamente conhecido, mas o nosso Senhor tinha sábias razões para exigir silêncio. Ele *ameaçou-os*. *Jesus* não lhes deixou nenhuma opção: Ele exigiu silêncio completo. Ele, que lhes abriu os olhos, também fechou suas bocas. Jesus não desejava fama; Ele queria menos aglomeração, desejava evitar agitação e, portanto, ordenou peremptoriamente: *Olhai que ninguém o saiba*.

31. Mas, tendo eles saído, divulgaram a sua fama por toda aquela terra.

Eles muito diligentemente divulgaram o que foram ordenados a manter em segredo, até que a notícia se espalhou *por toda aquela terra*. Nisso, eles erraram muito e provavelmente causaram tantas inconveniências ao Salvador, devido à pressão da multidão, que Ele teve que sair daquele local. Nós não podemos esperar fazer o que é certo, se desobedecemos ao nosso Senhor. Mesmo que a obediência pareça natural, é desobediência e não deve ser escusada. Mesmo que os resultados acabem por ser vantajosos, certamente não devemos desobedecer ao comando de nosso Senhor. O silêncio é melhor do que o ouro quando nosso Rei o ordena. Ele não procura aplausos, nem fará com que a sua voz seja ouvida nas ruas para que seja reconhecido por estar fazendo uma grande obra. Seus seguidores fariam bem em imitar seu exemplo.

Nós não nos maravilhamos de que o nome de nosso Senhor tenha se tornado famoso quando havia essas pessoas para divulgá-lo. Quão séria e eloquentemente esses dois homens, anteriormente cegos, contaram o relato de que Ele abriu os seus olhos! Nós não somos proibidos, mas exortados a divulgar as maravilhas da sua graça. Não podemos falhar nesse dever natural, necessário e útil. Mais e mais, deixe-nos *divulgar a sua fama*.

MATEUS 9.32–35
O REI E OS ENDEMONINHADOS

32. E, havendo-se eles retirado, trouxeram-lhe um homem mudo e endemoninhado.

Assim que uma dupla de pacientes deixa a cirurgia, outra pobre criatura entra. O caso é impressionante. Ele não veio livremente ou por sua própria vontade: *trouxeram-lhe*. Assim deveríamos levar os homens a Jesus. Ele não pediu ajuda, porque ele era *um homem mudo*. Vamos abrir as nossas bocas a favor do mudo. Ele não é ele mesmo, pois está *endemoninhado*. Pobre criatura! Algo será feito por ele?

33. E, expulso o demônio, falou o mudo; e a multidão se maravilhou, dizendo: nunca tal se viu em Israel.

Nosso Senhor não lida com os sintomas, mas com a fonte da doença, mesmo com o espírito maligno. *O demônio foi expulso*; e isso é mencionado como se fosse a sequência natural das coisas, quando Jesus entrou em cena. O demônio havia silenciado o homem, e, assim, quando o mal se foi, *falou o mudo*. Como gostaríamos de saber o que ele disse! Contudo, o que ele disse não importa, a maravilha era que ele pudesse dizer qualquer coisa. O povo confessou que essa era uma maravilha sem precedentes; e, nisso, eles apenas disseram a verdade: *Nunca tal se viu em Israel*. Jesus é muito bom em surpreender. Ele tem novidades de poder gracioso. As pessoas foram rápidas para expressar sua admiração; contudo, vemos poucos sinais de sua fé na missão de nosso Senhor. É uma pequena coisa se maravilhar, mas é uma grande coisa acreditar.

Oh Senhor, dá-nos as pessoas ao nosso redor para que vejamos tais avivamentos e conversões, quais nunca se viram antes!

34. Mas os fariseus diziam: Ele expulsa os demônios pelo príncipe dos demônios.

É claro, eles já tinham alguma fala cruel pronta. Não havia nada muito ruim com que eles pudessem acusar Jesus. Eles fizeram essa ímpia declaração sobre o nosso Senhor, que em outro lugar tão facilmente a respondeu[26]. Eles sugeriram que tal poder sobre os demônios se dava em virtude de um pacto profano com o *príncipe dos demônios*. Certamente isso chegava muito perto do pecado imperdoável.

35. E percorria Jesus todas as cidades e aldeias, ensinando nas sinagogas deles, e pregando o evangelho do reino, e curando todas as enfermidades e moléstias entre o povo.

Esta foi a sua resposta às calúnias e blasfêmias dos fariseus. Que resposta gloriosa! Vamos responder à calúnia tendo maior zelo em fazer o bem. Lugares pequenos não eram desprezados por nosso Senhor: Ele percorria *as aldeias*, bem como *as cidades*. A aldeia piedosa é de extrema importância e tem uma relação estreita com a vida da cidade. Jesus se voltou para velhas instituições de boa fama, as "sinagogas" se tornaram seus seminários. O seu ministério era triplo: expor o antigo, proclamar o novo e curar os doentes.

Observe a repetição da palavra *todas*, como isso mostra a amplitude de seu poder de cura. Tudo isso se relacionava à sua realeza, pois foi *o evangelho do reino* que Ele proclamou. Nosso Senhor foi "o grande itinerante": Jesus andava pregando e curando. Sua missão possuía um caráter médico, bem como o de uma viagem evangelística. Quão felizes são as pessoas que têm Jesus entre elas! Oh, que possamos agora ver mais de seu trabalho entre nosso próprio povo!

---

[26] Cf. Lucas 11.15-20.

MATEUS 9.36-38
O REI SE COMPADECE DAS MULTIDÕES

36. E, vendo as multidões, teve grande compaixão delas, porque andavam cansadas e desgarradas, como ovelhas que não têm pastor.

Uma grande multidão demanda compaixão, pois sugere muito pecado e necessidade. Neste caso, o grande desejo era instrução: elas *andavam cansadas*, por isso desejavam descanso; elas estavam *desgarradas* por falta de orientação.

Eles tinham vontade de aprender, mas não tinham mestres adequados. *Ovelhas que não têm pastor* estão em uma situação doentia. Famintos, cansados e desprotegidos, o que será deles? Nosso Senhor, ao ver as multidões, se compadeceu no íntimo de sua alma. Ele *teve grande compaixão*. O que Ele viu não afetou unicamente seus olhos, mas seu coração. Ele foi dominado pela simpatia. Toda a sua estrutura foi agitada com uma emoção que colocou todas as suas faculdades em movimento vigoroso. Ele está agora mesmo comovido em relação às nossas pessoas da mesma maneira. Ele *tem grande compaixão*, se nós não temos.

37, 38. Então, disse aos seus discípulos: a seara é realmente grande, mas poucos os ceifeiros. Rogai, pois, ao Senhor da seara, que mande ceifeiros para a sua seara.

Seu coração pesado procurou consolo entre os *seus discípulos* e falou a eles. Ele lamentou a escassez de trabalhadores. Muitos eram os fingidos, mas os verdadeiros *ceifeiros* eram poucos. Os feixes estavam se estragando. As multidões estavam prontas para serem ensinadas, como trigo maduro está pronto para a foice, mas havia poucos capazes de instruí-las, e onde mais poderiam ser encontrados homens capazes de ensinar?

Somente Deus pode *mandar ceifeiros*. Ministros feitos pelo homem são inúteis. Ainda hoje os campos estão sobrecarregados com senhores que não podem usar a foice. Ainda assim, os ceifeiros verdadeiros são poucos e distantes entre si. Onde estão os ministérios instrutivos e ganhadores de almas? Onde estão aqueles que sofrem dores de parto pela salvação de seus ouvintes? Vamos implorar ao Senhor da seara para cuidar de sua própria colheita e enviar seus próprios homens. Que muitos que possuem um coração sincero sejam movidos pela pergunta: "A quem enviarei, e quem há de ir por nós?", e respondam: "Eis-me aqui, envia-me a mim"[27].

---

[27] Cf. Isaías 6.8.

MATEUS 10.1–15
O REI COMISSIONA SEUS OFICIAIS

1. E, chamando os seus doze discípulos, deu-lhes poder sobre os espíritos imundos, para os expulsarem, e para curarem toda a enfermidade e todo o mal.

Veja a maneira de fazer apóstolos. Eles foram os primeiros feitos *discípulos* e, mais tarde, os discipuladores de outros. Eles eram especialmente d'Ele e, em seguida, foram destinados para serem bênçãos para os outros homens. Jesus os *chamou a si*; e, assim, o seu mais elevado chamado veio a eles. Na presença de seu Senhor, eles receberam a sua capacitação: *deu-lhes poder*. O mesmo acontece conosco em nosso próprio ofício especial? Vamos nos achegar a Ele, para que possamos estar vestidos com a sua autoridade e cingidos com a sua força.

O poder dado aos apóstolos era miraculoso, mas era uma imitação de seu Senhor, e as palavras aplicadas a ele são muito semelhantes às que vimos serem usadas em seus milagres de cura. Os doze foram comissionados para representar o seu Senhor. Nós também podemos ser capacitados para fazer o que Jesus fez entre os homens. Oh, se recebêssemos tal capacitação!

2. Ora, os nomes dos doze apóstolos são estes: o primeiro, Simão, chamado Pedro, e André, seu irmão; Tiago, filho de Zebedeu, e João, seu irmão.

O Espírito Santo não se opõe a estatísticas verdadeiras: havia *doze apóstolos*. Este foi um número completo, nem de mais nem de menos; é um número que estabelece uma ligação entre o Israel espiritual e a nação que o havia tipificado. O Espírito Santo não tem amor a anônimos nem ao uso de iniciais, como alguns fazem nestes dias. Ele dá os nomes, e por que não?

A ordem observada é esta: *O primeiro*, pois ele geralmente se coloca em primeiro lugar, e foi, por sua energia e habilidade, o mais apropriado para ser o líder: *Simão, chamado Pedro, uma pedra*; e uma pedra bem sólida ele veio a ser.

Em seguida, vem *André, seu irmão*. É bom quando os irmãos na carne são irmãos em espírito. Em seguida, vêm *Tiago e João*, os dois filhos do trovão; um deles se tornou um mártir, o outro foi indescritivelmente amado pelo Senhor Jesus.

3. Filipe e Bartolomeu; Tomé e Mateus, o publicano; Tiago, filho de Alfeu, e Lebeu, apelidado Tadeu.

Parece provável que *Bartolomeu* seja Natanael, a quem *Filipe* levou a Jesus: eles estão bem juntos. *Bartolomeu* nunca é mencionado sem um *e*: ele era um tipo de homem que deveria trabalhar com outras pessoas. É também provável que *Lebeu* seja Judas, ou *Judas, não o Iscariotes*, pode ter havido alguma ligação entre ele e Tiago. Um homem pode ter um pseudônimo e, ainda assim, não ser um desconhecido. Observe como Mateus busca manter em nossa mente o fato de que ele havia sido um publicano. Com santa gratidão, ele registra, assim, a sua antiga condição, para que a graça que o chamou possa se tornar mais evidente. *Tomé* foi tão verdadeiramente chamado pelo Senhor quanto qualquer um deles, embora fosse aquele cuja mente continha dúvidas angustiantes.

4. Simão, o Zelote, e Judas Iscariotes, aquele que o traiu.

Assim, eles vão sendo citados de dois em dois, até que o traidor é o último a ser citado. *Simão, o Zelote*, quase passa despercebido por *Judas Iscariotes* e sua prudência calculista. Judas era, provavelmente, o que melhor lidava com finanças do grupo, e ele vem no final da lista dos doze, trazendo consigo a bolsa. Essa qualidade lhe tornou útil, mas foi pervertida para a sua própria ruína, pois ele vendeu seu mestre por prata. Que descrição segue o seu nome: *aquele que o traiu*! Queira Deus que isso nunca seja citado após o nome de qualquer um de nós! O número dos apóstolos representa adequadamente as doze tribos de Israel; e, para finalidades práticas, os doze formam um formidável conjunto de líderes, um júri suficiente e um grupo competente de testemunhas.

5, 6. Jesus enviou estes doze, e lhes ordenou, dizendo: não ireis pelo caminho dos gentios, nem entrareis em cidade de samaritanos; mas ide antes às ovelhas perdidas da casa de Israel.

Esta foi "uma missão aos judeus" somente; ela intencionava um despertar geral da nação escolhida. Esse é um exemplo de uma missão especial e autoriza as missões de caráter específico, mas não deve ser feito um exemplo pelo qual o Senhor deve prescrever uma regra rígida para todas as missões. As pessoas naquela época eram favoráveis ao nosso Senhor e, assim, os seus apóstolos poderiam esperar um tratamento mais generoso do que pode ser encontrado nestes tempos. Algumas dessas regras foram alteradas em uma missão posterior, quando as pessoas eram menos favoráveis. Essa foi uma missão de Israel para *Israel*. Não era para os *gentios*, mas deveria ser estritamente limitada à *casa de Israel*. Mesmo o povo mais semelhante aos judeus não deveria ser visitado: *nem entrareis em cidade de samaritanos*. Essa era uma busca das *ovelhas perdidas da casa de Israel*, que deveria ser feita nas pastagens próximas. Podemos ocasionalmente ter classes e serviços para obreiros etc., mas as ordens permanentes não são essas, mas sim: *Ide por todo o mundo, e pregai o evangelho a toda criatura*[28].

7. E, indo, pregai, dizendo: é chegado o reino dos céus.

A primeira obra deles era proclamar a vinda do *reino* e preparar o caminho para a vinda do Rei. Os israelitas que estivessem dispostos poderiam se tornar sujeitos desse reino celestial e, portanto, foram informados da proximidade da sua vinda.

8. Curai os enfermos, limpai os leprosos, ressuscitai os mortos, expulsai os demônios; de graça recebestes, de graça dai.

Tendo ministrado às almas, eles deveriam abençoar os corpos dos homens; e, assim, confirmariam a sua mensagem por seus milagres. Esses atos de misericórdia estão em escala ascendente, observe as etapas. Tudo isso deveria ser feito sem dinheiro ou recompensa: as suas capacidades não tinham sido compradas, seus milagres não deveriam ser vendidos.

---
[28] Cf. Marcos 16.15.

9, 10. Não possuais ouro, nem prata, nem cobre, em vossos cintos, nem alforjes para o caminho, nem duas túnicas, nem alparcas, nem bordão; porque digno é o operário do seu alimento.

Eles não precisariam pagar pela comida ou abrigo: as pessoas os acolheriam livremente e, portanto, não necessitariam de qualquer forma de dinheiro; nem mesmo *cobre*. Eles não precisariam levar bolsas, pois as refeições seriam generosamente oferecidas por aqueles a quem eles instruiriam e curariam. Eles não deveriam carregar roupas a mais, pois, se o tempo o exigisse, as pessoas os supririam; mesmo se os seus sapatos se desgastassem, os seus ouvintes lhes dariam o que calçar. Quando um ministério é realmente justo, o pregador não sofrerá carência quanto às necessidades essenciais da vida. Eles não precisavam sequer esperar para encontrar um bordão, pois, se este fosse necessário e eles partissem sem ele, alguém lhes daria. Entre um povo disposto, tal missão não é apenas possível, mas é, em máximo grau, adequada. É correto e justo que as pessoas ajudem com bens temporais aqueles que ministram a eles nos espirituais e é certo que sejam adotados planos que organizem esse dever, como nesse caso. O pregador deve pregar livremente, mas aqueles que são beneficiados também devem liberalmente supri-los de *seu alimento*.

Tal missão como essa não é uma missão para os pagãos em qualquer sentido. Seus métodos são bons para o caso, mas eles não seriam possíveis entre as tribos hostis; no caso da obra entre pessoas adversas, a ordem de nosso Senhor em outras circunstâncias deve ser seguida. Veja Lucas 22.36: *Aquele que tiver bolsa, tome-a*. Diferentes procedimentos devem ser adotados em momentos diferentes. Oh, se alguns de nossos próprios irmãos espirituais tivessem um pouco de bom senso! Nós oferecemos a oração com o coração muito fraco.

11. E, em qualquer cidade ou aldeia em que entrardes, procurai saber quem nela seja digno, e hospedai-vos aí, até que vos retireis.

Busque pessoas adequadas para estarem associadas a você no serviço santo. Seja qual for a situação em que se encontram, preocupe-se principalmente com o caráter delas. Mas não mude as suas posições ou corra de um lugar para o outro, para que não pareçam meros mendigos, implorando de porta em porta. Mantenha-se com aquelas boas pessoas com quem a sua missão começou. Pode ser que pessoas mais ricas apareçam, mas nunca se esqueça dos *dignos* homens e mulheres que primeiramente estiveram com você. Essas são regras sábias. Esse não é o método a ser seguido entre os gentios, em que ninguém pode ser chamado de *digno*. Ali, nós buscamos o pecador e nos sentimos enviados aos mais depravados.

12. E, quando entrardes nalguma casa, saudai-a.

Diga: "Paz a esta casa". Seja muito cortês abertamente e muito benevolente interiormente. Você vem como uma bênção, venha também com uma bênção. Nós nunca entraremos em uma casa sem desejar o bem nem a deixaremos sem nos esforçarmos para torná-la melhor.

13. E, se a casa for digna, desça sobre ela a vossa paz; mas, se não for digna, torne para vós a vossa paz.

Pense bem de todos, até que provemos pela conduta deles que nossa boa opinião a seu respeito é um erro. Bendiga a casa, e, se for digna, o Senhor fará a sua bênção eficaz e a *paz* habitará nela; mas, se a casa *não for digna*, a bênção, pela ordem de seu Senhor, *tornará para você*, e isso lhe ajudará a suportar a rejeição sem ser desencorajado. Não podemos julgar por merecimento, mas o Senhor o fará. Devemos esperar o bem de todos. Receberemos o bem, mesmo se falharmos em fazer o bem. Se o fracasso não ocorrer por nossa culpa, não será falha nenhuma de nossa parte.

14. E, se ninguém vos receber, nem escutar as vossas palavras, saindo daquela casa ou cidade, sacudi o pó dos vossos pés.

Deixe toda a comunhão com aqueles que não desejam comunhão com o seu Senhor. Não se ire, nem denuncie com amargura, apenas *sacuda o pó dos seus pés* e vá para outro lugar. Não se afaste das pessoas em privado, mas faça com que elas saibam que você se afasta porque elas rejeitam a sua mensagem. Faça isso abertamente e da forma mais solene e instrutiva, na esperança de que sua partida seja lembrada. É temível que tratemos aqueles que rejeitam a Cristo de modo tristemente amargo e não afirmemos a rejeição deles a Cristo com a repulsa que isso merece. Nós devemos deixar os pecadores impenitentes saberem que nós os consideramos fora de nossa comunhão. Se eles não ouvirem, devemos fazê-los ver que nós os renegamos e os consideramos impuros, porque eles recusam a Cristo Jesus. Quão pouco disso é feito pelos atuais pregadores de língua suave! Homens podem recusar o seu evangelho e ainda serem os amigos íntimos daqueles que pregam a eles. Sim, eles tentam, mesmo a partir do púlpito, animá-los em sua impenitência pelo sonho de uma "mais larga esperança".

15. Em verdade vos digo que, no dia do juízo, haverá menos rigor para o país de Sodoma e Gomorra do que para aquela cidade.

As malditas cidades da planície parecem ter tido uma terrível condenação, mas a sua porção não será tão insuportável quanto a daqueles a quem o evangelho é pregado com toda a liberdade; e, ainda assim, eles não desejam receber os seus mensageiros, nem mesmo ouvir as suas palavras. Com que solenidade essas ameaças envolvem tanto os que pregam quanto os que ouvem sobre o reino! Nosso Senhor sela a sua profecia terrível com *em verdade* e com essa solene introdução: *Eu vos digo*.

Aqui o nosso sempre bendito Rei envia seus embaixadores reais sob ordens para chamarem a nação judaica a reconhecerem o seu soberano Senhor; e Ele lhes encoraja em sua missão por meio de uma grande ameaça de castigo para aqueles que não os receberem ou não ouvirem as suas palavras.

MATEUS 10.16–25
OS MENSAGEIROS DO REI PODEM ESPERAR SER MALTRATADOS

16. Eis que vos envio como ovelhas ao meio de lobos; portanto, sede prudentes como as serpentes e inofensivos como as pombas.

Eis. Nosso Senhor exige uma atenção especial e, depois, expõe diante de Seus queridos enviados, tanto naquela época quanto agora, qual seria o futuro da sua missão. O que Ele estava fazendo era muito maravilhoso, daí o *eis*.

Seria imprudente ir se Jesus não dissesse: *vos envio*. Quando Jesus envia ovelhas, elas podem ir sem medo, ainda que ao *meio de lobos*. Ele as envia não para lutar com os lobos, nem para retirá-los de seus covis, mas para transformá-los. Os discípulos foram enviados a homens ferozes para convencê-los e, portanto, eles deveriam ser sábios; para convencê-los, eles, portanto, deveriam ser gentis. As armas dos cristãos consistem no fato de que eles estão desarmados. Eles devem ser sábios e discretos: *prudentes como as serpentes*, mas devem ser amorosos e pacíficos: *inofensivos como as pombas*. O missionário cristão deve ser cauteloso para evitar receber dano, mas deve ser de uma mente inocente, para que ele não provoque o dano. Somos chamados para ser mártires, não fanáticos; devemos ser simples de coração, porém não simplórios.

Afinal, a missão das ovelhas aos lobos é esperançosa, pois vemos no mundo natural que as ovelhas, embora tão fracas, em muito superam em quantidade os lobos, que são tão ferozes. Chegará o dia em que os perseguidores serão tão escassos quanto os lobos, e os santos, tão numerosos quanto as ovelhas.

Senhor, em minha obra para ti, ensina-me a ser assim, para que eu possa mostrar a maravilhosa mistura de serpente e pomba, que tu aqui recomendas aos teus ministros. Nunca permitas que eu me torne para os outros um lobo, mas que eu possa conquistar pela mansidão de um cordeiro!

17, 18. Acautelai-vos, porém, dos homens; porque eles vos entregarão aos sinédrios, e vos açoitarão nas suas sinagogas; e sereis até conduzidos à presença dos governadores, e dos reis, por causa de mim, para lhes servir de testemunho a eles, e aos gentios.

Acautelai-vos [...] *dos homens*. Não confie neles ou os considere como companheiros ajudantes para o estabelecimento do reino dos céus, nem tente suavizar o seu testemunho para se adequar ao gosto deles. Não corteje a sua aprovação ou atribua qualquer grande valor ao seu favor. Eles não lhe darão abrigo, antes lhe *entregarão*; eles não providenciarão o seu acolhimento, mas a sua acusação diante dos *sinédrios*; eles não lhe prestarão homenagens, mas lhe chicotearão em seus locais de reunião pública. Assim os israelitas tratariam os israelitas. A crueldade descrita pelas palavras *vos açoitarão nas suas sinagogas* certamente seria uma denúncia de sua falsidade e malícia; entretanto, a perseguição faz parte da religião de alguns homens.

A malícia dos judeus poderia influenciar os magistrados e monarcas gentios. Estes também se tornariam perseguidores, e, perante os seus tribunais, os santos teriam que implorar por suas vidas; mas, como isso seria *por causa de Cristo*, eles seriam capacitados a dar testemunho de seu Senhor e *contra* os seus inimigos. Somente dessa forma *governadores e reis gentios* provavelmente ouviriam o seu testemunho; e, portanto, eles deveriam receber bem a intimação para comparecerem perante governantes terrenos.

Nossa atitude deve ser de cautela em relação aos homens. Não devemos nos comprometer com eles nem contar com o seu apoio; mas, ao mesmo tempo, devemos fazer uso de todas as oportunidades para testemunhar sobre o nosso Senhor diante deles. Nosso protetor e Senhor está nos céus.

19. Mas, quando vos entregarem, não vos dê cuidado como, ou o que haveis de falar, porque naquela mesma hora vos será ministrado o que haveis de dizer.

Quando você estiver diante do juiz ou prestes a estar lá, não cuide sobre *o que há de falar*. Não esteja ansioso quanto à forma ou conteúdo de sua defesa. Se você é um verdadeiro servo do Senhor, você é o porta-voz do Espírito Santo; Ele operará em você a paz de espírito, e as palavras apropriadas *lhe serão ministradas*. Ele falará a você e através de você. O próprio Pai colocará em sua boca, no momento apropriado, a resposta mais adequada aos seus adversários.

Isso tem sido maravilhosamente verdadeiro nos séculos passados, nos casos de mártires pela causa da verdade, e os defensores corajosos da fé ainda recebem o mesmo tipo de orientação. Simples camponeses têm feito grandes filósofos recuarem, e mulheres humildes têm confundido religiosos eruditos.

20. Porque não sois vós quem falará, mas o Espírito de vosso Pai é que fala em vós.

Em todos os momentos, homens de Deus são simplesmente instrumentos de Deus. Nosso Senhor Jesus afirmou falar não de si mesmo, mas do Pai; e, a isso, Ele se assemelha às suas testemunhas fiéis. Eles falam e, ainda assim, eles não falam, pois Deus está em silêncio e, contudo, fala por eles.

21. E o irmão entregará à morte o irmão, e o pai o filho; e os filhos se levantarão contra os pais, e os matarão.

Ódios desnaturados emanam da amargura religiosa. A antiga serpente não apenas se esforça para envenenar a relação da criatura com o criador, mas mesmo a de filho com o pai e da mãe com o filho. Irmãos podem se tornar pouco fraternos, e todas as outras relações podem se tornar perversas sob o fanatismo religioso. Em tempos de perseguição, nós não podemos esperar amor da parte daqueles que não amam a Deus. Pareceria impossível que as relações familiares fossem marcadas pelo desejo de matar uns aos outros, mas a história abundantemente demonstra que as palavras do Senhor não eram exageradas. Ele conhece os corações dos homens e preveniu os seus discípulos sobre a tempestade implacável que viria em consequência da inimizade humana contra a verdade.

22. E odiados de todos sereis por causa do meu nome; mas aquele que perseverar até ao fim será salvo.

Estas são palavras fortes, mas verdadeiras. Se formos fiéis, necessariamente faremos inimigos. Jesus diz muito claramente: todas as classes e grupos de pessoas serão contra vocês *por causa do nome*, da doutrina e da regra do seu mestre. Às vezes, o monarca e, outras vezes, a multidão se enfurecerá contra vocês; mas, seja de um ou outro, ou de ambos, deverá surgir a oposição.

E odiados de todos sereis por causa do meu nome era o sinal da tempestade pela qual as perseguições sucessivas foram anunciadas. Esse sinal pode ser novamente demonstrado se aprouver à providência divina. Felizes são aqueles que conseguem aguentar a perseguição e se manter firmes *até ao fim* da tribulação, o fim da vida ou o término da dispensação. Tais serão *salvos de fato*, mas aqueles que são vencidos pela oposição são perdidos.

Que o Senhor nos prepare para suportarmos a extrema crueldade e nos preserve até o dia do juízo vindouro, ou até que Ele faça com que até os nossos inimigos tenham paz conosco!

23. Quando pois vos perseguirem nesta cidade, fugi para outra; porque em verdade vos digo que não acabareis de percorrer as cidades de Israel sem que venha o Filho do homem.

Eles deveriam continuar em seu trabalho e pregar em todas as cidades de Israel, mas eles poderiam fugir do perigo em uma cidade e depois fugir para outra. Eles não deveriam parar em uma cidade e contender com os magistrados, criando confusão e desordem, mas rapidamente deveriam sair quando sofressem oposição cruel. É o máximo da tolice tentar forçar os homens a aderirem à religião; avançamos com brandura, e não pela violência. Se uma cidade estiver em armas contra o pregador, que ele vá para onde seja menos combatido.

Sempre haveria cidades que precisariam da luz. Eles não seriam obrigados a interromper os seus trabalhos, porque certas cidades fechariam as suas portas contra eles. Resta ainda muita terra necessitada; que os pregadores corram para os novos campos e aumentem as colheitas ali.

Enquanto eles deveriam mudar de local para que mantivessem o seu plano, sua missão a Israel deveria ser rápida, trabalhando de modo abrangente, pois o Senhor em breve visitaria a terra em juízo, e eles mal teriam tempo para percorrer todo o país antes que chegasse ao fim o dia da misericórdia de Israel como uma nação. A perseguição sofrida em uma cidade deveria acelerar o ritmo deles para irem para outra, e assim promoveriam rapidamente a visitação de todo o país. Eles não deveriam demorar muito em uma cidade sem esperança, pois não havia tempo de sobra. Devemos evangelizar o mundo com algo dessa diligência, crendo que não temos uma hora a desperdiçar, pois o

Filho do homem pode vir subitamente. Se o seu advento fosse muito rápido, ocorreria antes que todas as tribos e povos ouvissem o seu evangelho; e isso não deve ser assim. Muitos devem percorrer muitos lugares e difundir o conhecimento da sua cruz. Se não o fizermos de boa vontade, talvez sejamos compelidos a isso. Muitas vezes, a perseguição tem sido um estímulo para a igreja. Sejamos diligentes em nossa santa vocação e preguemos o evangelho, enquanto nós podemos fazê-lo em paz, pois tempos perigosos podem vir sobre nós ou o próprio Senhor pode vir antes do que imaginamos.

24, 25. Não é o discípulo mais do que o mestre, nem o servo mais do que o seu senhor. Basta ao discípulo ser como seu mestre, e ao servo como seu senhor. Se chamaram Belzebu ao pai de família, quanto mais aos seus domésticos?

O erudito não é mais excelente do que o mestre, nem o servo é maior do que o seu senhor. Quem gostaria de ver tal violação de toda a ordem e regra?

Portanto, mesmo que nos respeitem tanto quanto respeitaram o nosso Senhor, estejamos bem contentes. Se recebemos o mesmo tratamento que o nosso Senhor, temos honra suficiente, e isso é mais do que temos o direito de esperar. E então? Se o *pai de família* é comparado a *Belzebu*, o deus em forma de mosca dos filisteus, e chamado de príncipe dos demônios, por quais nomes eles nos chamarão? A malícia, sem dúvida, aumentará em astúcia e sarcasmo e inventará palavras que perfuram como punhais e cortam como facas. Graças a Deus, eles podem nos chamar do que quiserem, mas não podem nos fazer mal. Eles podem, e desejam, reputar os nossos nomes como maus, porque ao mal chamam bem e ao bem chamam mal. Deus foi caluniado no Paraíso, e Cristo, no Calvário; como esperamos escapar? Em vez de desejarmos evitar tomar a cruz, estejamos contentes em suportar a desonra por causa de nosso Rei. Que seja a nossa ambição sermos como o *nosso mestre* em todas as coisas. Uma vez que somos *de sua família*, alegremo-nos em termos parte com o *pai de família*. É uma honra tão grande ser da casa real, que nenhum preço é demasiado alto para pagarmos em consequência. A máxima conformidade à imagem de seu Senhor é a glória dos santos. *Ser como seu mestre* é para cada verdadeiro servo o auge de sua ambição.

Oh Senhor Jesus, nosso Rei e Salvador, vemos como foste tratado, e nós alegremente entramos na comunhão dos teus sofrimentos! Dá-nos a graça de nunca diminuirmos em nossa lealdade a ti, custe o que custar.

MATEUS 10.26-42
O REI CONSOLA OS SEUS SEGUIDORES

26. Eis que vos envio como ovelhas ao meio de lobos; portanto, sede prudentes como as serpentes e inofensivos como as pombas.

O Rei dá motivos para a coragem, dizendo: *portanto, não os temais*. Não temam a calúnia; o seu Senhor e mestre suportou a plenitude da tempestade impiedosa. Não tenham medo de falsas declarações, pois o grande Deus em breve vindicará as suas qualidades. Vocês e seus caluniadores serão igualmente relevados conforme a verdade. Embora você seja *encoberto* com desonra, a sua integridade será *revelada*; embora o seu verdadeiro valor esteja *oculto*, ele ainda será *conhecido*. Tanto a vileza secreta quanto a virtude secreta ainda serão igualmente reveladas de modo completo. Antecipe o futuro, e não seja dominado pelo presente.

27. O que vos digo em trevas dizei-o em luz; e o que escutais ao ouvido pregai-o sobre os telhados.

Deus é o grande revelador, e você deve imitá-lo por anunciar a verdade aos homens. Verdadeiros crentes, sigam em frente em seu próprio trabalho, como se fossem a boca de Deus. Digam o que o seu mestre lhes diz. Busquem uma mensagem d'Ele mesmo enquanto meditam silenciosamente em sua verdade e, depois, façam-na conhecida em toda parte. Ouçam-na como um sussurro em seus ouvidos e falem à cidade como o anunciador do oriente vai ao ponto mais alto do vilarejo e faz com que todas as pessoas ouçam, como nos *telhados*. Mantenham o estudo e a oração em privado e, ali, encontrem-se com Jesus; em seguida, estabeleçam o púlpito do testemunho no lugar mais notável que encontrarem. Se imersos *nas trevas* da doença, tribulação ou angústia, ouçam aquele cuja voz é ouvida na escuridão e, então, *dizei na luz* as lições proveitosas que vocês têm aprendido.

Senhor, que nenhum de nós fale até que tu fales e, depois, que não nos calemos. Que todos os teus discípulos apresentem a ti os ouvidos abertos, e, em seguida, usa-os em tua causa com as suas línguas tocadas pelas brasas.

28. E não temais os que matam o corpo e não podem matar a alma; temei antes aquele que pode fazer perecer no inferno a alma e o corpo.

Seguindo o versículo anterior, somos proibidos de cessar o nosso testemunho por medo dos homens. Nós não podemos falar mais nem falar menos por causa da oposição do inimigo. Um poderoso argumento contra o medo é a comparativa fraqueza do inimigo. Os homens só podem ferir nossa parte inferior, o corpo, mas *não podem matar a alma*. Porém, não devemos desobedecer a Deus, o supremo Senhor da vida e da morte, que tem poder até mesmo para destruir as duas partes do nosso ser, lançando corpo e alma na morte e nas trevas do *geena*, ou *inferno*. Vamos temer o maior, e nós não temeremos os menores. Não há tão boa cura para o temor do homem quanto o temor a Deus.

29-31. Não se vendem dois passarinhos por um ceitil? E nenhum deles cairá em terra sem a vontade de vosso Pai. E até mesmo os cabelos da vossa cabeça estão todos contados. Não temais, pois; mais valeis vós do que muitos passarinhos.

Aqui está um sermão contra o temor, e passarinhos são mencionados no texto. Essas aves são de pouco valor, e você tem muito mais valor do que muitas delas. Deus observa a morte de um pardal, e Ele observa muito mais a vida e a morte do seu povo. Até mesmo a menor parte do corpo dos seus filhos é observada. Os cabelos da sua cabeça estão contados e listados; e, mesmo na mais simples das situações, toda a sua vida está sob o cuidado do Senhor amoroso. O acaso é algo que não existe em nosso credo; o decreto do observador eterno rege o nosso destino, e o amor é visto em cada linha desse mesmo decreto.

Desde que não soframos os danos na mão dos homens por sua conduta arbitrária, além da vontade e permissão do nosso Pai, estejamos prontos para suportar com coragem santa qualquer ira do homem que venha sobre nós. Deus não desperdiçará a vida de um de seus soldados; não, nenhum fio de cabelo das suas cabeças. Se morrermos na batalha de Deus, vivemos no sentido mais grandioso; pela perda da vida, ganhamos vida.

32, 33. Portanto, qualquer que me confessar diante dos homens, eu o confessarei diante de meu Pai, que está nos céus. Mas qualquer que me negar diante dos homens, eu o negarei também diante de meu Pai, que está nos céus.

A providência divina governa sobre tudo, portanto o destino dos crentes está seguro e além do medo de prejuízo, e eles não recuarão diante da confissão mais ousada de sua fé devido à ansiedade por preservar as suas vidas. Nossa tarefa é confessar a Cristo diante dos homens. A verdade que nós confessamos tem a Cristo como o seu início, meio e fim. Nossa confissão de fé é uma confissão de Cristo: Ele é a nossa teologia, ou Palavra de Deus. Que alegria é *o confessar* agora! Que recompensa ser confessado por Ele no futuro, no mundo glorioso! Será uma grande ofensa contra o grande Deus, a quem Jesus duas vezes chama de *meu Pai que está nos céus*, se não formos capazes de confessar o seu Filho na terra.

Nessa passagem, fica evidente que *negar* Jesus significa não confessá-lo. Que solene advertência é essa para o crente covarde! Será que uma fé que não confessa pode salvar? Viver e morrer sem confessar a Cristo diante dos homens é correr um risco terrível. Em verdade, renegar e desistir de Cristo deve ser um crime terrível, e a penalidade é temível de se contemplar: ser negado por Jesus diante de seu Pai que está no céu! Que inferno pode ser pior?

Senhor, nunca me deixes envergonhado por confessar-te em todas as companhias! Opera em mim um espírito ousado pelo teu Espírito Santo. Permite-me confessar a tua verdade seja qual for o espírito da época, defender a tua igreja quando ela é mais desprezada, obedecer aos teus preceitos quando isso custar mais caro e glorificar o teu nome quando for mais difamado.

34-36. Não cuideis que vim trazer a paz à terra; não vim trazer paz, mas espada; porque eu vim pôr em dissensão o homem contra seu pai, e a filha contra sua mãe, e a nora contra sua sogra; e assim os inimigos do homem serão os seus familiares.

A paz será a questão final da vinda de nosso Senhor; mas, na primeira vinda, o Senhor Jesus *trouxe uma espada entre os homens*. Ele guerreia contra a guerra e contende contra a contenda. Ao produzir as riquezas do céu, Ele desperta a fúria do inferno. A verdade provoca oposição, a pureza excita a inimizade e a justiça desperta todas as forças do mal.

Durante a agitação, o direito é usado em favor dos poderosos, e as relações naturais não servem para conservar a paz. A vinda de Cristo a uma casa é, muitas vezes, a causa de *dissensão* entre os convertidos e os não convertidos. Quanto mais amável é o cristão, mais ele será combatido. O amor incita uma terna afeição pela salvação dos amigos, e esse grande zelo frequentemente evoca ressentimento. Devemos esperar por isso e não nos aborrecermos quando ocorrer. Animosidades por causa da religião muitas vezes excitam as mais ferozes das inimizades, e a proximidade dos parentes inflama a hostilidade, em vez de aplacá-la. Devemos prosseguir em confessar o Senhor Jesus, seja qual for a consequência disso. Mesmo se a nossa casa se tornar uma cova de leões para nós, precisamos lutar por nosso Senhor. As pessoas que desejam a paz a qualquer preço não têm parte nesse reino.

Senhor, ensina-nos como devemos nos comportar nessas circunstâncias difíceis.

37. Quem ama o pai ou a mãe mais do que a mim não é digno de mim; e quem ama o filho ou a filha mais do que a mim não é digno de mim.

Cristo deve ser o primeiro. Ele aqui reivindica o lugar mais alto em cada coração humano. Ele poderia fazer isso se não fosse divino? Nenhum mero profeta falaria dessa forma. No entanto, não percebemos o menor egoísmo em seu discurso, também não nos parece que Ele exige algo além do que lhe é devido. Estamos conscientes de que o Filho de Deus tem o direito de falar assim, e somente Ele.

Devemos seriamente cuidar para que não transformemos os nossos amados em ídolos, por amá-los mais do que a Jesus. Nunca devemos colocá-los perto do trono do nosso Rei. Nós *não somos dignos* de habitar com Cristo no céu, nem mesmo de estarmos associados a Ele aqui, se qualquer objeto terreno for considerado por nós como digno de rivalizar com o Senhor Jesus.

Nós faríamos qualquer coisa para agradar a pai e mãe, filho e filha, mas eles não são iguais a Jesus, e nossa vontade de agradá-los não deve constituir um impedimento à nossa suprema fidelidade ao nosso Senhor.

38. E quem não toma a sua cruz, e não segue após mim, não é digno de mim.

Aqui, pela segunda vez neste evangelho, o Senhor cita a sua morte. Na primeira, Ele falou sobre ser tirado deles, mas agora da *cruz*. Há uma cruz para cada um, de modo que pode ser considerada a *sua cruz*. Pode ser que a cruz não venha até nós, mas devemos tomá-la, estando dispostos a suportar qualquer coisa ou tudo por amor de Cristo. Não devemos arrastar a cruz atrás de nós, mas tomá-la sobre nós. "Cruzes arrastadas são pesadas; cruzes carregadas são leves." Carregando a cruz, *devemos seguir após* Jesus, pois carregar uma cruz sem seguir a Cristo é algo miserável. Um cristão que evita a cruz não é cristão, mas alguém que carrega a cruz e não segue Jesus também não é. Não é notável que nada seja tão essencial para tornar um homem digno de Cristo do que tomar a cruz e seguir após Ele? Contudo, certamente é assim. Senhor, tu colocaste uma cruz sobre mim, não me permitas fugir dela ou recusá-la.

39. Quem achar a sua vida perdê-la-á; e quem perder a sua vida, por amor de mim, achá-la-á.

Se, para escapar da morte, alguém desiste de Cristo e assim continua essa pobre vida mortal, por esse mesmo ato, ele perde a verdadeira vida. Ele ganha a vida temporal em detrimento da eterna. Por outro lado, quem perde a vida por causa de Cristo encontra a vida no sentido mais elevado, a vida eterna, a vida infinitamente bem-aventurada. Faz a escolha mais sábia aquele que dá a sua vida por Jesus e encontra a vida em Jesus.

40. Quem vos recebe, a mim me recebe; e quem me recebe a mim, recebe aquele que me enviou.

Que bendita e santificada união existe entre o Rei e os seus servos! As palavras diante de nós são especialmente verdadeiras quanto aos apóstolos, a quem foram primeiramente dirigidas. O ensino apostólico é o ensino de Cristo. Receber os doze é receber o seu Senhor Jesus, e receber o Senhor Jesus é receber o próprio Deus. Atualmente, alguns professores desprezam as epístolas que foram escritas pelos apóstolos, e eles são dignos de serem desprezados por fazê-lo. Esse é um dos testes de certeza da solidez na fé. "Quem é de Deus ouve-nos", diz 1João, 4.6. Isso pesa muito sobre os críticos modernos, que, de uma forma hipócrita, fingem receber a Cristo, e depois rejeitam os seus apóstolos inspirados.

Senhor, ensina-me a receber o teu povo em meu coração, para que assim eu possa receber a ti; e, quanto à doutrina que eu confesso, agrada-te de me estabelecer na fé apostólica.

41. Quem recebe um profeta em qualidade de profeta, receberá galardão de profeta; e quem recebe um justo na qualidade de justo, receberá galardão de justo.

Os homens podem receber um profeta como um patriota ou um poeta, mas esse não é o ponto em questão. O profeta deve ser recebido em sua característica mais elevada, *em qualidade de profeta* e por causa de seu Senhor; e, depois que o próprio Senhor for recebido, Ele galardoará quem o recebe da mesma forma que recompensará o seu profeta. Se não podemos fazer todas as boas obras que um *homem justo* faz, podemos, entretanto, participar de sua felicidade por termos comunhão com ele, ao nos unirmos a ele pleiteando a fé e o consolo de seu coração.

Receber em nossas casas e em nossos corações os perseguidos servos de Deus é compartilhar do seu galardão. Apoiar a causa e o caráter dos homens de bem é ser contado com eles na perspectiva de Deus. Isso tudo por graça, uma vez que a obra é muito pequena e a recompensa é muito grande.

42. E qualquer que tiver dado só que seja um copo de água fria a um destes pequenos, em nome de discípulo, em verdade vos digo que de modo algum perderá o seu galardão.

Jesus desviou os olhos dos apóstolos para alguns dos menores e mais jovens daqueles que o seguiam; por fim, Ele declarou que a menor bondade demonstrada a eles teria a sua recompensa. Pode haver um mar de amor ardente *em um copo de água fria*. Muita lealdade ao Rei pode ser expressa por pequenas gentilezas aos seus servos e talvez mais pela bondade *aos pequenos* entre eles do que por amizade com os mais eminentes. Amar um pobre e desprezado filho de Deus por amor a Cristo mostra maior amor a Cristo do que se amarmos os membros honrosos, amáveis e ricos de sua igreja.

Atos de amor são divinamente estimados, mais pelo motivo do que pela dimensão. *Um copo*, e *de água fria*, pode significar para alguém tanto quanto um banquete para outro. A água fria tem um valor especial em um clima quente, mas esse texto a torna preciosa em qualquer lugar. Oferecer refrigério pode ser feito um valioso meio de comunhão com os homens santos, se nós o fizermos porque eles são discípulos e, especialmente, quando os governos perseguidores incriminam socorrer os santos de alguma forma.

Embora toda ação gentil seja sua própria recompensa, o Senhor promete mais uma recompensa: o que nós damos por amor de Cristo não será em vão, de acordo com a promessa do texto, pois *em verdade vos digo* o confirma, e, pelo uso do negativo *de modo algum*, é excluída qualquer possibilidade que seja de outra forma.

MATEUS 11.1-19
O REI AUXILIA OS SEUS MENSAGEIROS POR SUA PRÓPRIA APARIÇÃO

1. E aconteceu que, acabando Jesus de dar instruções aos seus doze discípulos, partiu dali a ensinar e a pregar nas cidades deles.

Jesus organizou a sua viagem missionária e depois seguiu após os discípulos. O seu plano era enviá-los de dois em dois pelas cidades de Israel e, em seguida, segui-los pessoalmente e apoiar o testemunho deles por meio de sua própria instrução, pois Ele foi *ensinar e pregar*. Devemos fazer o nosso melhor pelos homens e, em seguida, esperar que o nosso Senhor se agrade em certificar e confirmar o nosso ensino por sua própria chegada ao coração dos homens. A frase *nas cidades deles* soa bastante singular. Nosso Senhor havia dado aquelas cidades aos doze? Parece que sim. Em um sentido espiritual, nós primeiro vamos e tomamos posse das almas confiadas a nós, e, em seguida, o próprio Rei chega e entrega os seus próprios em nossas mãos. Senhor, dá-me muitas almas que sejam tuas no dia da tua vinda. Para essa finalidade, eu, de boa vontade, te obedeço e prego a tua Palavra, confiando que eu posso ouvir o som dos passos do meu mestre atrás de mim.

O REI DEFENDE E CONSOLA O SEU ARAUTO

2, 3. E João, ouvindo no cárcere falar dos feitos de Cristo, enviou dois dos seus discípulos, a dizer-lhe: és tu aquele que havia de vir, ou esperamos outro?

Aqui começamos uma história bem diferente. O primeiro versículo deveria estar no capítulo anterior, ao qual pertence. João estava na prisão, e ele não estava bem como um pássaro engaiolado, pois era acostumado com o deserto e o rio e sua fé começou a fraquejar. É assim que alguns pensam. Foi assim? Ou aquela embaixada enviada ao nosso Senhor foi por causa dos discípulos de João? Eles estavam oscilando tanto, que João não poderia tranquilizá-los sem a ajuda de Jesus? Ou será que João quis indicar ao nosso

Senhor que havia dúvidas sobre a sua pessoa que seriam removidas por uma outra proclamação da sua missão? Isso era tudo o que João se julgava agora capaz de fazer, ou seja, solicitar que o Senhor declarasse as suas reivindicações de forma mais incisiva? Será que João resolveu extrair de nosso Senhor uma declaração mais clara, para que os seus discípulos pudessem, assim, facilmente ser encaminhados a Jesus? A questão de nosso Senhor ter uma missão não era certamente por causa de João; ele sabia muito bem que Jesus era o Filho de Deus. Mas, quando ele ouviu falar de tudo o que Jesus fez, ele pode ter se maravilhado por estar preso e pode ter pensado que, possivelmente, *outro* ainda viria antes que todas as coisas fossem retificadas. Pensamentos obscuros podem ficar mais avultados quando reprimidos em uma cela estreita. Foi assim que a pergunta de João foi feita, para que pudesse receber uma resposta distinta, reconfortante para si mesmo e instrutiva para nós.

4, 5. E Jesus, respondendo, disse-lhes: Ide, e anunciai a João as coisas que ouvis e vedes: os cegos veem, e os coxos andam; os leprosos são limpos, e os surdos ouvem; os mortos são ressuscitados, e aos pobres é anunciado o evangelho.

Nosso Senhor não faz nenhuma afirmação, mas estabelece uma clara evidência diante dos olhos dos discípulos de João. Ele baseou a prova de seu caráter messiânico através de seus milagres. Por que é dito nestes dias que os milagres são antes uma dificuldade do que um auxílio para a fé? Uma geração incrédula transforma até mesmo alimentos em veneno. O que João ouviu na prisão, os seus mensageiros foram ver por si mesmos e, em seguida, contariam ao seu mestre aprisionado. Os muros da prisão não podem ser um obstáculo para as notícias sobre Jesus, mas as boas novas vêm melhor através de amigos que são testemunhas pessoais.

Os mensageiros receberam a ordem: *ide, e anunciai a João as coisas que ouvis e vedes*. Ao ouvirem e verem, eles obtiveram mais do que conseguiriam anunciar completamente e o que era mais do que suficiente para fazê-los verem por si mesmos que Jesus era o Cristo. As curas operadas eram todas beneficentes, sobrenaturais e de um tipo predito pelos profetas como sinalizando a vinda do Messias. A prova era cumulativa: o argumento aumentava em poder. As duas últimas provas são, evidentemente, colocadas como o auge do argumento: *os mortos são ressuscitados, e aos pobres é anunciado o evangelho*. Essas duas maravilhas são colocadas lado a lado. Há tanto milagre em o evangelho ser anunciado ao pobre quanto na ressurreição de um morto.

Os discípulos de João vieram em um momento certo, quando o trabalho de nosso Senhor estava em pleno andamento e todas essas obras maravilhosas estavam seguindo uma à outra rapidamente.

Jesus é a sua própria prova. Se os homens quiserem argumentos em favor do evangelho, que eles ouçam e vejam o que Ele é e o que faz. Digamos às almas na prisão da dúvida o que temos visto Jesus fazer.

6. E bem-aventurado é aquele que não se escandalizar em mim.

É bem-aventurado o homem que assim crê, de modo que a sua fé esteja livre de impedimentos. Tenho uma sugestão sobre João: ele não caiu, mas muito possivelmente havia tropeçado. Ele estava um pouco propenso a isso devido a um sentimento negativo por não ter sido liberto em um tempo de necessidade e por isso fez a pergunta. Bendito é aquele que pode ser deixado na prisão, pode ser silenciado em seu depoimento, pode parecer estar longe de seu Senhor e, ainda assim, remove todas as dúvidas. João recupera rapidamente essa bem-aventurança e tem a sua serenidade completamente restaurada.

Senhor, faz-me ser firmemente confirmado em minhas convicções, para que eu possa desfrutar da bem-aventurança que flui da fé inabalável. Que nada a teu respeito me faça tropeçar em ti!

7. E, partindo eles, começou Jesus a dizer às turbas, a respeito de João: que fostes ver no deserto? Uma cana agitada pelo vento?

Nosso Senhor, mais cedo ou mais tarde, testemunharia acerca do homem que tão fielmente testemunhou a respeito d'Ele. João honra Jesus, e, no devido tempo, Jesus honra João. Nosso Senhor pergunta aos seus ouvintes o que eles pensavam sobre João. Vocês foram ver João; vocês mesmos *foram ao deserto* para vê-lo. O que vocês viram? Um orador vacilante? Um homem que sentiu a influência de seu tempo e se inclinou diante do seu espírito, como uma cana agitada pelo vento? Não, em verdade, João não era um servo das influências de seu tempo nem um servo que bajulava e buscava agradar aos poderosos. O Batista não havia questionado Jesus porque era fraco, mas porque ele era honestamente franco e tão anelante para ter certeza absoluta, que não podia suportar a sombra de uma dúvida. João enviou à fonte, para ter uma garantia duplamente segura, por uma nova declaração dos próprios lábios de Cristo.

8. Sim, que fostes ver? Um homem ricamente vestido? Os que trajam ricamente estão nas casas dos reis.

Você viu um homem de costumes polidos, vestidos caros, discurso pomposo, expressões delicadas? João era um pregador de palácios, pronto para elogiar senhoras nobres? Caso sim, como ele foi ao deserto? *Os que trajam ricamente estão nas casas dos reis*. João foi odiado por suas repreensões francas e a vingança contra ele ardeu no coração daquele que se assentava no trono, porque ele não sabia como ficar em silêncio na presença do pecado cometido pelos nobres. João Batista não estava no palácio; ele foi promovido à prisão. Sua forma de falar incomodou os ouvidos de uma princesa desavergonhada, pois ele não sabia como usar palavras suaves como aqueles que estão *ricamente vestidos*. Assim, o nosso Senhor dá testemunho de João, aquele que existiu para ser sua testemunha.

9, 10. Mas, então, que fostes ver? Um profeta? Sim, vos digo eu, e muito mais do que profeta; porque é este de quem está escrito: eis que diante da tua face envio o meu anjo, que preparará diante de ti o teu caminho.

João era tudo o que os maiores profetas foram; e ele esteve mais próximo de Jesus do que os demais; os passos do seu mestre vinham logo atrás de seus calcanhares. Ele brilhou como a estrela de Milton: "Das estrelas, a mais bela, última no cortejo da noite; sendo a melhor, tu não pertences ao alvorecer"[29].

Ele era quase um pregador do evangelho, embora fosse o principal entre os profetas, sim, *e muito mais do que um profeta*. No livro de Malaquias, o Senhor Deus prometera enviar um mensageiro antes do Messias, e agora o próprio Messias cita a profecia com uma mudança de pessoas que é

---

[29] O autor faz referência à obra poética *O paraíso perdido*, de John Milton, originalmente publicada em 1667. O livro é composto por cantos que descrevem a Queda de Adão e Eva. O trecho citado por Spurgeon faz parte do Canto V, *Hino da manhã*.

incompreensível, a menos que creiamos na Trindade na unidade. Aquele que é *Eu* também é *Ti*, de acordo com o aspecto em que é considerado ou a pessoa que fala. João foi o mensageiro de Deus para preparar o caminho do Senhor Jesus, e nosso Senhor o reconhece nessa honrosa qualidade. Jesus não se envergonha do seu arauto porque ele está na prisão, pelo contrário, fala mais abertamente sobre ele. João confessou o seu Senhor, e agora o seu Senhor confessa-o. Essa é uma regra do nosso Rei.

11. Em verdade vos digo que, entre os que de mulher têm nascido, não apareceu alguém maior do que João o Batista; mas aquele que é o menor no reino dos céus é maior do que ele.

Jesus coloca João em uma posição muito alta, e nós sabemos que seu julgamento é verdadeiro. Até a vinda de nosso Senhor, João era o maior nascido de mulher, mas a nova dispensação estava em um plano mais elevado, pois *o reino dos céus* foi estabelecido. Como podemos dizer, via de regra, o dia mais escuro é mais brilhante do que a noite mais luminosa; assim, João, embora fosse o primeiro em sua própria dispensação, estava atrás do último da nova dispensação ou evangelho. O menor no evangelho está em posição mais elevada do que o maior sob a lei. Quão privilegiados nós somos, pois hoje, quando entramos no reino do céu pela fé, somos levados a ver, ouvir e desfrutar de coisas das quais até mesmo o profeta dos profetas não poderia fruir! Podemos ter a certeza de que não há nada melhor para ser descoberto ou revelado do que o reino celestial que o nosso Senhor e Rei nos trouxe.

12. E, desde os dias de João o Batista até agora, se faz violência ao reino dos céus, e pela força se apoderam dele.

João despertara uma seriedade incomum que ainda não havia terminado. Os homens estavam ansiosos pelas glórias do *reino dos céus*, embora eles interpretassem mal, pois estavam anelando por se apossarem dele. O próprio João, em seu excesso de entusiasmo, enviou os seus dois discípulos ao nosso Senhor com uma pergunta impaciente. Nosso Salvador não culpa a sua intensa investigação, mas diz que assim deve ser. A santa *violência* tinha sido introduzida por João, e eles tinham acabado de vê-la em sua pergunta, e nosso

Senhor queria que todos aqueles que obtivessem o reino se apoderassem dele pelo mesmo anseio ardente. Chegou o tempo de acabar com a indiferença e estabelecer uma santa resolução quanto às coisas de Deus.

Assim, o Rei estabelece o espírito exigido daqueles que tomariam parte e porção em sua grande causa e reino. Senhor, desperta-nos! Não nos deixes desenvolver uma formalidade morta, em que apenas a vívida violência pode ter sucesso.

13. Porque todos os profetas e a lei profetizaram até João.

Deus não ficou sem testemunho. João foi o último elo da cadeia dos profetas, e agora o próprio Senhor aparece. Nosso Senhor indica uma linha, dizendo *até João*: Daqui em diante, o reino está estabelecido.

14. E, se quereis dar crédito, é este o Elias que havia de vir.

João era o Elias que eles esperavam. As pessoas creriam nisso? Elas obedeceriam à sua ordem para que se arrependessem? Então João serviria como um verdadeiro Elias e endireitaria para elas o caminho do Senhor. Mesmo um homem enviado por Deus é para o seu ouvinte muito do que o ouvinte decide fazer com ele. Sem dúvida, muitos e grandes benefícios foram perdidos por homens que falharam em aceitá-lo. *Se quereis dar crédito*, um ministro pode ser um instrumento para a salvação ou um meio de edificação espiritual ou de excessivo júbilo; mas, se não for recebido, ele pode se parecer cansativo, e sua mensagem pode se tornar sem sentido, como o bronze que soa ou como o sino que retine.

15. Quem tem ouvidos para ouvir, ouça.

Este assunto é digno de séria atenção. Se você pode ouvir qualquer coisa, ouça esta verdade. Esta convocação da atenção deve ser muitas vezes repetida. Através do ouvido que ouve, a bênção divina vem para a alma; portanto, ouça, e a sua alma viverá. Nosso Senhor e Rei, que fez o ouvido, tem o direito de exigir a sua atenção à voz d'Ele. Alguns homens não têm ouvidos para ouvir a verdade, mas seus ouvidos são rápidos para ouvir a falsidade. Devemos ser gratos se o Senhor nos deu uma percepção espiritual, pois "o ouvido que ouve e o olho que vê" provêm do Senhor[30].

16-19. Mas a quem assemelharei esta geração? É semelhante aos meninos que se assentam nas praças, e clamam aos seus companheiros, e dizem: tocamos-vos flauta, e não dançastes; cantamos-vos lamentações, e não chorastes. Porquanto veio João, não comendo nem bebendo, e dizem: tem demônio. Veio o Filho do homem, comendo e bebendo, e dizem: eis aí um homem comilão e beberrão, amigo dos publicanos e pecadores. Mas a sabedoria é justificada por seus filhos.

Nosso Senhor condena a loucura da época em que viveu. O povo não queria ouvir o mensageiro de Deus, não importava quem fosse, mas levantavam objeções infantis. Portanto, o Senhor os compara *aos meninos que se assentam nas praças*, que foram convidados por seus companheiros a se alegrarem, mas eles nunca poderiam atender ao seu convite. Se alguns dos meninos encenassem um casamento e começassem *a tocar*, os outros *não dançariam*; e, quando encenassem a um funeral e começassem a chorar, os outros não *lamentariam*. Eles foram desagradáveis, iracundos e, maldosamente, resolveram rejeitar qualquer oferta.

Esses eram os modos tolos dos homens no tempo de nosso Senhor. João era um asceta? Então ele deveria estar fora de seu juízo e sob a influência de um demônio. Jesus é um homem como os outros, e vai às suas festas? Ele é acusado de comer e beber em excesso e de se associar com os maus e ímpios. Não havia como agradá-los. Assim é atualmente: um pregador fala com dicção elegante? É muito florido. E outro utiliza a linguagem clara? É vulgar. O pregador instrutivo é maçante e o pregador fervoroso é muito entusiasmado. Não há como ser aceitável para algumas pessoas. Até mesmo os sábios modos do grande Senhor de tudo são vistos com descontentamento.

Ainda assim, a *sabedoria*, afinal, anunciou os seus ensinamentos por meio de embaixadores corretamente escolhidos. *A sabedoria é justificada por seus filhos*. Seus filhos reconheceram a adequação dos seus mensageiros; e os mensageiros da *sabedoria*, que também eram seus filhos, honraram sua escolha

---

[30] Cf. Provérbios 20.12.

e justificaram a seleção e preparação deles. O Deus todo-sábio é um melhor juiz do que qualquer um de nós a respeito do que um ministro deve ser. George Herbert[31] bem escreveu: *Não julgues o pregador, ele é teu juiz.*

Todas as variadas classes de pregadores são necessárias, e, se nós apenas desejássemos saber disso, todos eles seriam nossos; seja Paulo, seja Apolo, seja Cefas; e nós não devemos contestá-los, mas devemos prestar cuidadosa atenção às suas palavras.

Senhor, livra-nos do espírito malicioso de detecção de erros; pois, se começarmos a contestar, somos tendenciosos a prosseguir com isso. Se não ouvirmos um pregador, em breve poderemos nos encontrar bastante enfadados de um segundo e um terceiro e em pouco tempo pode ocorrer que não consigamos ouvir proveitosamente qualquer ministro.

---

[31] George Herbert (1593-1633) foi um poeta, orador e clérigo anglicano.

MATEUS 11.20–30
ADVERTÊNCIAS, ALEGRIAS E CONVITES DO REI

A porção maravilhosa da Escritura que compõe o restante deste capítulo trata de três assuntos, sobre os quais tem havido grande disputa, a saber: a responsabilidade humana, a eleição soberana de Deus e os livres convites do evangelho. Eles estão todos aqui em uma combinação apropriada.

20. Então começou ele a lançar em rosto às cidades onde se operou a maior parte dos seus prodígios o não se haverem arrependido, dizendo:

Algumas cidades foram mais favorecidas com a presença do Senhor do que outras, e, portanto, Ele buscou mais delas. Essas cidades deveriam ter se arrependido, ou Cristo não lhes teria censurado. O arrependimento é um dever. Quanto mais os homens ouvem e veem a obra do Senhor, maior é a sua obrigação de arrependerem-se. Quem mais recebe, mais é cobrado. Os homens são responsáveis pela forma como eles tratam o Senhor Jesus e *seus prodígios*.

Há um momento para a censura: *Então começou ele*. O pregador mais amoroso terá motivos para censurar os seus ouvintes impenitentes: *ele lançou em rosto*, sim, o mesmo Jesus que também chorou. Como pregadores, o arrependimento é o que nós buscamos; e onde nós não o vemos, ficamos muito perturbados. Nosso problema não é que os nossos ouvintes não aplaudem a nossa capacidade, mas *porque eles não se arrependem*. Eles têm o suficiente para arrependerem-se, e sem arrependimento a desgraça está sobre eles, e, portanto, nós lamentamos que eles não se arrependem.

21. Ai de ti, Corazim! Ai de ti, Betsaida! Porque, se em Tiro e em Sidom fossem feitos os prodígios que em vós se fizeram, há muito que se teriam arrependido, com saco e com cinza.

Jesus conhecia qual seria o destino de certas cidades judaicas; e Ele sabia o que certas cidades pagãs fariam se tivessem essas circunstâncias favoráveis.

Ele falou infalivelmente. Grandes privilégios foram perdidos em *Corazim e Betsaida*, mas que seriam eficazes se fossem concedidos a *Tiro e Sidom*. De acordo com a declaração de nosso Senhor, Deus deu a oportunidade onde ela foi rejeitada e não a deu onde ela seria aceita. Isso é verdadeiro, mas muito misterioso! A questão prática era a culpa daquelas cidades favorecidas, na medida em que permaneciam insensíveis à visitação que teria convertido os sidônios pagãos; sim, e os faria se arrependerem rapidamente: *há muito*, e isso da forma mais humilhante: *com saco e com cinza*. É um fato triste que os nossos ouvintes impenitentes rejeitem uma graça que traria canibais aos pés do Salvador!

22. Por isso eu vos digo que haverá menos rigor para Tiro e Sidom, no dia do juízo, do que para vós.

Estas duas cidades pecaminosas terão um horrível inferno. Ainda assim, a sua punição será *menos rigorosa* do que a condenação das cidades da Galileia, onde Jesus ensinou e operou milagres de amor. O pecado é proporcional à luz recebida. Aqueles que pereçam com a salvação soando em seus ouvidos pereceram com uma vingança. Seguramente o dia do juízo será notável pelas surpresas. Quem imaginaria ver Betsaida afundar mais baixo do que Sidom? Crentes não serão surpreendidos *no dia do juízo*, pois eles se lembrarão naquele dia das palavras de nosso Senhor: *Eu vos digo*.

23. E tu, Cafarnaum, que te ergues até aos céus, serás abatida até aos infernos; porque, se em Sodoma tivessem sido feitos os prodígios que em ti se operaram, teria ela permanecido até hoje.

O alerta para Cafarnaum é, se possível, ainda mais enfático, pois Sodoma foi realmente destruída pelo fogo do céu. Cafarnaum, sua própria cidade, o quartel-general do exército da salvação, tinha visto e ouvido o Filho de Deus. Ele tinha feito nela o que mesmo os sodomitas perceberiam; e, ainda assim, ela permaneceu indiferente. Aqueles abomináveis pecadores da maldita Sodoma, se vissem os milagres de Cristo, abandonariam os seus pecados, de modo que a sua cidade teria sido poupada. Jesus sabia que seria assim e, portanto, Ele lamentou ver Cafarnaum permanecer tão endurecida como sempre.

Devido a essa rejeição do privilégio especial, a cidade que tinha sido elevada até o céu seria abatida com punição proporcional ao seu grande privilégio. Que nenhum de nossos favorecidos conterrâneos pereça nessa mesma condenação! Infelizmente, tememos que milhões de pessoas perecerão assim!

24. Eu vos digo, porém, que haverá menos rigor para os de Sodoma, no dia do juízo, do que para ti.

Não conseguimos imaginar o que *Sodoma* sofrerá quando o grande juiz de todos declarar o castigo dos ímpios, mas essa punição será um pouco menos rigorosa do que a penalidade infligida àqueles que pecaram contra a luz e rejeitaram o testemunho do Senhor do céu. Rejeitar o evangelho do Filho de Deus é criar para si mesmo um inferno sétuplo. Aqui, mais uma vez, nosso Senhor fala em sua própria autoridade plena: *Eu vos digo*. Jesus fala o que sabe, pois Ele próprio será o juiz.

Até agora, o nosso Senhor falou com pesar no coração, mas sua face foi iluminada quando, no versículo seguinte, Ele começou a falar sobre a gloriosa doutrina da eleição:

25, 26. Naquele tempo, respondendo Jesus, disse: graças te dou, ó Pai, Senhor do céu e da terra, que ocultaste estas coisas aos sábios e entendidos, e as revelaste aos pequeninos. Sim, ó Pai, porque assim te aprouve.

Ele se virou para o outro lado da verdade. *Respondendo Jesus,* uma doutrina responde à outra: a graça soberana é a resposta para a culpa abundante. Com o espírito jubiloso, Jesus vê como a graça soberana lida com a abundância do pecado humano, de acordo com o beneplácito da vontade do Pai. Vemos aqui a mentalidade com a qual Jesus considera a graça eletiva de Deus: *graças te dou.* Para o Senhor Jesus, a graça eletiva de Deus é motivo de profunda gratidão.

Aqui está o autor da eleição: *ó Pai.* É o Pai quem escolhe e revela as bênçãos. Aqui está o seu direito de agir como Ele quiser: Ele é *Senhor do céu e da terra.* Quem questionará o beneplácito de sua vontade? Aqui vemos os sujeitos da eleição sob dois aspectos: escolhidos e rejeitados. *Os pequeninos* veem porque as santas verdades são reveladas a eles, e não o contrário. Eles são fracos e inexperientes. Eles são simples e despretensiosos. Eles podem se agarrar e confiar, clamar e amar; e, para estes, o Senhor abre os tesouros da sabedoria. Os sujeitos da escolha divina são tais como estes. Senhor, faz-me ser um entre eles! Por um ato judicial de Deus, as verdades do reino do céu são encobertas de homens que em sua própria estima são *sábios e entendidos*. Eles não podem ver, porque eles confiam em sua própria fraca luz e não aceitarão a luz de Deus.

Aqui vemos, também, a razão da eleição — a vontade divina: *porque assim te aprouve*. Nós podemos ir mais longe do que isso. A eleição pareceu boa para aquele que nunca erra, e por isso é boa. Isso sustenta os filhos de Deus como a razão que está acima de toda razão. A vontade de Deus é suficiente para nós. Se Deus quiser, assim será, e assim deve ser.

27. Todas as coisas me foram entregues por meu Pai, e ninguém conhece o Filho, senão o Pai; e ninguém conhece o Pai, senão o Filho, e aquele a quem o Filho o quiser revelar.

Aqui nós temos o meio através do qual o amor eletivo opera em relação aos homens: *Todas as coisas me foram entregues por meu Pai*. Todas as coisas são postas nas mãos do mediador; estas são mãos adequadas tanto para Deus quanto para o homem, pois somente Ele conhece perfeitamente a ambos. Jesus revela o Pai para os pequeninos que o Pai escolheu. Somente o Pai pode encher o Filho com a bênção e somente por meio do Filho essa bênção pode fluir para qualquer um da raça humana. Conheça a Cristo e você conhecerá o Pai e saberá que o próprio Pai lhe ama. Não há outra maneira de conhecer ao Pai, senão por meio do Filho. Nisso, o nosso Senhor se alegrou, pois o seu ofício de mediador era precioso a Ele, e Jesus ama ser o meio de comunhão entre o Pai, a quem Ele ama, e as pessoas a quem ama por amor do Pai.

Observe a íntima comunhão entre o Pai e o Filho e como Eles se conhecem como nenhum outro jamais pode fazê-lo. Oh, veja todas as coisas em Jesus pelo desígnio do Pai e, assim, encontre o amor e a graça do Pai ao encontrar a Cristo.

Minha alma, há grandes mistérios aqui! Regozije-se no que você não consegue explicar.

28. Vinde a mim, todos os que estais cansados e oprimidos, e eu vos aliviarei.

Aqui está o gracioso convite do evangelho, no qual as lágrimas e sorrisos do Salvador se misturaram, como em um pactual arco-íris da promessa.

Vinde; Jesus não afasta ninguém, Ele os chama para si. Sua palavra favorita é: "Vinde". Não "vá a Moisés", mas *vinde a mim*. Devemos ir ao próprio Jesus, por uma confiança pessoal. Não devemos ir primeiro à doutrina, à ordenança ou ao ministério, mas ao Salvador pessoalmente. *Todos os cansados e oprimidos* podem vir, Ele não limita o chamado ao que está cansado *espiritualmente*, mas todo cansado e oprimido é chamado. É bom dar o maior sentido a tudo aquilo que a misericórdia fala. Jesus *me* chama. Jesus promete descanso, como seu dom. Ele concede gratuitamente descanso imediato, pessoal e eficaz a todos os que vêm a Ele pela fé.

Vir a Jesus é o primeiro passo, e Ele nos convoca a fazermos isso. A consciência, o coração e o entendimento obtêm descanso completo n'Ele mesmo, como o grande sacrifício pelo pecado. Quando obtivermos o descanso que *Ele dá*, estaremos prontos para ouvir mais sobre o descanso que *encontramos*.

29, 30. Tomai sobre vós o meu jugo, e aprendei de mim, que sou manso e humilde de coração; e encontrareis descanso para as vossas almas. Porque o meu jugo é suave e o meu fardo é leve.

Tomai sobre vós o meu jugo, e aprendei: esta é a segunda instrução, que traz consigo um descanso adicional, o qual nós *encontramos*. Jesus *dá* o primeiro descanso através de sua morte, e o segundo encontramos ao imitarmos a sua vida. Esta não é uma correção da declaração anterior, mas uma adição a ela. Primeiramente, nós *descansamos* pela fé em Jesus e, somado a isso, a seguir, nós *descansamos* por meio da obediência a Ele. O descanso do medo é seguido pelo descanso da turbulência da paixão interior e da escravidão do *eu*. Devemos não somente tomar um jugo, mas o *jugo de Cristo*; e não devemos somente nos submeter ao jugo quando for colocado sobre nós, mas devemos *tomá-lo sobre nós*. Devemos ser diligentes e *tomar o seu* jugo; e, ao mesmo tempo, devemos ser estudiosos e *aprender* d'Ele, como nosso mestre. Devemos aprender com Cristo e também aprender de Cristo. Ele é o professor e a lição. Sua humildade de coração se adapta ao ensinar por ser a ilustração de seu próprio ensino e operar em nós o seu grande propósito. Se podemos nos tornar como Ele é, descansemos como Ele. Não devemos somente descansar da culpa do pecado, embora Ele nos conceda isso, mas descansemos na paz da santidade, o que encontramos por meio da obediência a Ele. É o coração que produz ou estraga o descanso do homem. Senhor, faz-nos *humildes de coração* e descansaremos de coração.

Tomai o meu jugo. O jugo que nos aproxima de Cristo é necessariamente um jugo feliz; e o fardo que levamos para Ele é bendito. Descansamos no sentido mais amplo quando servimos, se Jesus é o mestre. Nós somos ordenados a carregar o fardo de Cristo e ficamos descansados ao executar as suas ordens.

Vinde a mim é, portanto, uma prescrição divina, que cura nossos males pelo perdão do pecado através do sacrifício de nosso Senhor e nos conduz à maior paz por nos santificar em seu serviço.

Oh, que recebamos a graça de sempre ir a Jesus e constantemente convidar outros a fazerem o mesmo! Sempre livre, mas sempre tomando o seu jugo; sempre tendo o descanso que uma vez foi dado, mas sempre encontrando mais: essa é a experiência daqueles que vêm a Jesus sempre e para tudo. Que herança bendita é a nossa!

MATEUS 12.1-13
O NOSSO REI COMO O SENHOR DE *SABATH*[32]

---

[32] Aqui, e nas passagens a seguir, faz-se necessário que o leitor redobre a atenção e tenha em mente a distinção que Spurgeon faz, seguindo a mesma interpretação dos teólogos reformados e puritanos, quanto ao uso da palavra inglesa: *Sabbath* (traduzido simplesmente por *Sabath*), pois ora Spurgeon intenciona o dia de sábado ou 7º dia da semana, ora cita *Sabath* se referindo ao dia de descanso ordenado no Quarto Mandamento ou, para usar a linguagem das igrejas do Novo Testamento, "Dia do Senhor", o domingo, 1º dia da semana (1Co 16.1-2; At 20.7; Ap 1.10). Spurgeon deixará mais clara a sua visão acerca desta distinção nos comentários a seguir (Veja também o cap. 28.1). Para saber mais sobre o entendimento de Spurgeon acerca do *Sabath* ou "Dia do Senhor", veja o Capítulo 22 da *Confissão de Fé Batista* de 1689: Sobre o Culto Religioso e o Dia do Senhor.

1, 2. Naquele tempo passou Jesus pelas searas, em um sábado[33]; e os seus discípulos, tendo fome, começaram a colher espigas, e a comer. E os fariseus, vendo isto, disseram-lhe: eis que os teus discípulos fazem o que não é lícito fazer num sábado.

Provavelmente, eles estavam a caminho da sinagoga. Eles estavam autorizados pela lei a colher espigas de milho enquanto passavam pelo caminho, mas a objeção dos fariseus era por estarem fazendo isso no *Sabath*. Para as mentes hipercríticas dos fariseus, colher algumas espigas para comer era como fazer o trabalho de uma ceifa. Eles consideravam as suas tradições e imaginações como um código de lei, e, de acordo com isso, os discípulos estavam *fazendo o que não é lícito fazer num sábado*. Os fariseus vieram ao próprio Jesus com suas graves queixas, pois de uma vez tiveram coragem para falar com o líder, porque se sentiam muito consistentes sobre a questão do *Sabath* e pensaram ser justo expor as falhas dos discípulos diante do mestre deles.

Nós, a propósito, aprendemos com essa história que o nosso Senhor e seus discípulos eram pobres e que aquele que alimentou as multidões não usou o seu poder milagroso para alimentar seus próprios seguidores, mas os deixou até que eles fizeram o que os homens pobres são forçados a fazer para confortar seus estômagos. Nosso Senhor não suborna ninguém para que o siga; aqueles homens podiam ser seus apóstolos e, ainda assim, estar com fome em um *Sabath*.

Por que aqueles fariseus não lhes deram pão e assim impediriam que os apóstolos fizessem algo que eles não concordavam? Também podemos razoavelmente perguntar: como eles viram os discípulos? Será que eles não deixavam de guardar o *Sabath* ao vigiá-los?

---

[33] Ou *Sabbath* (*Sabath*), aqui e nas ocorrências a seguir, segundo a versão do autor.

3, 4. Ele, porém, lhes disse: não tendes lido o que fez Davi, quando teve fome, ele e os que com ele estavam? Como entrou na casa de Deus, e comeu os pães da proposição, que não lhe era lícito comer, nem aos que com ele estavam, mas só aos sacerdotes?

Jesus fala com os seus adversários eruditos como se não tivessem lido a lei que eles professavam defender. *Não tendes lido?* O exemplo de Davi serviu ao Filho de Davi também. Ficou claro em seu exemplo que a necessidade não tem lei. A lei do tabernáculo foi quebrada por Davi quando ele e seu grupo estavam angustiados pela fome; e aquela violação da lei se relacionava ao ritual judaico em um ponto muito especial e delicado, e ainda assim Davi nunca foi repreendido por isso. Comer o pão santo por blasfêmia, gracejo ou leviandade poderia ser a causa da morte do transgressor, mas fazê-lo por necessidade urgente não foi censurável no caso de Davi. Como os homens desculpam qualquer violação de costumes em decorrência de grave fome, assim o Senhor admitiu em uma questão cerimonial da lei, para exercer a sua misericórdia e devido à evidente necessidade do homem. A lei do *Sabath* nunca foi concebida para fazer com que homens famintos tivessem ainda mais fome; assim também era com a lei da *casa de Deus e os pães da proposição*. As obras de necessidade são lícitas no *Sabath*.

5, 6. Ou não tendes lido na lei que, aos sábados, os sacerdotes no templo violam o sábado, e ficam sem culpa? Pois eu vos digo que está aqui quem é maior do que o templo.

Este exemplo vai absolutamente ao cerne da questão. Os sacerdotes trabalhavam arduamente no *Sabath* na oferta de sacrifício e de outras formas designadas, mas eles eram honrados em vez de censurados por fazê-lo, visto que eles tinham a aprovação da lei do templo. Mas, no caso dos discípulos de Cristo, o que eles fizeram teve a confirmação do Senhor do templo, que é muito maior do que o templo. A obra feita para Deus no *Sabath* não é uma verdadeira profanação do *Sabath*, embora pareça assim para aqueles cuja religião reside inteiramente em observâncias exteriores. Se trabalhamos com Jesus e para Jesus, não nos preocupamos com as críticas dos formalistas. Como a substância é maior do que a sombra, assim o nosso Senhor é maior do que o templo ou quaisquer ou todas as leis cerimoniais; e sua sanção anula todas as interpretações da lei que o ascetismo ou a superstição possam nos impor.

As obras de piedade são lícitas no *Sabath*.

7. Mas, se vós soubésseis o que significa: misericórdia quero, e não sacrifício, não condenaríeis os inocentes.

Nosso Senhor havia irritado os fariseus, dizendo duas vezes: *Não tendes lido?* Será que Jesus pensava que eles haviam deixado de ler qualquer parte dos Salmos ou da lei? Agora Ele os acusa novamente de ignorância quanto ao significado de uma passagem dos profetas: *se vós soubésseis o que significa*. Então Ele cita Oséias 6.6, que Ele havia usado[34] contra eles antes: *misericórdia quero, e não sacrifício*. Deve haver muito nesta palavra do profeta que a torne tão grandemente favorita de nosso Senhor. Deus preferia que seus sacerdotes dessem os consagrados pães da proposição a Davi como um ato de misericórdia a que os mantivessem santos para o seu uso; Ele preferia que os discípulos gastassem alguns minutos colhendo espigas para saciar sua fome a sofrerem fraqueza para preservar a santidade do dia. Tendo, assim, a autorização do próprio Senhor, aqueles que permitiram o ato misericordioso para aplacar a fome eram inocentes e não deveriam ser condenados. Em verdade, eles não seriam condenados, caso os seus críticos fossem mais instruídos.

As obras de misericórdia são lícitas no *Sabath*.

8. Porque o Filho do homem até do sábado é Senhor.

Isso define todo o assunto, para além de todo questionamento. O *Filho do Homem*, Jesus Cristo, estando em união com a divindade, *é Senhor* de tudo no âmbito da lei que diz respeito a Deus e ao homem, visto que Ele é mediador e, portanto, Ele pode organizar e dispor dos *Sabaths* como lhe aprouver. Ele fez isso e interpretou a lei sabática, não com permissão, mas com uma doce razoabilidade que o mais rígido dos religiosos não apresenta. A partir de seu exemplo e ensinamentos, nós aprendemos que o *Sabath* não é profanado por

---
[34] Veja o capítulo 9.13.

obras de necessidade, piedade ou misericórdia e que não precisamos nos preocupar com os discursos maldosos dos formalistas hipercríticos que deturpam a lei sabática e transformam em uma prisão o que se destinava a ser um período de santo descanso.

9. E, partindo dali, chegou à sinagoga deles.

Chegou o tempo em que a questão do *Sabath* veio à tona novamente em referência à própria obra de nosso Senhor entre os doentes e enfermos.

Jesus estabeleceu o exemplo ao assistir ao culto público. As sinagogas não tinham designação divina para autorizá-los; mas, na natureza das coisas, deve ser certo e bom se reunir para o culto a Deus em seu próprio dia, e, portanto, Jesus estava lá. Ele não tinha nada a aprender, mas Ele foi à reunião no dia que o Senhor Deus havia santificado.

10. E, estava ali um homem que tinha uma das mãos mirrada; e eles, para o acusarem, o interrogaram, dizendo: é lícito curar nos sábados?

Este acontecimento foi notável. É digno de observação que, tão logo um assunto era discutido, rapidamente um novo assunto entrava em discussão. Será que os fariseus levaram à sinagoga o *homem que tinha uma das mãos mirrada*, para que pudessem levantar a questão de uma forma prática? Eles foram à sinagoga para saciar seu fanatismo, e não para adorar. É temível que muitos nestes dias os imitem. Antes de nosso Senhor fazer qualquer movimento relativo ao milagre, os fariseus se aproximaram d'Ele com o que pensavam ser uma questão que lhe causaria embaraço: *é lícito curar nos sábados?* Ele havia afirmado ser o Senhor do *Sabath;* e agora os fariseus, buscando demonstrar imparcialidade, apresentam uma dificuldade para Jesus, mas eles fizeram isso motivados por um propósito vil. No que diz respeito ao caráter moral do questionamento, tudo depende do motivo; eles não perguntaram para que pudessem aprender com Jesus, mas para *o acusarem*. Eles buscavam acusar, ainda que não ganhassem nada por sua ação maliciosa.

11, 12. E ele lhes disse: qual dentre vós será o homem que, tendo uma ovelha, se num sábado ela cair numa cova, não lançará mão dela, e a levantará? Pois quanto mais vale um homem do que uma ovelha? É, por consequência, lícito fazer bem nos sábados.

Jesus responde ao questionamento deles com outro. Ele propõe uma situação e faz com que eles o julguem. Se um homem pobre, que possuía *uma ovelha*, a visse *cair numa cova*, ou estivesse ferida *no sábado*, será que ele *não lançaria mão dela, e a levantaria*, colocando-a de pé? É claro que ele faria assim; e ele estaria certo ao fazê-lo. *Pois quanto mais vale um homem do que uma ovelha?* Portanto, é e deve ser correto socorrer um homem. Infelizmente, alguns agem como se um homem não fosse melhor do que um animal, pois os seus cães e cavalos são mais bem abrigados do que os seus trabalhadores e eles ficam mais indignados com a morte de uma raposa do que com a fome de um mendigo.

O argumento de nosso Senhor foi esmagador. Se for provado que uma forma de bondade humana está correta, todos os tipos de ações bondosas são admitidos como corretos também e *é, por consequência, lícito fazer bem nos sábados*. O que nos admira é o fato de alguém já ter pensado o contrário disso. Mas o zelo por coisas exteriores e o ódio pela religião espiritual, quando unidos, criam um fanatismo tão cruel quanto ridículo. Nosso Senhor nos libertou do jugo rabínico, e encontraremos descanso para as nossas almas em um verdadeiro *Sabath* espiritual. Que ninguém, no entanto, a partir dessa liberdade, infira uma licenciosidade e trate o Dia do Senhor como se fosse seu próprio e imagine que possa ser gasto em seus próprios propósitos. Guardam melhor o Dia do Senhor aqueles que, no sétimo dia, sempre descansam de suas próprias obras, como Deus descansou das suas; mas como pode um homem descansar até que ele conheça a obra de Deus consumada em Cristo Jesus?

13. Então disse àquele homem: estende a tua mão. E ele a estendeu, e ficou sã como a outra.

Assim, nosso Senhor praticou o seu próprio ensino. Aquele que poderia fazer um milagre desse tipo era divino e poderia muito bem interpretar a sua própria lei. O homem estava sentado, e Jesus lhe ordenou que se levantasse para que todos pudessem observá-lo; e então Jesus pediu também que o homem estendesse a mão, para que todos pudessem ver a sua condição desprovida de vitalidade. Não parece que seu braço estava paralisado, como alguns supõem, pois ele foi capaz de movê-lo e estendê-lo perante todos. Feito isso, o Senhor o restaurou imediatamente, diante de toda a sinagoga e diante dos fariseus maldosos. O homem estendeu cada dedo perfeitamente, sendo restaurado ao seu vigor natural. O pobre homem tinha escondido sua mão quando esta ficou mirrada; mas, quando restaurado, era adequado que ele fosse visto por todos na sinagoga. Por essa mão restaurada, curada no *Sabath*, todos os homens souberam que Jesus operaria atos de misericórdia no *Sabath*. Oremos para que Ele faça o mesmo em nossas congregações. Oh, que as mãos que têm sido inúteis para fins sagrados possam, ao seu comando, tornar-se sadias! Oh, que aqueles que são convidados a crer e a viver deixem de questionar e obedeçam como esse homem fez; então a sua cura certamente ocorrerá, como ocorreu com o homem obediente!

MATEUS 12.14-21
NOSSO REI NA MAJESTADE DE SUA QUIETUDE

14. E os fariseus, tendo saído, formaram conselho contra ele, para o matarem.

A sinagoga estava muito agitada para os fariseus e, assim, eles saíram. Completamente derrotados, eles se ausentaram do olhar público, odiando o homem que os havia desconcertado completamente. Eles não poderiam silenciá-lo e por isso queriam matá-lo. Aqueles que começam acusando o Senhor em breve tentarão *matá-lo*. Não era fácil atingir aquele que vivia de modo tão estimado pelo povo, e, assim, eles *formaram conselho* como o método mais seguro de procedimento. Matar Jesus era, de fato, o resultado de malícia, pois eles deliberadamente planejaram tal ação cruel. Hoje homens ainda formam conselho *contra ele*. Por quê? Que as suas próprias consciências respondam, se há algo a responder. Os atuais ataques insensíveis e calculistas dos céticos ao evangelho têm, em si mesmos, um grau especial de crime.

15, 16. Jesus, sabendo isso, retirou-se dali, e acompanharam-no grandes multidões, e ele curou a todas. E recomendava-lhes rigorosamente que o não descobrissem.

Seus conselhos secretos foram todos discernidos pela onisciência de Jesus; Ele *sabia disso*. Ele agiu em conformidade. Ele não veio lutar contra sofistas e, portanto, *retirou-se dali*, pois aquele lugar foi palco de contínuas disputas. Mas Ele não conseguia ficar sozinho; multidões seguiam após Ele, e seu amor não podia recusar abençoá-las com a cura. Ele não deseja criar uma agitação e, assim, quando as pessoas se reuniram em multidões, Jesus lhes ordenou não anunciarem a sua presença. Para Ele, a popularidade se tornou um obstáculo para o seu trabalho e Ele a evitava. Ao evitar a notoriedade, Jesus cumpriu uma antiga profecia.

Nós não estamos sob a ordem de esconder as suas maravilhas graciosas e, portanto, alegremente queremos anunciar este registro glorioso: *ele curou a todas*. Que encorajamento para que as almas enfermas pelo pecado lancem-se a Ele!

17-19. Para que se cumprisse o que fora dito pelo profeta Isaías, que diz: eis aqui o meu servo, que escolhi, o meu amado, em quem a minha alma se compraz; porei sobre ele o meu espírito, e anunciará aos gentios o juízo. Não contenderá, nem clamará, nem alguém ouvirá pelas ruas a sua voz.

Em Isaías 42.1-4, lemos palavras que são plenamente citadas, se não literalmente, pelo evangelista. O *servo* de Deus, escolhido, amado e aprazível ao Senhor, revestido com o Espírito de Deus, viria e revelaria a mente do Senhor às nações, mas não o faria com tumulto e desordem, ruído e clamor.

Para evitar disputa e exibição, nosso Senhor acalmou aqueles a quem tinha curado, ou pelo menos mandou que não o tornassem conhecido. Nosso Senhor não desejava ser exaltado na estima da multidão, por contender com os fariseus, de modo bem-sucedido, pois o seu método era outro. Os nomes dados ao Salvador aqui são extremamente preciosos e dignos de nossa meditação cuidadosa, especialmente em conexão com a passagem de Isaías. Jesus é o *escolhido* de Jeová, ordenado para ser seu servo, *amado* nessa qualidade e *muito aprazível* ao seu Pai. O poder desse amado servo de Deus estaria no Espírito divino, na doutrina que ensinaria e na lei que anunciaria; toda a sua vida seria um julgamento e condenação do pecado diante dos olhos de todos os homens. Ele prevaleceria não pela força, nem pela violência, mas pelo Espírito do Senhor e pela força da verdade. A ira do homem no ardor da controvérsia, o entusiasmo da retórica grosseira e os aclamados discursos populares, tudo isso Jesus evitou e deixou para os meros fingidos; Ele desprezou tais armas no estabelecimento de seu reino. Alguns de seus seguidores têm adotado um modo de agir oposto a esse e são muito desejosos por usar métodos clamorosos e atrativos; nisso, eles descobrirão que não são muito agradáveis ao Senhor.

20. Não esmagará a cana quebrada, e não apagará o morrão que fumega, até que faça triunfar o juízo.

Jesus deixou *a cana quebrada* da presença farisaica para provar a própria impotência dela, aquele momento não era adequado para quebrá-la; e Ele rejeitou o *morrão que fumega* de uma religiosidade nominal; e deixou todos lidando com isso até um dia vindouro, quando chegaria a hora de acabar com a sua ofensividade. Ele, por fim, julgará vitoriosamente esses hipócritas que eram inúteis como canas quebradas e perigosos como pavios fumegantes, mas Ele não faria isso durante sua primeira missão aos homens. Jesus não tem nenhuma pressa para destruir toda a pequena oposição.

Eu creio ser esse o sentido exato das palavras neste contexto, mas como a passagem é comumente entendida é igualmente verdade e é também muito mais rica em consolação. Os mais fracos não são rejeitados por nosso Senhor Jesus, embora aparentemente inúteis como uma cana quebrada ou mesmo realmente ofensivos como o morrão que fumega. Ele é terno e não adota atitudes severas. Jesus sustenta e perdoa aqueles que são desagradáveis aos seus olhos. Ele deseja ligar a cana quebrada e soprar a fumaça do morrão, acendendo a chama da vida. Oh, que os pobres pecadores se lembrem disso e confiem n'Ele!

21. E no seu nome os gentios esperarão.

Porque Jesus é tão bom, os desprezados gentios virão e se prostrarão aos pés d'Ele e o amarão como seu mestre. Ele será a esperança daqueles que foram deixados como sem esperança. O desejo de nosso Senhor por mansidão e o fato de Ele evitar contendas provam que Ele é o Messias, como predito pelos profetas. Não devemos confiar mais no ungido do Senhor? Sim, nós, como gentios, confiamos em *seu nome*. Em nós, essa profecia é cumprida. No entanto, parecia muito improvável que os gentios esperariam n'Ele, visto que Israel o recusou.

MATEUS 12.22-37
NOSSO REI E OS PODERES DAS TREVAS

22. Trouxeram-lhe, então, um endemoninhado cego e mudo; e, de tal modo o curou, que o cego e mudo falava e via.

É bom quando os homens trazem outras pessoas a Jesus: um bem certamente decorrerá disso. Um caso extraordinário demonstrou uma nova forma de astúcia de Satanás. O espírito maligno havia fechado as janelas e a porta da alma: a vítima era *cega e muda*. Como ele poderia escapar? Ele não podia ver seu Salvador nem clamar a Ele. Porém, o duplo mal desapareceu quando, em um instante, Jesus expulsou o demônio: *o cego e mudo falava e via*. Quando Satanás é destronado, as faculdades espirituais começam imediatamente a funcionar. Nada confunde o nosso Senhor, a sua graça pode salvar os homens que não veem os seus pecados nem clamam por misericórdia. Senhor, está conosco quando pregamos e expulsa demônios pela tua Palavra; em seguida, a incapacidade moral dará lugar à saúde graciosa.

23. E toda a multidão se admirava e dizia: não é este o Filho de Davi?

Novamente observamos a admiração deles; e aqui foi feita uma pergunta que pode ter sido o ponto de partida para a fé em muitos. A versão corrigida muito apropriadamente mantém o *não*. Era natural que os tradutores o colocassem ali, pois dá a entender que muitos devem ter visto o verdadeiro Salomão naquele grande operador de maravilhas. Mas, como não está no original, não devemos admitir o não; e, assim, a questão mostra quão estranhamente descrente eles eram e, ainda assim, como alguma convicção estava sobre eles. "É Ele? Não pode ser; é Ele; mas é Ele? É este o Filho de Davi?" Havia várias vozes, mas as pessoas eram unânimes em sua admiração. *Toda a multidão se admirava!*

24. Mas os fariseus, ouvindo isto, diziam: este não expulsa os demônios senão por Belzebu, príncipe dos demônios.

Isto era o que pensaram sobre Ele anteriormente. Este era um pensamento antigo; mas, por falta de uma sugestão melhor ou mais amarga, eles o expressaram. Nosso Senhor estava muito ocupado para responder à calúnia vil em sua primeira aparição (Mt 9.34); ou talvez Ele a detestou tanto, que não quis mencioná-la, mas deixou aquilo que era abominável envenenar-se a si mesmo com o seu próprio veneno. Agora eles o afirmam novamente e expressam mais detalhes ao mentirem, mencionando *Belzebu* como o nome do *príncipe dos demônios*, com quem Ele estaria vinculado. As mentiras crescem enquanto avançam. Aqueles que duvidam da obra de Deus na conversão dos pecadores logo avançam em ousadia e atribuem a mudança bendita à hipocrisia, ao interesse pessoal, à loucura ou a alguma outra influência maligna.

25, 26. Jesus, porém, conhecendo os seus pensamentos, disse-lhes: todo o reino dividido contra si mesmo é devastado; e toda a cidade, ou casa, dividida contra si mesma não subsistirá. E, se Satanás expulsa a Satanás, está dividido contra si mesmo; como subsistirá, pois, o seu reino?

O leitor de pensamentos os enfrenta com um argumento conclusivo no mais alto grau, vencendo-os, reduzindo a sua declaração ao absurdo. Imagine Satanás dividido contra Satanás e seu reino, como que em uma guerra civil! Não, sejam quais forem os erros dos demônios, eles não estão em conflito uns contra os outros. Infelizmente, esse erro é mais característico dos servos de um melhor mestre. Oh, se as divisões na igreja não fossem tantas e tão desoladoras quanto são! Seria uma situação muito esperançosa se pudéssemos ouvir sobre divisões entre os poderes das trevas; pois, assim, o reino de Satanás cairia. Não, fariseus astutos, vossa sugestão caluniosa é manifestamente uma mentira, e os homens sensatos não devem ser embaraçados por isso!

27. E, se eu expulso os demônios por Belzebu, por quem os expulsam então vossos filhos? Portanto, eles mesmos serão os vossos juízes.

Aqui nosso Senhor utilizou um argumento adaptado para os homens com quem Ele falava. Não foi tão contundente em si mesmo como antes; mas, como um argumento *para eles*, teve uma força singular. Alguns dos discípulos dos fariseus, e provavelmente alguns de *seus filhos*, agiam como exorcistas; e, seja verdadeira ou falsamente, professavam expulsar demônios. Se Jesus tivesse operado aquela maravilha por Belzebu, e os fariseus fizeram essa descoberta, como eles poderiam ter mais bem aprendido isso do que a partir de seus próprios filhos? Será que os seus filhos tinham relações com o príncipe dos demônios? Isso os coloca em um dilema e os impede completamente de expressar aquela invenção maliciosa novamente, para o bem de seus próprios entes queridos.

28. Mas, se eu expulso os demônios pelo Espírito de Deus, logo é chegado a vós o reino de Deus.

Nosso Senhor, em verdade, diz: *se eu expulso os demônios pelo Espírito de Deus*, então um novo tempo começou: o poder divino entrou em peculiar conflito com o maligno e é manifestamente vitorioso. Em minha pessoa, *é chegado a vós o reino de Deus*, vocês estão em uma posição de vantagem graciosa por eu estar entre vocês. Mas, se os demônios não são expulsos pelo Espírito de Deus, o trono de Deus não está entre vocês, e vocês são tristemente perdedores. A vitória sobre o mal é uma prova clara de que o reino da graça chegou.

Observe que, embora nosso Senhor tivesse todo o poder de si mesmo, Ele honrou o Espírito de Deus e agiu por seu poder, afirmando que de fato agiu assim. O que podemos fazer sem o Espírito? Senhor Deus, Espírito Santo, ensina-nos a esperar em ti!

29. Ou, como pode alguém entrar em casa do homem valente, e furtar os seus bens, se primeiro não maniatar o valente, saqueando então a sua casa?

O diabo é o *homem valente*, o grande ladrão. Ele detém os homens em sua posse como um guerreiro se apossa de sua propriedade. Não há como *furtar seus bens* sem antes enfrentá-lo. A simples ideia de tomar os bens dele enquanto você for seu amigo ou ele não estiver derrotado é ridícula. Quando nosso Senhor começou a sua obra, Ele *maniatou* Satanás: a presença de Deus encarnado era uma restrição ao inimigo do homem. Tendo aprisionado o inimigo, Ele, depois, retira *de sua casa* aqueles despojos que estavam há muito em sua posse. Não há libertação para nós, a não ser pela vitória de nosso Senhor sobre o nosso poderoso tirano. Glória seja dada ao seu nome, Ele prendeu o valente, e Jesus retira do diabo as suas presas! Essa foi a explicação justa e evidente de nosso Senhor sobre a questão que os fariseus formularam tão vilmente.

30. Quem não é comigo é contra mim; e quem comigo não ajunta, espalha.

Nosso Senhor não fez nenhum compromisso com Satanás. Satanás *não era com* Ele, mas *era contra* Ele. Jesus intenciona ser igualmente decisivo em suas relações com todos os demais. Ou os homens devem vir para o lado d'Ele ou serem considerados como seus adversários; não pode haver meio-termo. Jesus indicou a guerra contra o grande inimigo e contra todos os que se alinham ao mal. Os homens necessariamente devem escolher um dos lados; as suas ações tendem ou a *ajuntar* ou a *espalhar* com Ele. Jesus é o único centro possível da unidade humana; e, seja qual for o ensino que não una os homens a Ele, dispersa-os por meio do egoísmo, orgulho, ódio e mil outras forças desagregadoras. Nosso Rei mostrou a dimensão da batalha e Ele nunca aceitará trégua ou acordo. Senhor, que eu nunca hesite, mas seja contigo e *ajunte* contigo.

31. Portanto, eu vos digo: todo o pecado e blasfêmia se perdoará aos homens; mas a blasfêmia contra o Espírito não será perdoada aos homens.

Aqui há uma advertência solene para aqueles fariseus caluniosos: grande é o pecado de blasfemar contra o Espírito de Deus e imputar a sua obra a Belzebu; e, de fato, tanto endurece o coração dos homens que são culpados disso, que nunca se arrependem e, consequentemente, não são perdoados. Nosso Senhor deixou seus oponentes verem para onde estavam indo, a saber, à beira de um pecado para o qual nenhum perdão seria possível. Devemos ser muito cuidadosos em nossas atitudes em relação ao *Espírito Santo*, pois a sua honra tem uma proteção especial sobre si, por meio de um texto tão solene quanto este.

32. E, se qualquer disser alguma palavra contra o Filho do homem, ser-lhe-á perdoado; mas, se alguém falar contra o Espírito Santo, não lhe será perdoado, nem neste século nem no futuro.

Por que uma palavra seria dita contra Jesus? No entanto, muitas palavras são ditas assim, e Ele perdoa. Mas, quando se trata de confundir deliberadamente o Espírito Santo com o espírito maligno, a ofensa é repugnante e hedionda, e muito endurecedora do coração. Em nenhum estado da economia divina alguma vez foi possível conceder perdão a quem voluntariamente considerou o próprio Deus como estando unido ao diabo. Essa é a morte espiritual, ou melhor, a podridão e a corrupção do pior tipo. Não é um equívoco, mas uma vil e deliberada blasfêmia contra o Espírito Santo o atrever-se a imputar suas obras e poder gracioso à agência diabólica. Aquele que é culpado deste crime ultrajante pecou em uma condição na qual a sensibilidade espiritual está morta e o arrependimento se tornou moralmente impossível.

33. Ou fazei a árvore boa, e o seu fruto bom, ou fazei a árvore má, e o seu fruto mau; porque pelo fruto se conhece a árvore.

Jesus continua argumentando com os fariseus; e o faz tão bem, que diz: "Sejam coerentes; aceitem a mim e as minhas obras; ou apenas por meio de minhas obras vocês podem julgar-me. Mas não admitam que a obra seja boa e depois me acusem de estar unido ao diabo e à obra dele. Se eu estivesse unido ao diabo, eu faria obras como as do diabo, e não obras que abalam o seu reino". A repreensão é muito poderosa, porque se fundamenta na justiça. Julgamos uma árvore pelos seus frutos, e um homem por suas ações, e não há outro modo verdadeiro de julgamento.

Leia as palavras a partir de seu contexto e ensine a grande verdade geral de que a vida interior e a exterior devem ser correspondentes.

34, 35. Raça de víboras, como podeis vós dizer boas coisas, sendo maus? Pois do que há em abundância no coração, disso fala a boca. O homem bom tira boas coisas do bom tesouro do seu coração, e o homem mau do mau tesouro tira coisas más.

Nosso Senhor os acusa de *serem maus*! Jesus repete as palavras de João: *Raça de víboras*. Eles haviam falado maldosamente; como eles poderiam agir de outra forma, quando seus corações estavam tão cheios de malícia para com Ele? Eles tinham atingido o extremo da maldade ao acusá-lo de estar unido a Satanás, e isso somente mostrou o *tesouro* maligno que estava dentro de seus corações. Eles expressaram a vileza com o temperamento severo e com a extravagância da falsidade, porque eles tinham tal abundância em si mesmos. Aquilo que está no poço é visto no balde. O coração se revela através da boca. Se eles fossem bons, as suas palavras seriam boas; mas, tal era a sua vileza do coração, que eles não podiam *falar coisas boas*. Assim, nosso Senhor conduziu a disputa ao próprio território deles e mostrou santa indignação na presença deles.

36, 37. Mas eu vos digo que de toda a palavra ociosa que os homens disserem hão de dar conta no dia do juízo. Porque por tuas palavras serás justificado, e por tuas palavras serás condenado.

Eles poderiam imaginar que não tinham feito nenhum grande mal quando espalharam suas declarações maldosas entre as pessoas, que eles apenas tinham dado o seu parecer com mais ou menos leviandade e que, na pior das hipóteses, apenas haviam falado *palavras vãs*. Assim, eles foram expostos, já que o Senhor os venceu completamente. Mas o nosso Senhor os adverte contra essa confiança. Ele lida estritamente com tais transgressores grosseiros. As *palavras* serão julgadas no último grande dia. Elas provam que os homens são justos, ou dignos de condenação. Suas próprias obras podem ser julgadas por suas palavras. Há algo muito revelador do coração na linguagem dos homens, especialmente aquelas palavras que provêm de sentimentos profundos. Quando somos convencidos de que fizemos um discurso injusto, podemos nos esconder na falácia de que nossa linguagem foi mais severa do que as nossas ações, que nos limitamos a dizer tais e tais coisas e que dificilmente poderia ser entendido que nosso discurso deveria ser considerado tão seriamente, mas essa desculpa não nos será proveitosa. Devemos nos preocupar com o que dizemos sobre os homens piedosos e, especialmente, sobre o seu Senhor, pois as palavras difamatórias permanecerão e serão testemunhas contra nós no dia do juízo, quando, então, veremos que todas elas foram registradas no livro de Deus.

Certamente, não ouvimos mais a acusação de que o Senhor Jesus era aliado de Satanás enquanto Ele viveu! Jesus silenciou esta calúnia de uma vez por todas, pois os fariseus ficaram preocupados.

Querido mestre, ajuda-me a refrear a língua, para que eu não seja culpado por *palavras vãs*, e me instrui quando eu falar, para que eu também seja guardado do silêncio indolente.

MATEUS 12.38-42
NOSSO REI É DESAFIADO A DAR UM SINAL

38, 39. Então alguns dos escribas e dos fariseus tomaram a palavra, dizendo: mestre, quiséramos ver da tua parte algum sinal. Mas ele lhes respondeu, e disse: uma geração má e adúltera pede um sinal, porém não se lhe dará outro sinal senão o do profeta Jonas.

Os fariseus mudam os seus modos, mas mantêm o mesmo objetivo. Quão sem esperança estavam os religiosos daquela época! Nada podia convencê-los. Eles manifestavam o seu ódio ao Senhor Jesus, ignorando todas as maravilhas que fizera. Que outros sinais eles poderiam buscar além daqueles que Ele já tinha dado? Belos inquiridores são estes! Eles consideram todos os milagres de nosso Senhor como se nunca tivessem ocorrido. Bem pode o Senhor chamá-los de *maus e adúlteros*, uma vez que eles eram tão dados à lascívia pessoal e eram espiritualmente muito falsos para com Deus. Agora nós temos entre nós aqueles que são insinceros em relação às conquistas da doutrina evangélica, como se estas nada fossem, e falam conosco como se nenhum resultado tivesse seguido a pregação do evangelho. Há necessidade de muita paciência para lidar sabiamente com eles.

40. Pois, como Jonas esteve três dias e três noites no ventre da baleia, assim estará o Filho do homem três dias e três noites no seio da terra.

O grande sinal da missão de nosso Senhor é a sua ressurreição e a preparação de seu evangelho da salvação para os gentios. Sua história de vida é bem simbolizada por *Jonas*. Eles lançam o nosso Senhor ao mar, assim como os marinheiros fizeram com o homem de Deus. O sacrifício de Jonas acalmou o mar para os navegadores; a morte de nosso Senhor nos trouxe a paz. Nosso Senhor esteve por um tempo no seio da terra, como Jonas esteve no fundo do mar, mas Ele ressuscitou, e seu ministério estava cheio do poder da sua ressurreição. Como o ministério de Jonas foi confirmado por ser trazido do mar, assim o ministério de nosso Senhor é atestado por sua ressurreição dentre os mortos. O homem que tinha voltado da morte e do sepultamento no mar chamou atenção de todos em Nínive; assim é com o chamado do Salvador ressuscitado, que é digno da fé obediente de todos aqueles que ouvem a sua mensagem.

41. Os ninivitas ressurgirão no juízo com esta geração, e a condenarão, porque se arrependeram com a pregação de Jonas. E eis que está aqui quem é mais do que Jonas.

Os pagãos de Nínive foram convencidos pelo sinal de um profeta restaurado a partir do sepultamento no mar; e, movidos por esse convencimento, se converteram pela pregação. Sem objeção ou demora, eles colocaram toda a cidade em luto e suplicaram a Deus que desviasse a sua ira. Jesus veio com um comando mais claro de arrependimento e uma promessa resplandecente de libertação, mas Ele falou aos corações endurecidos. Nosso Senhor lembra os fariseus disso; e, como eles eram os judeus mais zelosos do judaísmo, foram rapidamente afetados pelo fato de que os pagãos perceberam o que Israel não compreendeu e que os ninivitas se arrependeram enquanto os judeus estavam endurecidos. Todos os homens ressurgirão no juízo: *Os ninivitas ressurgirão*. As vidas dos penitentes condenarão aqueles que não se arrependeram: os ninivitas condenarão os judeus, *porque se arrependeram com a pregação de Jonas*, e os judeus não o fizeram. Aqueles que ouviram Jonas e se arrependeram serão testemunhas contra aqueles que ouviram Jesus e recusaram o seu testemunho.

A testemunha constante de nosso Senhor é a sua ressurreição dentre os mortos. Deus queira que cada um de nós, crendo nesse fato inquestionável, possa estar tão seguro na missão do Senhor, que possa se arrepender e crer no evangelho.

A ressurreição é uma prova; em verdade, ela é o sinal; embora, como veremos, é complementada por outro. Os dois ou nos convencerão ou nos condenarão.

42. A rainha do meio-dia se levantará no dia do juízo com esta geração, e a condenará; porque veio dos confins da terra para ouvir a sabedoria de Salomão. E eis que está aqui quem é maior do que Salomão.

O segundo sinal da missão de nosso Senhor é a sua sabedoria real. Como a fama de Salomão trouxe a *rainha dos confins da terra*, assim a doutrina de nosso Senhor convoca a atenção das longínquas ilhas do mar. Se Israel não percebe a sua gloriosa sabedoria, Etiópia e Seba o ouvirão e se prostrarão diante d'Ele. A rainha de Sabá ressurgirá e *se levantará* como uma testemunha contra os judeus incrédulos, pois ela viajou de longe para ouvir Salomão, enquanto eles não quiseram ouvir o próprio Filho de Deus quando este é que veio até eles. A excelência superlativa da sua sabedoria permanece em nosso Senhor como um sinal, que jamais pode ser eficazmente contestado. Que outros ensinos correspondem a todas as necessidades dos homens? Quem mais revelou tanta graça e verdade? Ele é infinitamente maior do que Salomão, que, de um ponto de vista moral, demonstrou uma triste pequenez. Quem, senão o Filho de Deus, poderia revelar o Pai, como Ele fez?

MATEUS 12.43-45
NOSSO REI REVELA A TÁTICA DO ARQUI-INIMIGO

Nosso Senhor quis dar um golpe final à ideia de ser auxiliado por uma cooperação satânica, retornando à sua parábola (v. 29) e declarando que, se ocorresse que o espírito maligno deixasse um homem por sua própria vontade, o homem não mais teria esperança, pois o inimigo logo voltaria.

43. E, quando o espírito imundo tem saído do homem, anda por lugares áridos, buscando repouso, e não o encontra.

De modo justo, o diabo é chamado de *o espírito imundo*; ele ama o que é sujo e faz com que o homem em quem habita seja imundo no coração. No relato acima, o diabo estava na posse *de um homem* e *saiu* por seus próprios propósitos. Ele deixou o homem por sua própria vontade, sem conflitos de qualquer espécie. Este é um caso que ocorre com frequência: o diabo age dessa forma e deixa alguém que é exageradamente imoral se tornar decente e disciplinado. O espírito astucioso sai, mas traz a chave da casa consigo, pois ele intenciona voltar. Ele deixou de ocupar, mas não desistiu da propriedade. Ele saiu para que não fosse expulso de lá. Quem pode compreender a sutileza da antiga serpente?

O espírito maligno, no entanto, fica desconfortável quando não está influenciando uma mente humana. Ele vagueia *em busca de repouso, e, não o encontrando*, não acha nada para animá-lo nesta terra, no céu ou no inferno, todos estes são *lugares áridos* para ele. Dentro do coração pecaminoso, ele estava em casa e encontrava alguns poucos contentamentos, mas fora ele encontra a criação como sendo um deserto para seus desejos impuros. "Todas as paisagens são agradáveis, mas somente o homem é vil!"[35] E, portanto, apenas o homem oferece um abrigo adequado para o espírito maligno.

---

[35] O autor cita um trecho do hino *From greenland's icy mountains*, de Reginald Heber (1783-1826).

44. Então diz: Voltarei para a minha casa, de onde saí. E, voltando, acha-a desocupada, varrida e adornada.

O demônio abominável chama o homem de *minha casa*. Sua audácia é incrível. Ele não edificou ou comprou aquela casa e não tem direito a ela. Ele fala sobre ter deixado o homem com um mero *saí*. Ele fala como se fosse uma questão fácil: *voltarei*. Evidentemente, ele considera ter o domínio absoluto da natureza do homem e que pode entrar e sair quando quiser. Se Satanás sai de um homem por sua própria vontade, ele voltará exatamente quando for conveniente ao seu propósito. Apenas a força divina que o expulsa pode assegurar que ele não voltará. Reformas que não são obras vitoriosas da graça geralmente são temporárias e muitas vezes levam a uma condição pior em anos posteriores.

O espírito imundo cumpre o que havia determinado, ele volta, *e, voltando, acha-a desocupada*, ninguém tomou posse, e assim ninguém impede a sua entrada em sua própria habitação. É verdade que ela está *varrida* de determinados pecados mais grosseiros e *adornada* com algumas belas moralidades, mas o Espírito Santo não está ali, e nenhuma mudança divina foi operada, e, portanto, o espírito imundo está tão em casa quanto sempre esteve. A parábola não precisa de mais explicações; a reforma temporária é bem retratada. O diabo não faz qualquer objeção quanto à sua casa estar varrida e adornada, pois um moralista pode ser tão verdadeiramente seu escravo quanto o homem de hábitos depravados. Enquanto o coração não é ocupado por seu grande inimigo e ele pode usar o homem para seus próprios fins, o inimigo das almas permitirá que o homem reforme a si mesmo tanto quanto quiser.

45. Então vai, e leva consigo outros sete espíritos piores do que ele, e, entrando, habitam ali; e são os últimos atos desse homem piores do que os primeiros. Assim acontecerá também a esta geração má.

O diabo adota outro modo de agir; ele está tão satisfeito com a sua elegante mansão, que convoca outros demônios e os convida para a sua casa adornada. Os demônios se unem a ele, e os habitantes da casa agora são oito, em vez de apenas um. Eles, *entrando, habitam ali*: eles se apossam ao máximo e fazem uma estadia permanente. Sua residência está assegurada para além da futura probabilidade de expulsão; e agora o homem *está pior do que antes*, pois os espíritos imundos são mais numerosos e *piores*. O homem pecador se torna mais orgulhoso e mais incrédulo, ou ele se torna mais cruel e mais blasfemo do que no início. De fato, uma reforma verdadeiramente esperançosa era impossível desde o início, porque Jesus não estava ali, e o Espírito Santo não teve participação nisso.

Astuciosamente, o espírito imundo se submete a uma perda aparente do poder, para que ele possa estabelecer o seu domínio mais firmemente. Sem dúvida, as recaídas no pecado são como as recaídas na doença: são ainda mais perigosas do que a doença inicial.

Nos dias de Cristo, os fariseus e os outros estavam neste caso. O espírito que levou os judeus à idolatria se foi, mas o verdadeiro Deus não era amado e nem mesmo conhecido espiritualmente; assim, o poder demoníaco permanecia possuindo-os. No futuro, aquela *geração má*, que manifestava sua maldade sob a forma de ódio a Cristo e desprezo fanático de outras nações, ainda seria possuída de forma mais hedionda pelo espírito maligno que havia corrompido o judaísmo, como aconteceu nos dias de nosso Senhor e depois, até a destruição de Jerusalém, quando o povo parecia tão completamente enfurecido e sob uma influência diabólica, que se tornaram "odiosos, odiando-os uns aos outros"[36]. Podemos temer que a nossa atual "era da 'cultura' e do 'progresso'" seguirá até atingir um objetivo similar. Isso está progredindo em direção à infidelidade e avançando para o absurdo; enquanto, ao mesmo tempo, o mundanismo é exaltado e a santidade é ridicularizada.

---

[36] Cf. Tito 3.3.

MATEUS 12.46-50
O NOSSO REI E SEUS PARENTES TERRENOS

46. E, falando ele ainda à multidão, eis que estavam fora sua mãe e seus irmãos, pretendendo falar-lhe.

Os membros da família de Jesus vieram com a intenção de levá-lo, porque achavam que Ele estava fora de si. Sem dúvida, os fariseus tinham falado do seu ministério aos seus parentes de tal modo, que estes imaginaram ser melhor contê-lo, para que Ele não se destruísse por sua pregação zelosa. Os amigos podem ser o maior obstáculo de um bom homem. Eles invadiram o seu santo serviço: *falando ele ainda à multidão*. Como eles ousaram falar daquela forma? Pelo pedido de *sua mãe* e de *seus irmãos*, Ele é chamado a se afastar do importante compromisso de ensinar as pessoas, o qual era o seu mais urgente trabalho na vida, mas o chamado não teve influência sobre Ele. O que aflige Maria para que ela se unisse a essa tentativa? Muitas mães nervosas têm impedido seus filhos que foram separados ao ministério, quando a coragem deles desafia o perigo. Nosso Senhor não permitiu que o seu amor por sua mãe o fizesse retroceder.

47. E disse-lhe alguém: eis que estão ali fora tua mãe e teus irmãos, que querem falar-te.

Uma pessoa relatou a missão da família: *E disse-lhe alguém: eis que estão ali fora tua mãe e teus irmãos*. É difícil quando as interrupções vêm de nossa própria carne e sangue, pois os estranhos certamente os apoiarão. De forma ignorante ou proposital, aquela pessoa que informou a Cristo uniu-se aos seus parentes, por dizer que *queriam falar-lhe*; embora, na verdade, eles desejavam retirar Jesus dali. Jesus não permitiu que um discípulo negligenciasse o seu dever para que pudesse sepultar o seu pai[37]; como agiria agora que sua mãe veio para impedir-lhe? Ele fará o que é certo. Podemos sempre encontrar a regra da nossa conduta por fazer a pergunta: O que Jesus faria?

---
[37] Cf. Mateus 8.21-22.

48, 49. Ele, porém, respondendo, disse ao que lhe falara: quem é minha mãe? E quem são meus irmãos? E, estendendo a sua mão para os seus discípulos, disse: eis aqui minha mãe e meus irmãos.

Jesus não rejeita os laços referentes à sua natureza humana, mas Ele demonstra a verdadeira posição de seus familiares como secundária em relação aos laços espirituais com os quais Ele se uniu à família espiritual. Aqueles que eram unidos a Ele pelos laços do discipulado possuíam a verdadeira união com Ele. Jesus, *estendendo a sua mão para os seus discípulos, disse: eis aqui minha mãe e meus irmãos*! Todos os crentes em Jesus fazem parte da família real, são feitos príncipes e irmãos de Cristo. Veja como Ele confessa a união e ordena que todos saibam disso. "Ele não se envergonha de lhes chamar irmãos."[38] Nesse caso, o seu método de reconhecê-los era especialmente impressionante; Ele os considera antes de sua mãe e irmãos terrenos.

Senhor, faz-nos conhecer e fruir da nossa proximidade contigo. Ajuda-nos também a zelar por ti como uma mãe por seu filho e a te amar como um homem deve amar o seu próprio irmão.

50. Porque, qualquer que fizer a vontade de meu Pai que está nos céus, este é meu irmão, e irmã e mãe.

Ele amplia esta verdade. Cada praticante da vontade do Pai prova ser um verdadeiro discípulo, que é tão próximo a Jesus quanto um irmão, tão querido quanto uma irmã e tão apreciado quanto uma mãe. De acordo com a nossa condição e capacidade, vamos agir com nosso Senhor como um irmão, em ajuda; como irmã, em compaixão, e, como mãe, em terno amor, pois todas essas relações ocorrem em sentido duplo, envolvem tanto dar quanto receber. Quão bem-aventurado é *qualquer* que assim for! Isso não é somente para os ministros ou para pessoas separadas para o serviço especial; mas todo aquele que faz a *vontade do Pai*, não sendo levada em conta a sua ocupação nesta vida, está contido no círculo da família do Senhor Jesus Cristo.

Nosso Senhor Jesus há pouco havia demolido as formalidades estabelecidas pelos escribas e fariseus, e agora Ele vai ainda mais longe, e tudo o

---

[38] Cf. Hebreus 2.11.

que é da carne, mesmo o seu melhor, está separado do que é do espírito. De agora em diante, é evidente que Ele não reconhece mais nenhum homem segundo a carne; nem nós podemos esperar conhecê-lo por direito de filiação natural ou qualquer outra coisa que seja segundo o sangue ou o nascimento, ou segundo a vontade da carne[39]. A vida interior — que está unida a Deus, sendo isto evidenciado através da santidade — é o que nos concede a união com nosso Senhor. Oh, que sintamos essa influência cada vez mais!

---

[39] Cf. João 3.5-6.

MATEUS 13.1–53
NOSSO REI PROFERE SETE PARÁBOLAS SOBRE O SEU REINO

1. Tendo Jesus saído de casa, naquele dia, estava assentado junto ao mar.

Jesus não tinha medo de ser impedido por sua família, mas saía livremente. Quão sereno era o seu comportamento! Ele *estava assentado junto ao mar*, o que deveria ser um grande refrigério para Ele. Ele se afastou da controvérsia de sua casa e da rua e entrou em comunhão tranquila com a criação. Na praia, ao ar livre, Ele exercitou grandemente sua imaginação e trocou o estilo didático pelo uso das parábolas.

2. E ajuntou-se muita gente ao pé dele, de sorte que, entrando num barco, se assentou; e toda a multidão estava em pé na praia.

Grandes multidões desejavam ouvir seus ensinamentos e ver seus milagres. Estes o pressionavam tão ansiosamente, que havia o perigo de Ele ser empurrado para o mar; e ainda mais porque não era uma multidão dispersa, *ajuntou-se muita gente ao pé dele*; eles buscavam chegar cada vez mais perto de Jesus. O barco se tornou o seu púlpito, e o pequeno espaço entre Ele e a praia dava-lhe espaço para respirar e possibilitou que mais pessoas o ouvissem. A praia e o céu azul se tornaram um grande auditório, com espaço para *grandes multidões* — uma expressão abrangente. O mestre sentou-se, e as pessoas *estavam em pé*; haveria menos sono nas congregações se essa forma de organização prevalecesse em nossos dias.

3. E falou-lhe de muitas coisas por parábolas, dizendo: eis que o semeador saiu a semear.

Jesus tinha muita instrução para dar, e Ele escolheu transmiti-la através de *parábolas*.

Que figuras maravilhosas foram essas, tanto para nós quanto para aqueles que as ouviram primeiramente! Esta parábola do semeador é uma mina de ensino a respeito do reino, pois a semente era "a palavra do reino" (veja o versículo 19).

Eis, cada palavra é digna de atenção. Pode ser que o pregador tenha observado um camponês na praia, o qual estava começando a semear um dos solos. "Um semeador", leia "o semeador". Jesus, nosso Senhor, tomou sobre si a obra de um semeador a mando de seu Pai. O semeador "saiu". Veja-o deixando a casa do Pai, com este desígnio em seu coração: *semear*.

4. E, quando semeava, uma parte da semente caiu ao pé do caminho, e vieram as aves, e comeram-na.

Quando semeava, *uma parte da semente caiu ao pé do caminho*: mesmo quando o principal semeador está semeando, uma parte da semente se perde. Sabemos que Ele semeia a melhor semente, e da melhor maneira, mas algumas caem ao pé do caminho e, assim, ficam descobertas e fora do solo. Este solo era duro devido ao tráfego. *Ao pé do caminho*, também nos encontramos com a poeira que pode cegar, poças de lama que podem sujar e aves que podem comer a semente; logo, aquele não é um bom lugar para a boa semente. Assim, não é de admirar que as sementes semeadas ficaram expostas e vieram as aves e comeram-nas. Se a verdade não entra no coração, as más influências em breve a removerão.

5, 6. E outra parte caiu em pedregais, onde não havia terra bastante, e logo nasceu, porque não tinha terra funda; mas, vindo o sol, queimou-se, e secou-se, porque não tinha raiz.

A semente caiu entre as rochas, ou em um solo raso com uma camada de rochas por baixo; pois, se o semeador evitasse completamente esses lugares, ele poderia ter perdido alguma boa terra. Nesses *pedregais*, a semente *logo nasceu*, porque os pedregais lhe transmitiram todo o seu calor que incidia sobre eles e por isso a germinação foi acelerada. Mas, como logo nasceu, rapidamente secou. *Mas, vindo o sol*, as plantas que não tinham raízes instantaneamente definharam e morreram. *Não tinha terra funda e não tinha raiz*, o que poderia ter acontecido com as plantas que haviam acabado de brotar, senão *queimar* até *secarem-se*? Tudo acontece muito rapidamente; as sementes não tiveram tempo para criar raízes, e, assim, tão precipitadamente, o crescimento rápido encontrou uma morte rápida. Nenhum vestígio permaneceu.

7. E outra caiu entre espinhos, e os espinhos cresceram e sufocaram-na.

Este solo era originalmente um matagal de espinheiros, mas estes espinheiros haviam sido cortados; contudo, rapidamente as velhas raízes começaram a brotar novamente, e outras ervas daninhas cresceram entre eles; e os cardos, espinhos, urtigas e outros sufocavam os fracos brotos de trigo. As plantas nativas *sufocam* as que foram plantadas. Elas não permitiriam que o trigo intrusivo partilhasse o mesmo campo com elas — o mal reivindica o monopólio da nossa natureza.

Assim, vimos os três solos onde as sementes tiveram um fim prematuro.

8. E outra caiu em boa terra, e deu fruto: um a cem, outro a sessenta e outro a trinta.

Isso reparou todas as perdas, especialmente quando a maior frutificação é citada, pois os pássaros, o clima e as ervas daninhas puseram a perder três tipos de sementes; contudo, felizmente, uma parte das sementes continuou a crescer e encheu o celeiro. A semeadura da boa semente nunca pode ser um fracasso total: *outra caiu em boa terra*.

A colheita não foi igualmente grande em cada local de solo fértil: variou de cem a trinta por um. Nem toda boa terra é igualmente boa; e, além disso, a situação pode ser diferente. As colheitas não são todas iguais na mesma fazenda, na mesma temporada e sob o mesmo agricultor; e, ainda assim, cada campo pode render uma boa colheita.

Senhor, se eu não conseguir chegar a um cento por um, deixa-me, pelo menos, provar ser boa terra por produzir trinta por um.

9. Quem tem ouvidos para ouvir, ouça.

Ele lembra o oficial dizendo aos seus homens: "Atenção!". Ele fala como o Senhor de tudo, que tem o direito de ser ouvido. Os ouvidos servem para ouvir, use-os mais para ouvir o que Jesus fala.

10. E, acercando-se dele os discípulos, disseram-lhe: por que lhes falas por parábolas?

Talvez a multidão houvesse se queixado aos discípulos de que eles não podiam saber o que seu mestre estava dizendo. Os apóstolos podiam ter se sentido incapazes de responder. Como a questão os deixou perplexos, eles fizeram bem em consultar a seu mestre infalível em vez de inventar uma teoria explicativa que poderia ser completamente errada.

11. Ele, respondendo, disse-lhes: porque a vós é dado conhecer os mistérios do reino dos céus, mas a eles não lhes é dado.

As razões habituais para o uso da parábola seriam deixar a verdade mais clara, prender a atenção e fixar o ensino na memória. Mas, neste caso, nosso Senhor estava, por seu discurso parabólico, cumprindo a sentença judicial que anteriormente havia sido muitas vezes pronunciada sobre a nação apóstata da qual Ele recebeu um tratamento indigno. Eles foram condenados a ter a luz e ainda permanecer voluntariamente nas trevas. Para seus próprios discípulos, nosso Senhor poderia explicar a parábola, mas não para a multidão descrente. Se alguém entre a multidão sinceramente desejasse saber o significado do que o Senhor dizia, ele se tornaria seu discípulo e então a ele seriam ensinados os *mistérios do reino dos céus*; mas, em relação àqueles que rejeitaram o Messias, enquanto ouviam parábolas, vendo, não viam; e, ouvindo, não ouviam.

Ouvir a palavra exteriormente é um privilégio comum, *conhecer os mistérios* é um dom da graça soberana. Nosso Senhor fala a verdade com muita ousadia: *a vós é dado, mas a eles não lhes é dado*. Palavras solenes. Verdades humilhantes. A salvação e o conhecimento pelo qual a salvação vem são dados como apraz ao Senhor. Certamente, existe tal coisa como graça distinguidora; deixe os modernos caluniarem a doutrina o quanto puderem.

12. Porque àquele que tem, se dará, e terá em abundância; mas àquele que não tem, até aquilo que tem lhe será tirado.

Aqueles que tinham algum conhecimento da verdade espiritual viriam a ter uma luz ainda mais clara, mas aqueles que viviam voluntariamente nas trevas seriam, na presença da luz, ainda mais confusos e nada obteriam, senão a descoberta de que eles não sabiam o que pensavam que sabiam. Um homem ignorante entra em um museu ou ouve uma palestra proferida por um erudito e se sente o maior tolo, ele não aprende nada, porque não é capaz de compreender os termos técnicos da ciência. Isso é justamente o que a verdade espiritual produz nos homens carnais, ela cega-os em vez de iluminá-los.

13. Por isso lhes falo por parábolas; porque eles, vendo, não veem; e, ouvindo, não ouvem nem compreendem.

Esta foi a sua razão para *falar-lhes por parábolas*; eles não podiam entender as coisas espirituais e por isso Ele não lhes ministrou nenhuma doutrina abertamente, pois, assim, era como se eles não houvessem escutado absolutamente nada. Eles realmente não viam o que eles viram nem ouviam o que eles ouviram. Não obstante a clareza do ensino, este apenas servia para deixá-los mais confusos. Eles haviam se tornado moral e espiritualmente doentes, de modo que a única coisa que perceberiam era a atraente aparência exterior da verdade. A verdade em si não era palatável à sua percepção. Neste dia, as maravilhas da criação, as obras da graça, as obras da providência e as ordenanças da religião são todas como uma música sem som ou como sóis pintados para os homens carnais, eles não ouvem seus ensinamentos nem sentem o seu poder.

14. E neles se cumpre a profecia de Isaías, que diz: ouvindo, ouvireis, mas não compreendereis, e, vendo, vereis, mas não percebereis.

Este sexto maravilhoso capítulo de Isaías é constantemente referido no Novo Testamento. É evidente que ele estabelece a condenação dos incrédulos em Israel! Aqueles que se recusam a ver são punidos, tornando-se incapazes de ver. A penalidade do pecado é ser deixado no pecado. Os judeus zombaram de nosso Senhor no dia em que o ouviram, e assim foi-lhes permitido ouvir, contudo sem que o compreendessem. Até mesmo o "mensageiro da aliança"[40] falaria em vão para eles.

---

[40] Aqui Spurgeon faz referência a Malaquias 3.1. Para saber mais sobre o que Spurgeon acreditava sobre a "Aliança de Deus" e o seu mensageiro, "Cristo, o mediador", leia os capítulos 7 e 8 de *A confissão de fé batista de Londres* de 1689. Essa é a Confissão de fé que Spurgeon recomendava à sua igreja.

15. Porque o coração deste povo está endurecido, e ouviram de mau grado com seus ouvidos, e fecharam seus olhos; para que não vejam com os olhos, e ouçam com os ouvidos, e compreendam com o coração, e se convertam, e eu os cure.

Eles tinham amortecido suas próprias faculdades. A perversidade em prosseguir no pecado nos torna insensíveis, surdos e cegos para todas as coisas espirituais. Assim, eles fecharam o caminho da salvação para si mesmos e empregaram sua máxima diligência para impedir a sua própria conversão. Isso de uma forma que a verdade apenas os alcançaria para condená-los em vez de convertê-los. Se a verdade viesse a eles de qualquer outra forma que não por parábolas, eles não teriam sequer se dignado a ouvir. Dessa forma, a verdade seria vista mais claramente do que em qualquer outra, se eles estivessem dispostos a vê-la; mas, como eles não estavam dispostos, as figuras se tornaram para eles como uma lanterna que, em vez de iluminar, faz com que a escuridão fique ainda pior. Se os homens voluntariamente fecham os olhos, a própria luz os cegará. Assim, quando o Senhor deixa alguém, é devido ao seu pecado; mas, quando Ele escolhe quaisquer pessoas, não é porque elas são melhores, mas para que Ele as torne melhores.

Esta passagem ensina que a posse de faculdades é algo pequeno, a menos que as usemos apropriadamente. Os homens devem *ver com os olhos, ouvir com os ouvidos e compreender com o coração*. Se eles se convertem a Cristo, Ele irá curá-los, mesmo com os corações duros, ouvidos indispostos e olhos fechados. Mas, infelizmente, há uma geração que não quer ser convertida, pois é orgulhosa de sua cegueira e dureza!

16. Mas bem-aventurados os vossos olhos, porque veem, e os vossos ouvidos, porque ouvem. Porque em verdade vos digo que muitos profetas e justos desejaram ver o que vós vedes, e não o viram; e ouvir o que vós ouvis, e não o ouviram.

Felizes os homens que são escolhidos para tal privilégio! A graça abriu seus olhos e ouvidos. *Bem-aventurados os vossos olhos, porque veem*. Que maravilhas, tesouros e revelações eles veem! São abençoados os olhos que contemplam os mistérios do amor divino. *Bem-aventurados os vossos ouvidos, porque ouvem*; ouvem algo mais doce do que a canção dos anjos, ouvem a voz do amor eterno do coração de Jesus. Vocês conheceram o grande segredo; o conselho do Senhor lhes foi revelado, vocês são *bem-aventurados*. Vocês, sob o evangelho, são levados a conhecer o que o maior e melhor dos homens sob a lei não poderia descobrir. O dia mais curto do verão é mais longo do que o mais longo dia do inverno; e vocês, ó humildes, sob a dispensação do evangelho, veem mais da verdade em Jesus do que o melhor dos santos poderia ver antes de Ele vir. Não há dúvida sobre isso, pois Jesus estabelece o selo: *Em verdade vos digo* que, sobre a declaração que favorecidos acima de todos os outros são aqueles cujas faculdades regeneradas veem e ouvem a verdade de Deus. Será que estamos entre o número desses bem-aventurados? Se assim for, vamos louvar ao Senhor por uma tão grande bênção. Verdadeiramente, ouvir o evangelho e ver as suas bênçãos é um grande favor. O amor e a gratidão que mostramos em retribuição devem ser realmente grandes!

18. Escutai vós, pois, a parábola do semeador.

Porque vocês veem o que está velado e lhes foi concedida a graça para discernirem o significado interior através da metáfora exterior, *escutai vós, pois*, a explicação da *parábola do semeador*.

19. Ouvindo alguém a palavra do reino, e não a entendendo, vem o maligno, e arrebata o que foi semeado no seu coração; este é o que foi semeado ao pé do caminho.

O evangelho é a palavra do reino. Ele tem autoridade real em si; proclama e revela o Rei Jesus e leva os homens à obediência ao seu senhorio, pois ouvir mas não entender é deixar a boa semente do lado de fora de sua natureza e não a esconder no coração. Nada de bom pode vir de tal audiência para alguém.

Satanás está sempre vigiando para destruir a Palavra: então *vem o maligno*, no mesmo instante em que a semente foi semeada. Ele está sempre com medo de deixar a verdade ter contato, mesmo um contato duro e indiferente, com uma mente, e assim ele *arrebata* imediatamente *o que foi semeado*, e isso é esquecido ou mesmo não crido. De uma forma ou de outra, a semente foi arrebatada; e nós não temos na mente de nosso ouvinte campo fértil, mas um caminho duro e bem movimentado. O homem não era um opositor, ele *foi semeado*, mas recebeu a verdade como ele era, sem o solo de sua natureza ser mudado, e a semente permaneceu como era, até que o sórdido pássaro do inferno veio e a comeu. Na medida em que a verdade foi semeada em seu coração, ela estava em seu coração natural não regenerado e, portanto, não cresceu ali. Quantos desses ouvintes nós temos! Para estes, pregar é em vão, pois o que eles aprendem, desaprendem, e o que eles recebem, rejeitam quase tão rapidamente quanto receberam.

Senhor, que a tua palavra real não seja impenetrável em nenhum de nós; mas, sempre que a menor semente da verdade cair sobre nós, que possamos abrir a nossa alma para recebê-la!

20, 21. O que foi semeado em pedregais é o que ouve a palavra, e logo a recebe com alegria; mas não tem raiz em si mesmo, antes é de pouca duração; e, chegada a angústia e a perseguição, por causa da palavra, logo se ofende.

Aqui a semente foi a mesma, e o semeador, o mesmo, mas o resultado foi um pouco diferente. Neste caso, não havia terra suficiente para cobrir a semente, mas havia calor suficiente para fazê-la crescer rapidamente. O convertido era atencioso e facilmente ensinado; ele parecia feliz em aceitar o evangelho completamente, ele até estava ansioso e entusiasmado, alegre e persuasivo. Ele ouve a palavra e logo a recebe com alegria. Certamente, este parecia muito promissor! Mas o solo era essencialmente ruim, duro, estéril e superficial. O homem não tinha nenhum crescimento vivo do mistério do evangelho, nenhuma raiz em si mesmo, nenhum princípio, nenhum poder da verdade em um coração renovado; e assim ele floresceu rapidamente e cresceu por um tempo, e apenas momentaneamente. É sucintamente declarado: *é de pouca duração*. A duração pode ser maior ou menor de acordo com as circunstâncias. Quando os cristãos são provados, quer através da aflição do Senhor ou da perseguição do mundo, os temporariamente crentes que não possuem seiva nem raízes e carecem da umidade da graça secam e a sua profissão de fé murcha. Assim, mais uma vez, as esperanças do semeador são frustradas e seu trabalho é perdido. Até que os corações não sejam transformados, isso é o que acontecerá sempre. Nós nos encontramos com muitos que estão fervorosos, mas que logo esfriam. Eles recebem o evangelho *com alegria*, mas o deixam *ofendidos*. Tudo estava somente na superfície e, portanto, era precipitado e irreal.

Que todos nós tenhamos corações quebrantados e mentes preparadas, para que, quando a verdade vier a nós, ela possa se arraigar e se enraizar em nós, de modo que permaneça.

22. E o que foi semeado entre espinhos é o que ouve a palavra, mas os cuidados deste mundo, e a sedução das riquezas sufocam a palavra, e fica infrutífera.

Esta classe de ouvintes nós conhecemos pessoalmente nestes tempos agitados. Eles ouvem a palavra, são afetados pelo evangelho, o recebem como uma semente em suas mentes e por um tempo ela cresce bem, mas o coração não pode pertencer a dois objetivos que o absorvam ao mesmo tempo, e, portanto, esses homens não podem por muito tempo se dedicar ao mundo e a Cristo também. Cuidados para obter dinheiro, cobiça, truques e pecados vêm sobre aqueles que desejam ser ricos, além disso, orgulho, luxúria, opressão e outros pecados sucedem a riqueza assim obtida. Tudo isso impede o homem de ser útil em questões religiosas ou mesmo de ser sincero: *e fica infrutífero*. Ele mantém sua profissão de fé, ele ocupa o seu lugar, mas a sua religião não cresce; na verdade, ele mostra sinais tristes de sufocamento e marcas de mundanismo. As folhas da religiosidade exterior estão lá, mas não há orvalho sobre elas; as espigas dos frutos prometidos estão lá, mas não há grãos nelas. As ervas daninhas cresceram com o trigo e sufocaram-no. Não podemos deixar que o trigo e os espinhos cresçam simultaneamente, esta tentativa é fatal para uma colheita para Jesus.

Veja como a riqueza é aqui associada aos *cuidados, sedução* e esterilidade. A riqueza deve ser gerida com prudência. Por que os homens são tão ansiosos para cultivar seus espinheiros mais densos, acrescentando abrolhos?

Não seria bom arrancar os espinhos e cardos pela raiz? Não deveríamos, tanto quanto possível, nos manter longe dos cuidados para obter, preservar, aumentar e acumular riquezas materiais? Nosso Pai celestial cuidará para que tenhamos o suficiente; por que nos preocuparemos com as coisas terrenas? Não podemos dedicar as nossas mentes a essas coisas e ao reino também.

23. Mas o que foi semeado em boa terra é o que ouve e compreende a palavra; e dá fruto, e um produz cem, outro sessenta, e outro trinta.

Aqui está a história do sucesso da Palavra. Este quarto solo recompensará todas as perdas. Obviamente, nenhuma parábola ensina toda a verdade, e, portanto, não vemos aqui nenhuma menção à lavra que sempre precede uma boa colheita. Nenhum coração humano é naturalmente bom, o bom Deus teve que preparar a *boa terra*. Neste caso, tanto o pensamento como o coração estão envolvidos na mensagem celestial, e o homem *ouve e compreende a palavra*. Sendo compreendida com amor, a verdade entra no homem e cria raízes, cresce e dá frutos que recompensam o semeador. Devemos visar à apreensão e à compreensão interior da Palavra de Deus, pois só assim podemos ser fecundados por ela.

Que o nosso objetivo seja estar entre aqueles que dão fruto, cem por um! Ah, gostaríamos de dar ao nosso Senhor dez mil frutos se pudéssemos. A cada sermão que ouvimos, devemos nos esforçar para fazer uma centena de atos graciosos, de caridade ou autonegação. Nosso divino semeador, com tais sementes celestes, merece ser recompensado com uma colheita gloriosa.

24. Propôs-lhes outra parábola, dizendo: O reino dos céus é semelhante ao homem que semeia a boa semente no seu campo.

Mais uma vez, quando o nosso Senhor quer nos anunciar um ponto-chave do evangelho, Ele fala do *reino dos céus*; e, para continuar o Seu método de fazer com que a verdade seja tão claramente anunciada, que apenas o deliberadamente cego deixe de vê-la, Ele anuncia outra parábola simples e rica. Certamente, sabemos que *o homem semeia a boa semente no seu campo*. Também sabemos o que ele semeia; semeava em seu próprio terreno escolhido, *seu campo*. E a semente que ele semeou era muito boa. Depois, ele foi para sua casa celestial e deixou seu campo aos cuidados dos seus servos. Infelizmente, esse cuidado não é tão correto quanto deveria ser!

25. Mas, dormindo os homens, veio o seu inimigo, e semeou joio no meio do trigo, e retirou-se.

Os servos são todos muito propensos a dormir. Há um período em que a natureza os obriga a fazê-lo e há outros momentos em que a preguiça pecaminosa os convence à indulgência. Homens bons e simples não podem acreditar que alguém possa fazer mal ao campo de seu senhor; além disso, vigiar e afugentar os invasores é um trabalho desagradável.

"Caça-heresia" é o apelido da vigilância. "Puritanismo rígido" é o título de desprezo que dão à disciplina cuidadosa. "Fanatismo" é o título pelo qual a fidelidade é descrita. *Mas, dormindo os homens*, pode qualquer pessoa culta resistir ao espírito destes tempos e se manter acordada?

Veio o seu inimigo: sabemos quem é o inimigo. Ele trabalha no meio da noite. Ele não dorme quando os servos estão mergulhados no sono; antes, este é o momento em que ele está especialmente ativo. Silenciosa e astuciosamente, quando ninguém observava, ele maliciosamente semeou o joio, o trigo ilegítimo, algo tão semelhante ao trigo, que ninguém poderia perceber a diferença entre eles, até que começassem a amadurecer. O inimigo tomou aqueles que amavam o "pensamento moderno" e as diversões mundanas que estavam li somente por causa de sua linguagem cristã e porque se orgulhavam de sua profundidade espiritual, os introduziu astuciosamente e partiu. Poderia haver suspeitado sobre ele se permanecesse na cena dessa sua astúcia; e assim ele *retirou-se* para fazer o mesmo em outros lugares. Todos os seus filhos queridos declararam que isso não aconteceu, que não passava de um mero mito; e, como ele tinha ido embora, muitos concluíram que eles estavam certos. Satanás não é onipresente, mas isso ele astuciosamente transforma em uma vantagem, porque muitas vezes pode fazer mais através de sua ausência do que com a sua presença. O conhecimento do diabo é apenas metade de um diabo.

26. E, quando a erva cresceu e frutificou, apareceu também o joio.

A boa semente cresce, e, infelizmente, a má semente é igualmente cheia de capacidade de crescer. Os princípios de Satanás possuem uma vitalidade e rigor terríveis. Ambas as sementes estiveram por um período ocultas; mas, quando uma "cresceu", a outra *apareceu também*.

O joio é tão parecido com o trigo logo que nasce, que parecem ser iguais. O campo está em ruínas, seu rendimento é envenenado pela mistura de uma planta perniciosa. O que o inimigo ganhou com isso?

Nada! Para ele, era o suficiente ter prejudicado o homem a quem ele odeia.

27. E os servos do pai de família, indo ter com ele, disseram-lhe: Senhor, não semeaste tu, no teu campo, boa semente? Por que tem, então, joio?

Agora eles acordam. Teria sido melhor estarem acordados. Eles veem o crescimento do mal, embora não tenham visto a semeadura do mal. Angustiados por verem o campo prejudicado, eles se apressaram a irem ter com o seu senhor, perguntando-se como aquilo teria acontecido. Perguntam ao seu senhor: *Por que tem, então, joio?* Eles tinham certeza de que haviam semeado *boa semente*, e nada mais; e eles, evidentemente, pensavam que ele saberia quem semeou o trigo ilegítimo. Nós também nos admiramos com quão grande mal pode ter entrado em uma região na qual Cristo pôs seus ministros e clamamos espantados: *Por que tem, então, joio?* É melhor deixar que o mestre responda a essa pergunta; contudo, esse questionamento é uma confissão de que estivemos dormindo.

28. E ele lhes disse: um inimigo é quem fez isso. E os servos lhe disseram: queres pois que vamos arrancá-lo?

O dono da casa não havia dormido. Ele sabia quem fez aquela maldade cruel. Aquele que é o inimigo de Deus e do homem, e ele sozinho, tinha perpetrado esse ato maligno. Ele faz parecer que um erudito doutor, ou um poeta hábil, ou um orador desleal, foi o responsável por espalhar a dúvida entre o povo e introduzir céticos na igreja, mas o que agia nos bastidores, o verdadeiro autor do mal, é sempre o próprio diabo.

Os servos estavam desejosos de desfazer o mal assim que o perceberam. Fora com o falso trigo, e deixe o verdadeiro trigo crescer! Isso é mais fácil de propor do que de fazer, mas ocorreria naturalmente a todos os verdadeiros servos que estavam muito tristes por haverem sido negligentes e desejosos para consertar as coisas. Se houvesse ervas daninhas no trigo, a enxada poderia removê-las, mas este joio cresceu no trigo, e era como o trigo e, portanto, era a verdadeira ilustração das pessoas na igreja e no mundo que são cristãos apenas no nome e bons moralistas, mas que estão destituídos da vida de Deus. Não podemos nos livrar deles; não obstante, quantas vezes desejamos fazer isso!

29. Ele, porém, lhes disse: não; para que, ao colher o joio, não arranqueis também o trigo com ele.

O joio cresceu tão abundantemente, tanto se misturou com o trigo e era tão parecido com ele, que não seria possível arrancar sem fazer o mesmo com o outro também. Na verdade, o falso trigo cresceu entre o verdadeiro trigo, e tentar separá-los poderia ser ruim para a lavoura. Disciplinadores precipitados muitas vezes expulsam o melhor e mantêm o pior. Onde o mal é claro e aberto, não podemos hesitar em lidar com ele; mas, onde é questionável, é melhor esperarmos até que tenhamos uma orientação mais completa.

30. Deixai crescer ambos juntos até a ceifa; e, por ocasião da ceifa, direi aos ceifeiros: colhei primeiro o joio, e atai-o em molhos para o queimar; mas o trigo, ajuntai-o no meu celeiro.

Deixe que as duas sementes permaneçam juntas por um tempo, pois elas poderão ser mais eficazmente separadas mais tarde. É verdade que o mal vai atrapalhar e dificultar o bem, mas mesmo isso será melhor do que lançar fora o bem por engano. Um tempo de separação virá, *será por ocasião da ceifa*, quando ambos estarão totalmente desenvolvidos. Este será o tempo adequado, quando a divisão puder ser feita sem que cause qualquer dano; então os ceifeiros farão esse trabalho corretamente, de forma eficiente, universal e definitiva, pois o falso trigo será *atado em molhos para ser queimado*; porém, o verdadeiro será recolhido ao próprio *celeiro* do Senhor. Esta será uma separação perfeita, e nós somos convidados a esperar por ela. Nosso Senhor *dirá aos ceifeiros*, por isso podemos muito bem nos abster de falar precipitadamente aos anciãos das igrejas ou aos magistrados civis, de modo a incitá-los a exercer disciplina pouco generosa. Eles podem arrancar espinhos e cardos, mas com o joio a questão é outra. Magistrados e igrejas podem remover aqueles que são abertamente ímpios da sua comunhão; os exteriormente bons que são interiormente inúteis devem ser deixados, pois o julgamento dos corações está além de sua esfera.

Nosso Senhor declara que a condenação do falso trigo, os falsos professos, é terrível. *Atai-os em molhos*; junte igual ao seu igual, pecador com pecador, *para os queimar*. Nenhuma palavra poderia ser mais sugestiva de terrível destruição. Após isso e em um tom calmo e sereno, ouvimos as palavras: *mas o trigo, ajuntai-o no meu celeiro*. Todos foram ajuntados, todos foram reconhecidos como pertencendo ao Senhor, todos foram guardados no celeiro.

31, 32. Outra parábola lhes propôs, dizendo: o reino dos céus é semelhante ao grão de mostarda que o homem, pegando nele, semeou no seu campo; o qual é, realmente, a menor de todas as sementes; mas, crescendo, é a maior das plantas, e faz-se uma árvore, de sorte que vêm as aves do céu, e se aninham nos seus ramos.

A semente de mostarda é a menor de todas as sementes, proporcionalmente ao que ela produz; ela traz em si uma vida peculiar e, portanto, produz um grande crescimento. O homem da parábola nós sabemos quem é. O seu campo é a igreja, ou o coração; ele leva consigo a semente que, talvez, outros negligenciam, pelo fato de pensarem que ela é muito pequena; ele semeia a semente viva em seu próprio campo e o guarda. Ela cresce muito, até que finalmente se torna *a maior das plantas* e é semelhante a uma árvore. Os resultados da vida divina na alma de modo algum são pequenos, mas grandes graças, grandes projetos e grandes feitos são produzidos por ela.

A obra da graça na igreja e no indivíduo se torna muito evidente, e mesmo as pessoas que possuem um conhecimento tão pequeno das coisas celestiais quanto pintarroxos e pardais vêm e encontram abrigo sob as santas e benéficas influências e práticas que são a sua consequência.

Nós não poderíamos ter imaginado que nosso Senhor e seus doze apóstolos produziriam as inúmeras igrejas da cristandade. Mesmo agora, nós não podemos afirmar o quanto um esforço humilde para fazer o bem pode prosperar. Nós não sabemos o que a nossa própria vida interior virá a ser. Ela tem um poder para expandir dentro dela, e irá romper todos os laços, e crescerá a ponto de fazer sombra, dar fruto e abrigo. Se o Senhor plantou em seu interior a semente incorruptível, o seu destino é grandioso.

Bom mestre, acelera este bendito desenvolvimento. Temos visto o suficiente do grão de mostarda; faz-nos, agora, ver a árvore.

33. Outra parábola lhes disse: o reino dos céus é semelhante ao fermento, que uma mulher toma e introduz em três medidas de farinha, até que tudo esteja levedado.

Muitos expositores afirmam que isso se relaciona com o poder do mal na igreja ou no coração. Nessa interpretação, vemos por que "uma mulher tomou" o fermento e por que ela fez isso de forma tão oculta, é dito que ela *introduz* como que furtivamente.

De acordo com a regra que é observada no uso desta figura, o fermento deve ser entendido como um tipo de mal; e, se a regra deve ser aplicada, neste caso o ensinamento é óbvio e valioso. O fermento cedo começou a exercer sua influência corruptora na igreja e continua, de uma forma ou outra, ainda em operação.

Mas a conexão não nos leva a essa interpretação. A parábola começa com as mesmas palavras das outras: *o reino dos céus é semelhante*; e não há uma palavra que nos dê a entender que o tema foi alterado ou que o nosso Senhor não está falando agora do próprio reino, mas do mal no reino. Além disso, nosso Senhor não diz *será como*, mas *é como*, referindo-se, portanto, a algo já em operação; e nós realmente falhamos em ver que a mulher havia introduzido o fermento, e muito menos em *três medidas de farinha*, isto é, em uma grande igreja. O fermento não é aqui usado simplesmente como um outro retrato de uma influência que parece frágil, mas acaba por ser ativa, conquistadora e, finalmente, tudo permeia? Isso, apesar de escondido na obscuridade e, quando comparado às nações, é como *três medidas de farinha*, cresceu com uma rapidez misteriosa e continuou a levedar toda a massa do mundo e subjugar as nações a si mesmo. Que nossos amigos escolham uma das duas interpretações e aprendam uma boa lição com uma ou com ambas. Que o Senhor nos preserve do fermento mau e que possamos ser completamente afetados por influências sagradas!

34, 35. Tudo isto disse Jesus, por parábolas à multidão, e nada lhes falava sem parábolas; para que se cumprisse o que fora dito pelo profeta, que disse: abrirei em parábolas a minha boca; publicarei coisas ocultas desde a fundação do mundo.

Esse profeta era Asafe. O Salmo 78 começa assim: *Escutai a minha lei, povo meu*. Por quem isso poderia ser falado, senão por Deus? E, ainda no terceiro versículo, essa mesma pessoa fala de *nossos pais*; e, portanto, ele deve ser um homem. Aqui, então, neste septuagésimo oitavo salmo, é a pessoa sagrada, que é ao mesmo tempo Deus e homem, e nosso Senhor Jesus Cristo, cuja linguagem é muito adequadamente aplicada pelo evangelista. Nosso Senhor fala de coisas *ocultas* e as anuncia através de parábolas, as quais são entendidas por aqueles que tiveram os olhos de seu entendimento abertos, enquanto aqueles que são voluntariamente cegos não percebem seu significado. Essas parábolas contêm antigos segredos e mistérios profundos e pode ser que haja mais profecia nelas do que já temos percebido.

36. Então, tendo despedido a multidão, foi Jesus para casa. E chegaram ao pé dele os seus discípulos, dizendo: explica-nos a parábola do joio do campo.

Possivelmente, eles haviam compreendido as parábolas do grão de mostarda e do fermento, mas o joio permaneceu um enigma para eles. Nós não os culpamos por isso, uma vez que, através da sua ignorância, obtemos a própria interpretação de nosso Senhor. Se não fosse assim, nós certamente teríamos concebido uma interpretação errada.

37. E ele, respondendo, disse-lhes: o que semeia a boa semente, é o Filho do homem.

Jesus veio a este mundo com o propósito de semear o reino dos céus. Toda a graça, verdade e vida espiritual entre nós provêm de sua semeadura.

38. O campo é o mundo; e a boa semente são os filhos do reino; e o joio são os filhos do maligno.

O campo é o mundo, incluindo a igreja, mas o campo não é exclusivamente a igreja, pois *a boa semente*, ou *os filhos do reino*, é o mesmo que a igreja, e a má semente são as pessoas que se misturam com o povo de Deus e vivem entre ele em necessária associação neste mundo. A comunhão na igreja não é particularmente pretendida aqui, embora esteja contida nos termos utilizados.

Fanáticos tentaram extirpar hereges, e as igrejas nacionais têm até mesmo proibido maus pensadores de permanecer no país, mas todas as tentativas de livrar qualquer região de ter infiéis ou hereges residindo nela acabaram em amarga perseguição. Em nenhum lugar na terra podemos manter um arraial composto apenas por santos. Em muitos casos, um tratamento cruel dispensado aos melhores dos homens foi produzido pela noção de que eles eram crentes equivocados e por isso não deveriam ser tolerados. A batalha contra o erro por meios espirituais é correta e necessária, mas usar armas carnais e outros meios que envolvam a força é absoluta loucura e maldade. Este mundo é agora um campo onde todos crescem misturados, e assim deve ser até o fim.

39. O inimigo, que o semeou, é o diabo; e a ceifa é o fim do mundo; e os ceifeiros são os anjos.

O diabo é o semeador dos maus. Não havia nenhum tal até que adentrou ao paraíso, mas agora eles estão em toda parte, não apenas no campo do mundo, porém também no jardim da igreja. Agora é o momento de seu crescimento; a colheita se apressa, e os ceifeiros já são escolhidos pelo grande *pai de família*. Podemos nos regozijar pelo fato de que os anjos, e não os homens, são os ceifeiros. A que horas *o fim do mundo* virá, não sabemos, mas certamente está próximo.

40-42. Assim como o joio é colhido e queimado no fogo, assim será na consumação deste mundo. Mandará o Filho do homem os seus anjos, e eles colherão do seu reino tudo o que causa escândalo, e os que cometem iniquidade. E lançá-los-ão na fornalha de fogo; ali haverá pranto e ranger de dentes.

Que descrição! A colheita de *tudo o que causa escândalo*, e de todas as pessoas que fazem outras tropeçarem, e dos que *cometem iniquidade*, será uma consumação a ser ardentemente desejada. Não somente os exteriormente maus, mas o falso, o trigo fingido, será removido. Esta será a purga não da igreja, mas do reino, que neste tempo incluirá todo o campo do mundo. Nós não poderíamos efetuar esta separação, mas os próprios anjos do Senhor podem, e o farão. Isso deve acontecer *na consumação deste mundo*, o fim e clímax desta dispensação. O destino desses ímpios será *a fornalha de fogo*, o mais terrível dos castigos, mas isso não os aniquilará, pois eles emitem os mais seguros sinais de vívida aflição: *pranto e ranger de dentes*. Mais cedo ou mais tarde, isso é o que acontecerá aos maus. Embora neste mundo eles floresçam no mesmo campo com os crentes e dificilmente podemos diferenciá-los, eles serão removidos de tal associação honrosa, e *lançá-los-ão*, com o lixo do universo, naquela grande *fornalha de fogo*, cuja fumaça sobe para todo o sempre. Isso o Filho do Homem fará com autoridade; os anjos são simplesmente os executores da ira do Cordeiro.

43. Então os justos resplandecerão como o sol, no reino de seu Pai. Quem tem ouvidos para ouvir, ouça.

Aliviados da amargura criada pela associação obrigatória com meros fingidos, *os justos resplandecerão*. O reino sempre foi de seu Pai, e agora eles devem ser vistos como os seus herdeiros da sua glória e alegria. Até então os justos devem ser, em grande medida, prejudicados por aqueles cuja presença é indigna e que os mantêm em uma medida de escuridão devido à sua companhia mundana. Os intrusos serão removidos pelos anjos, *os justos* terão um caráter manifestamente distinto, o que fará com que sua excelência seja tão claramente vista como o sol ao meio-dia. Isso é algo bom de ser ouvido por eles; e, como eles têm *ouvidos para ouvir*, que ouçam com atenção e deleite.

44. Também o reino dos céus é semelhante a um tesouro escondido num campo, que um homem achou e escondeu; e, pelo gozo dele, vai, vende tudo quanto tem, e compra aquele campo.

O tema continua sendo *o reino dos céus*. O homem achou um tesouro escondido, talvez enquanto ele estava arando ou escavando. Ele não estava buscando-o, mas o encontrou. Não está escrito: "Fui achado pelos que não me buscavam"⁴¹? Para obter direito sobre esse tesouro, o homem que o encontrou deve comprar o campo; e, para isso, ele vende *tudo quanto tem*. Assim fazem os homens quando descobrem as riquezas do evangelho. Assim o próprio Jesus, no máximo custo, comprou o mundo para obter a sua igreja, que era o tesouro que Ele desejava. A aplicação especial da parábola, deixamos para o leitor.

Na prática, o leitor fará bem em se tornar o ator principal de um episódio similar. Aquele homem, alegremente, vendeu tudo quanto tinha para se apossar do reino dos céus.

45, 46. Outrossim, o reino dos céus é semelhante ao homem, negociante, que busca boas pérolas; e, encontrando uma pérola de grande valor, foi, vendeu tudo quanto tinha, e comprou-a.

Observe-se que, neste caso, a coisa preciosa não foi achada por acidente, mas depois de uma busca inteligente por ela. A primeira parábola é descritiva do homem comum, para quem o evangelho vem quando ele está seguindo sua vocação e que não possuía nenhum fervor na busca por coisas espirituais. Ele encontrou um pote de ouro enquanto lavrava e, tendo bom senso suficiente para preferir o ouro em vez dos torrões, comprou o campo e o tesouro. Na presente parábola, a personagem não é um lavrador, mas um *negociante, que buscava boas pérolas*. Este homem é uma pessoa mais nobre, ciente do valor das joias, e fazia de sua procura por elas o negócio de sua vida. Ele é um indivíduo sério e pensativo, que buscava as melhores coisas; e, portanto, ele lê, ouve, pondera e examina, assim como um joalheiro faria ao buscar boas pérolas. Ele encontra o evangelho, e com razão julga que *o reino dos céus* é a pérola das pérolas, e, portanto, sacrifica todas as outras coisas para que possa obtê-lo. Em ambos os casos, tudo foi vendido para obter o que se desejava; e, assim, quando nos convertemos, devemos desistir de tudo por Cristo; e isso não de forma coercitiva, mas de bom grado. Deve ser um prazer fazermos esse sacrifício; na verdade, devemos considerá-los não como sacrifícios, assim como aqueles dois homens estavam dispostos e desejosos de vender todos os seus bens para obter a posse de um tesouro que iria torná-los ricos para a vida eterna.

---

⁴¹ Esta fala encontra-se em Romanos 10.20 e é uma citação de Isaías 65.1.

47, 48. Igualmente o reino dos céus é semelhante a uma rede lançada ao mar, e que apanha toda a qualidade de peixes. E, estando cheia, a puxam para a praia; e, assentando-se, apanham para os cestos os bons; os ruins, porém, lançam fora.

Aqui, entre os homens, o *reino dos céus* é como uma rede de pesca. Ela é lançada sobre uma grande quantidade de água e apanha todos os tipos de criaturas que se movem no mar. A pescaria com as redes de arrasto é um sucesso, pois estava *cheia* quando a *puxaram para a praia*. No entanto, o sucesso não era tão grande quanto parecia, pois o conteúdo da rede era variado, ela *apanha toda a qualidade de peixes*. E é necessário que seja assim, visto que a rede foi lançada ao mar que contém peixes *ruins* e *bons*. Não pode ser de outra forma; e seria desnecessário descrever o tipo de coisas que ele apanha enquanto ainda no mar. A praia é lugar para a separação: o vil, o inútil e o corrupto serão lançados fora, apesar de uma vez haverem estado na rede, mas o que é verdadeiramente precioso é apresentado ao seu Senhor. Temos agora que nos dispor a pescar, lançarmos a rede e esperarmos a hora de puxá-la para a praia; somente então nos *assentaremos* para separar os ruins dos bons. Muitos estão tentando fazer esta última coisa em primeiro lugar.

49. Assim será na consumação dos séculos: virão os anjos, e separarão os maus de entre os justos, e lançá-los-ão na fornalha de fogo; ali haverá pranto e ranger de dentes.

A separação entre os "maus" e "os justos" que estão no reino acontecerá no final da dispensação. Será realizada pelos mensageiros de Deus, os anjos. E isso será feito infalível, pronta, total e definitivamente. O castigo dos ímpios é descrito através dos piores termos possíveis. Aqueles que gostariam de nos fazer pensar levemente sobre a punição dos ímpios não têm base nos ensinamentos do Senhor Jesus. Nem a ideia de que o fogo aniquila encontra qualquer apoio na metáfora aqui empregada; na fornalha de fogo, *haverá pranto e ranger de dentes*.

51. E disse-lhes Jesus: entendestes todas estas coisas? Disseram-lhe eles: sim, Senhor.

Esta é uma pergunta muito importante, pois compreender a verdade é essencial, logo entender *tudo* isso é desejável. Se apenas conhecermos a mera letra ou parábola, mas não entendermos seu significado, não seremos vivificados nem santificados. Como os alimentos devem ser comidos, digeridos e assimilados, assim devemos reter a verdade e guardá-la em nossas mentes. Poderíamos dizer: *sim, Senhor*, se Ele nos fizesse a pergunta do texto? Será mesmo que entendemos as sete parábolas que Ele proferiu? Será que aqueles que disseram *sim, Senhor* compreenderam os ensinamentos do mestre tanto quanto poderiam? Provavelmente, a visão que os apóstolos tiveram em relação ao seu próprio entendimento não era tão humilde quanto poderia ter sido.

52. E ele disse-lhes: por isso, todo o escriba instruído acerca do reino dos céus é semelhante a um pai de família, que tira do seu tesouro coisas novas e velhas.

Nosso primeiro desejo deve ser que nós mesmos sejamos *instruídos acerca do reino dos céus*; esta é uma frase notável. Isso feito, cada um de nós é designado como *pai de família*, e somos feitos responsáveis por usar o nosso conhecimento para alimentar a todos em nossa casa. O que nós entendemos, isso devemos ensinar. O que recebemos em nosso tesouro, depois temos que tirar. Se o Senhor nos instruiu para o seu reino, é para o bem dos outros.

Diante disso, temos que agir como alguém que mantém a casa e traz provisões para a família. Algumas coisas foram guardadas para o devido tempo, e estas o mordomo servirá no tempo certo; outras são melhores quando estão frescas, e estas ele serve ao mesmo tempo. Ele não retém nada, mas ele não se limita a servir somente uma única coisa. Ele não está cansado das coisas velhas; ele não tem medo das coisas novas. As antigas verdades são feitas novas pelas experiências vividas. Novas perspectivas da verdade, se é que são verdades, são apenas a velha verdade em uma nova luz. Quando formos instruir aos outros, devemos cultivar a variedade, mas não devemos buscar envenenar nossos filhos com drogas mortais por lhes servir novos pratos. As únicas coisas que valem a pena serem colocadas em nosso tesouro são aquelas que valem a pena serem trazidas para o nosso lar. O escriba precisa ser bem instruído para que possa continuar a distribuir uma variedade de verdades preciosas ao longo de uma vida longa.

Senhor, faz-nos capazes para estas coisas. Instrui-nos para que possamos instruir os da nossa casa. Que não reservemos nada somente para nós mesmos, mas tragamos para fora e instruamos o teu povo em tudo o que tens colocado sob nossa responsabilidade. Oh, que sejamos aceitos por ti no dia da tua volta, por sermos fiéis ao que nos confiaste!

53. E aconteceu que Jesus, concluindo estas parábolas, se retirou dali.

Ele não permaneceu ali para não se exceder naquilo que havia feito tão bem. Quando Ele *concluiu*, parou. Quando Ele completava o seu ministério em um lugar, *se retirava dali*.

MATEUS 13.54-58
O REI EM SUA PRÓPRIA PÁTRIA

54. E, chegando à sua pátria, ensinava-os na sinagoga deles, de sorte que se maravilhavam, e diziam: de onde veio a este a sabedoria, e estas maravilhas?

Com que emoção nosso Senhor retorna à sua terra natal! Como Ele estava pronto para buscar a companhia de seus antigos amigos, pois *ensinava-os na sinagoga deles*! Quão ansiosamente eles se reuniram para ouvir o seu jovem compatriota, que havia provocado tão grande comoção! Como eles ficaram maravilhados pela forma extraordinária com que Ele abordou tais temas e realizou grandes obras! O assombro conduziu ao questionamento. Eles passaram a perguntar como isso poderia estar ocorrendo. A pergunta *de onde veio a este a sabedoria, e estas maravilhas?* foi feita com reverência e levou à obtenção de uma resposta muito instrutiva, mas alguns perguntaram por impertinente incredulidade, e isso lhes custou caro.

Senhor, faz com que minhas perguntas nunca sejam feitas por incredulidade. Concede-me ser maravilhado com o que tu fazes e, ainda assim, não estar surpreendido que tu sejas capaz de realizar tais maravilhas.

55, 56. Não é este o filho do carpinteiro? E não se chama sua mãe Maria, e seus irmãos Tiago, e José, e Simão, e Judas? E não estão entre nós todas as suas irmãs? De onde lhe veio, pois, tudo isto?

Para estes, a linhagem de Jesus parecia muito humilde. Jesus crescera entre eles; seu honrado pai era um carpinteiro da cidade; sua mãe era a simples *Maria*, e seus parentes eram muito comuns. Isso deveria tê-los gratificado e encorajado, mas não foi o que aconteceu. Eles foram muito sarcásticos e brincaram com os nomes da família de Tiago, José, Simão e Judas. Eles sugeriram que Jesus não poderia ter aprendido tanta sabedoria em uma carpintaria; e, como Ele não esteve entre os rabinos para obter uma educação superior, Ele, em verdade, não poderia saber muito. Como Ele atingiu tal eminência? Ele era um mero ninguém. Ora, eles souberam quando os seus pais o perderam, quando voltavam da festa em Jerusalém!

Eles não podiam ouvir o discurso do filho do carpinteiro.

57. E escandalizavam-se nele. Jesus, porém, lhes disse: não há profeta sem honra, a não ser na sua pátria e na sua casa.

Eles tropeçaram no que deveria ser um auxílio para eles. Pobres almas! Como se assemelham a muitos nestes dias que precisam ter resplendor e afetação, ou eles consideram a maior sabedoria como nada!

Se eles conseguem entender um sermão, eles consideram que o sermão não deve ser bom; se um homem se comporta de modo simples e natural, aos olhos deles o tal não é digno de atenção. Ainda é comum o caso em que, quando um homem é conhecido, os próximos acham difícil pensar que ele realmente pode ser grande. A distância contribui para o encantamento; a aparência de uma nuvem não corresponde ao seu tamanho real. Agir como esses homens é uma insensatez.

58. E não fez ali muitas maravilhas, por causa da incredulidade deles.

A incredulidade amarrou as mãos de Cristo. Por que Ele gastaria o seu santo poder entre um povo que não se beneficiaria com isso? Onde Ele escolheria fazer mais, Ele foi forçado a fazer menos, porque Ele viu que tudo que fez seria desperdiçado sobre eles. Oh Senhor, salva-nos de tal estado de espírito!

Dá-nos, Senhor, o máximo de fé; de modo que, para nós, e em nós, e por nós, tu possas realizar muitas *maravilhosas* obras de graça!

MATEUS 14.1-12
O ARAUTO DO REI É ASSASSINADO

1, 2. Naquele tempo ouviu Herodes, o tetrarca, a fama de Jesus, e disse aos seus criados: este é João o Batista; ressuscitou dos mortos, e por isso estas maravilhas operam nele.

O país inteiro estava comovido, *naquele tempo ouviu Herodes, o tetrarca, a fama de Jesus*. Então, mas não até então, a fama de Jesus chegou àquele miserável tetrarca, que estava muito preocupado consigo mesmo e desejava ouvir muito sobre assuntos espirituais. O homem simples ouviu falar de Jesus antes do príncipe. A Palavra de Deus pode entrar no palácio, mas isso ocorre lentamente. Herodes falou *aos seus criados* sobre essa pessoa famosa, porque ele estava tão alarmado, que não conseguia esconder seus medos. Uma consciência culpada é assombrada por uma transgressão. *João* estava escrito na memória do tirano, e, agora que ele é surpreendido por um rumor de maravilhas que estão sendo feitas, ele diz: *Este é João o Batista; ressuscitou dos mortos*. Herodes era um saduceu por profissão de fé, mas seu terror reduziu o seu credo cético ao pó. Quanto a João, pelo menos, ele acreditava que havia uma ressurreição. Grande superstição muitas vezes está subjacente a uma superfície de manifesta incredulidade. Herodes Antipas tinha um quarto do reino de seu pai e menos de um quarto de sua capacidade, mas em crueldade egoísta ele era um verdadeiro filho do velho lobo. Ele tinha consciência suficiente para assustá-lo, mas não o suficiente para transformá-lo. Observe como ele acreditava no poder de um homem ressuscitado: *e por isso estas maravilhas operam nele*. Se a partir de meros boatos Herodes atribuiu esse poder ao nosso Senhor na terra, não devemos crer na onipotência de nosso Senhor ressuscitado em seu trono na glória?

3, 4. Porque Herodes tinha prendido João, e tinha-o maniatado e encerrado no cárcere, por causa de Herodias, mulher de seu irmão Filipe; porque João lhe dissera: não te é lícito possuí-la.

É claro que não lhe era lícito tomar para si a mulher de seu irmão Filipe enquanto este ainda vivia e enquanto sua própria esposa estava viva também.

Enquanto ele foi o convidado de Filipe em casa, ele foi enredado por Herodias; e o casal culpado — que, além de já serem casados, eram por nascimento muito próximos para que se casassem de modo lícito — voltou para a Galileia como se fossem marido e mulher. O Batista falou corajosamente ao afirmar sem rodeios: *não te é lícito possuí-la*, mas a sentença lhe custou caro. Herodes Antipas podia suportar cometer o ato, mas não podia suportar que fosse dito a ele que tinha cometido um ato ilegal. João não mediu palavras ou se importou com a questão. O que era um rei para ele, se esse se atrevesse a transgredir a lei de Deus? João falou incisivamente, e Herodes sabia o que fez. *Herodes tinha prendido João*, porque a Palavra de João prendeu Herodes.

O poder do amor maligno é expresso nas palavras *por causa de Herodias*. Aquela mulher abominável não admitiria repreensão por sua licenciosidade. Ela era como Jezabel no seu orgulho e crueldade; e Herodes era como um fantoche em suas mãos.

5. E, querendo matá-lo, temia o povo; porque o tinham como profeta.

Nem Herodes nem sua amante poderiam suportar um discurso tão claro, e por isso ele silenciaria para sempre a língua repreensora se ele não fosse contido por um salutar temor da população. Herodes já era um assassino em intenção, mas o medo paralisou a mão cruel. As pessoas tinham João em alta estima como um servo de Deus, e o tirano não se atreveria a provocar a ira da *multidão*. Que escravos do medo os maus príncipes podem se tornar! É bom que eles fiquem temerosos, pois assim é feita uma restrição temporária à sua tirania. Ai! Muitas vezes não é uma restrição prolongada, pois logo se manifesta novamente; e, devido a algo que consideram valioso, se arriscam a ser odiados pela nação.

6. Festejando-se, porém, o dia natalício de Herodes, dançou a filha de Herodias diante dele, e agradou a Herodes.

Não há mal algum em celebrar aniversários, exceto onde há o grande dano de danças lascivas ou em qualquer outro esporte que sugira o mal. Salomé era uma verdadeira *filha de Herodias*. Ela se esqueceu de sua posição e dançou perante a corte de forma lasciva, de modo a satisfazer um rei, provavelmente bêbado. Ela *agradou a Herodes*, o amante de sua mãe; e podemos facilmente imaginar o tipo de dança que lhe agradaria.

Atualmente, as mães frequentemente têm incentivado suas filhas a se vestirem de forma pouco decente e as apresentam a danças que não são recomendáveis para a pureza. Nada de bom pode vir dessas coisas; isso pode agradar a homens como Herodes, mas desagrada a Deus. Neste caso, a dança levou a um crime cruel; e é temível que, em muitos casos, imoralidades grosseiras são estimuladas por danças que sugerem impureza.

7. Por isso prometeu, com juramento, dar-lhe tudo o que pedisse.

Uma promessa insensata e um juramento ímpio. Homens do tipo de Herodes são sempre levianos com juramentos. Os homens devem saber o que eles são quando prometem e nunca devem assinar um cheque em branco, para que outro venha a preencher, pois ele pode lhes pedir tudo. Além disso, um pouco de comportamento imodesto nunca poderia merecer tão grande recompensa. Certamente, Herodes era tanto tolo quanto tratante. O vinho e a luxúria tornaram insensível o seu coração?

8. E ela, instruída previamente por sua mãe, disse: dá-me aqui, num prato, a cabeça de João o Batista.

Tudo foi planejado entre aquela mãe desavergonhada e sua filha, pois ambas conheciam os pontos fracos de Herodes e como lidar com ele. A mãe fez a sua filha dançar e depois lhe orientou sobre o que pedir; ela era da mesma natureza de sua mãe e prontamente cumpriu as instruções da mulher maligna. Sem dúvida, Herodias estava mais irritada do que Herodes por Batista se atrever a falar, pois geralmente ocorre que a transgressora fica mais irritada com uma repreensão de tal pecado. É triste que a partir do sangue dos nobres Macabeus descendeu uma tal mulher monstruosa! Ela deseja ter *a cabeça de João Batista* em um prato, e a menção dos detalhes mostra o caráter calculista da demanda. Como se fosse um prato saboroso para sua boca, a cabeça do profeta deveria ser servida *num prato*.

9. E o rei afligiu-se, mas, por causa do juramento, e dos que estavam à mesa com ele, ordenou que se lhe desse.

Bela aflição! É dito que um crocodilo derrama lágrimas por aqueles que morde. *O rei* estava receoso das consequências. Pobre rei! Ele pode ter sentido uma terrível luta de consciência, porque Herodes tinha algum tipo de reverência por João; contudo, seu sofrimento não era muito profundo, pois ele já queria matá-lo. O rei temia que seus cortesãos e companheiros pensassem que ele era fraco e talvez zombassem dele por ser religioso demais para ferir um profeta. Esse medo de ser tido como fraco provou que ele era fraco, de fato. Além disso, Herodias poderia considerar que ele não estava tão apaixonado por ela, como afirmava, e como ele conseguiria lidar com o sofrimento apaixonado dela? Além disso, ele era um homem de honra e, *por causa do juramento*, não retrocedeu. Com a tristeza que um lobo sente ao comer o cordeiro, ele deu ordens para o assassinato de João e entregou a cabeça dele para a jovem. Promessas precipitadas, e até mesmo os juramentos, não são desculpas para cometer erros. A promessa era em si mesma nula e sem efeito, porque nenhum homem tem o direito de prometer errar. Quanto aos juramentos ímpios, deveria haver arrependimento sobre eles e não deveriam ser cumpridos, mas aquele tirano cruel ordenou o assassinato e assim cumpriu a sua terrível promessa.

10. E mandou degolar João no cárcere.

Herodes *mandou degolar João*. Pela palavra, uma vida preciosa é terminada. Quão levemente os tiranos pensam sobre assassinato! Nenhum milagre foi operado para a libertação de João. Por que haveria? Foi bom para Batista ir para a sua recompensa, pois o seu trabalho estava feito. Ele não foi deixado desfalecer em solidão: o homem de Deus partiu da sua prisão para o paraíso por um golpe repentino de espada. Foi um assassinato abominável, mas para o Batista foi uma libertação feliz. Ele já não estava no poder de Herodes ou Herodias; ele recebeu a sua coroa no céu, embora tivesse perdido a sua cabeça na terra. Herodes é dito ter *degolado João*, pois o que ele ordenou ser feito é colocado em sua conta, e, em sua consciência, ele sabia disso. Nós mesmos fazemos o que executamos por meio dos outros. Os homens podem pecar por meio de outra pessoa que está sob seu comando, mas eles serão culpados pessoalmente.

11. E a sua cabeça foi trazida num prato, e dada à jovem, e ela a levou a sua mãe.

Que presente para uma jovem mulher! A cabeça foi *dada à jovem*. A menina não se envergonha de levantar o prato delicado e entregá-lo à sua maligna mãe, para que ela sacie a sua malícia ao ver a cabeça de seu fiel reprovador.

Que mãe e filha! Duas mulheres vis podem fazer muitas maldades. O que elas fizeram por essa cabeça! Será que a cabeça no prato acusa a insensata adúltera por seu crime?

12. E chegaram os seus discípulos, e levaram o corpo, e o sepultaram; e foram anunciá-lo a Jesus.

Os seguidores do bom homem não abandonaram o seu líder assassinado: *seus discípulos*. O cadáver mutilado foi entregue a eles, que reverentemente levaram o corpo e o sepultaram. Eles ainda eram seus discípulos, e a morte de João não foi a morte de sua fé. Eles fizeram o único ato de bondade que poderiam fazer por aquele que haviam seguido. Eles consideravam o tronco sem cabeça como sendo a última lembrança de João, e assim eles se uniram e lhe deram um sepultamento honroso. Mas não é dito pelo evangelista que eles sepultaram João, mas *levaram o corpo, e o sepultaram*, não João, mas seu corpo. Nenhum homem poderia sepultar o verdadeiro João, e Herodes logo descobriu que, estando morto, ele ainda falava.

O que restava aos discípulos de João, senão ir ao amigo de seu líder e mestre, dizer-lhe todas as circunstâncias e esperar novas ordens? João havia ensinado bem, uma vez que eles foram imediatamente até Jesus quando seu mestre estava morto.

Quando estamos com um grande problema, devemos ser sábios para fazer o nosso melhor e, ao mesmo tempo, devemos dizer ao Senhor Jesus tudo sobre isso, para que Ele possa nos dirigir melhor quanto ao que precisamos fazer. Que alívio é falar a Jesus! Esta foi uma história dolorosa para Ele ouvir, mas Ele certamente daria consolo aos que choram; e, em nosso caso, Jesus também dará consolo.

MATEUS 14.13-22
NOSSO REI DÁ UM GRANDE BANQUETE

13. E Jesus, ouvindo isto, retirou-se dali num barco, para um lugar deserto, apartado; e, sabendo-o o povo, seguiu-o a pé desde as cidades.

Nosso Senhor não poderia permitir que um evento tão triste quanto a morte de seu arauto passasse sem uma devoção especial; talvez também julgou prudente estar fora dos domínios de Herodes exatamente nesse momento. Quando tal tigre prova o sangue, ele está apto a ter mais sede. Além disso, o descanso era necessário, tanto para si mesmo quanto para o pequeno grupo que o seguia; e nosso Senhor não é um tirano severo, que sobrecarrega os seus servos. Assim, portanto, quando Jesus soube da morte de João, Ele partiu com os seus seguidores para um lugar solitário, fora da jurisdição de Herodes; *um lugar deserto, apartado*. Jesus foi para lá de barco, de forma que o mar ficasse entre Ele e a multidão. Era difícil para Ele ficar sozinho, mas Ele usou o senso comum para obtê-lo. Jesus conhecia a absoluta necessidade de privacidade e se esforçava por isso. O uso discreto da solidão ainda deve ser aprendido por muitos obreiros.

A multidão não gostaria de deixar-lhe em repouso; eles estavam curiosos, ansiosos, necessitados; e, assim, seguiram-no *a pé*. Enquanto Ele navegava pelo mar, o povo caminhava ao longo do litoral. É um feliz sinal quando há uma vontade de ouvir a Palavra de Deus. Oh Senhor, envia-nos mais disso nestes dias de indiferença religiosa.

14. E, Jesus, saindo, viu uma grande multidão, e possuído de íntima compaixão para com ela, curou os seus enfermos.

Quando Ele deixou o barco e saiu, nosso Senhor encontrou uma congregação esperando por Ele. No sentido mais enfático, Ele *viu* o povo e, ao vê-los, ficou comovido. Ele não estava irado com a grande multidão nem demonstrou desapontamento por ser impedido de ter sossego, mas foi *possuído de íntima compaixão*. A palavra original é muito expressiva: todo o seu ser foi mobilizado muito profundamente e, portanto, Ele passou imediatamente a operar milagres de misericórdia entre eles. A multidão veio sem ser convidada, mas Jesus recebeu a todos com ternura, os abençoou graciosamente e, finalmente, alimentou-os com fartura. Ele era como uma corça que fugia dos caçadores, mas eles o tinham alcançado, e Jesus se entregou a eles. Jesus atende primeiro aqueles que necessitam d'Ele em primeiro lugar: *Curou os seus enfermos*! Senhor, cura-me tu, porque, se não estou doente no corpo, estou doente na alma!

15. E, sendo chegada a tarde, os seus discípulos aproximaram-se dele, dizendo: o lugar é deserto, e a hora é já avançada; despede a multidão, para que vão pelas aldeias, e comprem comida para si.

Os discípulos tiveram a compaixão dos homens que veem a necessidade, mas o seu pensamento humano parecia apenas uma miserável forma de compaixão, a saber, eles quiseram fugir da dificuldade *despedindo a multidão*. O caminho curto para sair de uma perplexidade é geralmente muito miserável. Mesmo hoje, muitos cristãos não fazem mais do que entregar as multidões a si mesmas ou a algumas influências desconhecidas que possam transformá-las. Havia alguma sabedoria naqueles discípulos; eles levaram a questão a Jesus: *e, sendo chegada a tarde, os seus discípulos aproximaram-se dele*. Eles ponderaram que o lugar era deserto, e a hora, avançada, e as pessoas eram muitas, assim as suas necessidades eram grandes; eles ressaltaram todos os aspectos como desanimadores. O curso de ação proposto foi a única falha do relato. A maioria dos nossos planos de ação é ruim. É quase assombroso que ousemos anunciá-los. Será que nós esquecemos que o nosso Senhor Jesus ouve nossas tristes propostas?

Observe a palavra dos discípulos: *a hora é já avançada*. Nós normalmente pensamos que os tempos são desfavoráveis para grandes tentativas. Quanto ao lugar, é impossível: *o lugar é deserto*. O que pode ser feito aqui? Quanto à proposta dos discípulos, foi de um tipo que é bastante comum: "Não deixe que as pessoas morram diante de nós; leve este covil para outra rua; expulse as famílias ímpias de nossa cidade". *Despede a multidão*; ou, melhor ainda, mostre às pessoas a dignidade de ajudarem a si mesmas! Converse com elas sobre economia e emigração. Exorte-as *para que vão pelas aldeias, e comprem comida para si*. Esta é uma *solução* favorita atualmente, com aqueles que querem salvar os seus próprios pães e peixes. Nosso Senhor tem pensamentos mais nobres do que estes; Ele mostrará a Sua generosidade real entre a faminta multidão.

16. Jesus, porém, lhes disse: Não é mister que vão; dai-lhes vós de comer.

Que palavra gloriosa! *Não é mister que vão*. Quando Jesus está conosco, nós somos capazes de atender aos casos de necessidade que possam surgir; nunca precisamos despedir a multidão para que seja tratada pelo Estado, pela paróquia ou por mercenários. Se nós apenas começarmos a trabalhar, veremos que o Senhor nos capacitará para cada emergência. *Dai-lhes vós de comer*; você diz que eles devem comprar para si mesmos, mas eles não têm dinheiro e não podem comprar.

17. Então eles lhe disseram: Não temos aqui senão cinco pães e dois peixes.

Veja como eles mudam as suas disposições e dizem: *Não temos aqui senão cinco pães*. Com que triste "senão" eles mostram quão escassa é a despensa! Aqueles dois peixes fazem o estoque parecer ser absolutamente insuficiente. É bom que saibamos quão pobres somos e quão longe estamos de ser capazes de satisfazer as necessidades do povo ao nosso redor. É para o nosso bem que confessamos esta incapacidade com muitas palavras ao nosso Senhor.

Verdadeiramente, o autor deste comentário muitas vezes se sentiu como se ele não tivesse nem pão nem peixe; e, ainda assim, por mais de quarenta anos, foi um garçom de bandeja cheia nos banquetes do nosso grande Rei.

18. E ele disse: Trazei-mos aqui.

Jesus deseja que entreguemos o que possuímos; não devemos fazer restrições. Nós devemos levar tudo a Jesus: *Trazei-mos aqui*. Ele aceitará o que nós levarmos, pois isso está implícito no comando para trazê-los. Ele fará com que o pouco seja suficiente para muitos. Aquele que recebe a Jesus chegará aos necessitados pelo caminho mais seguro. O caminho mais curto para adquirir provisão para as almas que perecem é ir a Jesus e falar sobre elas.

19. E, tendo mandado que a multidão se assentasse sobre a erva, tomou os cinco pães e os dois peixes, e, erguendo os olhos ao céu, os abençoou, e, partindo os pães, deu-os aos discípulos, e os discípulos à multidão.

Jesus preparou tanto o tapete quanto os assentos para os seus hóspedes, fazendo a erva crescer em seu banquete ao ar livre. Ao comando do seu grande exército, toda a multidão *se assentou*. *Tendo Ele mandado*, e eles obedeceram; eis a prova do poder singular da personalidade de nosso Senhor para produzir obediência, mesmo em questões simples. Alguém poderia pensar que eles poderiam ter respondido: "Qual é a utilidade de sentarem-se? Como pode alimento ser fornecido neste deserto?". Mas a presença do Senhor transforma a incredulidade em silêncio e obediência. O Rei dos homens é imediatamente obedecido quando Ele manda na plenitude de sua majestade. "Porque a palavra do rei tem poder"[42].

Agora que está tudo em ordem, o divino Senhor toma a escassa provisão em suas mãos benditas. Por um simples gesto, Ele ensina as pessoas onde devem esperar os suprimentos da graça: *erguendo os olhos ao céu*. Não sem uma bênção, a refeição ao ar livre começa: *os abençoou*; a bênção de Deus deve ser buscada, mesmo quando Jesus está ali; *Ele* não agirá sem o Pai. Nosso Senhor Jesus fez toda a provisão para a refeição: *abençoou, a partiu, Ele a deu aos seus discípulos*. Tudo é com Ele. Os discípulos têm uma posição subordinada, depois de Jesus ter demonstrado que Ele era o criador. Os discípulos são os garçons; eles servem e distribuem; eles não podem fazer mais nada; eles estão contentes por fazer isso. Apressadamente, mas ainda em ordem, eles dividem a comida entre a multidão, muito maravilhados e em adoração enquanto servem. Houve pão e um conforto, comida boa e agradável, suficiente, mas não luxuosa. Alguns dariam aos pobres apenas o que é a necessidade mais básica, apenas pão, mas o nosso Senhor acrescenta os peixes. Que banquete foi aquele! Cristo era o anfitrião da festa; os apóstolos eram os mordomos; havia milhares de pessoas e milagres para os suprimentos! Que banquete muito mais glorioso é

---

[42] Cf. Eclesiastes 8.4.

que o evangelho se espalhe às almas famintas! É um privilégio ser alimentado pelo Filho de Deus!

20. E comeram todos, e saciaram-se; e levantaram dos pedaços, que sobejaram, doze alcofas cheias.

Ninguém foi negligenciado, ninguém foi rejeitado, ninguém era débil demais; ninguém partiu antes que estivesse satisfeito, ninguém necessitava de algo mais, ninguém achou que a comida não era adequada para si; pois, na verdade, todos eles estavam com fome *e comeram todos*. Ninguém se restringiu, ou foi restringido, todos *saciaram-se*. Nosso benfeitor é generoso e supre alimentos de forma abundante.

Depois do banquete, *doze alcofas* foram necessárias para guardar *os pedaços*. Era impossível esgotar o estoque. As cestas estavam *cheias*; assim também estavam as pessoas. Houve mais disposição após a alimentação do que antes dela. Ao alimentar os outros, nosso estoque aumenta. Aquilo que sobrou foi tão abençoado quanto o que foi comido e, portanto, é bom alimento para os discípulos. Eles deram meros pão e peixe, e eles receberam mais em quantidade e uma bênção para melhorar a qualidade destes. Aqueles que esperam uma oferta para outros, da parte de Cristo, receberão uma justa porção para si mesmos. Aqueles que enchem a boca de outras pessoas terão as suas próprias alcofas cheias. Todos são satisfeitos quando Jesus dá o banquete.

21. E os que comeram foram quase cinco mil homens, além das mulheres e crianças.

Mulheres e crianças são geralmente mais numerosas na audiência de um sermão do que os homens; mas, como as pessoas foram a pé, talvez os homens fossem a maioria nessa ocasião, como eles geralmente o fazem nos dias de banquete.

Mulheres e crianças podem ser excluídas de muitos grandes banquetes, mas em Cristo Jesus não há nenhuma exclusão por causa do sexo ou da idade.

Cinco mil homens não compõem um pequeno jantar. Pense em cinco mil alimentados com pães! Um pão para mil! Nunca temamos que os nossos santos estoques não sejam o bastante ou que não temos talento ou habilidade suficientes se o Senhor tem o prazer de nos usar. Nosso Rei ainda alimentará todas as nações com o evangelho que hoje é tão pouco estimado. Amém! Que assim seja.

22. E logo ordenou Jesus que os seus discípulos entrassem no barco, e fossem adiante para o outro lado, enquanto despedia a multidão.

Logo é uma palavra relativa a afazeres, e Jesus não perde tempo. Tão logo o banquete termina, Ele envia os seus convidados para as suas casas. Enquanto eles são bem alimentados, Jesus ordena que eles voltem da melhor forma para seus lares. Aquele que fez a multidão se sentar também era poderoso para *despedir a multidão*, mas eles precisavam ser despedidos, pois estavam relutantes em partir.

O mar deve ser cruzado novamente ou Jesus não conseguiria ficar sozinho. Como Ele precisa se esforçar para descansar um pouco! Antes que Ele comece novamente a atravessar o mar, realiza mais um ato de abnegação, pois não pode ir até que veja a feliz multidão dispersa. Ele mesmo realiza essa tarefa, dando aos discípulos a oportunidade de partirem em paz. Visto que o capitão é o último a deixar o navio, assim o Senhor é o último a deixar o local de trabalho. Os discípulos escolheriam ficar em sua companhia e apreciar a gratidão do povo, mas o*rdenou Jesus que os seus discípulos entrassem no barco*. Ele não conseguia afastar ninguém naquele momento sem despedir ou ordenar. Esta magnetita[43] tem muita atratividade. Ele, evidentemente, prometeu aos seus discípulos que os seguiria, pois as palavras são: *e fossem adiante para o outro lado*. Jesus não disse como os seguiria, mas Ele sempre pode encontrar uma forma de cumprir as suas promessas. Quão atenciosamente Ele espera em meio à multidão, enquanto os discípulos partem em paz! Ele sozinho sempre carrega o fardo pesado até o fim.

---

[43] A magnetita é a pedra-ímã mais magnética de todos os minerais.

MATEUS 14.23-36
O REI CONTROLA VENTOS E ONDAS

23. E, despedida a multidão, subiu ao monte para orar, à parte. E, chegada já a tarde, estava ali só.

Agora que a multidão partiu, Ele poderia descansar, e Ele encontra descanso em oração. Ele *subiu ao monte para orar, à parte*, em um lugar onde poderia falar em voz alta e não ser ouvido ou perturbado; Ele conversou com o Pai sozinho. Este foi o seu refrigério e seu deleite. Ele continuou ali até que as mais densas sombras da noite se reunissem e o dia fosse embora. *Só*, mas não sozinho, Ele renovou a força enquanto conversava com o Pai. Jesus deve ter revelado esse assunto privado para que o evangelista o registrasse, e, certamente, foi com a intenção de que nós aprendêssemos com o seu exemplo.

Não podemos permitir que estejamos sempre acompanhados, uma vez que mesmo o nosso bendito Senhor sentiu que deveria estar sozinho.

24. E o barco estava já no meio do mar, açoitado pelas ondas; porque o vento era contrário.

Enquanto Jesus estava sozinho, eles, no navio, estavam na mesma condição, mas não ocupados com o mesmo exercício espiritual. Quando eles deixaram o litoral, era como navegar no frescor da noite, porém uma tempestade precipitou-se, como a noite cobriu o céu. No mar da Galileia, o vento corre nos canais entre as montanhas e representa grave perigo para os pequenos barcos; às vezes, levanta-os para fora da água, ou pode submergi-los sob as ondas. Aquele mar profundo era peculiarmente perigoso para pequenas embarcações. Eles estavam longe da terra, pois estavam *no meio do mar*, igualmente distantes de cada uma das margens. O mar estava agitado, e seu barco foi *açoitado pelas ondas*. O tufão era terrível. *O vento era contrário* e não permitiria que eles fossem a qualquer lugar desejado. Era um turbilhão, e eles estavam envoltos nele, mas não conseguiam usá-lo para chegar a cada margem. Como o caso deles se assemelha ao nosso quando estamos em doloroso perigo!

Nós somos agitados e não podemos fazer nada; a rajada de vento é muito intensa para nós resistirmos contra ela ou mesmo para vivermos enquanto somos retirados dela.

Um fato feliz permanece: Jesus está pleiteando no litoral enquanto nós lutamos no mar. Também é consolador saber que estamos onde Ele nos ordenou ir (veja o versículo 22), e Ele prometeu estar conosco no devido tempo, e, portanto, todos estamos seguros, embora a tempestade se enfureça terrivelmente.

25. Mas, à quarta vigília da noite, dirigiu-se Jesus para eles, andando por cima do mar.

Jesus com certeza virá. Intensifica-se a chegada da noite e das trevas; a *quarta vigília da noite* se aproxima, mas onde Ele está? A fé diz: "Ele virá". Embora Ele esteja afastado até quase o raiar do dia, Ele virá. A incredulidade pergunta: "Como Ele pode vir?". Ah, Ele responderá por si mesmo; Ele pode fazer o seu próprio caminho: *dirigiu-se Jesus para eles, andando por cima do mar*. Ele enfrenta diretamente o vento e a onda. Nunca tema que Ele deixará de alcançar o barco agitado pela tempestade; o seu amor descobrirá o caminho. Quer seja por um único discípulo, ou pela igreja como um todo, Jesus aparece em sua própria hora escolhida, e seu tempo é certamente o mais oportuno.

26. E os discípulos, vendo-o andando sobre o mar, assustaram-se, dizendo: é um fantasma. E gritaram com medo.

Sim, e *os discípulos, vendo-o*, não obtiveram nenhum conforto dessa visão. A miserável visão da natureza humana é cega em comparação com a visão de uma fé espiritual. Eles viram, mas não conheciam o que viram. O que poderia ser, senão um fantasma? Como um homem real poderia caminhar sobre aquelas ondas espumosas? Como Ele poderia estar no meio da tempestade? Eles já estavam no fim de seu juízo crítico, e a aparição pôs fim à sua coragem. Parece que ouvimos o seu grito de espanto: *E gritaram com medo*. Eles eram marinheiros experientes e não tinham medo das forças naturais, mas o fantasma era demasiado terrível. Eles estavam em seu pior momento; e, ainda, se entendessem, eles estariam diante de seu melhor. É digno de nota que, quanto mais perto de Jesus, maior foi o medo. A falta de discernimento cega a alma para as suas consolações mais ricas. Senhor, aproxima-te e faz-me conhecer-te! Não me deixes dizer com Jacó: "Na verdade, o Senhor está neste lugar, e eu não o sabia"[44].

27. Jesus, porém, lhes falou logo, dizendo: tende bom ânimo, sou eu, não temais.

Ele não os manteve em dúvidas: *Jesus, porém, lhes falou logo*. Quão doce pareceu aquela voz amorosa e majestosa! Acima do barulho das ondas e uivo dos ventos, eles ouviram a voz do Senhor. Esta era a sua antiga palavra também: *tende bom ânimo*. A razão mais conclusiva para a coragem era a sua própria presença: sou eu, tende bom ânimo. Se Jesus está perto, se o fantasma na tempestade for, afinal, o Senhor do amor, não há qualquer espaço para o medo. Jesus pode vir até nós em meio à tempestade? Então vamos enfrentá-la, e vamos a Ele. Aquele que governa a tempestade não é o diabo, não é o acaso, não é um inimigo malicioso, mas Jesus. Isso deve pôr fim a todo o medo.

28. E respondeu-lhe Pedro, e disse: Senhor, se és tu, manda-me ir ter contigo por cima das águas.

Pedro deve ser o primeiro a falar, pois ele é impulsivo; e, além disso, ele era uma espécie de líder do grupo. O primeiro orador nem sempre é o homem mais sábio. Os medos de Pedro se foram, com exceção de um *se*, mas esse se não estava lhe fazendo bem, pois ele pareceu desafiar o seu mestre: *Senhor, se és tu*. Que teste foi sugerido: *manda-me ir ter contigo por cima das águas*! O que Pedro intenciona ao andar sobre as águas? Seu nome poderia ter sugerido que, como uma pedra, ele afundaria. Esse foi um pedido imprudente; foi o balanço do pêndulo de Pedro, do desespero a uma aventura imprudente. Certamente, ele não sabia o que disse. No entanto, nós também colocamos o nosso Senhor a testes quase tão impróprios quanto esse. Não dizemos: "Se tu sempre me abençoaste, dá-me isso e aquilo"? Nós também temos colocado nosso pé na água e nos aventurado onde nada, senão a graça especial, poderia nos proteger. Senhor, o que é o homem?

---

[44] Cf. Gênesis 28.16.

29. E ele disse: vem. E Pedro, descendo do barco, andou sobre as águas para ir ter com Jesus.

Quando os homens bons são imprudentes e presunçosos, pode ser para o seu bem duradouro que aprendam sobre a sua loucura pela experiência. *Ele disse: vem*. O Senhor de Pedro está prestes a ensinar-lhe uma lição prática. Ele pediu para ser convidado a ir. Ele pode ir. Ele vai. Ele deixa o barco, ele pisa sobre a onda. Ele está no caminho até o seu Senhor. Nós podemos fazer qualquer coisa se tivermos autorização divina e coragem suficiente para pleitearmos junto ao Senhor segundo a sua Palavra. Agora havia dois sobre o mar, duas maravilhas! Qual era a maior? O comentarista não pensa ser fácil responder. Deixe-o meditar.

30. Mas, sentindo o vento forte, teve medo; e, começando a ir para o fundo, clamou, dizendo: Senhor, salva-me!

Mas, um doloroso *mas* para o pobre Pedro. Seu olhar estava longe de seu Senhor e posto na fúria do vento: *sentindo o vento forte*. Seu coração se agitou nele e em seguida seu pé deixou de estar firme. Ele começou a afundar; é um momento terrível este *começando a ir para o fundo*; no entanto, era apenas um *começo*, e ele teve tempo para clamar ao seu Senhor, o qual não estava afundando. Pedro clamou, e estava seguro.

Sua oração foi tão completa quanto breve. Ele direcionou o olhar e sua fé novamente para Jesus, porque clamou: *Senhor*. Ele estava correndo aquele perigo por obediência, e, portanto, havia um apelo na palavra *Senhor*. Estivesse em perigo ou não, Jesus ainda era o seu Senhor. Pedro é um homem perdido, e ele sente isso, a menos que o seu Senhor o salve completa e imediatamente.

Oração bendita: *Senhor, salva-me!* Leitor, esta oração não é apropriada para você? Pedro estava mais perto de seu Senhor quando ele estava pecando do que quando estava caminhando. Em nossa humilhação, nós estamos, muitas vezes, mais perto de Jesus do que em nossos períodos mais gloriosos.

31. E logo Jesus, estendendo a mão, segurou-o, e disse-lhe: homem de pouca fé, por que duvidaste?

Nosso Senhor não demora quando nosso risco é iminente e nosso clamor é urgente: *E logo Jesus, estendendo a mão*. Ele primeiro *segurou* e depois lhe ensinou. Jesus, primeiramente, salva e depois repreende quando necessita fazê-lo. Quando somos salvos é o momento adequado para nos repreendermos pela nossa incredulidade. Aprendamos com nosso Senhor que nós não reprovemos os outros até que primeiramente os ajudemos em suas dificuldades.

Nossas dúvidas não são razoáveis: *por que duvidaste?* Embora houvesse razão para pouca fé, evidentemente havia motivo para grande confiança. Se é certo sempre confiar em Jesus, por que não confiar n'Ele completamente? A confiança foi a força de Pedro, a dúvida era o seu perigo. Parecia uma grande fé quando Pedro andava sobre a água, mas um pouco de vento logo provou que ele tinha *pouca fé*. Até que a nossa fé seja provada, não podemos ter nenhuma real avaliação dela.

Após o seu Senhor segurá-lo pela mão, Pedro não mais afundava, mas retomou a caminhada da fé. Como é fácil ter fé quando estamos perto de Jesus! Senhor, quando nossa fé falhar, venha até nós, e nós andaremos sobre a onda.

32. E, quando subiram para o barco, acalmou o vento.

Assim, a caminhada de Pedro e seu resgate haviam ocorrido em meio à tempestade. Ele bem conseguia andar sobre a água quando o seu Senhor estendeu a sua mão, e nós também podemos. Que visão! Jesus e Pedro, de mãos dadas, andando sobre o mar! Os dois foram para o barco ao mesmo tempo; os milagres nunca são ditos durarem além do tempo devido. Será que Pedro não teve deleite ao sair da água tumultuada e, ao mesmo tempo, perceber que a ventania havia terminado? *Quando subiram para o barco, acalmou o vento*. É bom estar seguro em uma tempestade, porém é mais agradável voltar com calma e com o fim da agitação. Quão alegremente os discípulos acolheram o seu Senhor e o seu irmão, Pedro, que, embora muito molhado, era um homem mais sábio depois de sua aventura!

33. Então aproximaram-se os que estavam no barco, e adoraram-no, dizendo: és verdadeiramente o Filho de Deus.

Não é de admirar que Pedro *o adorou* nem que seus companheiros fizeram o mesmo. O grupo dos discípulos que tinham sido resgatados pela vinda do Senhor até eles sobre o mar tempestuoso foi totalmente convencido de sua Divindade. Agora eles tinham duplamente certeza disso pela evidência inquestionável, e, em reverência humilde, eles expressaram a Jesus a sua fé e adoração, dizendo: *és verdadeiramente o Filho de Deus.*

34-36. E, tendo passado para o outro lado, chegaram à terra de Genesaré. E, quando os homens daquele lugar o conheceram, mandaram por todas aquelas terras em redor e trouxeram-lhe todos os que estavam enfermos. E rogavam-lhe que ao menos eles pudessem tocar a orla da sua roupa; e todos os que a tocavam ficavam sãos.

Tão logo o barco foi liberto da tempestade, alcançou o porto desejado; e agora nossos olhos se deparam com outras cenas maravilhosas. Certamente haverá muitos pacientes na terra onde está o grande médico. Alguns dos homens daquele lugar *o conheceram*; e estes incentivaram as demais pessoas, com base nos relatos maravilhosos do que Jesus fizera. Muitos se tornaram zelosos anunciadores de sua habilidade, e eles ou foram ou *mandaram* outros *por todas aquelas terras em redor.* Aquelas pessoas estavam muito ocupadas. Eles *mandaram; trouxeram; rogaram-lhe; eles tocaram na sua roupa; eles foram curados.* As frases se sucedem sem interrupção. As pessoas solicitaram pouco, pediram *que ao menos eles pudessem tocar a orla da sua roupa,* porém eles receberam muito, pois eles *ficaram sãos.* Em nenhum caso houve qualquer falha; em todos os casos, a obra foi completa. Seu pedido humilde se baseou em um precedente, foi feito por espíritos sinceros e acompanhado com compaixão prática, portanto não foi recusado. Quanta felicidade houve naquela região! *Todos os que estavam enfermos* se tornaram testemunhas bem-aventuradas do poder de cura do Senhor.

Nosso Rei é mestre tanto na terra quanto no mar. Seja sobre o mar de Genesaré, seja na *terra de Genesaré,* o seu poder e majestade supremos são infalivelmente comprovados. Ele acalma as tempestades e alivia febres. Ele toca as ondas com o pé e elas ficam firmes; Ele toca corpos doentes com a mão e eles ficam saudáveis. Ele se comunica com o seu servo Pedro e mesmo na orla da sua própria roupa há maravilhoso poder!

MATEUS 15.1-20
O NOSSO REI COMBATE OS FORMALISTAS

1, 2. Então chegaram ao pé de Jesus uns escribas e fariseus de Jerusalém, dizendo: por que transgridem os teus discípulos a tradição dos anciãos? Pois não lavam as mãos quando comem pão.

Quando nosso Senhor estava mais ocupado, os seus inimigos atacaram. Estes religiosos *de Jerusalém* provavelmente eram os principais do grupo e, por sua grande reputação, acreditaram em uma vitória fácil sobre o pregador simples. Talvez eles fossem como embaixadores de um grupo principal, enviados para confundir o novo mestre. Eles tinham uma questão a fazer, a qual parecia importante para eles; ou, eventualmente, eles imaginavam que a questão poderia servir para os seus próprios fins. As *tradições dos anciãos* eram grandes coisas para eles; transgredi-las seria um crime, de fato. Lavar as mãos é algo bastante adequado; alguém poderia desejar que isso fosse praticado mais vezes; porém, exaltá-lo como um ritual religioso é uma loucura e um pecado. Esses *escribas e fariseus* lavavam as mãos, se fosse necessário ou não, por um suposto zelo para se livrarem de qualquer coisa que pudesse torná-los impuros. Os discípulos de nosso Senhor, até este momento, fruíam a liberdade cristã de forma que não observavam a tradição rabínica: eles *não lavam as mãos quando comem pão*. Por que eles lavariam as mãos se estavam limpos? A tradição não tinha poder sobre as suas consciências. Ninguém tem mais direito de instituir uma nova lei do que de negligenciar uma antiga. A emissão de ordens compete somente ao Rei. No entanto, aqueles religiosos perguntam por que os discípulos do Senhor quebram uma lei que não era lei. Será bom se nossos oponentes forem incapazes de fazer contra nós qualquer acusação pior do que essa.

3. Ele, porém, respondendo, disse-lhes: por que transgredis vós, também, o mandamento de Deus pela vossa tradição?

Ele respondeu à pergunta deles fazendo-lhes outra pergunta. Este era um método muito comum com o nosso Senhor, e nós muitas vezes podemos imitá-lo em discussões com pessoas maldosas. Nosso Senhor lança uma luz sobre eles por meio de um questionamento: *por que transgredis vós, também, o mandamento de Deus pela vossa tradição?* O que é uma tradição quando comparada com um *mandamento*? O que é uma tradição quando está em conflito com um mandamento? Quem são os anciãos quando comparados com Deus? Nosso Senhor sabia melhor como lidar com esses mensageiros dos poderes do mal. Sua pergunta conduziu o combate ao próprio território deles e derrotou completamente a sua prepotente investida.

4-6. Porque Deus ordenou, dizendo: honra a teu pai e a tua mãe; e: quem maldisser ao pai ou à mãe, certamente morrerá. Mas vós dizeis: qualquer que disser ao pai ou à mãe: é oferta ao Senhor o que poderias aproveitar de mim; esse não precisa honrar nem a seu pai nem a sua mãe, e assim invalidastes, pela vossa tradição, o mandamento de Deus.

Nosso Senhor explica a sua pergunta e estabelece a sua acusação. *Deus* ordenou que filho e filha honrem os pais, e isso, sem dúvida, inclui prover para pai e mãe a ajuda de que necessitarem.

Não pode haver uma negligência a esse dever sem quebrar o evidente mandamento de Deus. Pela lei da natureza, é sempre correto ser grato aos pais; e, pela lei de Moisés, sempre era um pecado mortal lhes insultar. Em Êxodo 21.17, lemos: *E quem amaldiçoar a seu pai ou a sua mãe, certamente será morto.* Pai e mãe devem ser tidos em reverência e acarinhados com amor; e o preceito que ordena isso é chamado de "o primeiro mandamento com promessa"[45]. Não poderia haver equívoco quanto ao significado da lei divina, mas os mestres vis daquela época tinham inventado uma forma para dispensar os homens de cumprirem tão óbvio dever.

Aqueles miseráveis amantes de tradições ensinavam que, se um homem dissesse: "Corbã! É oferta", e, assim, nominalmente separasse para

---
[45] Cf. Efésios 6.2.

Deus o que seus pais necessitavam dele, ele não deveria prover aos pais depois. Em caso de ira ou até mesmo por pretexto, se ele estabelecesse uma proibição do que era requerido pelo pai ou a mãe, se tornava livre da obrigação de ajudar seus pais. É verdade que os rabinos não o cobravam para que cumprisse o seu voto e se realmente daria o dinheiro ou os bens a Deus; mas, como ele tinha se comprometido com o nome santo, não estava obrigado a dar nenhuma oferta aos seus pais. Assim, essa imprudente palavra desobrigava qualquer filho de ajudar o seu pai ou mãe; e então poderia fingir estar muito triste por fazê-lo, mas a sua consciência não lhe permitiria quebrar o voto. Vis hipócritas! Defensores do maligno! Já existiu algum dever mais simples? Ainda assim, eles *invalidavam o mandamento de Deus* por meio de uma astúcia.

7, 8. Hipócritas, bem profetizou Isaías a vosso respeito, dizendo: este povo se aproxima de mim com a sua boca e me honra com os seus lábios, mas o seu coração está longe de mim.

Eles bem merecem o nome com que o Salvador indignado chamou-os: *Hipócritas*. Eles se importavam com a lavagem das mãos e, ainda assim, puseram as mãos sujas na santíssima lei de Deus. As palavras proféticas de Isaías eram de fato descritivas deles; o profeta havia relatado como eles viviam. Eles tinham a boa religiosidade, os lábios adoradores, e somente isso. O coração deles nunca se aproximou do Senhor absolutamente.

Assim, nosso Senhor deu a seus oponentes a Escritura em vez da tradição: Ele quebrou suas armas de madeira com a espada do Espírito. A Sagrada Escritura deve ser nossa arma contra a igreja de tradições: nada derrubará Roma, senão a Palavra do Senhor.

Quando citou a profecia de Isaías, nosso bendito Senhor não somente usou uma tradução, mas Ele deu o sentido livremente, repreendendo, assim, a mera palavra dos rabinos. Eles poderiam contar as letras de um livro sagrado e, ainda assim, totalmente perder o seu significado; Jesus deu a alma e o espírito da afirmação inspirada. Jesus insistiu sobre a essência da adoração e não disse nada quanto à questão de lavar ou não lavar as mãos antes de comer pão.

Essa era uma questão muito insignificante para que Ele a considerasse.

9. Mas, em vão me adoram, ensinando doutrinas que são preceitos dos homens.

A religião baseada na autoridade humana é inútil; devemos adorar o Deus verdadeiro na forma de sua própria designação ou nós não o adoramos em absoluto. Doutrinas e preceitos devem ser aceitos apenas quando a Palavra divina os apoia, e eles devem ser aceitos apenas por essa razão. A forma mais meticulosa de devoção é adoração vã, se ela é regulada pelo mandamento de homens e se aparta da ordem do próprio Senhor.

10. E, chamando a si a multidão, disse-lhes: ouvi, e entendei:

Ele se vira para a multidão comum, entre os quais operou os seus milagres de amor. Ele chamou a multidão e ordenou-lhes que *ouvissem e entendessem*. É como se, por suas ações, Ele preferisse ensinar os camponeses ignorantes a aqueles escribas e fariseus falsos de coração. Ele tinha mais esperança de ser compreendido pela multidão ignorante do que pelos homens eruditos que tão miseravelmente escravizavam os seus julgamentos seguindo tradições inúteis. O apelo do evangelho vai dos mestres para as pessoas. A multidão tinha mais senso comum e honestidade do que os mestres; no entanto, mesmo estes foram exortados: *ouvi, e entendei*.

11. O que contamina o homem não é o que entra na boca, mas o que sai da boca, isso é o que contamina o homem.

Aqui está algo para a multidão meditar e para os fariseus buscarem entender. Isso era um mistério para muitos e uma surpresa para todos.

Eminentemente, esta seria uma declaração impressionante para os formalistas. Os religiosos da época estabeleceram o ponto principal da moral nas refeições e bebidas, mas o Senhor Jesus declarou que o principal se encontrava nos pensamentos e atos. Os fariseus agora tinham uma questão sobre a qual insistir, visto que era este o objetivo deles, pois esta frase seria maliciosamente usada no futuro. Eles buscavam obter uma afirmação que pudessem usar como uma acusação, e, neste caso, Jesus lhes deu uma que eles poderiam citar para essa finalidade, se ousassem fazê-lo. Jesus se opôs frontalmente ao ensino deles, e, ainda assim, não era fácil lidar com a sua espada afiada ou resistir à sua força singular.

12. Então, acercando-se dele os seus discípulos, disseram-lhe: sabes que os fariseus, ouvindo essas palavras, se escandalizaram?

Os discípulos evidentemente pensaram mais do que seu mestre sobre ofender os fariseus. Jesus sabia que eles ficariam *escandalizados* e não considerou ser uma calamidade que eles se sentissem assim. Ele colocou o seu notável aforismo no caminho dos fariseus, para que pudesse ser um obstáculo para eles e para que se sentissem confundidos. Os fariseus vieram a Jesus de forma bajuladora, desejando surpreendê-lo em seu discurso; Jesus estava insatisfeito com a hipocrisia deles e, por esta declaração atordoante, Ele os desmascarou, e eles evidenciaram quem realmente eram. Eles não conseguiam mais esconder o seu ódio; a partir de agora, não poderiam prender os discípulos em armadilhas por meio de falsas manifestações de amizade.

13. Ele, porém, respondendo, disse: toda a planta, que meu Pai celestial não plantou, será arrancada.

Se os próprios homens se escandalizam, eles merecem ser escandalizados. Se estes autodeclarados mestres da mente de Deus fazem objeções ao Filho de Deus, eles não merecem permanecer, mas é certo e sensato tratá-los com a verdade que os irritará. Um bom jardineiro tem o cuidado de arrancar as ervas daninhas, bem como de regar as plantas. A sentença de nosso Senhor funciona como uma enxada para arrancar esses homens de sua profissão religiosa; e ele afirmou que isso deve ser assim. Mas que palavra solene é essa! Se a nossa religião não for totalmente da parte de Deus, ela chegará a um fim, e esse fim será a destruição. Não importa quão bela seja a flor, se o Pai não a plantou, a sua desgraça é certa, pois ela não será podada, mas *arrancada*. Aqueles a quem a verdade arranca são arrancados de fato.

14. Deixai-os; são condutores cegos. Ora, se um cego guiar outro cego, ambos cairão na cova.

Jesus considerou-os como indignos de novo alerta, dizendo: *Deixe-os*. Não havia necessidade de que os discípulos combatessem os fariseus, pois eles seriam arrancados naturalmente pelas consequências inevitáveis de seu próprio curso. Tanto eles quanto os seus seguidores *cairão na cova* do erro e absurdo; e, finalmente, cairão em destruição. Em todos os casos é assim, quando o mestre fanático conduz o discípulo ignorante, ambos cairão em erro. É o mesmo caso de todas as formas de cegueira espiritual naqueles que conduzem o pensamento de uma época e naqueles que seguem a sua orientação errônea. A incredulidade filosófica desta era é cega, com autoconceitos, e é temível a cova para a qual ela está se encaminhando. Ai! Seus mestres estão guiando almas preciosas para a cova do ateísmo e da anarquia.

Oh Senhor, não nos permitas ficar desesperados como a atual ascensão da falsa doutrina. Que pacientemente possamos guardar as nossas almas! Nós não podemos fazer tanto os condutores cegos quanto os seus seguidores cegos verem a cova diante deles, mas tudo permanece o mesmo, e sua queda é certa. Só tu podes abrir os olhos dos cegos, e nós confiamos que este milagre da graça será feito por ti.

15. E Pedro, tomando a palavra, disse-lhe: explica-nos essa parábola.

A máxima, que Pedro chama de uma parábola, foi falada à multidão, e depois foram convocados a entendê-la; mas seguramente eles não a compreenderam, até mesmo os apóstolos não conseguiram compreendê-la. Pedro, como porta-voz, fez bem em ir imediatamente à fonte e humildemente dizer: *explica-nos essa parábola*. Aquele que proferiu a difícil palavra poderia melhor interpretá-la.

16. Jesus, porém, disse: até vós mesmos estais ainda sem entender?

É claro que os fariseus odiariam a luz, e por isso se recusaram a ver a verdade espiritual que nosso Senhor estabeleceu diante deles de modo tão contundente. Nem foi surpreendente que a multidão fosse muito ignorante para ver o sentido divino da breve sentença. Mas os doze escolhidos não teriam uma visão mais clara? Depois de todo o ensinamento de seu Senhor, eles *estavam ainda sem entender*. Eles não alcançaram o sentido interior da afirmação de seu Senhor? Ai, quantas vezes estamos em um estado semelhante! Quão devidamente este questionamento pode ser feito a nós: *até vós mesmos estais ainda sem entender?*

17. Ainda não compreendeis que tudo o que entra pela boca desce para o ventre, e é lançado fora?

Depois de anos de ensinamento do mestre, eles ainda são incapazes de compreender uma verdade elementar? Nós conseguimos discernir entre contaminação física e espiritual? Os alimentos não tocam a alma; eles passam pelo corpo, mas não adentram nas afeições ou no entendimento e, portanto, não contaminam o homem. Aquilo que é comido é substância material e não entra em contato com o sentido moral. Isso é claro o suficiente para qualquer mente imparcial. A carne passa por toda a estrutura corporal, desde a sua entrada na boca, sua passagem através dos intestinos e sua eliminação definitiva, mas não tem relação com a parte mental e espiritual de nosso ser; e é somente ali que a contaminação real pode ser causada.

18. Mas o que sai da boca procede do coração, e isso contamina o homem.

As expressões da mente surgem da alma do homem e têm um caráter moral sobre elas: *o que sai da boca procede do coração*. As palavras, e os pensamentos que usam as palavras como as suas vestes, e os atos que são a materialização das palavras; estes provêm do próprio homem e o contaminam. Se a mente ou o coração não tivessem relação com um ato, não poluiriam um homem mais do que a comida que ele engole e elimina, porque os atos e palavras não vêm apenas da boca, mas da alma, eles são muito mais importantes do que comidas e bebidas. Evidentemente, o homem é contaminado quando ele é culpado de gula e embriaguez; todavia, isso não é por causa da mera comida ou bebida, mas porque ingeri-los em excesso é o exercício de apetite desenfreado, e isso também é estimulado por aquilo que o gratifica.

19. Porque do coração procedem os maus pensamentos, mortes, adultérios, prostituição, furtos, falsos testemunhos e blasfêmias.

Que catálogo! O que deve ser tal coração que derrama tantas mazelas! Estas são as abelhas; o que deve ser a colmeia! *Os maus pensamentos* ou raciocínios, tais como aqueles pelos quais os fariseus foram culpados. O pensamento moderno é um tipo desses males, que vêm do coração, e não da cabeça. *Assassinatos* que não começam com o punhal, mas com a malícia da alma. *Adultérios e prostituição* são primeiramente entretidos no coração antes de serem efetuados pelo corpo. O coração é a gaiola de onde estas aves impuras voam. *Furtos* também nascem no coração; um homem não furtaria com a mão se não tivesse desejado injustamente com o coração. *Falsos testemunhos*, ou mentira e calúnia, também, primeiro fermentam no coração e depois o seu veneno sai na conversa. Aquele que profere *blasfêmias* contra o seu criador mostra um coração muito sombrio. Como ele poderia cair em tal desnecessário e inútil vício, a menos que sua alma estivesse profundamente mergulhada em rebelião contra o Senhor? Todos esses males terríveis fluem de uma fonte, a partir da própria natureza e da vida do homem caído.

20. São estas coisas que contaminam o homem; mas comer sem lavar as mãos, isso não contamina o homem.

Estes males não somente vêm de uma natureza contaminada, mas contaminam ainda mais o homem. Assim o Salvador provou o seu aforismo. As coisas interiores, evidentemente, são de caráter mais contaminante e tornam um homem impróprio para a comunhão com Deus e para o exercício dos santos deveres; e a negligência em ter água derramada sobre as mãos não pode ser minimamente comparada com isso. No entanto, aqueles que não tinham o arrependimento dos pecados contaminantes estavam horrorizados por um homem comer um pedaço de pão sem lavar as mãos.

Bendito mestre, lava-me interiormente e salva-me das contaminações da natureza corrupta! Não permitas que eu faça da forma exterior a minha confiança, mas purifica-me tu, nas partes ocultas.

MATEUS 15.21–28
NOSSO REI E A MULHER CANANEIA

21. E, partindo Jesus dali, foi para as partes de Tiro e de Sidom.

Ele deixou a companhia repugnante dos fariseus e *partiu dali*, indo tão longe quanto podia sem sair de seu próprio país. O grande bispo foi para as fronteiras de sua paróquia. Uma atração interior o conduziu aonde Ele sabia haver um coração crente que estava anelando por Ele. Jesus foi enviado para a casa de Israel como um pregador, mas Ele interpretou a sua comissão em um sentido mais amplo e foi *para as partes de Tiro e Sidom*. Quando aqueles no centro se mostram incorrigíveis, o Senhor vai até aqueles na periferia em que podem ser alcançados. Vamos sempre arar o campo até o fim e servir a nossa época e geração aos limites extremos de nosso alcance.

22. E eis que uma mulher cananeia, que saíra daquelas cercanias, clamou, dizendo: Senhor, Filho de Davi, tem misericórdia de mim, que minha filha está miseravelmente endemoninhada.

Eis; aqui há algo digno de ser contemplado, por ser bom para os olhos e para os corações. Quando Jesus foi até as regiões de Tiro e Sidom, uma mulher saiu das mesmas partes para encontrá-lo. Mais cedo ou mais tarde, uma reunião acontecerá entre Cristo e as almas buscadoras. Esta *mulher cananeia* não tinha direito em virtude da sua nacionalidade; ela era uma gentia da pior espécie, de uma raça há tempos condenada a morrer. Ela veio da estreita faixa de terra em que os tírios habitavam; e, como Hirão, de Tiro[46], ela conhecia o nome de Davi, mas foi mais longe, pois ela tinha fé no Filho de Davi.

---
[46] Cf. 2Samuel 5.11.

O amor por sua filha a levou a viajar, clamar, implorar, suplicar por misericórdia. O que o amor de uma mãe não alcançará? A sua necessidade ultrapassou a barreira entre gentios e judeus; ela recorreu a Jesus como se ela fosse do mesmo país que seus discípulos. Ela pediu a cura de sua filha como uma misericórdia para si mesma, *tem misericórdia de mim*, ela se achegou a Jesus como *Senhor*. Ela considerou-o alguém maior do que Salomão, filho de Davi, o mais sábio e mais poderoso dos operadores de maravilhas. Ela relatou o caso breve e comoventemente e pediu por sua filha com a ansiedade amorosa de toda mãe.

Sua necessidade a ensinou a orar. Até que nós também saibamos o que pedimos e sejamos cheios de desejos esperançosos, nunca pleitearemos de modo prevalecente. Nós oramos por nossos filhos como esta mulher orou por sua filha? Não temos uma boa razão para tê-la como o nosso exemplo?

23. Mas ele não lhe respondeu palavra. E os seus discípulos, chegando ao pé dele, rogaram-lhe, dizendo: despede-a, que vem gritando atrás de nós.

O silêncio foi uma resposta dura, pois é entendido pelo medo como algo pior do que o discurso mais severo. *Não lhe respondeu palavra*, nem uma palavra daquele cuja Palavra é poder! Aquele foi um desânimo difícil. No entanto, ela não foi silenciada pelo silêncio do Senhor. Ela aumentou as suas súplicas. Os discípulos estavam errados quando disseram: *vem gritando atrás de nós*. Não, não, ela clamou por Ele. Será que isso os comoveu? Oh, se todos os homens clamassem por Jesus! Tal aborrecimento bendito deve ser anelado por corações compassivos entre os servos do Senhor. Os discípulos, no entanto, foram levados a apelar para o seu mestre, e, embora isso já fosse algo, não era muito. Possivelmente, eles intencionavam se queixar buscando ajudar a mulher através da obtenção de uma resposta para ela, de uma forma ou de outra, mas as suas palavras pareciam insensíveis, *despede-a*. Que nós nunca sejamos tão egoístas a ponto de nos sentirmos incomodados por inquiridores! Que nós nunca os despeçamos por olhares frios e palavras severas!

Ainda assim, os discípulos não foram capazes de negligenciá-la; eles foram forçados a pleitear com Jesus sobre ela; eles vieram e suplicaram-lhe. Se pessoas cristãs são aparentemente antipáticas, vamos sensibilizá-las pelo nosso fervor persistente.

24. E ele, respondendo, disse: eu não fui enviado senão às ovelhas perdidas da casa de Israel.

Jesus não falou com ela, mas com seus discípulos. Ela ouviu a palavra e sentiu que era um golpe que atingia fortemente suas esperanças. Ela não era *da casa de Israel*; ela confessava que não podia contar a si mesma como estando entre as ovelhas; Jesus não foi enviado a ela; como Ele poderia ir além de sua missão? Seria pouca maravilha se ela houvesse se retirado em desespero. Mas, pelo contrário, ela redobrou a sua súplica.

25. Então chegou ela, e adorou-o, dizendo: Senhor, socorre-me!

Em vez de se retirar, ela se aproximou e *adorou-o*. Isso foi bem feito. Ela não podia resolver os problemas do destino de sua raça e da comissão do Senhor, mas ela podia orar. Ela sabia pouco sobre as limitações da messianidade, porém sabia que o Senhor tinha poder ilimitado. Se, como um pastor, Ele não poderia reuni-la, como Senhor poderia ajudá-la. A natureza divina de Cristo é um manancial de conforto aos corações perturbados.

Sua petição foi breve, mas abrangente; ela era cordialmente calorosa e foi direto ao ponto. O assunto de sua filha era seu próprio, e assim ela clamou: *Senhor, socorre-me*. Senhor, ajuda-nos a orar, como ela orou.

26. Ele, porém, respondendo, disse: não é bom pegar no pão dos filhos e deitá-lo aos cachorrinhos.

Por fim, Ele se vira e responde à sua súplica, mas não de forma amável. Quão severa é a sua linguagem! Como isso era contrário ao hábito de nosso Senhor! E, ainda assim, como é verdadeiro! Como é irrespondível! Verdadeiramente, *não é bom pegar no pão dos filhos e deitá-lo aos cachorrinhos*.

É claro que os privilégios não devem ser dados àquele que não tem direito a eles, nem as bênçãos reservadas devem ser desperdiçadas com o indigno. A bênção buscada é como o pão para os filhos, e os cananeus não eram mais membros da família escolhida do que os cães. Seu caráter pagão os fez como cães por sua imundícia. Por gerações, eles não conheceram o verdadeiro Deus mais do que os cachorros que perambulam pelas ruas. Muitas vezes, eles e outras tribos dos filisteus haviam atacado o povo do Senhor como cães. A mulher provavelmente tinha ouvido frases como esta de judeus fanáticos e orgulhosos, mas ela não as esperava da parte do Senhor.

27. E ela disse: sim, Senhor, mas também os cachorrinhos comem das migalhas que caem da mesa dos seus senhores.

Ela falou humildemente: *sim, Senhor*. Ela falou corajosamente, pois encontrou alimento para a fé na aparente dureza da linguagem de nosso Senhor. Nosso Senhor havia usado uma palavra que deve ser entendida como *cachorrinhos*, e ela a tomou para si. Cachorrinhos se tornam companheiros dos filhos, ficam debaixo da mesa e *comem das migalhas que caem da mesa dos seus senhores*.

O dono da casa também toma o cachorrinho sob seus cuidados e permite que ele fique debaixo da mesa. Se, cão gentio como é, ela não poderia ser guiada como uma dentre o rebanho, ela se contentaria em ser tolerada como alguém da família no caráter de um cachorrinho; pois, assim, seria admitido que ela *comesse* do pão dos filhos, *da mesa dos senhores* dos cachorrinhos. Grande era a bênção que ela buscava; ainda assim, era apenas uma migalha para a grandeza do Senhor, e, portanto, ela pediu que a obtivesse, como o cão que ela confessava ser.

Aceitemos a pior descrição que a Escritura faz de nós e ainda encontraremos nela um argumento para a esperança.

28. Então respondeu Jesus, e disse-lhe: oh mulher, grande é a tua fé! Seja isso feito para contigo como tu desejas. E desde aquela hora a sua filha ficou sã.

Nosso Salvador ama a grande fé e concede a ela tudo o que deseja. Sua fé era grande comparativamente: para uma mulher pagã e para alguém que sabia muito pouco sobre o Salvador, ela era extraordinariamente forte na fé. Mas a sua fé não era grande apenas comparativamente, era grande positivamente: crer em um Cristo silencioso, em alguém que a tratou com uma rejeição, em quem a chama de um cão, é uma fé muito grande, meça-a como quiser. Poucos de nós têm um décimo da fé em nosso Senhor que esta mulher tinha. Crer que Ele poderia curar sua filha imediatamente e se agarrar a Ele por esse benefício é a fé que causa uma admiração ao Senhor, e Ele diz: *oh mulher, grande é a tua fé!* Que esplêndida recompensa, *seja isso feito para contigo como tu desejas!* De acordo com o seu desejo, a cura de sua filha foi imediata, perfeita e permanente. Oh, por uma fé igualmente preciosa, especialmente por tal fé em relação aos nossos filhos e filhas! Por que não deveríamos tê-la? Jesus é o mesmo, e temos ainda mais razões para confiar n'Ele do que a cananeia poderia ter tido. Senhor, nós cremos, ajuda a nossa incredulidade e cura os nossos filhos.

MATEUS 15.29-39
O REI DÁ OUTRO BANQUETE

29. Partindo Jesus dali, chegou ao pé do mar da Galileia, e, subindo a um monte, assentou-se lá.

Jesus estava sempre em movimento; Ele *andou fazendo bem*[47]. Ele tinha ido para o termo da terra; Ele logo volta à Galileia. Jesus não desperdiça um momento. Ele não fica parado por parabenizar-se pelo seu sucesso, mas se apressa em outros trabalhos; e, assim, muitas vezes é dito: *Partindo Jesus dali*.

Como Ele amava os montes e o mar! Ao pé do mar da Galileia, Jesus novamente escolhe um monte, escolhe um lugar para permanecer, com espaço para uma reunião de pessoas em volta, e inicia outra sessão do seu ministério de misericórdia. Ele *assentou-se lá*, pois havia estabelecido o coração a abençoar as pessoas naquele local oportuno. Em imaginação, podemos vê-lo assentando-se e, depois de falar com autoridade, de um lugar elevado, *chegou ao pé do mar da Galileia*. O lado do monte estava livre para todos, e ninguém poderia reclamar de restrição, e era longe o suficiente das cidades movimentadas para escapar do barulho do trabalho necessário. Veja como as pessoas se reúnem! A presença de nosso Senhor não passará despercebida por muito tempo, embora nenhum som de sino de igreja deu aviso de um culto. Como um pregador, Ele nunca faltou a uma reunião. Onde Ele se assentava, o povo vinha; se Ele *subisse a um monte*, subiriam atrás d'Ele. Se pregarmos Jesus na vila mais distante, em uma região quase inacessível, não ficaremos sem ouvintes.

30-31. E veio ter com ele grandes multidões, que traziam coxos, cegos, mudos, aleijados, e outros muitos, e os puseram aos pés de Jesus, e ele os sarou, de tal sorte, que a multidão se maravilhou vendo os mudos a falar, os aleijados sãos, os coxos a andar, e os cegos a ver; e glorificava o Deus de Israel.

Ainda é a mesma história. O ímã sempre atrai. A multidão cresce em número. *E veio ter com ele grandes multidões*. Eles parecem surgir da terra e do mar; eles se aproximam tão rapidamente de nosso Senhor, que não há intervalo

---
[47] Cf. Atos 10.38.

no qual Ele possa descansar. As doenças que eles trazem diante d'Ele são ainda mais variadas do que antes. Que lista de pacientes! Que encontro de misérias em um lugar! A expectativa das pessoas é crescente; eles trouxeram os doentes e *os puseram aos pés de Jesus*; os deixam com Ele em plena confiança. O poder de cura continua a fluir em pleno vigor; esta única sentença é um grande resumo de suas curas maravilhosas: *Ele os curou.* Dessa vez, o resultado é um maior grau de *maravilha* entre a multidão, com a presença de um aroma gracioso de louvor ao Deus de Israel: *glorificaram ao Deus de Israel.* Era evidente para eles que Jeová tinha lembrado e visitado o seu povo e estava curando as suas enfermidades, e, assim, naquele momento, o glorificavam. Oh, ser uma testemunha ocular de tal cena de cura e adoração! Que instrução para os apóstolos, para os dias de tribulação, depois que o seu mestre se ausentasse deles!

Senhor, quando nós experimentamos um avivamento da verdadeira religião, vemos a grandeza do teu poder de cura no mundo espiritual e, portanto, glorificamos o Deus de Israel, o Deus da aliança, o Deus da oração que prevalece, o Deus de toda a graça.

32. E Jesus, chamando os seus discípulos, disse: tenho compaixão da multidão, porque já está comigo há três dias, e não tem o que comer; e não quero despedi-la em jejum, para que não desfaleça no caminho.

A história se repete. Nós devemos ser sábios para observar as variações. O que Jesus fez uma vez, Ele pode e fará novamente, e pode ser necessário que o repita. Na verdade, uma misericórdia é a promessa de outra. Nosso Senhor é aqui o primeiro a falar sobre a forma de lidar com a grande multidão faminta; os discípulos não vêm até Ele sobre o assunto, mas Ele começa a conversa. Em todos os casos, o seu coração está em primeiro lugar, e, neste caso, o seu discurso é assim. *E Jesus, chamando os seus discípulos.* Eles devem ser companheiros de trabalho, e, assim, Ele consulta-os, fazendo deles membros do seu conselho particular. Ele tem toda a ternura e pode verdadeiramente dizer: *tenho compaixão da multidão.* Se Ele se refere a uma questão de angústia ou não, seu coração é sempre compassivo e Ele pensa sobre o atual jejum do povo e possível fraqueza. Sua compaixão é o que define seu poder em ação.

A multidão continuava a segui-lo, e Ele não podia deixar de lamentar a necessidade que surgiu a partir da perseverança deles em ouvir seus ensinamentos. Essas pessoas sofriam há três dias com jejum, ou pelo menos com a escassez de alimentos, por ouvi-lo pregar. Que pregação deve ter sido! Mas o grande mestre cuida de seus corpos, bem como de suas almas, e não se sentirá contente em alimentar somente as suas mentes. Do ponto de vista comum, a falta de provisão era problema deles; eles se reuniram por vontade própria e não podiam, de modo razoável, responsabilizá-lo por dar-lhes tanto alimento e instrução em troca de nada, mas o grande coração de Cristo não podia concordar em deixá-los fracos; Ele não queria, mesmo de modo inocente, prejudicar algum deles. Ele solenemente declara: *não quero despedi-la em jejum*. Ele não queria que seus servos fossem indiferentes aos sofrimentos dos pobres, mesmo quanto ao pão que perece. Podemos ser duplamente assegurados de que Ele não deixará que qualquer ouvinte sincero desfaleça por fome espiritual. Ele pode nos fazer esperar para despertar o apetite, mas Ele não nos despedirá em jejum, por fim. Jesus ama não deixar o faminto com fome; Ele cuida *para que não desfaleça no caminho*. Se qualquer um de nós estiver chegando perto desse estado, Ele percebe e intervirá. Cultivemos um apetite por alimento celestial, e Jesus suprirá esses desejos.

33. E os seus discípulos disseram-lhe: de onde nos viriam, num deserto, tantos pães, para saciar tal multidão?

Nesta segunda ocasião, poderíamos esperar por melhores coisas da parte dos discípulos, mas eles têm o velho hábito: tão duvidosos quanto sempre e muito culpados de esquecer o poder de seu Senhor. Ele disse: *não quero despedi-la em jejum*, e eles respondem à sua declaração graciosa com uma pergunta difícil e assustadora. Observe como eles esquecem o que Ele fez e enfatizam o que *eles* não podem fazer. *De onde nos viriam, num deserto, tantos pães?* Quem falou em *nós*? O único ponto bom em seu discurso é que eles, em tudo, se associam com o seu Senhor; porém, mesmo nisso eles tomam a preeminência. Eles pensam em sua própria pobreza, no deserto, em *tantos pães* e na *tal multidão*; e eles esquecem o seu *tão grande* Senhor. Não somos muito parecidos com eles? Temos a certeza de que somos mesmo tão sábios quanto eles eram? Nós tememos que não.

34. E Jesus disse-lhes: quantos pães tendes? E eles disseram: sete, e uns poucos de peixinhos.

O Senhor aceita a sua associação e diz: *quantos pães tendes?* Seu estoque era pequeno e absolutamente insignificante para a obra proposta; Ele permite que eles contribuam para o grande propósito. Eles fazem uma contagem rápida e falam de modo triste: *sete, e uns poucos de peixinhos*. Muito parecido com o nosso próprio pobre estoque para o serviço santo. Os *pães* não eram aquelas massas, como entendemos a palavra em português, eles eram como pães fininhos. Os peixes eram *poucos e pequenos*, mais ossos do que qualquer outra coisa. Assim são as nossas capacidades: poucas e deformadas, com muitas deficiências; ainda assim, devemos colocar tudo o que temos no estoque comum, e será o suficiente nas mãos daquele que faz todas as coisas.

35. Então mandou à multidão que se assentasse no chão.

As pessoas estão preparadas para o banquete pela vontade de obedecer. O que tinham visto do poder milagroso de nosso Senhor despertou as expectativas e criou prontidão para seguir a sua liderança. Geralmente, há uma prontidão de espírito quando Jesus está prestes a operar as suas maravilhas da graça. Senhor, faz com que o nosso povo esteja pronto *para se assentar no chão no teu banquete gracioso!*

36. E, tomando os sete pães e os peixes, e dando graças, partiu-os, e deu-os aos seus discípulos, e os discípulos à multidão.

Jesus fez como antes. Sua forma de agir é perfeita, e por isso não havia necessidade de alterá-la. *E, tomando os sete pães e os peixes*. Estes eram somente um punhado para Ele. Isso nos mostra que nossas poucas habilidades devem ser colocadas à sua disposição e em suas mãos que operam milagres. Jesus não menospreza levar o pão e os peixes, embora Ele sustenta o céu e a terra. *Dar graças* a uma refeição ao ar livre deve nos ensinar a não comer sem agradecermos. O *partir* nos ensina que deve haver exercício do talento e que deve haver um espalhar da verdade que atenda às bocas humanas. A sua provisão a muitas mãos mostra que nada deve ser mantido no estoque, mas tudo deve ser distribuído entre muitos. Nosso Senhor Jesus novamente honrou os seus discípulos, tornando-os servos por quem Ele alcançou a multidão. Senhor, usa-nos; pois, ainda que não temos nem pães nem peixes, nós temos as mãos gratas.

37. E todos comeram e se saciaram; e levantaram, do que sobejou, sete cestos cheios de pedaços.

O banquete foi realizado de uma forma muito ordenada e com provisão abundante, de modo que todos comeram até ficarem satisfeitos: mesmo as criancinhas tiveram o seu pão e peixe. O que sobrou, *o alimento em pedaços*, era bom demais para ser desperdiçado e por isso foi recolhido em cestos para uso futuro. O Deus da abundância também é o Deus da frugalidade. Nós não padecemos necessidade, mas também não desperdiçamos. Deveria sempre haver *cestos*; a dificuldade é enchê-los. Aqui os cestos correspondem ao número dos pães; no primeiro banquete, corresponderam ao número dos apóstolos. A bênção que recompensa o serviço pode ter uma relação com os trabalhadores ou com o suprimento de origem com o que eles cooperam. Em ambos os casos, ao alimentar a multidão, o que estava no estoque após o uso era maior do que primeiramente possuíam. Quanto mais nós damos, mais nós temos.

Será que alguns de nós somos pobres porque temos dado tão pouco? Os mais talentosos poderiam ter mais dons agora se tivessem entregado o que eles têm para o bem de outros, de modo voluntário?

38. Ora, os que tinham comido eram quatro mil homens, além de mulheres e crianças.

Aqui não há o desejo de aumentar os números para tornar maior a maravilha. Em algumas estatísticas religiosas, seria logo anunciado se as mulheres e crianças fossem deixadas de fora, pois elas são a maior parte dos ouvintes. Na Bíblia, encontramos as pessoas contadas pelo número dos homens, e Mateus, quando recolhia impostos, estava acostumado a assim cobrar-lhes; este modo é seguido aqui. Não há razão para que as mulheres e as crianças sejam omitidas em nossas contagens atuais, uma vez que todo o método de realização de censos foi alterado e ambos os sexos são agora incluídos. À medida que os homens eram os que comiam mais, e as pessoas mais notórias, eles são contados; e, embora o restante dos convidados não tenha sido contado, todos foram alimentados, o que é a questão principal.

39. E, tendo despedido a multidão, entrou no barco, e dirigiu-se ao território de Magadá.

Nosso Senhor sempre foi cuidadoso ao enviar as multidões para casa, Ele não desejava detê-los de seu trabalho diário. Jesus não deseja que eles o ouçam como guardas de honra, ou como aqueles entusiastas que fazem procissões; Ele se esquiva de seus louvores. *Ele entrou no barco*. Navegando constantemente, Ele atravessa e reatravessa o mar. Ele vai *ao território de Magadá*. Ele estaria procurando Maria Madalena? Ele tinha alguma mensagem de misericórdia lá. Isso foi logo realizado, pois Ele saiu do mar novamente. Nosso Senhor era, em grande medida, um homem do mar. Vamos, marinheiros, ergamos a bandeira de Cristo e naveguemos sob o seu comando. Oh Senhor Jesus, eu quero atravessar o mar da vida contigo como meu piloto, meu dono e capitão!

MATEUS 16.1-4
O REI E O SEU SINAL MUITO APROPRIADO

1. E, chegando-se os fariseus e os saduceus, para o tentarem, pediram-lhe que lhes mostrasse algum sinal do céu.

O Rei foi novamente encontrado por seus inimigos. Duas seitas, que eram violentamente opostas entre si, uniram as suas forças contra Ele. É a maneira dos ímpios: tornam-se amigos quando buscam combater o reino dos céus.

Nesta ocasião, eles não vêm com uma pergunta, mas com a antiga demanda por um sinal. Desta vez, este deve ser *um sinal do céu*, possivelmente uma maravilha no céu. Que direito eles tinham de testá-lo de tal modo sugerido por suas imaginações? Que necessidade havia de mais sinais quando seus milagres eram tantos? Todos os seus milagres não foram sinais do céu? Essa demanda não censura tudo o que Ele já tinha feito? Esse não era um desprezo prático de todas as suas anteriores obras de poder? Muitas vezes nós também caímos na fraqueza de pedir um novo sinal do amor divino, desvalorizando, assim, os antigos favores. Se a evidência que nós já recebemos da graça e poder de nosso Senhor não é suficiente, quando as nossas dúvidas serão encerradas?

Nessa busca por um sinal, os inimigos de nosso Senhor *o tentaram*. Será que a tentação foi provocá-lo a buscar a sua própria glória por meio de alguma ostentação de poder, que não era realmente necessária? De todo modo, o nosso Senhor passou sem danos por essa provação, pois não havia nenhum orgulho n'Ele. Fariseus e saduceus nos tentarão também. Que o nosso Senhor nos livre de suas artimanhas e sorrisos! Por meio do amor a Jesus, que possamos ser alegremente libertados do desejo de estarmos bem diante dos homens!

2, 3. Mas ele, respondendo, disse-lhes: quando é chegada a tarde, dizeis: haverá bom tempo, porque o céu está rubro. E, pela manhã: hoje haverá tempestade, porque o céu está de um vermelho sombrio. Hipócritas, sabeis discernir a face do céu, e não conheceis os sinais dos tempos?

Eles poderiam prognosticar o tempo por certos sinais, e nosso Senhor Jesus menciona os sinais do clima da Palestina; ainda assim, eles não conseguiam discernir as mais claras e mais abundantes advertências sobre o futuro iminente. Os sinais do clima são duvidosos, mas havia sinais morais e espirituais ao redor deles que dificilmente poderiam ser mal interpretados se eles apenas os considerassem. Cada país tem as suas próprias advertências do céu, e aquelas da Palestina diferem daquelas da Inglaterra, mas os sinais dos tempos são os mesmos em todos os lugares. Nosso Senhor destacou um exemplo da suposta sabedoria deles a respeito do clima; o mesmo sinal que, à tarde, era um sinal de *bom tempo*, era, durante a manhã, um sinal de *tempestade*. Eles eram capazes de inferir boas distinções na condição variável da *face do céu*, por que eles não *conheciam os sinais dos tempos*? Eles poderiam ter visto, se quisessem fazê-lo, que todas as profecias eram unânimes em declarar que o tempo do advento do Messias havia chegado; e eles também poderiam ter observado que cada evento estava cumprindo essas profecias, mas eles eram falsos no coração e não conseguiam ver, e, ainda assim, pediam por um sinal. Os sinais estavam todos em torno deles, e, mesmo assim, repetiam o grito do papagaio: *mostra-nos um sinal*. Muito justamente o nosso Senhor se indignou com eles e censurou-lhes, usando corretamente a palavra severa *hipócritas*! Hoje os homens que demandam mais evidências sobrenaturais merecem uma denúncia similar.

Senhor, não permitas que qualquer um de nós esteja cego aos sinais celestes — a tua cruz, a tua ressurreição, a tua Palavra, o teu Espírito e a tua obra da graça; ensina-nos cuidadosamente a *discernir* estas coisas como de fato permanecem os *sinais dos tempos*. Mesmo na crescente frieza da igreja e iniquidade abundante do mundo, faz-nos ver os sinais do teu advento, esperarmos e vigiarmos por tua antiga promessa de voltar.

4. Uma geração má e adúltera pede um sinal, e nenhum sinal lhe será dado, senão o sinal do profeta Jonas. E, deixando-os, retirou-se.

Não foi a falta de evidências, mas a triste depravação de suas mentes que lhes fez buscar um sinal; e, portanto, o Senhor não satisfaria a sua demanda pecaminosa. Eles eram *maus* na moral e *adúlteros* de coração, por abandonarem o único Deus verdadeiro; e então eles partiram e justificaram a sua incredulidade no Filho de Deus, invocando falta de sinais, exigindo mais milagres que lhes permitissem chegar a uma conclusão segura. Tal é o engano do coração do homem.

Nosso Senhor repete a sua reação anterior: Ele não os dará nenhum outro sinal. No âmbito do Antigo Testamento, não há sinal mais pleno de nosso Senhor do que Jonas. Nosso Senhor sabia que Ele cumpriria o tipo de Jonas, mesmo em seus detalhes, e, portanto, Ele aponta-os para a vida daquele profeta. Este é um assunto que merece a nossa meditação cuidadosa, mas não podemos ampliá-lo aqui. Nosso Senhor olha para a sua morte e ressurreição e anuncia o profeta Jonas como o seu sinal. Jesus será sepultado, e ressuscitado ao terceiro dia, e, no poder da sua ressurreição, conquistará os gentios para que se arrependam. Nisso, Ele será o antítipo de Jonas, e este é o sinal de que Ele é realmente o Cristo de Deus. Nosso Senhor havia dito isso antes, e Ele o está repetindo aqui, porque esta era uma resposta suficiente e não havia necessidade de exposições variadas com um grupo de pessoas que continuariam insistindo em um único ponto.

Nosso Senhor deixou aquelas pessoas, pois não havia nada a ser feito por elas. *E, deixando-os, retirou-se*, e Ele não foi mais visto nesse lugar. Senhor, não deixes qualquer um de nós, pois isso certamente seria uma sentença de morte para nós.

MATEUS 16.5-12
O REI É MAL COMPREENDIDO POR SEUS PRÓPRIOS DISCÍPULOS

5. E, passando seus discípulos para o outro lado, tinham-se esquecido de trazer pão.

Eles tinham se *esquecido* de abastecer o seu barco. Eles parecem ter percebido isso logo que *passaram para o outro lado*. Eles raramente se esqueciam de tais assuntos temporais. Possivelmente, eles confiaram uns nos outros, e o que era da responsabilidade de cada homem tornou-se da responsabilidade de ninguém. Eles não perceberam a omissão até que atravessassem o mar, mas a hora da refeição chegou e as suas mentes foram rapidamente levadas a pensar nos pães.

Por um tempo, a controvérsia tomou conta de suas mentes com assuntos religiosos, mas a falta de pão e a consequente fome logo lhes fizeram lembrar-se das coisas terrenas.

6. E Jesus disse-lhes: adverti, e acautelai-vos do fermento dos fariseus e saduceus.

Jesus usou uma expressão parabólica, que eles entenderiam facilmente se as suas mentes não estivessem voltadas para a sua falta de pão. Jesus viu que também neles logo haveria um desejo por um sinal, agora que precisavam de pão; e Ele temeu a influência do ritualismo dos fariseus e do racionalismo dos saduceus sobre a sua pequena igreja. Daí a sua dupla advertência: *adverti, e acautelai-vos*. O aviso é necessário hoje, tanto quanto no tempo de nosso Senhor; possivelmente, atualmente é ainda mais necessário, e será menos respeitado. *Fariseus e saduceus* estão fermentando as igrejas, e o espírito de um é tão ruim quanto o do outro. Em toda parte, vemos a força da impiedade que opera de duas maneiras opostas, mas que rapidamente fermentam a refeição da cristandade nominal. Senhor, salva o teu povo desta fermentação e influência corruptora!

7. E eles arrazoavam entre si, dizendo: é porque não trouxemos pão.

Os seus pensamentos foram ao nível mais baixo da questão. Em vez de considerarem o fermento, continuavam preocupados com o *pão*. Será que eles imaginaram que Jesus os estava proibindo de emprestar fermento dos fariseus quando eles começassem a preparar pão? Como eles encontraram qualquer sentido no significado literal de fermento, enquanto aplicado aos saduceus? Eles estavam presos à terra, por causa da ansiedade, ou eles não teriam errado tão estupidamente. Quando muitos homens famintos estão juntos, não é muito natural que eles olhem para tudo com olhos famintos? Sim, é natural; só não é natural para os homens que são espirituais. Precisamos orar para que não *arrazoemos entre nós* dessa mesma forma medíocre quando passarmos por alguma pequena necessidade.

8-10. E Jesus, percebendo isso, disse: por que arrazoais entre vós, homens de pouca fé, sobre o não terdes trazido pão? Não compreendeis ainda, nem vos lembrais dos cinco pães para cinco mil homens, e de quantas alcofas levantastes? Nem dos sete pães para quatro mil, e de quantos cestos levantastes?

A falta de fé tornou-lhes entorpecidos e carnais. A carência de pão não os incomodaria se eles tivessem mais graça. Nosso Senhor tão bem lhes falou: *Por que arrazoais entre vós quanto ao que pode ser feito sobre esta pequena dificuldade? Já não resolvi necessidades muito maiores? As suas próprias necessidades pessoais não têm sido ricamente supridas? O seu estoque já esgotou, mesmo quando todos os seus pensamentos se voltaram para a multidão, e toda a sua reserva de pão e peixe foi dada a eles? Que ocasião pode haver para a ansiedade em minha presença, quando eu sempre ofereço provisão para as suas necessidades?*

Quão tolos eles eram, mas como nós somos semelhantes a eles! Parece que não aprendemos nada. Depois de anos de experiência, nosso Senhor precisa dizer-nos: *Não compreendeis ainda, nem vos lembrais?* Dois milagres maravilhosos não capacitaram aqueles discípulos ao tipo de pensamento que é apropriado aos crentes; e, depois de todas as nossas experiências e libertações, nós, infelizmente, somos muito parecidos com eles. Como a nossa mente permanece preocupada pelo pão que nos falta e quão facilmente nos esquecemos dos tempos antigos, quando todas essas necessidades foram abundantemente supridas! As *muitas alcofas* foram amplamente preenchidas por providências passadas pelo próprio compartilhamento e armazenamento dos discípulos, e, portanto, eles não deveriam ter esquecido os banquetes milagrosos. Mesmo os cestos vazios deveriam ter avivado as suas memórias e lhes lembrado de como, por duas vezes, eles foram preenchidos. Se não fosse por nossa triste e pequena fé, o nosso *arrazoar entre nós*, ou seja, a memória dos nossos livramentos, nos ergueria para além de qualquer tendência a desconfiar de nosso Deus.

Oh Espírito Santo, ensina-nos ou nós nunca aprenderemos! Faz-nos sábios, ou nós ainda prosseguiremos na loucura do raciocínio carnal!

11. Como não compreendestes que não vos falei a respeito do pão, mas que vos guardásseis do fermento dos fariseus e saduceus?

Essencialmente, foi a incredulidade que nublou o entendimento deles. Jesus bem pode dizer aos duvidosos: *não compreendestes*. Em verdade, nada embota mais eficazmente a percepção espiritual do que uma excessiva ansiedade pelo pão que perece. Quando uma doutrina não é compreendida, nem sempre a culpa é de quem ensina. O discurso muito simples é frequentemente mal compreendido quando a mente está absorvida por necessidades prementes. Foi triste ver os apóstolos pensarem que o nosso Senhor falava literalmente e falharem em entender a clara parábola de suas palavras. Como o *fermento dos fariseus* poderia ser um termo usado *a respeito do pão*?

12. Então compreenderam que não dissera que se guardassem do fermento do pão, mas da doutrina dos fariseus.

A *doutrina* dessas seitas tinha uma influência secreta, insinuante e fermentadora, e os discípulos deveriam vigiar cuidadosamente para que até mesmo um pouco de seu espírito e ensino não fosse entretido em suas mentes e depois se espalhasse por todo o seu ser. Ambos os fermentos podem estar agindo de uma só vez na mesma comunidade; na verdade, eles são apenas um fermento. Os dois grupos de adversários atacaram o Senhor Jesus ao mesmo tempo, pois tinham uma base comum de oposição contra Ele. Até hoje essas duas formas de mal estão sempre operando, seja secreta ou abertamente, e nós precisamos tomar cuidado com eles em todos os momentos. É bom entender isso e tanto purgar o fermento velho do farisaísmo como manter fora o fermento novo do saduceísmo.

    Justiça própria e raciocínio carnal devem ser expulsos. A fé encontrará que os dois são seus inimigos mortais. Muitos estão se entretendo com fermento maligno; e, antes que eles percebam, o que é impuro os contaminará. Ser evangélico e ainda ser supersticioso ou racionalista ao mesmo tempo é completamente impossível. Alguns de nossos contemporâneos estão tentando usar este fermento, mas o seu pão será amargo. Cuidado!

MATEUS 16.13-28
O REI SOZINHO COM SEUS AMIGOS

13. E, chegando Jesus às partes de Cesareia de Filipe, interrogou os seus discípulos, dizendo: quem dizem os homens ser o Filho do homem?

Nosso Senhor sabia muito bem o que as pessoas pensavam d'Ele, mas perguntou aos seus discípulos para que Ele pudesse instruí-los pelo método socrático, estimulando o raciocínio deles. Nosso Senhor estava prestes a informá-los a respeito de sua morte, e era bom que eles tivessem ideias muito claras a respeito de quem Jesus era. Ele começa perguntando: *quem dizem os homens ser o Filho do homem?* As opiniões humanas sobre as coisas celestes são de pouca importância; no entanto, é bom conhecer as suas opiniões, para que possamos estar preparados para resistir-lhes.

14. E eles disseram: uns, João o Batista; outros, Elias; e outros, Jeremias, ou um dos profetas.

Todos estes eram conjecturas e estavam longe da resposta certa; ainda assim, havia alguma semelhança com a verdade em todos eles. A ideia de Herodes de que Jesus era *João Batista*, recém-ressuscitado dentre os mortos, parecia provável para muitos, uma vez que nosso Senhor tinha coragem e fidelidade, como João. *Elias* também parecia viver novamente pelas palavras de fogo de nosso Senhor; *Jeremias* foi revivido em sua tristeza constante; e os *profetas* foram lembrados por seus ensinamentos memoráveis e vida maravilhosa. Uma vez que muitos destes eram tipos de Jesus, não admira que Ele se assemelhe a eles. No entanto, os homens não descobrem o verdadeiro caráter do Senhor pela sua própria conjectura: apenas aqueles a quem Ele se revela o conhecerão.

O erro tem muitas vozes; só a verdade é única e permanente. Os homens dizem coisas diferentes a respeito de nosso Senhor, mas somente o Espírito traz o testemunho do único e verdadeiro Cristo de Deus.

15. Disse-lhes ele: e vós, quem dizeis que eu sou?

Esta é uma pergunta muito profunda. Nossos pensamentos pessoais sobre Jesus alcançam um ponto vital. Nosso Senhor pressupõe que seus discípulos não teriam os mesmos pensamentos que *os homens* tinham. Eles não seguiriam o espírito da época e não moldariam os seus pontos de vista por aqueles das pessoas "cultas" do período. Eles formariam um juízo, cada um por si mesmo, pelo que eles tinham ouvido e visto, enquanto em sua companhia. Por isso, Ele perguntou: *e vós, quem dizeis que eu sou?* Que cada leitor responda a essa pergunta antes de prosseguir.

16. E Simão Pedro, respondendo, disse: tu és o Cristo, o Filho do Deus vivo.

Pedro, como de costume, falou em nome dos demais; e ele falou muito bem. Ele havia compreendido a messianidade e a filiação divina de seu Senhor e, em palavras sinceras, expressou a sua crença interior. Foi uma confissão de fé simples, mas satisfatória. Devemos estar sempre prontos para responder àqueles que querem saber sobre uma questão tão central como a pessoa e a natureza de nosso Senhor. Um erro nesse ponto levaria toda a nossa religião ao fracasso. Se Ele não é para nós o Cristo, o ungido do Senhor e *o Filho do Deus vivo*, não conhecemos Jesus corretamente.

17. E Jesus, respondendo, disse-lhe: bem-aventurado és tu, Simão Barjonas, porque to não revelou a carne e o sangue, mas meu Pai, que está nos céus.

Seu antigo nome é mencionado para expressar a distinção entre o que ele era, por natureza, e o que a graça lhe tinha feito. *Simão Barjonas*, o trêmulo filho de uma pomba, tornou-se Pedro, uma pedra. Ele era um homem bem-aventurado por ser ensinado por Deus sobre a verdade central da revelação. Ele não tinha chegado à sua crença pela simples razão: *a carne e o sangue* não resolveram a questão; houve uma revelação para ele da parte do *Pai, que está nos céus*. Para conhecer o Senhor por mera declaração doutrinária, nenhum ensinamento divino é necessário, mas a plena certeza de Pedro sobre a natureza e missão de seu Senhor não era nenhuma teoria intelectual: a verdade foi escrita em seu coração pelo Espírito celeste. Este é o único conhecimento digno de ser obtido quanto à pessoa de nosso Senhor, pois traz uma bênção consigo, uma bênção da boca do Senhor Jesus: *bem-aventurado és tu*.

18. Pois também eu te digo que tu és Pedro, e sobre esta pedra edificarei a minha igreja, e as portas do inferno não prevalecerão contra ela.

Tu és Pedro, um pedaço de rocha; e sobre esta rocha da qual tu és um pedaço *edificarei a minha igreja*. Pela revelação do Pai, Pedro chegou a conhecer o Filho e ser identificado com Ele: assim, ele era uma pedra de uma rocha. Cristo é a rocha, e Pedro se tornou um com Ele, e *sobre esta rocha*[48] a igreja é fundada. Se os romanistas não tivessem torcido esta passagem, ela não apresentaria nenhuma dificuldade.

Jesus é o edificador, e Ele e seus apóstolos são o fundamento de pedra no grande templo da igreja, e este fundamento é um com a rocha eterna em que se assenta. Nos doze fundamentos ou fundações, estão os nomes dos doze apóstolos do Cordeiro (Ap 21.14). Nós somos "edificados sobre o fundamento dos apóstolos e dos profetas, de que Jesus Cristo é a principal pedra da esquina"[49]. Os apóstolos não são o fundamento de nossa confiança de modo meritório, mas eles nos fundamentam, considerando o aspecto temporal, e nós descansamos sobre o seu testemunho a respeito de Jesus e sua ressurreição.

A igreja que Cristo reúne, Ele também edifica completamente, pois diz: *edificarei a minha igreja*. Ele edifica sobre um fundamento firme: *sobre esta rocha edificarei*. O que Jesus edifica pertence a si mesmo: *minha igreja*. Ele faz do seu edifício fundado sobre a rocha uma fortaleza, contra a qual os poderes do mal continuamente cercam, mas totalmente em vão, pois *as portas do inferno não prevalecerão contra ela*.

19. E eu te darei as chaves do reino dos céus; e tudo o que ligares na terra será ligado nos céus, e tudo o que desligares na terra será desligado nos céus.

O novo reino não seria todo-abrangente, como a arca de Noé, mas teria a sua pomba e suas chaves. Para fins práticos, o povo de Deus precisa de disciplina e do poder de receber, restringir ou excluir membros. Sobre estas

---

[48] Nota de tradução: a tradução literal da versão bíblica utilizada pelo autor é: *sobre esta rocha*, e não *sobre esta pedra*, como está na versão em português comumente usada nesta tradução. Optou-se por traduzir literalmente a citação desta porção da Escritura.
[49] Cf. Efésios 2.20.

chaves, nosso Senhor diz a Pedro: *e eu te darei as chaves do reino dos céus*. Em primeiro lugar, Pedro usou essas chaves entre os apóstolos, no dia de Pentecostes, quando ele admitiu três mil pessoas à igreja; em Jerusalém, quando ele excluiu Ananias e Safira; e, na casa de Cornélio, quando ele recebeu os gentios. Nosso Senhor o comissionou, para que sua igreja tivesse o poder para governar-se a si mesma; não para estabelecer as portas, mas para abri-las ou fechá-las; não para fazer as leis, mas para obedecê-las e fazer com que fossem obedecidas. Pedro e aqueles com quem Jesus falava tornaram-se os mordomos do Senhor Jesus na igreja, e seus atos eram aprovados pelo seu Senhor. Hoje o Senhor continua a apoiar o ensino e atos dos seus servos enviados, aqueles como Pedro, que são pedaços da rocha. Os juízos da sua igreja, quando administrados corretamente, têm a aceitação de Cristo, de modo a torná-los válidos. As palavras de seus servos enviados, faladas em seu nome, serão confirmadas pelo Senhor e não serão mera retórica, seja uma promessa ou ameaça. Quando esteve aqui na terra, o próprio Senhor pessoalmente admitiu homens no círculo seleto de discípulos; mas, na véspera de sua partida, deu a eles o seu espírito de liderança e, portanto, também deu a eles o poder de admitir outros discípulos ou de expulsá-los quando fossem considerados indignos. Assim, a igreja ou assembleia foi constituída e dotada de autoridade administrativa interna. Não podemos legislar, mas podemos e devemos administrar as ordenanças e estatutos do Senhor; e o que fazemos retamente, em cumprimento à lei divina, na terra, é confirmado por nosso Senhor no céu. Uma igreja seria uma mera fraude, e seus atos, uma farsa solene, se o grande cabeça da igreja não sancionasse tudo o que é feito de acordo com o seu livro de leis.

Não precisamos fazer qualquer acordo com as reivindicações do Papa de Roma. Mesmo se Pedro fosse feito a cabeça da igreja, como isso afetaria o bispo de Roma? Pode-se tanto dizer que um mongol da Tartária[50] é o sucessor de Pedro quanto fazer essa reivindicação para um pontífice italiano. Nenhum simples leitor de sua Bíblia vê qualquer vestígio de papado nesta passagem. O vinho do romanismo não será extraído deste cacho.

---

[50] Tartária era uma vasta região da Europa Oriental e Norte da Ásia, controlada pelo povo mongol em 1200 e 1300.

20. Então mandou aos seus discípulos que a ninguém dissessem que ele era Jesus o Cristo.

Eles ainda deveriam estar silenciosos sobre a mais elevada das reivindicações de nosso Senhor, por temor que as pessoas, em seu zelo imprudente, o estabelecessem como rei por meio da força das armas. Era perigoso contar para uma multidão tão mal instruída o que certamente seria mal interpretado e mal utilizado. O comando para *não dizerem* a ninguém deve ter soado muito estranho aos ouvidos dos discípulos. Não era tarefa deles descobrir a razão das ordens de seu Senhor; era o suficiente que eles cumprissem o que Jesus ordenou-lhes. Não temos tal demanda sobre nós, portanto vamos dizer a todos que o nosso Senhor é o Salvador, o ungido de Deus, ou, como Ele próprio se denominou, *Jesus Cristo*.

21. Desde então começou Jesus a mostrar aos seus discípulos que convinha ir a Jerusalém, e padecer muitas coisas dos anciãos, e dos principais dos sacerdotes, e dos escribas, e ser morto, e ressuscitar ao terceiro dia.

A igreja ou assembleia sendo agora realmente organizada e tratada como uma realidade, nosso Senhor começou a preparar os seus discípulos para o momento em que, como membros uns dos outros, eles deveriam agir sozinhos, porque Ele seria tirado deles. A primeira grande tribulação deles seria a morte de Cristo, da qual Ele havia falado obscuramente antes. *Desde então começou Jesus a mostrar aos seus discípulos* a sua morte mais claramente. Há um tempo adequado para anúncios dolorosos, e nosso Senhor é sábio para escolhê-lo. Ele menciona a união de seus inimigos: *anciãos, e os principais dos sacerdotes, e dos escribas* se juntarão ansiosamente. A fúria deles se mostrará em diversas crueldades: Ele *padecerá muitas coisas*. Ele declara que eles prosseguirão com a sua inimizade até o fim; Ele será *morto*. Ele prediz que *ressuscitará* e Ele especifica o tempo, ou seja, *ao terceiro dia*. Tudo isso deve ter soado tristemente aos ouvidos dos homens que ainda tinham perspectivas de um reino de um tipo muito diferente. A maioria deles ficou sabiamente em silêncio em sua tristeza; ainda assim, havia um que tinha uma língua muito ousada.

22. E Pedro, tomando-o de parte, começou a repreendê-lo, dizendo: Senhor, tem compaixão de ti; de modo nenhum te acontecerá isso.

Pedro não poderia ser confiável como administrador ou mordomo. Ele concentrava muito sobre si mesmo. Veja quão grande ele é! Pedro imagina que ele é o mestre. Ele amava tanto o seu Senhor, que não podia suportar ouvir sobre a morte de Jesus e ficaria feliz se o impedisse de falar sobre um assunto tão terrivelmente triste. Ele pensa que o Senhor é mórbido e dá mais importância à oposição dos fariseus do que eles merecem. Assim, Pedro toma o Senhor e o repreende. As palavras são muito fortes: *e Pedro, tomando-o de parte, começou a repreendê-lo*. Pedro intenciona ser o amigo sincero de seu Senhor e, ao mesmo tempo, mantém diante de Jesus o comportamento respeitoso que é adequado por ser seu discípulo; mas, evidentemente, ele presumiu muito de si mesmo quando se aventurou a repreender o seu Senhor. Pedro não conseguia ver na morte de nosso Senhor nada senão a ruína da causa e, portanto, sentiu que não deveria ocorrer. Ele implorou que a misericórdia do céu não permitisse tão terrível catástrofe. *Senhor, tem compaixão de ti*. Isso não deveria ocorrer, não seria conforme o que Jesus havia profetizado, *de modo nenhum te acontecerá isso*. Pedro até mesmo busca remover essa ideia da mente de nosso Senhor. Se estivéssemos lá, tão preocupados com a honra de nosso Senhor, como Pedro estava, não teríamos feito o mesmo?

Não deveríamos estar horrorizados com a ideia de que tal pessoa como Jesus fosse morta de forma tão cruel? Não teríamos falado com grande seriedade: *de modo nenhum te acontecerá isso?*

23. Ele, porém, voltando-se, disse a Pedro: para trás de mim, Satanás, que me serves de escândalo; porque não compreendes as coisas que são de Deus, mas só as que são dos homens.

Nosso Senhor foi superior à tentação que surgiu a partir do próprio amor de seu amigo. Ele não quis permanecer ao lado de Pedro, Ele *voltou-se*, afastando-se de Pedro. Percebendo que o maligno estava usando Pedro como seu instrumento, Ele se dirige ao próprio Satanás, e também a Pedro, uma vez que ele se identificou com a sugestão maligna. *Para trás de mim, Satanás*. A tentativa foi feita para colocar uma pedra de tropeço no caminho de autossacrifício no qual o Senhor quis prosseguir, mesmo até o amargo fim. Jesus compreendeu o impedimento e disse: *me serves de escândalo*. Seu melhor amigo foi o seu inimigo mais terrível quando quis afastá-lo da obra de sua vida. O diabo pensou que seria bem-sucedido por meio do líder recentemente nomeado por nosso Senhor, mas Jesus teve pouco trabalho com a tentação: Ele jogou a pedra para fora do caminho, para trás de si, de forma que Ele não tropeçaria. A essência do erro foi que Pedro olhou para as coisas do ponto de vista da honra e sucesso humanos, e não a partir daquele grande ponto de vista em que a glória de Deus na salvação dos homens supera tudo.

Há uma maravilha aqui. Um homem pode saber o que somente o Pai pode revelar e, ainda assim, pode *não compreender as coisas que são de Deus*. A menos que ele aceite o sacrifício do Senhor Jesus, ele não tem compreensão das coisas divinas. Aquele que não se alegra de coração na expiação não discerne aquele doce aroma de descanso que o Senhor Deus concede no grande sacrifício e, portanto, não tem comunhão nas coisas que são de Deus. Ele não compreende o sabor, o aroma, a essência das coisas espirituais; e, por mais que ele honre a Jesus com palavras, ele é um inimigo, sim, um verdadeiro Satanás diante do verdadeiro Cristo, cuja própria essência envolve muito de sua obra como nosso sacrifício expiatório. Aqueles que hoje insultam o sacrifício substitutivo de nosso Senhor são mais afeiçoados às coisas que são dos homens do que àquelas que são de Deus. Eles presumem muito de si mesmos, por serem grandes filantropos, mas teólogos ortodoxos eles não são. Eles podem ser humanitários, mas eles não são piedosos. Eles podem ser amigos do homem, mas eles não são os servos de Deus. Quão tristemente escrevemos estas palavras quando pensamos que elas se aplicam a muitos pregadores!

24. Então disse Jesus aos seus discípulos: se alguém quiser vir após mim, renuncie-se a si mesmo, tome sobre si a sua cruz, e siga-me.

Para cumprir o seu propósito, o nosso Senhor teve que se sacrificar, assim também será com todo aquele que quiser ser seu seguidor. Para nos mantermos perto de nosso Senhor (o que Ele intenciona com as palavras *vinde após mim*), devemos negar a nós mesmos, pois Jesus negou a si mesmo para redimir o seu povo. Não devemos compreender o *eu* nem nos favorecermos, mas cada um de nós precisa renunciar *a si mesmo*. Fazendo isso, cada homem deve alegremente tomar a sua própria carga pessoal de tristeza e serviço e carregá-la com autossacrifício, como Jesus carregou a cruz.

Jesus havia dito a eles sobre a *sua cruz*; agora Ele fala sobre as próprias cruzes dos discípulos. Agora eles podem ponderar novamente se poderiam e queriam segui-lo. Com mais informação a respeito de seu destino, a questão foi novamente colocada diante deles, se eles o seguiriam ou o abandonariam. Se eles continuassem a ser seus seguidores, deveriam ser como carregadores de cruz e negadores de si mesmos. Essas condições não mudaram. Será que nós as aceitamos? Conseguimos manter as pisadas no longo caminho daqueles que carregam a sua cruz ou caímos com as tendências da época e falamos bem de Jesus, enquanto negamos o seu sacrifício substitutivo e fugimos da negação do *eu* que Ele exige? Nossa própria sabedoria, se ela nos faz pensar levemente sobre "o precioso sangue", deve ser totalmente negada e até mesmo detestada.

25. Porque aquele que quiser salvar a sua vida, perdê-la-á, e quem perder a sua vida por amor de mim, achá-la-á.

Agora os discípulos deveriam praticar a doutrina que Jesus havia lhes ensinado antes. Eles só poderiam *salvar* verdadeiramente as suas vidas se perdessem a vida presente; mas, se confiassem que poderiam, em primeiro lugar e antes de tudo, salvar a vida exterior, isso custaria a verdadeira vida. Nosso Senhor foi fiel ao expor claramente essa questão; e isso bem pleiteava com os discípulos que eles permanecessem fiéis a Ele. Infelizmente, é provável que nesse momento havia um dos doze que estava pensando em como poderia continuar a guardar a bolsa e ainda poderia, por fim, escapar das consequências da demanda de seu mestre.

26. Pois que aproveita ao homem ganhar o mundo inteiro, se perder a sua alma? Ou que dará o homem em recompensa da sua alma?

Se tal homem perde a sua vida verdadeira, como ele pode ter lucro, mesmo se o mundo for seu? O verdadeiro ganho ou a verdadeira perda é um ganho ou perda relativo(a) à vida. Todas as coisas exteriores são ninharias em comparação com esta vida. Mesmo agora, *pois que aproveita ao homem*. Se um homem não tem a verdadeira vida em Cristo, o que mais ele pode possuir? O que, senão uma pompa enfeitada, com o que ele se diverte, enquanto a sua alma está à beira do inferno? Quanto ao mundo vindouro, não há dúvida; perder a vida eterna é uma perda avassaladora, de fato.

Nada pode ser comparado com a vida eterna. O valor da alma não pode ser estimado por considerações comuns. Muitos mundos seriam um preço miserável. *Ou que dará o homem em recompensa da sua alma?* Fazer uma troca está fora de questão. Sua alma é tal singular herança de um homem, que, se ele a perder, ele perde tudo.

27. Porque o Filho do homem virá na glória de seu Pai, com os seus anjos; e então dará a cada um segundo as suas obras.

Chegará um dia em que Cristo, no tribunal, evidenciará quem foi sábio em sua forma de viver; pois, nesta ocasião, a recompensa ou punição lançará luz na conduta anterior dos homens. Jesus, que foi desprezado, será o galardoador daqueles que entregaram as suas vidas em prol da sua causa. Naquele dia, o crucificado *Filho do homem virá na glória*; esta glória será vista como a *glória de seu Pai*; esta glória divina será ilustrada pelas hostes de *anjos*. Em toda a exuberância do céu, Ele distribuirá as recompensas do último julgamento. Pela graça divina, o justo terá as suas *obras* consideradas como evidências de seu amor a Deus; e os ímpios, com justiça, terão a sua condenação *segundo as suas obras*, porque estas obras serão a evidência de que eles não tinham a fé que produz boas obras.

Senhor, pelo teu bom espírito, mantém-me sempre meditando sobre este dia dos dias, que tornará a eternidade resplandecente em felicidade imutável, ou sombria, com indizível angústia! Que eu olhe para tudo de acordo com a luz que cerca o teu trono de juiz!

28. Em verdade vos digo que alguns há, dos que aqui estão, que não provarão a morte até que vejam vir o Filho do homem no seu reino.

Tão próximo estava o reinado, que recompensaria o que os santos perderam por amor a Cristo, que, antes que alguns deles fossem mortos, o Senhor realizaria uma demonstração dele em seu julgamento de Israel, pelo cerco e destruição de Jerusalém, e estabeleceria o *seu reino*, do qual o trono de juízo é um indicador e instrumento.

Temos aqui uma passagem difícil, e essa parece ser a forma mais simples de lê-la, com suas conexões. Nosso Senhor parece dizer: "Apesar do sofrimento e morte, irei para um trono; e, por esse fato, deve ser visto que a perda e morte são, muitas vezes, o caminho para o real ganho e a verdadeira vida. Esse meu reino não é distante e irreal; alguns de vocês, antes que morram, me verão exercendo o meu poder de Rei".

Ainda tem sido pensado que essa passagem significa que alguns nunca provariam de fato a morte ou não conheceriam a plenitude do seu terrível significado até o dia do julgamento.

Isso é verdade, mas dificilmente seria o ensino dessa passagem.

MATEUS 17.1–13
NOSSO REI TRANSFIGURADO EM GLÓRIA

1-2. Seis dias depois, tomou Jesus consigo a Pedro, e a Tiago, e a João, seu irmão, e os conduziu em particular a um alto monte, e transfigurou-se diante deles; e o seu rosto resplandeceu como o sol, e as suas vestes se tornaram brancas como a luz.

Estes eram os *seis dias*, intervalo de quietude de uma semana, em que o nosso Senhor se preparou para a transfiguração singular no *alto monte*? Será que o pequeno grupo de três sabia que, de um sábado para outro, uma maravilhosa alegria os aguardava? Os três foram escolhidos dentre os eleitos e favorecidos para verem o que ninguém mais em todo o mundo pôde ver. Sem dúvida, nosso Senhor tinha razões para fazer sua escolha, como Ele tem para cada escolha que faz, mas Ele não as revelou para nós. Os mesmos três veriam a agonia no jardim; talvez a primeira visão fosse necessária para sustentar a sua fé durante a segunda.

O nome do *alto monte* nunca pode ser conhecido, pois aqueles que conheciam sua localização não deixaram nenhuma informação. Talvez tenha sido o Tabor ou o Hermon. Ninguém sabe ao certo. Era um monte solitário e sublime.

Enquanto em oração, o Senhor brilhou esplendorosamente. Seu rosto foi iluminado com a sua própria glória interior, *resplandeceu como o sol*; e todas as suas vestes, como que refletindo o sol, se tornaram brancas como a luz, *transfigurou-se diante deles*. Somente Ele era o centro do que viram. Foi uma maravilhosa revelação da natureza oculta do Senhor Jesus. Outrossim, isso aconteceu para que se cumprisse a palavra de João: *E o Verbo se fez carne, e habitou entre nós, e vimos a sua glória*[51].

A transfiguração ocorreu, contudo, visões especiais da glória de Cristo não são apreciadas todos os dias. Nossa maior alegria na terra é ver a Jesus. Não pode haver maior felicidade no céu, mas seremos mais capazes de desfrutar a felicidade superior quando tivermos deixado de lado o peso desta carne.

---

[51] Cf. João 1.14.

3. E eis que lhes apareceram Moisés e Elias, falando com ele.

Assim, a lei e os profetas, *Moisés e Elia*s, se comunicaram com o Senhor, *falando com ele*; eles entraram em uma conversa familiar com o seu Senhor. Santos que partiram há muito tempo ainda vivem; vivem em sua personalidade; são conhecidos pelos seus nomes e desfrutam de acesso íntimo ao Cristo. É uma grande alegria para os santos estar com Jesus. Eles consideram ser o céu estar onde podem conversar com Cristo. Os cabeças das dispensações anteriores conversaram com o Senhor acerca da sua morte, pela qual uma nova economia seria introduzida. Depois de condescender por tanto tempo com os seus seguidores ignorantes, falar com duas mentes poderosas como as de Moisés e Elias deve ter sido um grande refrigério para a alma humana de Jesus. Que visão os apóstolos tiveram, que trio glorioso! Eles *lhes apareceram*, mas eles estavam *falando com* Jesus. O objetivo dos dois santos não era conversar com os apóstolos, mas com o seu mestre.

Embora os santos sejam vistos pelos homens, a sua comunhão é com Jesus.

4. E Pedro, tomando a palavra, disse a Jesus: Senhor, bom é estarmos aqui; se queres, façamos aqui três tabernáculos, um para ti, um para Moisés, e um para Elias.

A visão afetou os três observadores e eles se sentiram obrigados a fazer alguma coisa em resposta. Pedro *tomou a palavra*. Ele exclamou: *Senhor, bom é estarmos aqui*. Todos tinham a mesma opinião. Quem não gostaria de ter estado ali? Pois era tão bom, que de bom grado permaneceríamos neste estado beatífico e seríamos ainda mais abençoados. Mas ele não perdeu sua reverência e, portanto, quis abrigar aqueles grandes homens. Ele apresenta a proposta a Jesus: *se queres*. Ele se dispõe a fazer, com os seus irmãos, três tabernáculos para os três santos: *façamos aqui três tabernáculos*. Ele não se propõe a construir para si mesmo, nem para Tiago ou João, mas ele diz: *um para ti, um para Moisés, e um para Elias*. Seu discurso é semelhante ao de uma criança confusa. Ele está ainda espantado; contudo, a sua expressão é algo muito natural. Quem não gostaria de permanecer em tal companhia como essa? Moisés e Elias, e Jesus, que companhia! Entretanto, quão inadequado Pedro foi! Quão egoísta aquele pensamento: *é bom para nós*. E o que seria do resto dos doze, e dos outros discípulos, e do resto do mundo? Um gole de tal felicidade foi bom para os três, mas continuar bebendo dela não seria muito bom mesmo para eles. Pedro não sabia o que disse. O mesmo pode ser dito de muitos que fazem pronunciamentos entusiasmados acerca de santos.

5. E, estando ele ainda a falar, eis que uma nuvem luminosa os cobriu. E da nuvem saiu uma voz que dizia: este é o meu amado Filho, em quem me comprazo; escutai-o.

E, estando ele ainda a falar. Essa fala impensada poderia muito bem ser interrompida. E que interrupção bendita! Muitas vezes podemos agradecer ao Senhor por nos fazer calar. *Uma nuvem luminosa os cobriu.* Ela brilhava e lançava uma sombra. Eles sentiram que estavam sendo envolvidos pela nuvem e temeram. Foi uma experiência singular; isso ainda tem se repetido em muitos casos. Não sabemos o que é ser cobertos por uma nuvem luminosa da qual *saiu uma voz*? Este é, frequentemente, o modo de o Senhor lidar com seus favorecidos.

A voz era clara e distinta. Primeiro veio o atestado divino da filiação de nosso Senhor: *Este é o meu amado Filho*, e a declaração do deleite de seu Pai n'Ele: *em quem me comprazo*. Que felicidade é para nós que Jeová se deleite, em Cristo, em todos os que estão n'Ele! Seguiu-se a consequente exigência divina: *escutai-o*. É melhor ouvir o Filho de Deus do que ver os santos ou construir tabernáculos. Isso irá agradar ao Pai mais do que qualquer outra coisa que o amor possa sugerir.

O deleite do Pai no Senhor Jesus é uma parte notável da sua glória. A voz transmitiu ao ouvido uma glória maior do que o brilho da luz poderia comunicar através do olho. A parte audível da transfiguração foi tão maravilhosa quanto visível; na verdade, isso é mais bem revelado no próximo versículo.

6. E os discípulos, ouvindo isto, caíram sobre os seus rostos, e tiveram grande medo.

Sim, a voz os venceu. Muito profunda impressão foi produzida pelas palavras do Senhor em meio à luz ofuscante. *Ouvindo isto, caíram sobre os seus rostos, e tiveram grande medo.* Eles estavam na presença imediata de Deus e ouviram a voz do Pai. Portanto, eles se prostraram e tremeram. Uma demonstração tão clara de Deus, mesmo que relacionada com Jesus, pode antes nos atemorizar do que nos capacitar. Os três discípulos não disseram mais nada sobre a construção de tabernáculos, *caíram sobre os seus rostos*. O temor é o fim da conversa; nesse caso, era como se fosse o fim da consciência, mas esse foi apenas um desfalecimento temporário, a partir do qual eles se recuperaram e ficaram ainda mais alegres.

7. E, aproximando-se Jesus, tocou-lhes, e disse: levantai-vos, e não tenhais medo.

Jesus parecia estar distante deles, oculto em uma *nuvem luminosa*, mas agora, *aproximando-se Jesus, tocou-lhes, e disse*. O fato de ter estado há pouco com companheiros de espíritos puros não fez com que Jesus desprezasse tocar em seus outros companheiros que ainda estavam na fraqueza de sua carne. Oh, o doce conforto de um toque suave! Ele despertou, consolou e fortaleceu os seus discípulos, que estavam atemorizados e trêmulos. O toque da humanidade é mais tranquilizador para a pobre carne e sangue do que a chama da divindade. A voz do céu subjuga, mas a palavra de Jesus é: *levantai-vos*. A voz do Pai causou-lhes muito medo, mas Jesus diz: *não tenhais medo*. Deus glorioso, o quanto nós te bendizemos por causa do mediador!

8. E, erguendo eles os olhos, ninguém viram senão unicamente a Jesus.

Os seus olhos estavam fechados, devido à *luz resplandecente* vista na transfiguração; e eles não se atreveram a abri-los, até que sentiram o toque de Jesus. Em seguida, *eles ergueram os olhos*. O que eles viram?

Moisés, Elias e o grande brilho haviam desaparecido, tudo estava como quando chegaram ali com Jesus inicialmente. *Ninguém viram*, mas eles não tiveram nenhum receio, visto que Jesus permaneceu. Era melhor para eles que o grande brilho houvesse desaparecido, pois podiam ver melhor a Jesus e não precisavam dividir a sua atenção. A visão de sua transfiguração os havia deixado cegos e estupefatos, mas ver *unicamente a Jesus* era voltar para a vida normal e estar no melhor lugar que restava para eles estarem. Oh, que também possamos ter os olhos de nossa mente fixados no Senhor como nosso único foco, que Ele preencha todo o campo de nossa visão e que possamos ver unicamente a Jesus!

9. E, descendo eles do monte, Jesus lhes ordenou, dizendo: a ninguém conteis a visão, até que o Filho do homem seja ressuscitado dentre os mortos.

O que haviam visto confirmou a própria confiança deles e continuou a ser uma fonte secreta de prazer para eles; outrossim, crer nisso exigiria uma grande fé por parte das outras pessoas; Jesus lhes ordenou: *a ninguém conteis a visão*. A transfiguração seria tão difícil de ser crida como a própria encarnação, e poderia não haver qualquer uso prático em fazer exigências em relação a uma fé que mal existia. Até que a maior confirmação de todas fosse dada na ressurreição de nosso Senhor, a visão no monte Santo seria antes um fardo imposto sobre a fé do que um apoio para aqueles que não viram tal visão pessoalmente, mas apenas ouviriam o relato dos apóstolos acerca dela. Devemos ser sábios ao testemunhar. Há um tempo para dar a conhecer as verdades mais elevadas; pois, quando fora de tempo, estes relatos podem produzir mais dúvidas do que auxílio.

Estes homens deveriam guardar o segredo! E eles o fizeram, mas nunca se esqueceram nem deixaram de sentir a influência dele.

Agora que o Filho do homem ressuscitou dentre os mortos, nenhuma doutrina precisa deixar de ser anunciada. Ao trazer vida e imortalidade à luz, nosso Senhor rasgou o véu que há muito tempo ocultava os mistérios mais elevados do evangelho. Sua vinda para fora da sepultura libertou toda a verdade que estava sepultada. É inútil, para não dizer pecaminoso, ficar em silêncio a respeito das coisas profundas de Deus agora que "o Senhor ressuscitou verdadeiramente". No entanto, alguns pregadores nunca mencionam a doutrina da eleição, do pacto ou da perseverança final ao longo de todo o ano.

10. E os seus discípulos o interrogaram, dizendo: por que dizem então os escribas que é mister que Elias venha primeiro?

Uma por uma, as dificuldades dos discípulos são apresentadas ao seu Senhor e sua solução é rapidamente dada. Uma dessas dificuldades envolvia Elias; e, como ele havia estado há pouco diante deles, eles foram levados a mencioná-lo. *Por que dizem então os escribas que é mister que Elias venha primeiro?* Este é o parecer de homens que estudaram as Escrituras, que Elias viria antes de o Senhor aparecer. Sem dúvida, eles titubearam em suas mentes quando tiveram que encaixar isso em alguma forma lógica como esta:

Premissa 1: O Messias não pode vir até que Elias apareça;
Premissa 2: Elias não apareceu;

Conclusão: Portanto, Jesus não é o Messias.

11, 12. E Jesus, respondendo, disse-lhes: em verdade Elias virá primeiro, e restaurará todas as coisas; mas digo-vos que Elias já veio, e não o conheceram, mas fizeram-lhe tudo o que quiseram. Assim farão eles também padecer o Filho do homem.

E Jesus, respondendo: Ele tem resposta para todas as perguntas, e faremos bem em apresentar-lhe as nossas dificuldades para que ouçamos suas respostas. Nosso Senhor admite que Elias deve vir antes do Messias: *em verdade Elias virá primeiro*, mas afirma que a pessoa à qual a profecia se referia *já veio* e que os maus *fizeram-lhe tudo o que quiseram*. Isso dirimiu completamente a dúvida. Então Jesus passou a dizer que o que tinha sido feito ao verdadeiro Elias também seria feito a Ele mesmo, o Messias. O próprio Jesus deveria morrer de uma morte cruel: *Assim farão eles também padecer o Filho do homem*. Quão simples foi a explicação dessa dificuldade! Quantas vezes aconteceu de ficarmos esperando o que já veio ou de ficarmos perplexos com uma doutrina até que fosse esclarecida para nós pelo Espírito Santo e se mostrasse cheia de instrução e conforto. Sem o ensinamento divino, nós imergiríamos em sombras; mas, com tal ensino, nadaremos nas profundezas insondáveis.

13. Então entenderam os discípulos que lhes falara de João o Batista.

Então entenderam os discípulos, as palavras instrutivas de nosso Senhor abriram seus entendimentos. Quando Ele ensina, os maiores estudiosos devem parar para aprender. Agora eles entendem que *João Batista era como Elias redivivus*[52]. Ele era um severo admoestador de reis e pregou o arrependimento a

---

[52] *Redivivus*: palavra de origem latina que significa "voltar à vida ou reviver". Contudo, não devemos pensar que João Batista era a reencarnação de Elias, devemos compreender isso à luz de Lucas 1.17: *E* [João, o Batista] *irá adiante dele* [Jesus, o Messias] *no espírito e virtude de Elias*. Ou seja, João Batista não era a mesma pessoa que Elias, mas alguém que possuía o mesmo "espírito e virtude" que Elias possuiu. As Escrituras explicam-se a si mesmas!

Israel. Ele tinha vindo para restaurar todas as coisas; e, assim, o Messias não tinha aparecido sem ser precedido pelo verdadeiro Elias. Isso ficou bastante claro para eles após o seu Senhor lhes explicar.

Senhor, cada vez mais, não somente fales conosco, mas faz-nos compreender a tua Palavra!

MATEUS 17.14-21
O REI VOLTA PARA O CAMPO DE CONFLITO

14-16. E, quando chegaram à multidão, aproximou-se-lhe um homem, pondo-se de joelhos diante dele, e dizendo: Senhor, tem misericórdia de meu filho, que é lunático e sofre muito; pois muitas vezes cai no fogo, e muitas vezes, na água; e trouxe-o aos teus discípulos; e não puderam curá-lo.

Depois de conversar com Moisés e Elias e de ter confirmadas as suas reivindicações pela voz do Pai, nosso Senhor veio para combater ao diabo. Nosso Moisés desce do monte e encontra males abundantes na *multidão*. Durante a sua ausência, o inimigo havia triunfado sobre seus fracos seguidores. Em meio às vaias dos adversários, os discípulos haviam em vão tentado expulsar um espírito maligno de um jovem que havia se tornado *lunático* devido a uma horrível possessão. O pobre pai, decepcionado, apela ao Senhor imediatamente e, com muita humildade, conta o caso de forma clara, suplicando muito apropriadamente. Seu filho epiléptico era um *lunático e sofria muito*, e estava em grave perigo devido a quedas repentinas. Era chocante presenciar alguém assim: os gritos e contorções que acompanham um ataque de epilepsia são frequentemente terríveis de se ouvir e ver. Os discípulos evidentemente tinham feito o seu melhor; e, como eles, em outras ocasiões, haviam expelido demônios, foram surpreendidos ao verem-se derrotados; isso é comprovado pela fala do pai desesperado: *trouxe-o aos teus discípulos; e não puderam curá-lo*. Infelizmente, pobre homem, aconteceu contigo o que tem acontecido com todos os que confiaram em discípulos, e não em seu mestre somente! Foste sábio ao se dirigir a Jesus, *pondo-se de joelhos diante dele* e dizendo: *Senhor, tem misericórdia de meu filho*.

Frequentemente, o pecado leva os homens de um extremo ao outro! *Muitas vezes cai no fogo, e muitas vezes, na água*. Alguns homens são lunáticos e tristes em uma hora, e depois duros e insensíveis em outra; por um tempo deliram com entusiasmos, e logo depois ficam indiferentes como uma pedra. Quando o pecado se revela em conexão com a perturbação da mente, é difícil lidar com isso. Quantas vezes ganhadores de almas ansiosas têm sido obrigados a confessar em relação a alguém que *não puderam curá-lo*! Temos sido frustrados por uma pessoa de temperamento singular, e a perturbação que ela sentia era peculiarmente incontrolável. Possivelmente, ele não tinha nada além de um pai envelhecido cujas súplicas piedosas suscitam em nós uma profunda solicitude pelo jovem meio lunático e completamente depravado. Embora estivéssemos dispostos a reformar e restaurar o rebelde miserável, estávamos completamente incapazes de ajudar. É necessário, em nosso caso, que Jesus venha, assim como na narrativa que temos diante de nós. Senhor, não nos deixes; pois, se os apóstolos nada podem fazer sem ti, muito menos pobres fracos como nós!

17. E Jesus, respondendo, disse: oh geração incrédula e perversa! Até quando estarei eu convosco, e até quando vos sofrerei? Trazei-mo aqui.

Toda a geração entre a qual Ele viveu causou sofrimento ao Salvador por sua falta de fé e ausência daquela simples confiança em Deus que lhes garantiria maiores bênçãos. Seus próprios discípulos, embora tivessem convivido com Ele, ainda não haviam aprendido a ter fé n'Ele. Os escribas e fariseus o fizeram sofrer muitas vezes, e agora eles queriam fazer de um pobre lunático o centro do conflito contra Jesus. Ele tinha estado em comunhão com o céu e era terrível para o seu coração descer e habitar entre pessoas tão desobedientes e incrédulas. *Incrédulos e perversos*, estas duas coisas geralmente andam juntas, pois aqueles que não creem não obedecerão.

Que provação tudo isso foi para a mente santa e misericordiosa de nosso Senhor! *Até quando vos sofrerei?* Eu preciso continuar em tal companhia indigna? *Até quando vos sofrerei?* Será que preciso continuamente sofrer provocações por causa de seus maus modos? Este foi um momento em que seus inimigos triunfantes e amigos incrédulos mereciam grande repreensão. Mas, já tendo falado isso, Jesus não deixaria o pobre sofredor continuar a sofrer os ataques maldosos do espírito maligno.

Veja como o nosso capitão real vira a batalha com uma palavra! Ele transferiu a luta dos discípulos para si mesmo: *trazei-mo aqui*. Tudo aquilo que está sob o próprio poder do Senhor será bem feito. *trazei-mo aqui*. Nunca esqueçamos este preceito: quando mais nos desesperarmos de nós mesmos, mais confiantes seremos em Cristo.

18. E, repreendeu Jesus o demônio, que saiu dele, e desde aquela hora o menino sarou.

E, repreendeu Jesus o demônio, que saiu dele. Uma palavra de Cristo, e Satanás foge. Marcos, o evangelista, chama este espírito maligno de "mudo e surdo"[53], mas ele ouviu a Jesus e respondeu à sua voz com um grito; agitando-o com violência, saiu para nunca mais voltar.

E desde aquela hora o menino sarou; isto é, imediatamente e para sempre. Deus nos conceda fé para trazer os nossos meninos e meninas ao Senhor Jesus confiantes em seu poder para curá-los, e curá-los por toda a vida futura! Mesmo que os jovens tenham se tornado agressivos em seu temperamento e precoces no vício, o Senhor pode subjugar o poder maligno imediatamente. Não havia necessidade de se esperar até que o menino crescesse. Ele estava sob o poder do diabo, ainda enquanto criança, e foi curado ainda quando criança. Vamos buscar a salvação das nossas crianças enquanto elas ainda são crianças.

19. Então os discípulos, aproximando-se de Jesus em particular, disseram: por que não pudemos nós expulsá-lo?

Esta foi uma pergunta muito apropriada. Quando falhamos, vamos assumir a culpa e nos dirigir ao Senhor por sua intervenção graciosa. Quando estamos batidos, que isto seja dito de nós, *então os discípulos, aproximando-se de Jesus*. Conversemos com Ele particularmente: *aproximando-se de Jesus em particular*. Sentemo-nos humildemente aos pés de nosso Senhor e recebamos a repreensão ou instrução que lhe aprouver.

20. E Jesus lhes disse: por causa de vossa pouca fé; porque em verdade vos digo que, se tiverdes fé como um grão de mostarda, direis a este monte: passa daqui para acolá, e há de passar; e nada vos será impossível.

Falta de fé é a grande causa das falhas entre os discípulos, tanto em relação a si mesmos quanto em relação ao seu trabalho para com os outros. Pode haver outros males específicos em certos casos, mas esta é a grande e principal causa de todos os fracassos: *por causa de vossa pouca fé*. Se houvesse

---
[53] Cf. Marcos 9.25.

verdadeira fé, do tipo real e viva, os discípulos poderiam ter feito qualquer milagre, até moverem uma montanha. Qualquer que seja a fé *que tenhamos*, não faremos nenhum milagre, pois esta não é a era dos prodígios. Nossa fé é, portanto, limitada em sua esfera de atuação? Longe disso. Pela fé, nós podemos agora realizar aquilo que é adequado e correto sem a necessidade de milagres. Nossa fé pode ser pequena *como um grão de mostarda*; mas, se for viva e verdadeira, ela nos une ao Onipotente. Ainda é verdade que *direis a este monte: passa daqui para acolá, e há de passar; e nada vos será impossível*. Montanhas serão movidas diante de nossa fé tão certamente como se esta fosse uma fé capaz de operar milagres, por meio ainda mais maravilhoso do que se o curso da natureza fosse alterado. Comparativamente falando, a suspensão da lei natural é um expediente grosseiro, mas o Senhor operar o mesmo efeito sem violar qualquer de suas leis é um resultado não menos divino do que um milagre. Isso é o que a fé obtém do Senhor nos dias de hoje: a sua oração é ouvida, e as coisas impossíveis para nós mesmos são feitas pelo poder divino. Espiritual e simbolicamente, a montanha é removida. Literalmente, a esta hora a montanha está lá, mas a fé encontra uma maneira de contorná-la ou vencê-la; e, assim, de fato a remove.

Com relação ao campo missionário, montanhas específicas que impediam a entrada de missionários foram removidas. Na vida comum, dificuldades insuperáveis são graciosamente dissolvidas. Em uma variedade de maneiras, diante da verdadeira fé, os obstáculos desaparecem, de acordo com a palavra do Senhor Jesus: *e nada vos será impossível*.

21. Mas esta casta de demônios não se expulsa senão pela oração e pelo jejum.

Embora a falta de fé tenha sido o principal obstáculo para a cura do pobre menino lunático, o caso era tal, que meios especiais eram requeridos. A fé teria sugerido e fornecido esses meios especiais, visto que eram absolutamente necessários para que os discípulos houvessem sido bem-sucedidos, a fé operaria estas coisas neles. Para Deus, todas as coisas são igualmente possíveis; mas, para nós, um demônio pode ser mais difícil de lidar do que outro. Uma casta se expulsa com uma palavra, mas em relação à outra pode ser dito que *esta casta de demônios não se expulsa senão pela oração e pelo jejum*. Aquele que quiser vencer o demônio em certos casos deve primeiro vencer o céu por meio da oração e a si mesmo pela autonegação. O demônio da bebida é um dos desta *casta*, o que pode certamente ser vencido pela fé; e, no entanto, devemos geralmente fazer muita intercessão a Deus, e deve haver abstinência total por parte do homem possesso, antes de podermos expelir esse demônio. Nosso trabalho no mundo é libertar os homens do poder do diabo, e devemos ir a Jesus para aprendermos o caminho. Nenhuma quantidade de oração ou de autonegação deve ser poupada se assim pudermos libertar uma alma do poder do mal; e a verdadeira fé em Deus vai nos permitir que nos entreguemos à oração e que pratiquemos a autonegação. Pode ser que alguns de nós não consigamos, porque nós ainda não somos bem instruídos sobre o método correto de procedimento. Ou estamos fazendo mau uso da fé ao deixar de usar meios designados ou estamos usando os meios, mas deixando de exercer a fé simples em Deus; e em ambos os casos falharemos. Se agirmos pela fé em Deus, do modo como Cristo ensinou, expulsaremos o espírito maligno.

MATEUS 17.22,23
MAIS UMA VEZ O REI FALA SOBRE A SUA MORTE

22, 23. Ora, achando-se eles na Galileia, disse-lhes Jesus: o Filho do homem será entregue nas mãos dos homens; e matá-lo-ão, e ao terceiro dia ressuscitará. E eles se entristeceram muito.

Nosso Senhor voltou várias vezes ao assunto solene de sua morte pelas mãos dos homens. Esse assunto estava em sua própria mente e, portanto, Ele falava aos seus discípulos. Suas mentes eram muito receptivas quanto a outras noções referentes ao seu reino e por isso Ele lhes expôs esta verdade uma e outra vez, quase com as mesmas palavras. Ele queria eliminar de suas almas todas as imaginações sobre uma monarquia mundana. Sua morte seria um teste doloroso para os apóstolos, e Jesus desejava prepará-los para isso. Cristo será traído — isso sempre foi uma gota amarga em seu cálice de fel. O Filho do homem vem para salvar os homens e será, por um homem, *entregue nas mãos dos homens*. Para o homem viveu, pelo homem é traído e pelo homem morreu. Ele previu claramente que *matá-lo-ão*. Oh mundo suicida! Será que nada lhe deixará contente, senão o sangue do próprio Filho de Deus?

Nosso Senhor quer pregar muito para nós sobre a sua morte agora que ela já foi consumada, pois Ele continuamente falou sobre ela enquanto era um evento futuro. Nenhum tema é tão vital, tão prático e tão necessário.

Sua mente perspicaz percebeu a morte e antecipou que no *terceiro dia*, quando a palavra seria cumprida, Ele *ressuscitará*. Essa era a luz da manhã que teria banido a escuridão do desespero das mentes dos discípulos, se tivessem entendido e crido. Um antigo escritor disse: "Ela adoça a pílula amarga da sua morte com a doçura da certeza de sua ressurreição".

Nosso Senhor sabia muito bem o que disse, e usou termos claros; porém, mesmo falando como Ele falou, seus seguidores compreenderam somente em parte o que Ele quis dizer; e essa parte os levou a se *entristecerem muito*. As palavras de Cristo, quando compreendidas apenas pela metade, podem produzir grande pesar no coração. No entanto, pode ser que essas palavras de Cristo tenham diminuído o medo e acalmado as mentes dos apóstolos e os guardado daquele fanatismo que pairava ao redor deles. Jesus conhecia melhor do que ninguém qual estado de espírito seria mais seguro para eles naquele momento; e Ele sabe o mesmo em relação a nós neste momento.

MATEUS 17.24-27
NOSSO REI E A MOEDA DO TRIBUTO

24. E, chegando eles a Cafarnaum, aproximaram-se de Pedro os que cobravam as dracmas, e disseram: o vosso mestre não paga as dracmas?

O tributo de meia dracma[54] era um pagamento religioso, baseado originalmente na lei, mas ampliado por um costume que não tinha nenhuma base nas Escrituras. Ele foi ordenado pela lei divina para ser pago ao Senhor por cada pessoa que estava alistada. Desse dinheiro do resgate, não havia isenção, mas não era um imposto a ser cobrado anualmente. Esse costume se desenvolveu gradualmente e se tornou comum entre as pessoas religiosas que professavam pagar essa "dracma" todos os anos, porém o pagamento era inteiramente opcional. Assim, foi estabelecido pelo costume, mas não tinha sido ordenado pela lei e, assim, não poderia ser executado por Cristo. Era uma oferta anual voluntária e apenas as pessoas que professavam ser devotas da religião judaica a pagariam. Religiosos como esses eram muito meticulosos, não somente para pagar o tributo anual, mas para anunciar publicamente que o haviam pagado. Os coletores de dracmas não se dirigiram imediatamente a Jesus, a quem, talvez, eles temiam, porém se dirigiram a Pedro e lhe perguntaram: *o vosso mestre não paga as dracmas?* Era como se dissessem: "Certamente Ele pagou. Nós não suspeitamos que Ele tenha negligenciado isso. Uma pessoa de tal eminência não pode deixar de ser minuciosamente exata quanto a esse tributo habitual".

25, 26. Disse ele: sim. E, entrando em casa, Jesus se lhe antecipou, dizendo: que te parece, Simão? De quem cobram os reis da terra os tributos, ou o censo? Dos seus filhos, ou dos alheios? Disse-lhe Pedro: dos alheios. Disse-lhe Jesus: logo, estão livres os filhos.

Pedro estava com tanta pressa para reivindicar o seu Senhor, que o comprometeu. *Disse ele: sim.* Ele poderia ter perguntado ao Senhor ou poderia ter direcionado os coletores para o próprio Jesus, mas ele foi apressado e se

---

[54] Dracma era, provavelmente, uma moeda grega de prata.

considerou seguro o suficiente para manter a reputação de seu mestre. Ele estava certo de que o seu Senhor faria tudo de bom que as outras pessoas faziam. Nosso Salvador e sua causa muitas vezes são prejudicados pelo zelo de seus amigos. Cristo é mais bem conhecido por aquilo que Ele mesmo diz do que pelo que seus amigos dizem por Ele.

Pedro estava fora de casa no momento em que deu a sua resposta precipitada. Ele não pensou que o Senhor Jesus conheceria o que ele havia dito e que diria isso logo que *ele entrou em casa*, mas assim foi.

Nosso Senhor se dirigiu a Pedro sobre o assunto antes que ele tivesse tempo para contar a sua ação ou defendê-la: *Jesus se lhe antecipou*. Ele sabia o que seu servo fez e se apressou a corrigi-lo. Como nesse caso ele agiu pouco como um Pedro, nosso Senhor o chama de *Simão*. Ele questiona-lhe: *que te parece, Simão?* Jesus fará com que ele mesmo julgue o caso. *De quem cobram os reis da terra os tributos, ou o censo? Dos seus filhos, ou dos alheios?* É claro, a família do príncipe sempre esteve livre de impostos. Os súditos do rei, e especialmente os estrangeiros sob seu domínio, devem pagar o tributo, mas os príncipes de sangue real eram livres. Deveria Jesus pagar tributo por si mesmo a Deus? Deveria Ele, que é o próprio Filho do Rei, pagar taxas ao seu Pai? Se o dinheiro do tributo houvesse se tornado um imposto a ser cobrado no reino de Deus, ainda assim *estão livres os filhos*. Nem Jesus nem Pedro eram obrigados a pagar. Pedro não havia anteriormente pensado o assunto sob essa perspectiva.

27. Mas, para que os não escandalizemos, vai ao mar, lança o anzol, tira o primeiro peixe que subir, e abrindo-lhe a boca, encontrarás um estáter; toma-o, e dá-o por mim e por ti.

Nosso Salvador não estava disposto a ceder terreno para ofensa. Ele não era obrigado a pagar; mas, em vez de levantar um escândalo, Ele pagou por si mesmo e por Pedro. Quão graciosas foram as suas palavras: *Mas, para que os não escandalizemos*! Se a solicitação fosse livre de outras circunstâncias, nosso Senhor poderia, a princípio, recusar-se a pagar o tributo, mas a declaração precipitada de Pedro havia comprometido o seu Senhor e ele não queria deixar de cumprir com a promessa feita por seu seguidor.

Além disso, Pedro se envolveria em uma disputa, e Jesus preferia pagar a deixar seu servo em uma dificuldade. Quando o bolso está envolvido em uma questão de princípio, devemos ter cuidado para que nem sequer pareçamos estar poupando o nosso dinheiro por um fingimento. Normalmente, será mais sábio pagar sob protesto, para que não pareça que temos o cuidado de consciência em uma situação especial, quando podemos também estar cautelosos quanto ao nosso dinheiro.

A forma de pagamento impede que o nosso Senhor se comprometa. Muito interessante foi pescar o peixe que trouxe a moeda em sua boca. *Tira o primeiro peixe que subir, e abrindo-lhe a boca, encontrarás um estáter.* Foi muito notável a providência que fez com que o *estáter*[55] caísse no mar, e fez com que o peixe primeiro o engolisse, e em seguida subisse no anzol de Pedro, assim que este começou a sua pesca. Assim, o grande Filho paga o imposto cobrado pela casa de seu Pai, mas Ele exerce sua prerrogativa real no ato e toma o estáter do tesouro real. Jesus paga como homem, mas primeiramente, como Deus, Ele faz com que o peixe traga a moeda em sua boca.

O estáter era suficiente para pagar por Pedro, bem como pelo Senhor. Assim, o nosso Senhor se submeteu a ser tratado como alguém que tinha perdido a vida e deveria pagar o valor de meia moeda como resgate por si mesmo. Ele agiu dessa forma por nossa causa e em associação conosco; e nós somos redimidos pelo seu ato, e em união com Ele, pois Jesus disse sobre o estáter: *toma-o, e dá-o por mim e por ti.* Não havia metades de uma moeda, mas uma moeda, paga por Jesus e Pedro; assim, vemos que o seu povo está unido com Ele em redenção única.

"No madeiro, Ele suportou a sentença que era contra mim, e agora tanto o fiador quanto o pecador são livres."[56]

A lição moral óbvia é: pague em vez de causar ofensa.

Porém, maiores e mais profundas verdades estão implícitas. Verdades como estas: a liberdade gloriosa do Filho, sua submissão ao pagar tributo por nossa causa e o livramento de si mesmo e nosso pelo pagamento que Ele próprio supriu.

---

[55] Moeda grega de valor próximo a quatro dracmas ou duas didracmas.
[56] Trecho do Hino *Thrice blessed ground*, de John Gambold e John Jenkins Husband.

MATEUS 18.1-5
O REI REVELA QUEM É O MAIOR NO SEU REINO

1. Naquela mesma hora chegaram os discípulos ao pé de Jesus, dizendo: quem é o maior no reino dos céus?

Jesus falou sobre sua humilhação; os discípulos falavam de seu próprio progresso; e isso *naquela mesma hora*. Quão diferentes são, ao mesmo tempo, o mestre e os *discípulos*! A ideia de grandeza e de mais ou menos disso para cada um foi entrelaçada com a sua noção de um reino, mesmo que fosse o *reino dos céus*. *Chegaram os discípulos ao pé de Jesus*, mas como eles puderam ter a ousadia de fazer ao seu humilde Senhor uma pergunta tão claramente divergente do pensamento e espírito d'Ele? Esse evento mostrou a sinceridade, mas também a insensatez dos discípulos.

2. E Jesus, chamando um menino, o pôs no meio deles.

Jesus não respondeu somente com palavras, mas ensinou de modo muito impressionante por meio de uma ação. Ele *chamou um menino*. A criança logo veio, e Jesus *o pôs no meio deles*. Aquela criança atendeu ao seu chamado e, voluntariamente, se encaminhou até o lugar que Jesus quis, uma evidência da doçura de nosso Senhor. Certamente havia um sorriso em seu rosto quando ordenou que o menino viesse até Ele; e deve ter havido uma suavidade encantadora no modo como Jesus pôs a criança no meio dos doze, como seu pequeno modelo. Vejamos Jesus e o pequenino, e os doze apóstolos reunidos em torno das duas pessoas centrais.

Assim, que toda a igreja possa se reunir para contemplar Jesus e o caráter semelhante ao de criança.

3. E disse: em verdade vos digo que, se não vos converterdes e não vos fizerdes como meninos, de modo algum entrareis no reino dos céus.

Os apóstolos eram convertidos em um sentido, mas mesmo eles precisavam de uma nova conversão. Eles precisavam ser convertidos do egoísmo à humildade e contentamento. Uma criança pequenina não tem sonhos ambiciosos, ela se satisfaz com pequenas coisas; ela confia; ela não buscará a grandeza; ela se submete a ordens. Não há *entrada no reino dos céus* senão por deixar a grandeza imaginária, apegar-se à verdadeira humildade de espírito e se tornar como as crianças. Para subirmos até a grandeza da graça, devemos descer até a pequenez, simplicidade e confiança como de criança.

Desde que essa era a regra para os apóstolos, é possível afirmar que não *podemos* entrar no reino de qualquer maneira menos humilhante. Essa verdade é verificada por meio da solene palavra de confirmação de nosso Senhor: *em verdade vos digo.*

4. Portanto, aquele que se tornar humilde como este menino, esse é o maior no reino dos céus.

No reino dos céus, o menor *é o maior*. O mais humilde é o mais exaltado. Aqueles que realizarem os serviços mais simples aos irmãos serão considerados em mais elevada estima. Precisamos nos esforçar para que nos tornemos verdadeiramente humildes de espírito; e se, por meio da graça onipotente, conseguirmos ser humildes dessa forma, alcançaremos altos níveis na escola do amor. Que reino é esse em que cada homem é exaltado por desejar rebaixar-se!?

É a sabedoria de um homem humilhar-se, pois, assim, ele escapará da necessidade de ser humilhado. As crianças não tentam ser humildes, mas elas o são; e o mesmo acontece com pessoas muito graciosas. A imitação da humildade é doentia; a realidade é atraente. Que a graça opere a humildade em nós!

5. E qualquer que receber em meu nome um menino, tal como este, a mim me recebe.

Não é pouco ser capaz de apreciar o caráter humilde e modesto.

Receber, em nome de Cristo, um crente que é semelhante à criança é receber a Cristo. Deleitar-se em um caráter humilde, cheio de confiança, é se deleitar em Cristo. Se consideramos ser uma alegria que sirvamos a essas pessoas, podemos estar certos de que estamos servindo ao nosso Senhor. *Qualquer que receber um menino, em nome de Cristo*, será como eles, e, assim, de outra forma, *receberão a Cristo* em suas próprias almas.

**MATEUS 18.6–14
NOSSO REI ALERTA
CONTRA AS OFENSAS,
ESPECIALMENTE AQUELAS
QUE PREJUDICAM
OS PEQUENINOS**

6. Mas, qualquer que escandalizar um destes pequeninos, que creem em mim, melhor lhe fora que se lhe pendurasse ao pescoço uma mó de azenha, e se submergisse na profundeza do mar.

Abençoar um pequenino é agradar ao próprio Salvador. Perverter o simples ou ofender os humildes será o caminho certo para a terrível condenação.

Os pequeninos, que creem em Jesus, estão especialmente sob a sua proteção, e somente o desesperadamente malicioso irá atacá-los ou tentará pôr tropeços a eles. Uma pessoa tão vil não se beneficiará com nada, mesmo se aparentemente obtiver a vitória que deseja; pelo contrário, tal pessoa prepara para si mesma um horrível castigo. *Melhor lhe fora que se lhe pendurasse ao pescoço uma mó de azenha* (como poderia ser dito da mó movida por um jumento) *e se submergisse na profundeza do mar*. Aquele que afunda de modo desonroso certamente afunda para nunca mais se levantar. Os que odeiam os humildes estão entre os piores dos homens, pois a sua inimizade é não provocada. Eles podem esperar serem exaltados ao oprimirem e enganarem o humilde de coração, mas tal conduta provará a sua destruição, mais cedo ou mais tarde. É o humilde Senhor dos humildes que pronuncia essa condenação; e em breve será o juiz dos vivos e dos mortos.

7. Ai do mundo, por causa dos escândalos; porque é mister que venham escândalos, mas ai daquele homem por quem o escândalo vem!

Este é um mundo triste devido às pedras de tropeço. Essa é a grande desgraça de todas as épocas. As ocasiões para cair em pecado são muitíssimas; e desde a formação da sociedade parece que deve ser assim. *É mister que venham escândalos*. Enquanto o homem for homem, o seu entorno será tentador, e seus semelhantes muitas vezes se tornarão em ocasiões de mal a ele. Isso causa o *ai do mundo*; mas o principal desse *ai* será por causa da culpa do tropeço, seja esse tropeço qual for. Aqueles que tentam ser os mais elevados são grandes causadores de escândalos; já os humildes são os menos propensos a fazerem os outros tropeçarem. *Ai*, portanto, é a herança certa dos soberbos; porque ele é aquele *homem por quem o escândalo vem*!

8, 9. Portanto, se a tua mão ou o teu pé te escandalizar, corta-o, e atira-o para longe de ti; melhor te é entrar na vida coxo, ou aleijado, do que, tendo duas mãos ou dois pés, seres lançado no fogo eterno. E, se o teu olho te escandalizar, arranca-o, e atira-o para longe de ti; melhor te é entrar na vida com um só olho, do que, tendo dois olhos, seres lançado no fogo do inferno.

Aqui nosso Senhor repete uma passagem do Sermão do Monte (Mt 5.29-30). Por que Ele não deveria fazê-lo? Grandes lições precisam ser ensinadas frequentemente, especialmente lições que envolvem a dolorosa autonegação. É bom quando, no fim do ministério de um homem, ele pode pregar o mesmo sermão que pregou no início. Atualmente, alguns estão sempre mudando; Jesus é o mesmo ontem, hoje e para sempre[57].

Tentações e estímulos ao pecado são tão perigosos, que, se os encontrarmos em nós mesmos, devemos a todo custo nos livrar das causas deles. Se escapar dessas tentações nos fizer semelhantes aos homens que são *coxos, ou aleijados*, ou têm *um olho*, a perda será de pouca importância, desde que *entremos na vida*. É melhor rejeitar a cultura por um puritanismo rígido do que obter todo o requinte e louvores desta época à custa de nossa saúde espiritual. Embora em nossa entrada na vida divina pareça que somos muito perdedores por renunciarmos os hábitos ou posses que nos sentimos obrigados a abandonar, ainda assim seremos verdadeiros ganhadores. A nossa principal preocupação deve ser *entrar na vida*; e, se isso nos custar a habilidade da mão, a agilidade do pé e a capacidade da visão, nós devemos alegremente negar a nós mesmos para que possamos obter a vida eterna. Permanecer no pecado e manter todas as nossas vantagens e capacidades será uma perda terrível quando formos lançados *no fogo do inferno*, que é a porção certa de todos os que perseveram no pecado. Um santo coxo, aleijado ou cego é, mesmo na terra, melhor do que um pecador com todas as capacidades plenamente

---

[57] Cf. Hebreus 13.8.

desenvolvidas. Não necessariamente a mão ou o pé, ou o olho, nos fazem tropeçar; mas, se o fizerem, o processo de remoção destes é breve, doloroso e decisivo: *corta-o, e atira-o para longe de ti*. Um crente iletrado, acanhado, simples, que, para escapar das armadilhas da falsa ciência, do orgulho mundano e cortês, corta fora o que os homens chamam de "vantagens", no final provará ter sido muito mais sábio do que aqueles que arriscam suas almas por aquilo que os mundanos imaginaram ser necessário para o aperfeiçoamento humano. O homem que crê em Deus e por isso está resoluto quanto a perder um importante olho é uma pessoa mais sábia do que aquele que com os dois olhos se precipita ao inferno. *Duas mãos, dois pés e dois olhos serão de pouca vantagem se forem lançados no fogo eterno*. Que o leitor observe que os termos terríveis aqui usados não são a criação das imaginações obscuras dos tempos medievais, mas são as palavras do amável Jesus.

10, 11. Vede, não desprezeis algum destes pequeninos, porque eu vos digo que os seus anjos nos céus sempre veem a face de meu Pai que está nos céus. Porque o Filho do homem veio salvar o que se tinha perdido.

O humilde de coração, embora julgado como tolo entre os ímpios, não deve ser assim julgado por nós. *Vede, não desprezeis algum destes pequeninos*. Que nunca olhemos para baixo sobre eles como se estivessem em um poço, o que é equivalente ao desprezo. Eles são muito queridos por Deus; eles são servidos por anjos, sim, pela presença dos anjos que estão ao redor do trono eterno. *Os anjos deles* não estão em posição inferior, *mas nos céus sempre veem a face do Pai*. Os maiores servos da glória consideram uma honra vigiar o humilde de coração. Aqueles que são servos dos santos pobres e pequeninos têm livre acesso ao Rei; o que o próprio Rei deve pensar sobre seus próprios pequeninos?

Não, isso não é tudo. O próprio Jesus se preocupa com os mais pobres e necessitados. Sim, *Ele veio salvar o que se tinha perdido*. Como ousaremos, então, ser orgulhosos e desprezaremos uma criança por causa de sua juventude, ou um homem por causa de sua pobreza ou por sua falta de inteligência? Os anjos do Senhor cuidam do mais desprezado de nossa raça; nós não cuidaremos?

12. Que vos parece? Se algum homem tiver cem ovelhas, e uma delas se desgarrar, não irá pelos montes, deixando as noventa e nove, em busca da que se desgarrou?

Talvez nem sequer pensemos severamente sobre alguns perdidos. Aquele que não deseja que desprezemos o pequenino também não deseja que negligenciemos os perdidos. Não, os perdidos devem ter consideração especial. O dono do rebanho não está mais preocupado com a única perdida do que com as noventa e nove que estão seguras? O perdido não é melhor do que qualquer um dos outros, mas é posto em destaque por sua condição. Ao pastor, o perdido não deve ser objeto da merecida acusação, muito menos de desprezo, mas o seu pensamento principal é de compaixão por seu perigo e o temor de que ele seja destruído antes que possa ser encontrado.

Para salvá-lo, o pastor faz uma viagem pelos montes, pessoalmente, deixando o grande rebanho, em comparação com o cuidado deste único. Isso é bom argumento para não desprezarmos ninguém, tanto o menor quanto o mais perdido. *Que vos parece?* Vós que já foram perdidos e foram restaurados pelo pastor e bispo das almas, *que vos parece?*

13. E, se porventura achá-la, em verdade vos digo que maior prazer tem por aquela do que pelas noventa e nove que se não desgarraram.

Esta *ovelha*, que, após vaguear, é encontrada, dá ao seu pastor mais alegria imediata do que as restantes; exatamente porque ela trouxe a ele mais preocupação. Seu resgate tinha a primazia em sua mente; o pastor foi compelido a fazer mais por esta ovelha do que pelas noventa e nove e, portanto, estimando o seu valor pelo que custou a ele, *maior prazer tem por aquela do que pelas noventa e nove que se não desgarraram*. Ele não está irritado com sua perda de tempo nem com raiva devido ao seu esforço adicional, mas sua alegria é intensa e transbordante. Evidentemente, o Bom Pastor não despreza o pequenino por ter se desgarrado; pois, tendo-o restaurado, Ele concede a este um lugar principal em seus pensamentos de alegria; sim, Ele se alegra nessa ovelha, ainda que seja apenas uma, mais do que nas noventa e nove outras do melhor do seu rebanho.

14. Assim, também, não é vontade de vosso Pai, que está nos céus, que um destes pequeninos se perca.

    Nós mesmos podemos completar o paralelo quanto ao pastor das almas; é óbvio demais para que o Salvador o repita. Nas palavras diante de nós, nosso Senhor afirma que o nosso *Pai que está nos céus* não *quer que um destes pequeninos se perca*. Portanto, não podemos negligenciar qualquer um deles nem, em verdade, desprezar qualquer um por ser humilde e estar em situação miserável. O Pai celestial não quer a destruição, nem podem ser destruídos os que são rebaixados em sua própria estima e desprezados entre os homens, como o povo do Senhor muitas vezes é, bem como aqueles que estão cercados por inimigos cruéis, como é frequentemente o caso. Não devemos tratar o pobre, o perdido, o pouco habilidoso, como se imaginássemos que fosse melhor que eles estivessem fora do nosso caminho ou como se fossem de nenhuma importância e fosse mais adequado ignorá-los. Isso é, em certo sentido, fazer com que eles se *percam*, pois aqueles que nós consideramos como nada tornam-se para nós como se nada fossem. Aquele que está sentado no mais alto dos céus busca aqueles que são humildes de coração e contritos de espírito por causa de suas vagueações, e Ele tem grande cuidado com estes. Nosso Pai que está nos céus não quer que desprezemos aqueles que são preciosos aos seus olhos.

MATEUS 18.15–35
A LEI DO REI SOBRE AS OFENSAS

15. Ora, se teu irmão pecar contra ti, vai, e repreende-o entre ti e ele só; se te ouvir, ganhaste a teu irmão.

Assim, longe de desprezarmos qualquer pessoa, devemos buscar o seu bem, mesmo quando nos fizer algo de errado. Aqui há um caso de ofensa pessoal: devemos nos esforçar para nos reconciliar com *o irmão que pecou contra nós*. O ofendido deve procurar o ofensor. Não podemos deixar que a transgressão se inflame em nosso seio, mantendo um silêncio sombrio; nem podemos ir e anunciar o assunto em público. Devemos procurar o agressor e repreendê-lo como se ele não estivesse ciente disso, como, talvez, ele possa não estar. Que o protesto seja *entre ti e ele só*. Pode acontecer que ele se corrija do erro imediatamente; e, então, nós *ganhamos* o nosso irmão; não a nossa causa, mas algo muito melhor, a saber, o nosso irmão. Nós poderíamos ter perdido o nosso irmão; mas, felizmente, a palavra o ganhou. Deus seja louvado!

16. Mas, se não te ouvir, leva ainda contigo um ou dois, para que pela boca de duas ou três testemunhas toda a palavra seja confirmada.

Se o irmão pecou gravemente, ele provavelmente estará iracundo ou impertinente e *não vai te ouvir*. Todavia, não desista dele, persevere na busca da paz. Dê os seus próprios argumentos para favorecer o companheirismo: *leva ainda contigo um ou dois*. Possivelmente, o ofensor pode perceber o que é dito por outros irmãos, embora ele seja parcial em relação a você; ou ele pode acrescentar seriedade à reclamação de várias pessoas, o que não sentiria se a queixa fosse de um só. Convocando árbitros dignos, você dá ao ofensor uma oportunidade mais justa para estabelecer o seu próprio direito. Nesta vez, vamos esperar que o irmão seja ganho. Mas, se não for, você terá se assegurado contra a deturpação: *para que pela boca de duas ou três testemunhas toda a palavra seja confirmada*. Por mau entendimento das palavras, as brigas são fomentadas; e é algo importante ter meios de corrigir rumores errôneos. Ainda que seja muito imprudente interferir nas discussões, a partir deste texto é claro que devemos estar dispostos a ser um dos dois ou três que devem ajudar na resolução de uma diferença.

17. E, se não as escutar, dize-o à igreja; e, se também não escutar a igreja, considera-o como um gentio e publicano.

Homens capazes de ferir os seus companheiros são muitas vezes tão endurecidos, que eles rejeitam a reclamação mais gentil. Se um irmão age dessa forma, vamos deixá-lo? Não, precisamos fazer um esforço filial: *dize-o à igreja*. Finalmente, toda a assembleia dos fiéis deve ouvir o caso, e eles devem pleitear com tal pessoa. Ele deve ter a oportunidade de ouvir a sentença e conselhos de toda a comunidade. Caso esta última tentativa falhe, *se também não escutar a igreja*, ele deve ser deixado como incorrigível. Nenhum esforço ou penalidade são feitos. O irmão está entregue a si mesmo: ele é considerado como sendo o restante do mundo incrédulo. Essa é a máxima extensão de nossa severidade.

Ele é aquele que precisa de conversão, como os gentios de fora, mas nós temos afeições gentis mesmo por *gentios e publicanos*, pois anelamos por sua salvação e, da mesma forma, buscamos a salvação do irmão que é retirado da comunhão da igreja. Possivelmente, o amigo obstinado ridicularizará a ação da comunidade; e ainda há alguma possibilidade de que ele fique impressionado com isso e estimulado a uma melhor disposição. De qualquer forma, desde a primeira abordagem do irmão ofendido até o último ato de repúdio, nada deve ser feito como vingança, mas tudo é realizado com afeição, objetivando auxiliar o irmão. O ofensor que não quiser a reconciliação incorre em grande culpa por resistir às tentativas amorosas feitas em obediência ao comando do grande cabeça da igreja.

18. Em verdade vos digo que tudo o que ligardes na terra será ligado no céu, e tudo o que desligardes na terra será desligado no céu.

Nosso Senhor havia inaugurado a igreja, entregando as chaves a Pedro, que representava todos os irmãos; e agora Ele claramente reconhece essas chaves como estando nas mãos de toda a igreja. *Em verdade vos digo que tudo o que ligardes na terra será ligado*. Aqueles que ligam são todos os discípulos, ou a totalidade da igreja, que foi convocada para reconciliar os dois irmãos. Cada igreja tem as chaves de sua própria porta. Quando essas chaves são justamente usadas pela assembleia, o ato é confirmado no céu: *o que ligardes na terra será ligado no céu*. Se, pela graça de Deus, os irmãos que errem se arrependerem e forem livres da censura da assembleia, o Senhor nas alturas confirma a escritura, de acordo com a sua palavra: *tudo o que desligardes na terra será desligado no céu*. Isso deve ser entendido com a limitação que é realmente uma igreja de Cristo que age, que atua em seu nome e que administra com retidão as suas leis. Uma profunda solenidade rodeia o ligar e desligar das verdadeiras assembleias cristãs. Não é algo simples agir como uma igreja e não é algo sem relevância ser colocado diante de uma igreja ou ser restaurado novamente à sua comunhão. Nosso Senhor deixou isso claro pelo começo do seu prefácio autoritativo: *Em verdade vos digo*.

19. Também vos digo que, se dois de vós concordarem na terra acerca de qualquer coisa que pedirem, isso lhes será feito por meu Pai, que está nos céus.

Assim, o Salvador estabelece o seu selo sobre as assembleias dos fiéis, mesmo nas menores, não somente em seus atos de disciplina, mas em suas intercessões. Observe quão suavemente Jesus fala sobre seus seguidores: *se dois de vós*. Pobres como vocês são, se dois de vocês *concordarem* em oração na terra, *meu Pai, que está nos céus*, ouvirá a sua súplica. A oração deve ser questão de prévia consideração, e as pessoas prestes a se unirem em oração devem *concordar na terra acerca de qualquer coisa que pedirem*. Em seguida, eles se reúnem com um propósito inteligente, buscando uma bênção conhecida e concordando ao combinarem os seus desejos e sua fé em relação a um objeto escolhido. Dois crentes unidos em desejo santo e oração solene terão grande poder diante de Deus. Em vez de desprezar o propósito de tão pequena reunião, devemos apreciá-la, uma vez que o Pai a aprecia.

Observe o poder da oração concordante. Não há desculpa para abandonar as reuniões de oração enquanto existirem duas pessoas orando no local, pois dois podem prevalecer com Deus. É claro, é preciso mais do que um acordo indiferente de que certas coisas são desejáveis; deve haver perseverança e fé.

20. Porque, onde estiverem dois ou três reunidos em meu nome, aí estou eu no meio deles.

A presença de Jesus é o centro constante da assembleia, a autorização para a sua reunião e o poder com que a igreja age. A igreja, embora pequena, *reúne-se em seu nome*. Jesus está lá, em primeiro lugar: *aí estou eu no meio deles*. Reunimo-nos pelos santos impulsos da fraternidade cristã, e nossa reunião ocorre *em nome de Jesus*, e, portanto, Ele está lá; perto não apenas do líder ou do pastor, mas no meio e, assim, perto de cada adorador. Reunimo-nos para honrar a Cristo, para ouvir a sua Palavra, para estimularmos uns aos outros a obedecermos à sua vontade; e Ele está lá para nos ajudar. Embora com poucos membros, temos o suficiente para a reunião; e o que é feito de acordo com as leis de Cristo é feito com a sua autoridade. Por isso é que há grande poder na oração concordante de tais pessoas: é Jesus que está suplicando em seus santos. Isso deve impedir os cristãos de ofenderem ou de ficarem ofendidos; pois, se Jesus está em nosso meio, a nossa paz não deve ser rompida por conflitos.

21. Então Pedro, aproximando-se dele, disse: Senhor, até quantas vezes pecará meu irmão contra mim, e eu lhe perdoarei? Até sete?

A pergunta de Pedro era oportuna, dando uma maior abertura para o nosso Senhor ampliar sobre a remoção de ofensas. Pedro pressupõe que *perdoaria*, e ele somente queria saber a extensão desse perdão. Sem dúvida, ele pensou que tinha citado uma grande extensão quando sugeriu *até sete*. Provavelmente, ele sentiu que seria necessária grande graça para perdoar dessa forma, quando seu irmão perseverasse em pecar contra ele.

É verdade que Pedro não foi longe o suficiente; mas será que nós vamos tão longe quanto ele? Alguns professores não ficam muito preocupados com pequenas queixas? Quantos de nós temos a graça suficiente para perdoarmos mesmo até sete vezes?

22. Jesus lhe disse: não te digo que até sete; mas até setenta vezes sete.

Nosso Senhor tem a intenção de nos ensinar a perdoar sempre e sem um limite máximo de vezes. Ele não estabelece qualquer limite. *Não te digo que até sete*. Uma misericórdia limitada não está de acordo com essa ordem.

Podemos ler as palavras de nosso Senhor neste versículo como *setenta vezes sete*, ou como setenta e sete vezes ou quatrocentos e noventa vezes; não há motivo para ser muito restrito sobre números onde um número indefinido é intencionado. Não devemos nos ocupar em contabilizar as ofensas ou em conferir quantas vezes nós as perdoamos.

23. Por isso o reino dos céus pode comparar-se a um certo rei que quis fazer contas com os seus servos.

O reino dos céus é novamente anunciado. Nós não devemos esquecer que esta é a chave do Evangelho de Mateus. Em todos os reinos, deve haver um rei, um tribunal e um tempo para o julgamento das pessoas que estão sob regras. Os servos pessoais de um rei devem esperar para especial prestação de contas sobre a forma como eles usaram os bens de seu senhor. Nosso Senhor é *um certo rei que quis fazer contas com os seus servos*. Mesmo que Ele não convocasse mais ninguém para prestar contas, Ele seguramente chamaria os seus servos a um ajuste de contas.

24. E, começando a fazer contas, foi-lhe apresentado um que lhe devia dez mil talentos.

Dez mil talentos era uma imensa quantia para um servo dever ao seu rei. Alguns pensam que era o equivalente a dois milhões de nosso dinheiro. Era dívida que não poderia ser paga, esmagadora e quase incalculável. Essa dívida surgiu tão logo o rei *começou a fazer contas*: era uma questão notória, muito grande para não ser percebida. O devedor foi levado preso diante de seu senhor, mas a sua vasta dívida era a sua corrente mais forte, *dez mil talentos*! Mas o que é esse valor quando comparado com o fardo de nossas dívidas para com Deus? Oh minha alma, humilhe-se enquanto responde à pergunta: *Quanto tu deves?*

25. E, não tendo ele com que pagar, o seu senhor mandou que ele, e sua mulher e seus filhos fossem vendidos, com tudo quanto tinha, para que a dívida se lhe pagasse.

O devedor estava sem dinheiro: *não tendo ele com que pagar*. O credor toma posse do homem: *o seu senhor mandou que ele, e sua mulher e seus filhos fossem vendidos, com tudo quanto tinha* para serem todos vendidos; quando todos fossem vendidos, o pagamento seria feito, mas seria como nada comparado à enorme dívida. A venda do homem e de sua família estava de acordo com a justiça oriental: o generoso senhor aqui descrito não hesitou em exigir isso, e o próprio devedor não levantou qualquer dúvida sobre a justiça de sua conduta. Nosso Senhor não justifica o ato do *senhor* na história; Ele simplesmente usa o costume como uma parte do cenário de sua parábola. Podemos ser gratos porque o espírito do cristianismo aboliu completamente uma lei que fazia sofrer os filhos não transgressores, pela culpa de seu pai, de modo que poderiam perder as suas liberdades. O servo estava em uma situação realmente muito triste quando nada permanecia em sua posse e até ele mesmo foi vendido. O servo *não tinha com que pagar*; ainda assim, por ordem de uma autoridade, o pagamento deveria ser feito; ele era miserável, de fato.

26. Então aquele servo, prostrando-se, o reverenciava, dizendo: Senhor, sê generoso para comigo, e tudo te pagarei.

Ele não podia pagar, mas ele poderia se humilhar perante o seu senhor. Ele, *prostrando-se, o reverenciava*. Ele confessou a dívida e implorou por tempo: *sê generoso para comigo*. Além disso, ele prometeu cumprir as suas obrigações: *tudo te pagarei*. A promessa não valia a respiração que permitiu a sua expressão. É algo muito comum que os homens que têm uma enorme dívida considerem que o pagamento será fácil e fantasiem que, se a conta devesse ser paga somente daqui a três meses, esse tempo seria tão bom quanto ouro. Eles imaginam que tempo é dinheiro e que uma promessa é equivalente a um pagamento. Muitos pobres pecadores são muito ricos em resoluções. Este servo devedor pensou que só precisava de paciência; mas, na verdade, ele precisava de perdão! Parece estranho que ele não percebeu isso, uma vez que a dívida era tão grande e não tinha nada com que pagar, mas estava completamente falido. Ainda é um fato bem conhecido que os homens não perceberão a sua verdadeira condição diante do Senhor Deus, mesmo quando consideram que em muitas coisas eles são insuficientes.

27. Então o senhor daquele servo, movido de íntima compaixão, soltou-o e perdoou-lhe a dívida.

A humildade e a oração prevaleceram, pois *o senhor daquele servo* era um rei tal, que todo o universo não poderia rivalizar com ele quanto à piedade e à graça. O devedor recebeu muito mais do que se atreveu a solicitar, pois a medida da ação graciosa não foi o seu próprio senso de necessidade nem mesmo suas próprias orações, mas a compaixão de seu senhor. O coração do grande credor foi *comovido* e todo o seu ser foi movido de piedade. O devedor sem dinheiro estava livre e sua dívida foi perdoada, o seu senhor o soltou e lhe perdoou.

Nós sabemos o que isso significa. Isso foi bondade, de fato! Não poderia haver maior coisa feita a um devedor; e tudo foi tão livre, tão nobre, tão perfeito, que deveria ter produzido um grande efeito sobre ele e o compelido, em sua medida, a imitar o nobre exemplo. Tão endurecido era o coração, que tal fogo de amor não conseguiu amolecê-lo.

28. Saindo, porém, aquele servo, encontrou um dos seus conservos, que lhe devia cem dinheiros, e, lançando mão dele, sufocava-o, dizendo: paga-me o que me deves.

Aquele servo, mas quão diferente era a sua atitude! Até esse momento, ele era um suplicante humilde, mas agora é um tirano ameaçador. Ele saiu da presença do seu gentil senhor mal conseguindo expressar a sua gratidão. *Encontrou um dos seus conservos*; não o seu servo, nem alguém inferior a si mesmo, mas alguém que era seu igual e seu companheiro no serviço. Esse homem *lhe devia cem dinheiros*, uma ninharia quando comparado com a enorme dívida que lhe tinha sido perdoada. O conservo esperava que ele imediatamente perdoasse aquela pequena quantia, mas não foi o que ocorreu, pois *lançou mão dele*, violentamente o agarrou, por medo de que o conservo saísse de sua presença por um tempo. Ele o segurou pelo pescoço e o intimidou com exigências definitivas. Ele não teve paciência com seu devedor; não permitiria mesmo que respirasse, se ele não pagasse. A dívida era muito pequena, mas a cobrança foi feita com intensa ferocidade. Nossas pequenas reclamações contra nossos semelhantes são muito provavelmente feitas com rigor implacável. O requerente não teve paciência para aguardar por uma hora, mas estrangulou o seu conservo com a demanda severa: *paga-me o que me deves*. Que direito ele tinha de sufocar o servo de seu senhor? Ele estava ferindo aquele que pertencia ao seu próprio rei. Nosso conservo é o servo de nosso Senhor, e não nosso para que o intimidemos e oprimamos como quisermos.

29. Então o seu companheiro, prostrando-se a seus pés, rogava-lhe, dizendo: sê generoso para comigo, e tudo te pagarei.

Ouvir a sua oração dirigida a si mesmo deveria ter assustado o tirano. Isso foi exatamente o que ele tinha dito; e a postura do suplicante era precisamente o que a sua própria tinha sido quando esteve diante de seu senhor: *prostrando-se a seus pés*. Aquela pobre promessa, *tudo te pagarei*, também foi repetida em seu ouvido, e com muito mais probabilidade de ser cumprida. Certamente ele deveria dar a mesma resposta que o seu senhor lhe tinha dado! Mas ele não o fez, pois era vil e de uma disposição maligna, enquanto o seu senhor era um rei e agiu de modo nobre.

30. Ele, porém, não quis, antes foi encerrá-lo na prisão, até que pagasse a dívida.

Não que ele não pudesse ser generoso, mas não quis. Ele não deu tempo, não propôs nenhuma negociação, não prometeu nenhuma misericórdia. Ele usou a lei de seu próprio rei generoso como um meio de oprimir seu pobre conservo. Ele participou pessoalmente da prisão do devedor: *antes foi encerrá-lo na prisão*. Ele vê o conservo condenado à prisão como um devedor, sem esperança de sair novamente dali, exceto pelo pagamento da dívida. Essa também era a própria prisão de seu senhor; ele estava fazendo uso da prisão de seu generoso soberano para satisfazer a sua própria maldade. Ele afirmou que o seu conservo ficaria ali até que pagasse o que devia. Que conduta maldosa! Tão comum quanto vil!

31. Vendo, pois, os seus conservos o que acontecia, contristaram-se muito, e foram declarar ao seu senhor tudo o que se passara.

Outros conseguiam ver o mal de sua conduta se ele não conseguia. *Vendo, pois, os seus conservos o que acontecia*: ele era uma pessoa notável, e o que fazia certamente seria observado. Ele foi muito perdoado e muito era esperado dele. Seus conservos *contristaram-se muito* pelo devedor preso e lamentaram que qualquer conservo deles agisse de forma tão oposta ao tratamento que ele recebeu de seu senhor. Eles estavam certos ao relatar o ocorrido ao senhor, pois tal ofensa insensata deve ser anunciada onde o que é reto possa ser feito. Em vez de consentirem com a lei opressora, eles *foram declarar ao seu senhor tudo o que se passara*. Essa foi uma conduta muito sensata da parte deles. Vamos adotar esse modo de agir quando estivermos em circunstâncias semelhantes, em vez de cedermos a fofocas tolas e denúncias raivosas.

32, 33. Então o seu senhor, chamando-o à sua presença, disse-lhe: servo malvado, perdoei-te toda aquela dívida, porque me suplicaste. Não devias tu, igualmente, ter compaixão do teu companheiro, como eu também tive misericórdia de ti?

O servo miserável não foi condenado sem ser ouvido; o seu senhor somente o julgou após chamá-lo. Seu senhor e rei anunciou a questão de modo claro diante dele e recorreu ao seu próprio julgamento sobre o caso. Ele lembrou o que o servo parecia ter esquecido; pelo menos, agiu como se nunca tivesse acontecido. O seu senhor se dirigiu a ele com palavras de ardente indignação: *servo malvado*. Foi a maldade do coração que fez com que o servo agisse de forma tão indigna. *Perdoei-te toda aquela dívida*. Que grande dívida era aquela! Quão livremente aquela dívida foi removida! *Perdoei-te*. A razão dada foi *porque me suplicaste*. Não porque tu merecias tal clemência ou jamais poderia pagá-la. A inferência de tal generosidade abundante era clara, forte e impossível de ser respondida. As últimas palavras do versículo são declaradas com força máxima: *Não devias tu, igualmente, ter compaixão do teu companheiro?* Quão prontamente nós devemos perdoar as pequenas ofensas que sofremos, já que nosso Senhor perdoou nossas graves transgressões! Nenhuma ofensa de um conservo pode ser comparada com os nossos pecados contra o nosso Senhor. Que modelo para a nossa compaixão está diante de nós nestas palavras, *como eu também tive misericórdia de ti*.

O culpado não se defendeu. O que ele poderia dizer? Ele foi incapaz até mesmo de fazer outro apelo à misericórdia. Ele recusou a misericórdia, e agora a misericórdia o recusou.

34. E, indignado, o seu senhor o entregou aos atormentadores, até que pagasse tudo o que devia.

E, indignado, o seu senhor: aquele que poderia ser tão compassivo era necessariamente um homem de fortes sentimentos e, portanto, talvez estivesse com raiva. Naturalmente, ele foi compassivo com o pobre devedor aprisionado, e isso lhe causou indignação com o miserável que o aprisionara. Por justa ira, o servo implacável foi entregue à temível punição, *o entregou aos atormentadores*, os executores da justiça. Sua punição não teria fim, pois duraria *até que pagasse tudo o que devia*; e o devedor nunca poderia pagar os dez mil talentos. Tais coisas devem ocorrer com aqueles de disposição maligna. Eles se puseram fora do alcance da misericórdia. A própria grandeza do amor exige grande indignação com a maldade que insiste em tomar vingança de pequenos erros. A soberania de Deus nunca é injusta; Ele somente entrega aos atormentadores aqueles a quem a lei necessariamente condena.

35. Assim vos fará, também, meu Pai celestial, se do coração não perdoardes, cada um a seu irmão, as suas ofensas.

Esta é a grande lição moral. Nós provocaremos ira ainda maior por nos recusarmos a perdoar do que por todo o restante da nossa dívida. Não podemos escapar da condenação se nos recusamos a perdoar os outros. Se nós perdoamos apenas em palavras, mas *não dos nossos corações*, permanecemos sob a mesma condenação.

A ira contínua contra o nosso irmão fecha a porta do céu diante de nossos próprios rostos. O *Pai celestial* do Senhor Jesus estará justamente irado contra nós e nos *entregará aos atormentadores se do coração não perdoarmos, cada um ao nosso irmão, as suas ofensas*.

Senhor, dá-me um espírito manso e perdoador! Que o meu coração seja tão pronto para perdoar as ofensas quanto é inclinado a ofender!

MATEUS 19.1–12
O REI E AS LEIS SOBRE O CASAMENTO

1, 2. E aconteceu que, concluindo Jesus estes discursos, saiu da Galileia, e dirigiu-se aos confins da Judeia, além do Jordão; e seguiram-no grandes multidões, e curou-as ali.

Jesus havia *concluído estes discursos* sobre o perdão e se apressou à outra obra que não estava terminada. Ele estava sempre em movimento e *saiu da Galileia*, que recebeu tanto do seu cuidado, para que outras regiões desfrutassem do seu ministério. Jesus agora se dirigiu mais para o sul, *para os confins da Judeia*, além do Jordão, e Ele fez o bem em todos os lugares. Quando Ele terminou de falar aos discípulos, começou a operar obras graciosas em um novo lugar, *e seguiram-no grandes multidões*. Sempre que a multidão estava ao redor d'Ele, permaneciam tanto pela sua palavra como pelas suas obras. Ele estava chegando perto de Jerusalém e os seus inimigos estavam à espreita, mas Ele não restringiu as suas obras de misericórdia por causa da inveja deles: *Jesus curou-as ali*. O local da obra graciosa de nosso Senhor é digno de ser lembrado. Onde houve a necessidade, ali a ajuda foi concedida.

3. Então chegaram ao pé dele os fariseus, tentando-o, e dizendo-lhe: é lícito ao homem repudiar sua mulher por qualquer motivo?

Aqui estão estas víboras novamente! Que perseverança em malícia! Eles pouco se importavam com a instrução, mas adotaram a postura de inquiridores. Na verdade, eles buscavam criar armadilhas e estavam prontos para discutir com Jesus, qualquer que fosse a sua resposta. A questão foi feita de modo habilidoso. *É lícito ao homem repudiar sua mulher por qualquer motivo?* Quanto mais vagos os termos de uma pergunta, mais provavelmente a pessoa interrogada será embaraçada. Suas próprias consciências poderiam lhes ter dito que o vínculo matrimonial não deve ser rompido por todo e qualquer motivo que um homem se agrada em mencionar. Ainda assim, essa era uma questão muito discutida na época, se um homem, se quisesse, poderia mandar embora sua esposa ou se deveria ser alegado algum motivo grave. Não importava o que Jesus dissesse, os fariseus buscariam usar o seu veredito contra Ele.

4-6. Ele, porém, respondendo, disse-lhes: não tendes lido que aquele que os fez no princípio macho e fêmea os fez, e disse: portanto, deixará o homem pai e mãe, e se unirá a sua mulher, e serão dois numa só carne? Assim não são mais dois, mas uma só carne. Portanto, o que Deus ajuntou não o separe o homem.

Em sua resposta, Jesus desafia o conhecimento que os fariseus tinham da lei: *não tendes lido*. Esse foi um modo severo de apelar ao próprio conhecimento daqueles que se gloriavam nos livros de Moisés. Nosso Senhor honra a Sagrada Escritura, extraindo o seu argumento dela. Ele escolheu especialmente estabelecer o seu selo sobre uma parte da história da criação, da qual os críticos modernos falam como se fosse uma fábula ou mito. Jesus conduziu os seus ouvintes de volta *ao princípio quando Deus fez macho e fêmea. À imagem de Deus o criou; homem e mulher os criou* (Gn 1.27). A mulher foi tirada do homem, e Adão realmente disse: *Esta é agora osso dos meus ossos, e carne da minha carne* (Gn 2.23). Pelo casamento, essa unidade é apresentada e incorporada sob a sanção divina. Essa unidade é do tipo mais real e vital: *Assim não são mais dois, mas uma só carne*. Todos os outros laços são fracos em comparação com esse; mesmo pai e mãe devem ser secundários em relação à esposa: *Portanto, deixará o homem pai e mãe, e se unirá a sua mulher*. Sendo divinamente nomeada, essa união não deve ser quebrada pelo capricho dos homens: *o que Deus ajuntou não o separe o homem*. Assim, nosso Senhor decide pela perpetuidade do vínculo matrimonial ao longo da vida, em oposição àqueles que permitiam o divórcio *por qualquer motivo*, o que muito frequentemente significava nenhuma causa sequer.

7. Disseram-lhe eles: então, por que mandou Moisés dar-lhe carta de divórcio, e repudiá-la?

Cada leitor da referida passagem no livro de Moisés ficará impressionado com a interpretação incorreta que os fariseus fizeram dela. Em Deuteronômio 24.1-2, lemos: *Quando um homem tomar uma mulher e se casar com ela, então será que, se não achar graça em seus olhos, por nela encontrar coisa indecente, far-lhe-á uma carta de repúdio, e lha dará na sua mão, e a despedirá da sua casa. Se ela, pois, saindo da sua casa, for e se casar com outro homem... Moisés* não *mandou* nada neste caso, mas apenas tolerou e restringiu um costume praticado na época. Colocar Moisés contra Moisés não é um dispositivo novo, mas os fariseus dificilmente ousariam *colocar* Moisés contra Deus e afirmar que ele ordenou algo que seria uma mudança de lei divina ordenada desde o princípio. No entanto, nosso Senhor lhes fez ver que eles teriam que fazer isso para manter a teoria do divórcio por qualquer motivo. O fato é que Moisés percebeu que o divórcio estava sendo feito de modo quase ilimitado e sabiamente começou a derrubar o costume, reduzindo-o, e não absolutamente o proibindo de uma só vez.

Eles não eram autorizados a mandar embora uma esposa com uma palavra precipitada, mas deveriam fazer um cerimonial deliberado e solene, preparando e dando *uma carta de divórcio*; e isso só era permitido em um caso especial: "por nela encontrar coisa indecente". Embora muitos dos fariseus desconsiderassem esta última limitação e considerassem que a promulgação em Deuteronômio sancionava o divórcio quase irrestritamente, eles não eram unânimes nesse assunto e sempre estiveram disputando sobre o tema. Por isso, havia muitas formas pelas quais a decisão de nosso Senhor poderia se voltar contra si mesmo, seja ela qual fosse.

8. Disse-lhes ele: Moisés, por causa da dureza dos vossos corações, vos permitiu repudiar vossas mulheres; mas ao princípio não foi assim.

Moisés tolerou e restringiu um costume vil que ele sabia que tais pessoas não renunciariam após estar estabelecido entre eles por tanto tempo. Eles não podiam suportar uma lei melhor, e, assim, ele os tratou como pessoas que tinham *dureza de coração*, na esperança de levá-los de volta a um estado mais antigo e melhor por meio de estágios possíveis. Conforme a impureza diminuísse e o espírito da verdadeira religião influenciasse a nação, a necessidade do divórcio e até o menor desejo por ele cessariam. No paraíso, não havia nenhuma disposição em Adão para repudiar Eva; não havia nenhum desejo de divórcio na era de ouro. A promulgação da lei mosaica do divórcio era moderna e temporária; e, na forma em que uma interpretação vaga da Escritura o havia distorcido, o divórcio não era defensável.

9. Eu vos digo, porém, que qualquer que repudiar sua mulher, não sendo por causa de fornicação, e casar com outra, comete adultério; e o que casar com a repudiada também comete adultério.

A fornicação torna a pessoa culpada passível a justo e legítimo divórcio, pois é praticamente uma anulação do vínculo matrimonial. Em um caso de fornicação, mediante prova evidente, o compromisso pode ser desfeito; mas em nenhum outro caso. Qualquer outro tipo de divórcio é nulo e sem efeito pela lei de Deus e envolve as pessoas que assim agem em crime de adultério. *O que casar com a repudiada também comete adultério*, uma vez que ela não está realmente divorciada, mas ainda é a esposa de seu ex-marido. Nosso Rei não tolera nenhum desses decretos que, em certos países, brincam com os laços do matrimônio. As nações podem fazer as leis que ousarem, mas não podem alterar os fatos: pessoas uma vez casadas são, aos olhos de Deus, casadas por toda a vida, com a única exceção da fornicação comprovada.

10. Disseram-lhe seus discípulos: se assim é a condição do homem relativamente à mulher, não convém casar.

Eles consideravam a facilidade para desfazer os laços de casamento como uma espécie de alívio e viam o próprio casamento, sem a possibilidade de sair dele pelo divórcio, como uma coisa má, ou pelo menos como muito provável de ser má. Melhor não casar, se casar é para toda a vida: este parecia ser o entendimento deles. Até mesmo os seus discípulos, olhando para os riscos da vida conjugal infeliz, concluíram que seria melhor permanecer solteiro. Eles disseram: *não convém casar*, e havia alguma medida de verdade na declaração deles.

11. Ele, porém, lhes disse: nem todos podem receber esta palavra, mas só aqueles a quem foi concedido.

Em alguns aspectos, pode ser melhor não se casar, mas *nem todos os homens podem receber esta palavra* e colocá-la em prática; isso seria o fim da raça, se eles o fizessem. Uma vida de solteiro não é para todos, nem para muitos: a natureza o proíbe. Para alguns, o celibato é melhor do que o casamento, mas estes são peculiares em constituição ou em circunstâncias. A abstinência do casamento é para alguns um dom especial, necessário para fins elevados; mas, para muitos, o casamento é tão necessário quanto é honroso.

12. Porque há eunucos que assim nasceram do ventre da mãe; e há eunucos que foram castrados pelos homens; e há eunucos que se castraram a si mesmos, por causa do reino dos céus. Quem pode receber isto, receba-o.

Alguns têm apenas desejos fracos pelo casamento, e eles *nasceram* assim. Eles acharão que é bom permanecer como estão. Outros subjugam os desejos da natureza, por razões santas e louváveis, pelo *reino dos céus*; mas isso não é para todos, nem para muitos. É opcional que as pessoas se casem ou não: ao se casarem, a natureza as louva, mas a graça fica em silêncio; caso se abstenham por causa de Cristo, a graça as louva e a natureza não as proíbe. O celibato forçado é a sementeira de pecados. *Venerado seja entre todos o matrimônio*[58]. Violações da pureza são abomináveis aos olhos do Senhor. Nesta questão, precisamos de orientação e graça, se seguirmos o caminho habitual; e, se elegermos a estrada menos frequentada, precisaremos de ainda mais graça e orientação. Quanto à determinação de permanecer em uma vida de solteiro: *Quem pode receber isto, receba-o.*

---

[58] Cf. Hebreus 13.4.

MATEUS 19.13–15
O GRANDE REI ENTRE OS PEQUENINOS

13. Trouxeram-lhe, então, alguns meninos, para que sobre eles pusesse as mãos, e orasse; mas os discípulos os repreendiam.

Passar das questões sobre o casamento para o assunto das crianças foi um passo fácil e natural, e a providência dispôs os eventos de modo que o nosso Senhor fosse levado a falar de um após o outro.

Nós vemos quão gentil era nosso Rei pelo fato de que alguém pensou em trazer meninos e meninas até Ele. Seus amigos *trouxeram-lhe, então, alguns meninos, para que sobre eles pusesse as mãos* e os abençoasse; e também levantasse as mãos a Deus e *orasse* por eles. Esse era um desejo muito natural por parte dos pais devotos e demonstrava muita fé na condescendência de nosso Senhor. Temos certeza de que as mães lhes trouxeram, pois as santas mulheres assim o fazem. Os discípulos, zelosos pela honra de seu Senhor, proibiram as mães e cuidadores das crianças. Eles julgaram que esse era um ato muito infantil por parte das mães, e isso era tratar o grande mestre muito familiarmente. Os discípulos não foram os mais infantis ao imaginarem que o seu Senhor seria indelicado com os pequeninos?

14. Jesus, porém, disse: deixai os meninos, e não os estorveis de vir a mim; porque dos tais é o reino dos céus.

O Senhor é mais humilde do que os seus servos. Ele solicita que os discípulos parem de impedir os pequeninos; Jesus os chama para si mesmo; Ele declara que os tais são exatamente o tipo de pessoas que compõem o seu reino celestial. *Dos tais é o reino dos céus*: essa é a bandeira da escola dominical. Crianças, e aqueles semelhantes, podem vir livremente ao reino do Senhor do céu; sim, essa é a característica daqueles que podem entrar nesse reino.

15. E, tendo-lhes imposto as mãos, partiu dali.

Jesus não batiza as crianças, mas as abençoa. O toque de suas mãos significava mais do que uma caneta pode descrever. Foram bem-aventuradas as crianças que compartilharam aquela imposição de mãos, pois aquelas mãos não estavam vazias, nem eram fracas!

Jesus não demorou mesmo junto a essa amável companhia, mas se apressou para a sua obra necessária e *partiu dali*.

MATEUS 19.16–30
O REI ESTABELECE A ORDEM DE PRECEDÊNCIA

16. E eis que, aproximando-se dele um jovem, disse-lhe: Bom Mestre, que bem farei para conseguir a vida eterna?

Ali estava alguém que julgava estar no primeiro lugar, no entanto ele teve que ir para o último; sim, e até mesmo ir embora triste. Ele era um cavalheiro autossuficiente. Ele parecia sentir que, se fizesse *algum bem*, seria o suficiente e que poderia fazê-lo rapidamente. Ele tinha algumas dúvidas, ou não faria a pergunta: *que bem farei?* Talvez, mesmo em uma vida tão admirável quanto a sua, algo ainda poderia faltar. Mas, se ele soubesse o que faltava, então facilmente supriria a falta.

Ele foi muito respeitoso e se dirigiu ao Senhor Jesus como *Bom Mestre*. Por enquanto, tudo bem. Sua pergunta era de grande importância pessoal. *Que bem farei para conseguir a vida eterna?* Oh, se mais jovens fizessem uma pergunta semelhante a essa! Esse questionamento era muito apropriado para uma pessoa séria, como ele sem dúvida era. Esse jovem buscava a vida eterna e não podia se contentar com as honras momentâneas. Ele só queria saber o que fazer para conseguir a vida eterna e o consideraria imediatamente.

Este é um inquiridor esperançoso. Certamente ele será um grande convertido! Vamos esperar um pouco e veremos.

17. E ele disse-lhe: por que me chamas bom? Não há bom senão um só, que é Deus. Se queres, porém, entrar na vida, guarda os mandamentos.

Nosso Senhor não se importa com elogios vazios e assim Ele pergunta: *Por que me chamas bom?* Muitos hereges modernos louvam a Jesus, e os seus elogios são um tal insulto à sua gloriosa pessoa, que Ele poderia muito bem dizer: *Por que me chamas bom?* Será que este homem realmente quis dizer isso? Se assim for, o Senhor Jesus o faria saber por uma evidência que a pessoa com quem o jovem falava era mais do que um homem. O argumento é claro: ou Jesus era bom ou ele não deveria tê-lo chamado de bom; mas, como *não há bom senão Deus*, Jesus, que é bom, deve ser Deus.

Quanto à questão de obter a vida eterna através de uma boa obra, Jesus lhe responde em seu próprio fundamento. A vida pela lei vem apenas por guardar os seus mandamentos: *Se queres, porém, entrar na vida, guarda os mandamentos*. Ninguém jamais cumpriu os mandamentos de modo a ser bom; este jovem pensava que poderia fazê-lo? No entanto, no fundamento da lei, se ele merecesse a vida eterna como uma recompensa, ele deveria ser tão bom quanto Deus e guardar os mandamentos com perfeição. Assim, o caminho áspero das obras foi colocado diante dele; não que ele poderia tentar ganhar a vida eterna assim, mas para que ele pudesse perceber as suas próprias deficiências e assim sentir a sua fraqueza enquanto considerasse a salvação por qualquer outro meio.

18, 19. Disse-lhe ele: quais? E Jesus disse: não matarás, não cometerás adultério, não furtarás, não dirás falso testemunho; honra teu pai e tua mãe, e amarás o teu próximo como a ti mesmo.

O questionador ousa perguntar: *quais?* Será que ele supõe que certos preceitos cerimoniais seriam mencionados? Provavelmente ele supôs, pois se sentia bem seguro sobre todos os pontos da lei moral. Nosso Senhor, no entanto, não cita nada de novo, mas se volta para o antigo Decálogo. Ele cita a segunda tábua da lei em primeiro lugar e começa com os mandamentos que pareciam ao jovem ser mera moralidade. O último mandamento citado resumiu os demais e era o que precisava ser ressaltado diante do questionador por suas imperfeições em cumpri-lo, pois quem *amou o seu próximo como a si mesmo?* No entanto, o jovem rico não estava convicto do pecado. Ele persistiu em seu inquérito sobre a salvação pelas obras, porque se considerava no caminho para consegui-la.

20. Disse-lhe o jovem: tudo isso tenho guardado desde a minha mocidade; que me falta ainda?

Talvez o jovem falou a verdade, de acordo com o que ele entendia da lei. Ele manteve um excelente caráter moral desde a sua mocidade. Ele sentia que, em ações e obras, tinha guardado todos os mandamentos sem uma falha de qualquer consequência. Ele não era um arrogante, mas honestamente afirmava ter levado uma vida louvável. Ele era, sem dúvida, uma pessoa muito exemplar e tão amável, que Jesus olhou para ele com muita afeição. Conhecemos algumas pessoas que são como ele e podem ser assim descritas, "quanto à lei, irrepreensível". Mas ele não era tudo o que pensava ser; ele não amava o próximo como a si mesmo, como em breve ficaria evidente. *Que me falta ainda?* Essa é uma pergunta que poucos se atrevem a fazer. Ele sentia que, se houvesse algo faltando nele, ele era totalmente ignorante quanto ao que seria. Sua autoestima não precisava aumentar.

21. Disse-lhe Jesus: se queres ser perfeito, vai, vende tudo o que tens e dá-o aos pobres, e terás um tesouro no céu; e vem, e segue-me.

Nosso Senhor conduz o jovem ao teste da primeira tábua da lei: *Amarás o Senhor teu Deus de todo o teu coração.* Se ele fizesse isso, estaria disposto, pela ordem divina, a entregar suas posses, assim como Abraão se dispôs a oferecer o seu filho. Nosso Senhor Jesus, como Deus, reivindicou dele um sacrifício incomum. Será que ele ama a Deus o suficiente para fazê-lo? A ordem de nosso Senhor era um desafio à autojustiça, para provar a sua própria profissão de fé. Também podemos considerá-lo como testando o seu julgamento de sua afirmação de amar o próximo como a si mesmo. Será que ele ama os pobres, bem como a si mesmo? Se assim fosse, não haveria nenhuma dificuldade em vender *o que tinha e dá-lo aos pobres*. Não podemos inferir que Jesus deseja que todos os seus seguidores deem tudo o que têm; esse foi um teste para aquele homem: *se queres ser perfeito*. Ainda assim, se amamos nossas posses mais do que amamos a Deus, somos idólatras; e, se nos apegamos aos nossos bens, de modo a permitir que os pobres tenham fome, não pode ser dito que os amamos como a nós mesmos. Temos ouvido falar de pessoas que afirmam ser perfeitas e ainda guardam em sua posse centenas de milhares de libras; e nós temos duvidado de sua perfeição. Não havia uma causa? A compaixão pelo pobre, o zelo pela verdade e o amor por fazer o bem dificilmente permitirão que qualquer cristão possua enormes riquezas. De qualquer forma, tais ricos terão dificuldade de prestar contas no último grande dia. Devemos amar Jesus e sua grande causa mais do que a nossa riqueza, ou então não somos seus verdadeiros seguidores. Se nossa religião nunca for colocada na grande prova da perseguição feroz e se não tivermos que entregar todos os nossos bens ou porção a Cristo, a hesitação será fatal.

22. E o jovem, ouvindo esta palavra, retirou-se triste, porque possuía muitas propriedades.

O jovem não conseguiu cumprir todo o seu próprio plano. Ele queria ser salvo pelas obras, mas não conseguiu realizar completamente as suas obras diante da demanda da lei. Ele falhou em observar o espírito da segunda e da primeira tábuas. Ele não amava o seu irmão pobre como a si mesmo; não amava a Deus em Cristo Jesus com todo o seu coração e alma. Ele pensou em si mesmo em primeiro lugar, mas logo ficou atrás do último, pois se retirou triste. Assim, o Salvador testa o caráter. Aquilo que brilhou tanto mostrou não ser ouro. As *muitas propriedades* deste homem de tal maneira o possuíam, que ele nunca possuiu a sua própria alma.

23. Disse então Jesus aos seus discípulos: em verdade vos digo que é difícil entrar um rico no reino dos céus.

Posses terrenais, à parte da graça divina, têm uma influência amortecedora, endurecedora e embaraçadora sobre a alma. Alguns homens *ricos entram no reino dos céus*, mas isso é *difícil* para eles; muito difícil. A tentação é deixar as riquezas governarem a mente; e, quando esse for o caso, o reino deste mundo se opõe ao reino dos céus. Casas e terrenos, ouro e prata são como armadilha para a alma e dificultam a sua ida ao céu. Esse é especialmente o caso em tempos de perseguição, mas é suficientemente um fato em todos os períodos da história humana. É digno de nota que esta frase dura foi dirigida para os cristãos, porque está escrito: *disse então Jesus aos seus discípulos: em verdade vos...*

24. E outra vez vos digo que é mais fácil passar um camelo pelo fundo de uma agulha do que entrar um rico no reino de Deus.

Palavras solenes são introduzidas com autoridade, *e outra vez vos digo*. Nessa declaração, nosso Senhor apresenta a severidade de sua personalidade.

Ele usa um provérbio expressivo, que significa precisamente o que as palavras transmitem ao leitor comum. Não há sentido em usar metáforas obscuras onde o ensino proverbial é tão claro quanto possível.

Ele quis mostrar que a riqueza é muito mais um obstáculo do que uma ajuda para aqueles que desejam *entrar no reino de Deus*; de fato, tal obstáculo torna a questão praticamente impossível sem a intervenção divina. Um camelo não é apenas grande, mas tem corcova; e como ele pode *passar* por tão pequena abertura, como o *fundo de uma agulha*? Ele não poderia passar, exceto por um maravilhoso milagre; nem pode um homem rico entrar no reino de Deus, exceto por uma maravilha da graça. Quão poucos ricos ouvem o evangelho! Eles são muito grandiosos, muito sofisticados, muito ocupados, orgulhosos demais para considerar o pregador humilde do evangelho dos pobres. Se, por acaso, eles ouvem a mensagem divina, eles não têm as necessidades e tribulações que têm os homens do mundo atual, para que busquem consolo no mundo vindouro, e assim eles não sentem necessidade de aceitar a Cristo. "Ouro e evangelho dificilmente concordam." Aqueles que são ricos neste mundo, na grande maioria dos casos, rejeitam ser os súditos do reino em que a fé é a riqueza e a santidade é a honra.

Caso os ricos comecem a vida divina, quão difícil é para eles perseverarem em meio às preocupações, os luxos, as tentações da riqueza! As dificuldades são enormes quando pensamos na soberba da vida, na bajulação da posição social, no perigo do poder, no risco da segurança carnal. Ainda assim, bendito seja Deus, ainda temos visto homens ricos se tornando pobres de espírito! Vimos camelos passarem pelo fundo da agulha, com corcova e tudo! Esperamos ver muitos mais desses milagres da graça onipotente.

25. Os seus discípulos, ouvindo isto, admiraram-se muito, dizendo: quem poderá pois salvar-se?

Nenhuma admiração comum encheu os discípulos, que já tinham ouvido a verdade surpreendente de seu mestre, mas esta excedeu a todas, e *admiraram-se muito*. Anteriormente, eles pensavam que as riquezas eram uma vantagem; e agora eles julgavam que, se todos aqueles que tinham riquezas só poderiam ser salvos com grande dificuldade, os trabalhadores pobres como eles mesmos não teriam qualquer esperança. Eles estavam prestes a se desesperarem e, portanto, perguntaram ao seu Senhor de modo muito natural: *quem poderá pois salvar-se?* Mesmo os discípulos de nosso Senhor se sentiram perplexos com Sua afirmação clara, assim é difícil se livrar de preconceitos em relação à riqueza.

26. E Jesus, olhando para eles, disse-lhes: aos homens é isso impossível, mas a Deus tudo é possível.

Jesus, olhando para eles. Jesus olhou para eles com piedade e amor e lhes disse que Deus poderia fazer o que sem Ele jamais aconteceria. Entrar no reino é impossível para o homem se ele não for ajudado: um pecado ou outro impede o caminho. Os cuidados deste mundo e a sedução das riquezas são uma barreira infeliz e eficaz para a alma quando ela tenta entrar na cidade da santidade, mas Deus pode remover todas as barreiras para capacitar e permitir que a alma entre pelo caminho estreito. Deus é poderoso para salvar. *A Deus tudo é possível*. Que verdade alegre para o escritor e o leitor!

Quando consideramos a nossa própria fraqueza e o poder do pecado, vemos que a nossa salvação é *impossível aos homens*. Somente quando nos voltamos para Deus e sua graça, a salvação se torna uma possibilidade.

O homem rico é colocado por nosso Senhor não no topo, mas no fim da fila de aspirantes ao reino.

Senhor, a minha esperança de ser encontrado no teu reino se encontra no teu poder e graça, e não em meus bens!

27. Então Pedro, tomando a palavra, disse-lhe: eis que nós deixamos tudo, e te seguimos; que receberemos?

Aqui outro requerente se apresenta. Pedro respondeu, acrescentando o que lhe parecia uma questão necessária para uma completa discussão sobre o assunto. Pedro fala para seus irmãos: *Eis que nós deixamos tudo, e te seguimos*, nós fizemos o que o jovem rico se recusou a fazer, *que receberemos?* Ele falou como o representante de muitos que se tornaram pobres por amor do reino; certamente, estes teriam uma grande recompensa. Tão pouco era o que esses primeiros crentes tinham para deixar, isso era tudo o que tinham, e eles o haviam deixado para seguir a Jesus; Pedro de bom grado ouviria qual seria a sua recompensa. O que Pedro disse era verdade, mas não foi falado sabiamente. Ele viu de modo egoísta e ganancioso e falou de modo tão equivocado, que não era condizente com um servo de seu Senhor. Afinal, o que qualquer um de nós tem a perder por Jesus em comparação com o que temos a ganhar com Ele? *Que receberemos?* Essa é uma questão que não precisamos levantar, pois antes devemos pensar no que já recebemos das mãos de nosso Senhor. Ele mesmo é a recompensa suficiente para a alma que o tem.

28. E Jesus disse-lhes: em verdade vos digo que vós, que me seguistes, quando, na regeneração, o Filho do homem se assentar no trono da sua glória, também vos assentareis sobre doze tronos, para julgar as doze tribos de Israel.

Nosso Senhor considera Pedro como porta-voz para todos os discípulos, e Jesus, portanto, responde a todos eles: *Jesus disse-lhes*. Vendo seu estado de espírito questionador, Ele começa com: *em verdade vos digo*. Jesus, de modo condescendente, responde a esse questionamento um pouco egoísta. Os discípulos precisavam não duvidar que haveria uma recompensa grande e plena para aqueles que o haviam seguido. Seus primeiros seguidores teriam uma elevada posição e se sentariam como ajudadores do grande juiz no dia de sua exaltação. Aqueles que compartilham a humilhação de Cristo devem partilhar também da sua glória.

Quando nosso Senhor *se assentar no trono da sua glória*, todas as coisas terão sido renovadas. Essa dispensação será chamada de *regeneração*: então as mais altas honras entre seus companheiros das *doze tribos de Israel* esperam os doze que seguiram a Jesus, mesmo que agora perdessem todas as coisas.

29. E todo aquele que tiver deixado casas, ou irmãos, ou irmãs, ou pai, ou mãe, ou mulher, ou filhos, ou terras, por amor de meu nome, receberá cem vezes tanto, e herdará a vida eterna.

Em longo prazo, nenhum homem deve ser um perdedor por causa do Senhor Jesus. Todo aquele que tem a coragem de abandonar os confortos da vida *por amor de Cristo* deve receber uma *recompensa de cem vezes tanto*. Nosso Senhor compensa aos perseguidos tudo o que sofrem por causa d'Ele. Os exilados por causa da verdade têm encontrado um pai e um irmão em cada cristão; uma mãe e uma irmã em cada mulher piedosa. Nosso Senhor, ao nos dar o seu amor e o amor de nossos companheiros cristãos, provê uma compensação de *cem vezes* para aqueles que precisam deixar esposa ou filhos por causa d'Ele, ao serem cuidados de forma hospitaleira por irmãos amorosos; os santos em banimento tiveram suas *casas e as terras*, em certo sentido, restauradas a eles. Estar em casa em todos os lugares é um grande ganho, ainda que, por *amor do nome de Cristo*, sejamos exilados de nossas terras nativas. Acima de tudo, em Deus temos uma recompensa *cem vezes maior* por tudo o que podemos, eventualmente, perder por sua causa; e depois há a vida eterna dada a nós, a qual nenhuma mansão e propriedade poderiam ter adquirido para nós. Na fé nisso, nós anelamos pelo reino dos santos, quando eles herdarão a terra e se alegrarão na abundância de paz. Além disso, quando o tempo findar, ainda haverá felicidade sem fim, pois herdaremos a vida eterna. Oh, que nunca hesitemos em ser perdedores felizes por Jesus! Aqueles que perdem tudo por Cristo encontrarão tudo em Cristo e receberão tudo com Cristo.

30. Porém, muitos primeiros serão os derradeiros, e muitos derradeiros serão os primeiros.

Assim, nosso Senhor resume sua declaração quanto aos homens ricos e nos dá o aforismo já ilustrado que está agora diante de nós; e intenciona repeti-lo mais adiante, no décimo sexto versículo do capítulo seguinte. Nosso Rei é visto aqui organizando as posições humanas conforme elas aparecem diante de seu trono. Aos seus olhos, muitos *primeiros* são os *derradeiros*, e muitos *últimos* são os *primeiros*; e Ele disporá o lugar dos homens em seu reino de acordo com a ordem divina.

MATEUS 20.1–16
A PARÁBOLA DO REINO

1, 2. *Porque o reino dos céus é semelhante a um homem, pai de família, que saiu de madrugada a assalariar trabalhadores para a sua vinha. E, ajustando com os trabalhadores a um dinheiro por dia, mandou-os para a sua vinha.*

O reino dos céus é todo de graça, e assim é o serviço vinculado a esse reino. Que isso seja lembrado durante a exposição desta parábola. O chamado para o trabalho, a capacidade e a recompensa são todos a partir de um princípio da graça, e não do mérito. Aquele homem, *o pai de família*, não era comum, e sua saída para contratar trabalhadores para a sua vinha não ocorreu segundo a maneira habitual dos homens, pois eles teriam um dia inteiro de trabalho e o salário por esse dia inteiro. Este homem considerou os trabalhadores antes de si mesmo. Ele se levantou antes que o orvalho secasse sobre a grama, e encontrou trabalhadores, e *mandou-os para a sua vinha*. Era um precioso privilégio ser autorizado a iniciar o serviço santo *de madrugada*. Eles *se ajustaram* com o pai de família e passaram a trabalhar em suas posições. Eles poderiam muito bem estar contentes, uma vez que lhes foi prometido o salário de um dia inteiro, e tinham a certeza de obtê-lo: *um dinheiro por dia* representava o salário habitual e aceitável. O *pai de família* e os trabalhadores concordaram sobre o pagamento; e este é o ponto que deve ser observado mais adiante. Crentes jovens têm uma perspectiva bem-aventurada: eles podem muito bem estar felizes em fazer um bom trabalho, em um bom lugar, para o bom mestre e em boas condições.

3, 4. *E, saindo perto da hora terceira, viu outros que estavam ociosos na praça, e disse-lhes: ide vós também para a vinha, e dar-vos-ei o que for justo. E eles foram.*

Odiando a indolência e entristecido por ver outros *que estavam ociosos na praça*, o pai de família contratou mais trabalhadores *perto da terceira hora*. Eles trabalhariam apenas três quartos de um dia, mas aquilo era para o seu bem, para que deixassem de estar ociosos na rua. Estes são como pessoas cuja infância passou, mas que ainda não são velhos. Eles são favorecidos por terem uma boa parte do seu dia da vida disponível para o serviço santo. Para estes, o bom pai de família disse: *ide vós também para a vinha, e dar-vos-ei o que for justo*. Ele apontou para aqueles que já estavam no campo e disse: *ide vós também*; e ele não lhes prometeu uma quantia estabelecida, como fez com aqueles que primeiro contratou, mas disse: *dar-vos-ei o que for justo*. Eles foram a caminho de seu trabalho, pois não queriam permanecer ociosos; e, como homens retos de espírito, não discordaram do pai de família dar-lhes tudo o que era justo. Oh, que aqueles que nos rodeiam, que estão em sua maturidade, peguem de uma vez as suas ferramentas e comecem a servir ao grande Senhor!

5. Saindo outra vez, perto da hora sexta e nona, fez o mesmo.

Se fosse completamente e somente uma transação comercial, o pai de família esperaria para começar um novo dia, e não pagaria o salário de um dia inteiro por uma porção de dia de trabalho. A questão toda era graciosa; e, portanto, quando a metade do dia se foi, *perto da hora sexta*, ele chamou os trabalhadores. Homens de 40 e 50 anos são convidados a entrar na vinha. Sim, e *perto da hora nona* os homens estavam contratados. Perto da hora sexta, o Senhor chama a muitos por sua graça! É errado afirmar que os homens não são salvos após os 40 anos; nós sabemos que é o contrário, e poderíamos citar exemplos.

Deus, na grandeza de seu amor, chama homens para o seu serviço, os quais não têm a exuberância do útil vigor; Ele aceita as horas finais do seu dia. Deus tem trabalho para os fracos, bem como para os fortes. Deus não permite que alguém trabalhe para Ele sem a recompensa da graça, apesar de terem passado a maioria dos seus dias no pecado. Isso não é um estímulo para a procrastinação, mas deve induzir os velhos pecadores a buscarem o Senhor imediatamente.

6, 7. E, saindo perto da hora undécima, encontrou outros que estavam ociosos, e perguntou-lhes: por que estais ociosos todo o dia? Disseram-lhe eles: porque ninguém nos assalariou. Diz-lhes ele: ide vós também para a vinha, e recebereis o que for justo.

O dia estava quase acabando; restava apenas uma única hora; ainda assim, saiu *perto da hora undécima*. O generoso pai de família estava disposto a contratar mais trabalhadores e lhes dar salário, embora o sol já estivesse se pondo. Ele encontrou outros restantes que *estavam ociosos*. Ele desejava retirar todos os preguiçosos da cidade e por isso lhes disse: *por que estais ociosos todo o dia?* Sua pergunta a eles pode ser lida considerando cada palavra em sua ênfase, e, em seguida, a questão adquire uma plenitude de significado. Por que estão *ociosos*? Que bem há nisso? Por que estão ociosos *onde* todos estão ocupados? *Por que estão ociosos todo o dia?* Não seria suficiente descansar menos? Por que *estais* ociosos? Vocês precisam trabalhar, vocês são capazes de fazê-lo, e devem começar imediatamente. Por que qualquer um de *nós* permanece ocioso para com Deus? Nada ainda teve o poder de nos envolver no serviço santo? Podemos ousar dizer: *Ninguém nos assalariou?* Quase aos 70 anos e ainda não salvos! Apressemos a nós mesmos. É o momento de ir sem demora, para matar as ervas daninhas, podar as videiras e fazer algo por nosso Senhor em sua vinha. O que, senão a rica graça, o faz contratar os que restam na hora undécima? No entanto, Ele convida-os tão serenamente quanto aqueles que vieram de manhã e muito certamente lhes dará a sua recompensa.

8. E, aproximando-se a noite, diz o senhor da vinha ao seu mordomo: chama os trabalhadores, e paga-lhes o jornal, começando pelos derradeiros, até aos primeiros.

Os dias terminam rapidamente, e para todos os trabalhadores *aproximou-se a noite*. Era o momento do pagamento, e o dono da vinha não esqueceu os seus acordos com os trabalhadores nem lhes fez esperar por seus salários. Nosso Senhor não deixará ninguém sem a sua recompensa. O pai de família, na parábola, cuida de tudo pessoalmente. Ele contrata e ordena o pagamento. Prontamente, ele disse ao seu mordomo: *chama os trabalhadores, e paga-lhes*. Cada um de nós será chamado para receber a nossa recompensa quando nosso dia findar.

Felizes somos nós por já termos sido chamados primeiro para a vinha: assim, o segundo chamado para receber o pagamento será bem-vindo.

O senhor da vinha, cujas contratações não foram comuns, era igualmente peculiar na forma de pagamento. Ele escolheu organizá-lo de modo que aqueles que vieram primeiro foram os últimos a serem pagos, o que não é a maneira usual dos homens. Não era uma transação de um tipo mercenário, mas uma demonstração de livre favor; e, assim, a grande característica da soberania é semelhante à própria ordem de pagamento:

começando pelos derradeiros, até os primeiros. O Senhor cuidará que, nas operações da sua graça, tanto a sua soberania quanto a sua bondade sejam abundantes.

9. E, chegando os que tinham ido perto da hora undécima, receberam um dinheiro cada um.

O pagamento de nosso Senhor não é devido a merecimentos, mas é um dom da graça. Ele pagou na medida da graça, e não em consideração ao mérito. Ele começou de forma magnífica e, para aqueles que começaram a trabalhar na última hora, Ele deu um dinheiro a cada um, o que era o salário de um dia inteiro de trabalho por uma hora trabalhada.

Nisso foi demonstrada a generosidade sem limites do senhor da vinha. Que há alguns que têm servido ao Senhor apenas muito brevemente e têm se igualado e até mesmo se destacado entre aqueles que são crentes há anos é evidente, pois muitas vidas curtas, porém abençoadas, atestam isso. Convertidos no final da vida, eles têm sido singularmente diligentes, especialmente consagrados e memoravelmente santos e, portanto, eles têm obtido o resultado cheio de graça rapidamente. Deus levará à glória celeste aqueles que se voltam para Cristo, mesmo no último momento. Não disse o nosso Senhor, mesmo para o ladrão moribundo: *Em verdade te digo que hoje estarás comigo no paraíso*[59]? Para que melhor lugar qualquer santo venerável poderia ser levado? Oh, as riquezas da graça de Deus!

10. Vindo, porém, os primeiros, cuidaram que haviam de receber mais; mas do mesmo modo receberam um dinheiro cada um.

Possivelmente, os primeiros sentiram a sua vaidade ferida por serem pagos depois dos outros. Eles usaram seu tempo de espera considerando a sua própria superioridade em relação aos que vieram por último. Com base em termos legais, eles desprezaram a soberania da graça e, nesta situação, praticamente se rebelaram contra a justiça também. Aqueles que não são afeiçoados a qualquer um dos atributos de Deus não amam os demais. Mais

---

[59] Cf. Lucas 23.43.

cedo ou mais tarde, aqueles que se iram diante da soberania também resistem à justiça. Eles tiveram o que foi prometido a eles; o que mais eles esperavam, além do justo salário que foi dado? *Receberam um dinheiro cada um*; o que mais eles poderiam esperar? Mas eles *cuidaram* — aqui estava a dificuldade —, eles tinham uma teoria na qual se apoiar, uma suposição que os justificava; e, assim, eles foram prejudicados, porque a sua suposição não se tornou uma realidade. Deus não se comprometerá com as nossas suposições; e nós apenas nos enganamos se pensamos que Ele o fará.

11, 12. E, recebendo-o, murmuravam contra o pai de família, dizendo: estes derradeiros trabalharam só uma hora, e tu os igualaste conosco, que suportamos a fadiga e a calma do dia.

Assim que o dinheiro esteve em sua mão, um murmúrio esteve em sua boca. Este era um salário justo, e eles concordaram em aceitá-lo; mas, ainda assim, *recebendo-o, murmuravam contra o pai de família*. Sua única suposta falha foi que, como um homem bom, ele foi muito bom para os que trabalharam brevemente. O Senhor muitas vezes abençoará grandemente homens cujas vidas de trabalho são curtas e mesmo aqueles que são salvos no final da vida. Ele não mede o trabalho como nós, pela extensão ou pela hora. Ele tem suas próprias maneiras graciosas de estimar o serviço, e os reconhecimentos da graça não são como os da lei.

Diante da grande graça, os corações invejosos aumentam em amargura. Os murmuradores não disseram que o generoso Senhor lhes tinha rebaixado, mas que ele tinha exaltado outros que trabalharam *só uma hora*. Sua queixa foi: *tu os igualaste conosco*. Nisso, ele usou seu próprio dinheiro como quis, como Deus também dispensa a graça como Ele quer. Ele nunca é injusto com alguém; mas, quanto aos dons da graça, Ele não se comprometerá com as nossas ideias de equidade.

Se eles estivessem certos, teriam se alegrado porque foram capazes de dar ao senhor um dia de trabalho justo, uma vez que *suportaram a fadiga e a calma do dia*.

De qualquer forma, é um grande privilégio servir ao Senhor por toda uma vida longa, e aqueles que têm desfrutado deste elevado favor estão profundamente em dívida para com a graça de Deus. Bendito seja o nosso Pai celestial, alguns de nós temos sido os seus servos desde a nossa juventude e temos sofrido em muito trabalho por amor do seu nome, mas nisso nos regozijamos muito e magnificamos o seu amor.

13. Mas ele, respondendo, disse a um deles: amigo, não te faço agravo; não ajustaste tu comigo um dinheiro?

Ele não disputa com todos os trabalhadores, mas *ele respondeu a um deles*, o que era o suficiente. Eles foram contratados individualmente, e o senhor argumenta individualmente com eles. Esta é uma resposta calma e razoável: *amigo, não te faço agravo*. Se o Senhor nos recompensa graciosamente pelo que fazemos, não somos injustiçados porque outro que tenha feito menos tem uma recompensa semelhante. A calma pergunta pessoal não pode ser respondida: *não ajustaste tu comigo um dinheiro?* No entanto, o espírito legalista se manifestará mesmo a respeito do trabalho que é totalmente pela graça. Mesmo entre os verdadeiros filhos do Pai, o irmão mais velho fica comovido com esse espírito estranho. Nenhum de nós está livre o bastante disso, pois parece arraigado aos ossos de nossa natureza orgulhosa; porém, nada é mais desagradável ou irracional.

14, 15. Toma o que é teu, e retira-te; eu quero dar a este derradeiro tanto como a ti. Ou não me é lícito fazer o que quiser do que é meu? Ou é mau o teu olho porque eu sou bom?

O homem bom permanece em sua determinação de recompensar. Ele não se desviará da liberalidade por causa das línguas invejosas. O que ele dá é seu próprio, e ele mantém o seu direito de fazer o que quiser com o que é dele. Este é um bom exemplo da soberania da graça divina. Todo homem terá tudo sobre o que se possa dizer: *toma o que é teu*, e, tendo-o, que esteja contente: *retira-te*. O Senhor não será governado por nossos regulamentos, mas declara: *eu quero dar a este derradeiro tanto como a ti*. É condescendente da parte d'Ele dizer uma palavra em defesa de sua posição muito apropriada e justa: *não me é lícito fazer o que quiser do que é meu?* Se a misericórdia é do Senhor, Ele pode concedê-la a quem quiser; e, se a recompensa do serviço é completamente graciosa, o Senhor pode recompensar como lhe apraz. Tenha a certeza de que

Ele o fará. Em palavras fortes, Ele diz, tanto sob a lei quanto sob o evangelho: *Compadecer-me-ei de quem me compadecer, e terei misericórdia de quem eu tiver misericórdia*[60].

Aquela era uma pergunta familiar para cada um dos murmuradores responder: *é mau o teu olho porque eu sou bom?* Você fica com ciúme por ver outros desfrutando da minha recompensa? Porque eu sou bom para aqueles que mereciam tão pouco, isso priva você do bem que tenho concedido?

Nunca invejemos a alegria ou utilidade dos que se convertem por último, mas vamos louvar a soberania que lhes abençoa tão grandemente. Nós partilhamos a misericórdia com eles; vamos lhes dar uma porção igual da nossa alegria.

16. Assim os derradeiros serão primeiros, e os primeiros derradeiros; porque muitos são chamados, mas poucos escolhidos.

Aqui o nosso Senhor repete seu famoso ditado, que observamos no versículo 30 do capítulo 19; assim, sabemos que a prevalência no reino dos céus é de acordo com a ordem da graça. O Rei reinará em seus próprios tribunais; e quem questionará a sua vontade? Como Ele é Rei, é certo que governe. Súditos fiéis estão sempre prontos para apoiar o seu soberano. Nosso Rei reina por direito divino e não pode errar. Foi dito sobre Davi: *Tudo quanto o rei fez pareceu bem aos olhos de todo o povo*[61]. Que isso seja verdadeiro sobre o Filho de Davi e seu povo. Jesus nos diz que, enquanto muitos homens são *chamados* ao serviço, alguns alcançam o padrão de homens *escolhidos*. Alguns dos *últimos* serão *os primeiros*, pois a graça abundante é vista em sua breve hora de trabalho; mas alguns dos primeiros serão os últimos, pois nem sempre são diligentes ao longo do seu dia mais longo, e assim ficam para trás na corrida, ou suas noções sobre a lei os conduzem muito para trás daqueles que foram chamados mais tarde na vida, mas que são mais bem instruídos nos princípios da graça divina.

---

[60] Cf. Êxodo 33.19 e Romanos 9.15.
[61] Cf. 2Samuel 3.36.

MATEUS 20.17-28
O REI EM SEU CAMINHO PARA A CRUZ

17-19. E, subindo Jesus a Jerusalém, chamou de parte os seus doze discípulos, e no caminho disse-lhes: eis que vamos para Jerusalém, e o Filho do homem será entregue aos príncipes dos sacerdotes, e aos escribas, e condená-lo-ão à morte. E o entregarão aos gentios para que dele escarneçam, e o açoitem e crucifiquem, e ao terceiro dia ressuscitará.

Seguindo em direção à capital culpada, com o passo resoluto e vigoroso, Jesus andava com os trementes discípulos que previam que alguma tragédia terrível aconteceria. Eles seguiram com Jesus, e isso era algo importante e mostrava que, embora tímidos, eles eram sinceros. As palavras de Jesus eram verdadeiras e significativas: *eis que vamos para Jerusalém*. Ele achou prudente lhes contar mais uma vez sobre o futuro sombrio que agora estava se aproximando, então *chamou de parte os seus doze discípulos*. Essa é a melhor comunhão, ou seja, quando o próprio Jesus nos chama à parte. Ele sabe quais são as temporadas adequadas para mais completas revelações. Possivelmente, a sua alma humana buscava por comunhão, mas quão pouco disso Ele encontrou entre seus fracos seguidores! Senhor, quando tu me chamares à parte, prepara-me para a plena comunhão, de modo que eu não perca tal oportunidade valiosa!

O coração de Jesus estava cheio do seu sacrifício. Observe como Ele relata os detalhes do início até o fim do seu sofrimento, morte e ressurreição. Ele usa muito os mesmos termos de quando estiveram na Galileia. Notamos essa declaração durante a leitura do capítulo 17.22, e se parece com uma repetição. Esse era um assunto solene demais para ser estabelecido com variedade de expressões. Ele chama atenção para o fato de que eles estavam indo para Jerusalém, o lugar do sacrifício; a viagem de sua maior tristeza estava começando agora; o fim se apressava. Que dor atravessou o seu coração quando disse: *o Filho do homem será entregue*! Jesus disse isso diante do discípulo que o trairia; será que nenhum escrúpulo visitou o vil coração? Os doze sabiam que Jesus não tinha inimigos mais cruéis do que os *príncipes dos sacerdotes, e os escribas*, os homens do Sinédrio; estes, por um julgamento falso, o *condenariam à morte*; mas, como eles não poderiam executar a sentença por si mesmos, eles *o entregariam aos gentios*. Quão precisamente o Senhor traça a linha de ação! Ele não omite nenhum dos detalhes vergonhosos. Ele diz que o entregariam os romanos, *para que dele escarnecessem, e o açoitassem e crucificassem*. Ali havia três espadas afiadas; ninguém sabe qual dessas é a mais cortante. Os nossos corações deveriam derreter ao pensarmos nesta tríplice tristeza: o desprezo, a crueldade, a morte. Nosso bendito mestre, no entanto, acrescentou uma palavra que superava a amargura do golpe da morte. Ali estava o resplendor na nuvem sombria: *ao terceiro dia ressuscitará*. Isso derramou uma torrente de luz sobre o que, de outro modo, seria uma meia-noite muitíssimo escura.

Nosso Senhor assim medita sobre a sua paixão, e não deveríamos fazê-lo? Sim, esse deve ser o nosso tema ao longo da vida. Dizem, atualmente, quando há deserção: "Pense na sua vida, em vez de pensar na sua morte"; mas não devemos ser enganados pelos tais. "Nós pregamos a Cristo crucificado". "Deus, não permitas que eu me glorie, senão na cruz de nosso Senhor Jesus Cristo".

20, 21. Então se aproximou dele a mãe dos filhos de Zebedeu, com seus filhos, adorando-o, e fazendo-lhe um pedido. E ele diz-lhe: que queres? Ela respondeu: dize que estes meus dois filhos se assentem, um à tua direita e outro à tua esquerda, no teu reino.

Enquanto a mente de Jesus estava ocupada com a sua humilhação e morte, seus seguidores estavam pensando em sua própria honra e facilidade. Ai, a pobre natureza humana! *A mãe dos filhos de Zebedeu* somente falou o que outros sentiam.

Ela, com o amor de uma mãe, buscava eminência, e até mesmo preeminência, para os seus filhos, mas o fato de que os outros discípulos estavam descontentes mostrava que eles eram ambiciosos também. Sem dúvida, eles queriam ocupar os cargos que a mãe de Tiago e João anelava para eles. Ela se aproximou do Salvador reverentemente, *adorando-o*. No entanto, havia muita familiaridade em sua solicitação para que lhe fosse concedido algo vago: *e fazendo-lhe um pedido*.

Nosso Senhor aqui nos dá o exemplo para que nunca prometamos de modo vago. *E ele diz-lhe: que queres?* Saiba o que você promete antes de prometer. Grande era a fé daquela mulher na vitória final do Senhor e a ocasião de seu reinado, uma vez que ela considera a sua entronização como tão certa, que suplica que seus dois filhos se sentem em seus tribunais à sua mão direita e esquerda. Ela estava ciente do que o Senhor tinha dito aos seus discípulos? Nós pensamos que sim, pois as palavras são: *Então se aproximou dele a mãe dos filhos de Zebedeu.* Se ela conhecia e entendia tudo o que havia ocorrido, ela estava disposta a que seus filhos compartilhassem a porção de Jesus, tanto a sua cruz como a sua coroa; e isso coloca a sua petição em uma luz brilhante. Ainda assim, havia uma boa dose de parcialidade materna em seu pedido.

Veja como ela fala: *estes meus dois filhos*, com um pouco de orgulho. Quão grandiosamente ela descreve a situação desejada, *se assentem, um à tua direita e outro à tua esquerda, no teu reino!* Evidentemente, ela tinha noções muito zelosas do que o reino seria. Em qualquer caso, o seu pedido tinha em si muita confiança e união fiel a Cristo, embora um pouco também de egoísmo. Nós não precisamos censurá-la, mas podemos nos interrogar se pensamos tanto sobre o nosso Senhor quanto ela.

22. Jesus, porém, respondendo, disse: não sabeis o que pedis. Podeis vós beber o cálice que eu hei de beber, e ser batizados com o batismo com que eu sou batizado? Dizem-lhe eles: podemos.

A petição da mãe era a dos filhos também, *pois Jesus [...], respondendo, disse: não sabeis o que pedis*. Talvez o pedido vindo da mãe era melhor do que vindo dos filhos, pois o nosso Senhor se dirige a eles em vez de à mãe. Eles tinham pedido, através da mãe, mas podem ter perguntado em maior ignorância do que ela; e, se soubessem o que o seu pedido incluía, nunca teriam feito tal petição. De qualquer forma, nosso Senhor trata a petição como sendo deles, em vez da mãe; e, como a pergunta era sobre eles mesmos, Jesus os questiona sobre o quanto eles estavam preparados para as consequências. Estar perto do trono do Rei envolveria comunhão com Ele no sofrimento e sacrifício pelo qual Ele estabeleceria o seu reino espiritual. Eles estavam prontos para isso? Eles teriam força para perseverar até o fim? *Podeis vós beber o cálice que eu hei de beber, e ser batizados com o batismo com que eu sou batizado?* Eles disseram-lhe: *podemos*. Talvez essa tenha sido uma resposta muito precipitada, e, ainda assim, sob certo aspecto, era a melhor resposta que poderiam dar. Se eles estivessem olhando somente para o seu Senhor por força, eles seriam, por sua graça, muito capacitados a suportar qualquer coisa. Mas será que, quando pensaram em seu *trono*, eles se lembraram do cálice e do batismo, sem os quais não haveria a fruição do reino?

23. E diz-lhes ele: na verdade bebereis o meu cálice e sereis batizados com o batismo com que eu sou batizado, mas o assentar-se à minha direita ou à minha esquerda não me pertence dá-lo, mas é para aqueles para quem meu Pai o tem preparado.

Ouvindo a disposição expressa deles sobre terem comunhão consigo em todas as coisas, nosso Senhor lhes assegura que não se recusa a estar unido a eles, mas lhes aponta o resultado imediato e certo dessa comunhão. A nossa atual tarefa prática não é anelar por superioridade no reino, mas submissamente beber o cálice do sofrimento e mergulhar nas profundezas da humilhação que nosso Senhor nos designa. É uma grande honra ser permitido *beber do seu cálice e ser batizado com o seu batismo*: isso Ele concede aos seus discípulos fiéis. Essa comunhão é a essência do reino espiritual. Se o nosso cálice for amargo, este é *o cálice de Cristo*; se o nosso batismo for esmagador, este é *o batismo com o que Ele foi batizado*; e isso adoça o primeiro e impede que o outro seja um mergulho mortal. Na verdade, o cálice e batismo, sendo d'Ele, fazem com que a nossa participação neles seja uma honra graciosamente concedida.

Outras recompensas do reino não são concedidas arbitrariamente, mas dadas apropriadamente. Jesus diz que os lugares elevados no reino serão dados *para aqueles para quem seu Pai o tem preparado*. Ele não hesita em falar do que seu Pai tem *preparado*. Tudo sobre o reino de nosso Senhor é divinamente ordenado e estabelecido; nada é deixado ao acaso ou destino.

Mesmo Jesus não interferirá na designação divina a respeito do seu reino. Como um amigo, Ele não pode ser solicitado a usar uma suposta influência privada para mudar o antigo decreto da infinita sabedoria. Os propósitos eternos não serão alterados a pedido dos discípulos imprudentes. Em certo sentido, Jesus dá todas as coisas; mas, como mediador, Ele não vem para fazer a sua própria vontade, mas a vontade daquele que o enviou, e por isso

Ele fala retamente sobre a ordem de seu reino, *não me pertence dá-lo*. Quão bem o nosso Senhor ocupa um lugar humilde por nossa causa! Ao deixar de lado a autoridade, Ele concede uma censura silenciosa ao nosso egoísmo. É possível que Ele pretendeu reprovar não apenas a mãe dos filhos de Zebedeu, mas todos os discípulos que estavam constantemente em busca de grandes coisas para si mesmos.

24-26. E, quando os dez ouviram isto, indignaram-se contra os dois irmãos. Então Jesus, chamando-os para junto de si, disse: bem sabeis que pelos príncipes dos gentios são estes dominados, e que os grandes exercem autoridade sobre eles. Não será assim entre vós; mas todo aquele que quiser entre vós fazer-se grande seja vosso serviçal.

Naturalmente, os outros dez apóstolos não apreciaram a tentativa dos filhos de Zebedeu em disputarem com eles. Nós nunca ouvimos que eles se ressentiam sobre as preferências de nosso Senhor em relação a Pedro, Tiago e João; mas, quando estes dois buscavam precedência para si mesmos, os discípulos não puderam tolerar. Pedro estava com eles no momento, pois lemos: *quando os dez ouviram isto*. Por unanimidade, eles estavam irados com os arrogantes. O fato de terem se indignado era uma prova de que eles mesmos eram ambiciosos, ou pelo menos que não estavam dispostos a assumir o lugar mais baixo. Porque eles eram culpados da mesma falha, *indignaram-se contra os dois irmãos*.

Aqui houve uma triste divisão no pequeno grupo; como isso poderia ser resolvido? *Jesus chamou-os para junto de si*; Ele, pessoalmente, lidou com este mal emergente e convidou os doze a se aproximarem e a ouvirem algo destinado somente para os seus ouvidos em privado. Os discípulos estavam confundindo o reino de Cristo com o governo comum dos homens e, portanto, sonhavam em ser grandes e em exercer um domínio em nome de Jesus, mas Ele quis corrigir as suas ideias e transformar a sua mentalidade. Era verdade que serem seus seguidores era algo muito honroso e os fazia participantes de um reino, mas isso não era como nos reinos terrenos. Nas grandes monarquias dos gentios, os príncipes regem pela força da autoridade e pompa; mas, no reino de Cristo, o governo seria o do amor, e a dignidade seria o serviço. Aquele que servisse mais seria o maior; o mais humilde seria o mais honrado; o mais abnegado teria mais poder. Sempre que vemos os nobres de terra disputando precedência, devemos ouvir nosso mestre dizer: *não será assim entre vós*. Devemos sempre buscar a honra, o serviço, o poder e a influência. Se eu desejo grandeza, que seja por ser abundante em serviço, tornando-me o *serviçal* ou servo de meus irmãos.

27. E, qualquer que entre vós quiser ser o primeiro, seja vosso servo.

Para que sejamos elevados no reino de Cristo, precisamos nos rebaixar. Aquele que quiser ser o *primeiro*, ou o principal entre os santos, deve ser o seu *servo*, serviçal ou escravo. Quanto mais baixo nos encurvarmos, mais alto subiremos. Nesse tipo de rivalidade, será permitido que nos destaquemos, sem despertar a indignação dos irmãos.

28. Bem como o Filho do homem não veio para ser servido, mas para servir, e para dar a sua vida em resgate de muitos.

Certamente, aquele que é o maior e principal entre nós deu-nos o exemplo do máximo labor de amor. Nenhum servo deixou de ser servido por Ele. Jesus era mestre e Senhor, mas Ele lavou os pés dos seus servos. Ele *não veio para ser servido, mas para servir*. Jesus não recebeu nada dos outros; a sua vida foi uma doação, e a doação da vida. Para esse propósito, Ele é o *Filho do homem*; com esse desígnio, Ele veio; para essa finalidade, Ele *deu a sua vida em resgate de muitos*.

Nenhum serviço é maior do que o resgate dos pecadores pela sua própria morte; nenhum ministério é mais humilde do que morrer no lugar dos pecadores.

MATEUS 20.29-34
O REI ABRE OS OLHOS DOS CEGOS

29, 30. E, saindo eles de Jericó, seguiu-o grande multidão. E eis que dois cegos, assentados junto do caminho, ouvindo que Jesus passava, clamaram, dizendo: Senhor, Filho de Davi, tem misericórdia de nós.

Havia uma maldição sobre Jericó[62], mas a presença de Jesus trouxe uma bênção. Supomos que Ele precisou passar por Jericó, como antes lhe era necessário passar por Samaria. Nosso Senhor *saía de Jericó*, e uma vasta multidão o ouvia, pois a sua fama se espalhou por toda parte. Nada surpreendente é registrado em relação às suas obras até que dois cegos aparecem. A misericórdia responde à miséria, pois lhe dá uma oportunidade para agir. *E eis que dois cegos, assentados junto do caminho*; eles não podiam contemplar a Jesus, mas somos convidados a contemplá-los. Eles estavam esperançosos à beira do caminho, pois ali provavelmente ouviriam alguma boa notícia e naquele lugar eles seriam vistos por aquele que é compassivo. Eles tinham ouvidos, se eles não tinham olhos, e, assim, eles usaram a sua audição. Ao perguntarem, souberam que *Jesus passava* e, crendo que Ele poderia restaurar a sua visão, oraram fervorosamente a Ele: *clamaram*. O seu pedido foi por piedade: *tem misericórdia de nós*. Seu apelo se dirigia ao nobre coração de Jesus: *Senhor, Filho de Davi*. O sermão de nosso Senhor foi interrompido pelos gritos persistentes daqueles dois mendigos cegos de Jericó, mas isso nunca lhe desagradou; assim, os verdadeiros pregadores do evangelho não devem ficar perturbados se alguns de seus ouvintes clamarem com semelhante entusiasmo por salvação.

31. E a multidão os repreendia, para que se calassem; eles, porém, cada vez clamavam mais, dizendo: Senhor, Filho de Davi, tem misericórdia de nós!

A multidão desejava ouvir Jesus, mas não conseguia devido aos gritos dos homens cegos, por isso *a multidão os repreendia*. Será que os censuravam

---
[62] Este acontecimento está registrado em Josué, capítulo 6.

por maus modos, ou pelo barulho, ou grosseria da fala, ou queriam ter a atenção de Jesus, de modo egoísta? É sempre fácil encontrar uma vara quando você quer bater em um cão. As pessoas queriam ficar quietas, manter a calma, e encontraram muitos argumentos pelos quais deveriam agir assim. Estava tudo muito bem para aqueles que tinham todas as suas capacidades físicas, mas os homens que não tinham a visão não conseguiam ficar quietos, já que havia uma possibilidade de obterem a visão; e, enquanto essa oportunidade se afastava rapidamente daqueles pobres homens, eles se tornaram muito diligentes em seu fervor. Sem serem impedidos pelas ameaças da multidão, *cada vez clamavam mais*. Alguns homens fizeram todas as tentativas para detê--los.

Quando estamos buscando o Senhor, devemos ser sábios, de modo que consideremos todos os obstáculos como um estímulo. Podemos muito bem ser repreendidos e impedidos quando o nosso grande objetivo é obter a misericórdia de Jesus.

A súplica dos pobres cegos era constante: *Senhor, Filho de Davi, tem misericórdia de nós!* Eles não tinham tempo para considerar a variedade de palavras. Tendo pedido o que precisavam, em palavras que vinham de seus corações, eles repetiram a sua oração e súplica, e esta não foi uma vã repetição.

32. E Jesus, parando, chamou-os, e disse: que quereis que vos faça?

Jesus, parando. Ao som da oração, o sol da justiça fez uma pausa em seu curso. O clamor dos crentes pode segurar o Filho de Deus pelos pés. *Chamou--os*: e isto porque eles o haviam chamado. Que conforto houve nesse chamado! Não nos é citado que eles vieram a Cristo; não há necessidade de isso nos ser dito. Eles estavam aos pés de Jesus, imediatamente após as palavras serem proferidas. Quão tristemente cegos são aqueles que, sendo chamados mil vezes pela voz da misericórdia, ainda assim se recusam a vir!

Nosso Senhor iluminou as mentes, bem como os olhos; e, assim, quis que os cegos racionalmente sentissem e expressassem as suas necessidades. Jesus lhes coloca a pergunta de forma pessoal: *que quereis que vos faça?* Esta não era uma pergunta complicada, porém muitos que frequentam os nossos locais de culto achariam que seria difícil respondê-la. Você diz que "gostaria de ser salvo"; o que você quer dizer com essas palavras?

33. Disseram-lhe eles: Senhor, que os nossos olhos sejam abertos.

Eles foram objetivos. Eles não tinham tempo para pensamentos secundários. Oh, se o nosso povo fosse tão rápido para orar: *Senhor, que os nossos olhos sejam abertos*! Eles foram direto ao ponto. Não há uma palavra adicional em sua oração explicativa. Nenhum livro era necessário, nenhum modelo para as palavras; o desejo se revestiu de um discurso simples, natural e sincero.

34. Então Jesus, movido de íntima compaixão, tocou-lhes nos olhos, e logo viram; e eles o seguiram.

Então, ou seja, desde que manifestaram o seu desejo, e tinham tão grande necessidade, Jesus, *movido de íntima compaixão*, teve misericórdia de sua solidão em trevas, sua privação de alegria, sua incapacidade de realizar algum trabalho e sua consequente pobreza. *Tocou-lhes nos olhos*. Que mãos eram aquelas, que tinham tal comunhão humilde com a carne humana e realizaram tais atos de poder! *Logo viram*. Apenas um toque e a luz entrou. O tempo não é uma condição para as curas de Jesus. Eles rapidamente provaram que viam, pois *eles o seguiram*. Nós usamos melhor a nossa visão espiritual quando olhamos para Jesus e nos mantemos perto de seus pés.

Oh, que o leitor, se for espiritualmente cego, suplique o toque de Jesus e o receba imediatamente, porque logo ele verá! Em um instante, uma luz interior brilhará sobre a alma, e o mundo espiritual será manifesto à mente iluminada. O Filho de Davi ainda vive e ainda abre os olhos dos cegos. Jesus ainda ouve a oração humilde de quem confessa a sua cegueira e pobreza. Se o leitor teme que também seja espiritualmente cego, clame ao Senhor neste momento e perceberá que verá, e para sempre bendirá a mão que deu vista aos olhos de sua alma.

MATEUS 21.1–11
O REI ENTRA TRIUNFALMENTE EM SUA CAPITAL

1-3. E, quando se aproximaram de Jerusalém, e chegaram a Betfagé, ao Monte das Oliveiras, enviou, então, Jesus dois discípulos, dizendo-lhes: ide à aldeia que está defronte de vós, e logo encontrareis uma jumenta presa, e um jumentinho com ela; desprendei-a, e trazei-mos. E, se alguém vos disser alguma coisa, direis que o Senhor os há de mister; e logo os enviará.

O tempo chegou para o nosso Senhor consumar a sua grande obra na terra, e Ele subiu para Jerusalém com essa intenção. Ele agora determina entrar abertamente em sua capital e ali se revelar como Rei. Para esse fim, quando chegou perto da cidade, Jesus enviou dois discípulos para buscarem o jumentinho em que Ele montaria. Suas ordens aos dois discípulos que *chegaram a Betfagé* são dignas da nossa atenção. Ele os dirigiu ao lugar onde eles deveriam encontrar o animal: *ide à aldeia que está defronte de vós*. O Senhor sabe onde encontrar o que Ele requer. Talvez esteja mais perto de nós do que imaginamos: *defronte de vós*. Disse-lhes ainda que não teriam que procurar: *e logo encontrareis*. Quando o Senhor nos envia em missão, Ele irá nos fazer prosperar em nosso caminho. Ele descreveu a condição das criaturas: *uma jumenta presa, e um jumentinho com ela*. Nosso Senhor sabe a posição de cada animal no mundo e Ele não reputa nenhuma circunstância como indigna do seu ofício.

Jesus não deixou os discípulos sem ordens de como deveriam proceder: *desprendei-a, e trazei-mos*. Ninguém objetou ou debateu; eles agiram rapidamente, pois questionar não é para os mensageiros de nosso Rei, é seu dever obedecer às ordens de seu Senhor e nada temer. Os dois animais seriam de bom grado entregues pelo seu proprietário quando os discípulos dissessem: *o Senhor os há de mister*; não, ele não só lhes entregará, mas *logo os enviará*. Ou o proprietário era, ele próprio, um discípulo secreto ou algum temor do Senhor Jesus estava em seu espírito, o fato é que ele alegremente consentiu em emprestar a jumenta e seu jumentinho para o fim a que eram necessários.

Que singular conjunto de palavras encontramos aqui: *Senhor* e *há de mister*! Jesus, sem deixar de lado a sua soberania, tinha tomado uma natureza cheia de necessidades; contudo, embora estivesse em necessidade, Ele ainda era o Senhor e poderia dar ordens aos seus súditos e requisitar o que lhe pertence. Sempre que há alguma coisa de que a causa do Senhor necessite, quão alegremente devemos entregá-la a Ele! O dono da jumenta considerou como uma honra entregar o jumentinho para que servisse de montaria a Jesus. Quão grande é o poder de Jesus sobre as mentes humanas, de modo que por uma palavra Ele silenciosamente os moveu a obedecerem ao seu comando!

Temos aqui o registro de dois discípulos sendo enviados para buscarem um jumentinho; aqueles que fazem pequenas coisas para Jesus são honrados. Sua missão parecia estranha, o que eles faziam poderia parecer um furto, mas Jesus teve o cuidado de lhes proteger da menor sombra de desconfiança. Os mensageiros não fizeram qualquer questionamento, não ofereceram qualquer objeção nem alegaram qualquer dificuldade. É nosso dever fazer o que Jesus nos ordena, exatamente como Ele nos manda e porque Ele manda, pois o seu comando é a nossa autoridade.

4, 5. Ora, tudo isto aconteceu para que se cumprisse o que foi dito pelo profeta, que diz: dizei à filha de Sião: eis que o teu rei aí te vem, manso, e assentado sobre uma jumenta, e sobre um jumentinho, filho de animal de carga.

Mateus está sempre nos lembrando do Antigo Testamento; e, de fato, ele pode fazer isso, pois nosso Senhor está continuamente cumprindo-o. Cada detalhe está de acordo com o que foi profetizado, *tudo isto aconteceu para que se cumprisse o que foi dito pelo profeta*. O Antigo e o Novo Testamento se encaixam um no outro. Os homens têm escrito harmonias dos Evangelhos, mas Deus nos deu uma harmonia do Antigo e do Novo Testamento. A passagem referida está em Zacarias 9.9. Ela representa o Rei de Sião como manso e humilde enquanto entra triunfalmente em sua cidade, montando não em cima de um cavalo de guerra, mas em cima de um jumentinho, sobre o qual nenhum homem havia montado. Anteriormente, Ele havia dito de si mesmo: *eu sou manso e humilde de coração*, e agora Ele dá mais uma prova da verdade de suas próprias palavras; e, ao mesmo tempo, cumpre a profecia: *Alegra-te muito, ó filha de Sião; exulta, oh filha de Jerusalém; eis que o teu rei virá a ti, justo e*

Salvador, pobre, e montado sobre um jumento, e sobre um jumentinho, filho de jumenta. Ele não fez como Salomão, não buscou cavalos do Egito para satisfazerem o seu orgulho, mas aquele que é maior do que Salomão estava contente com um jumentinho, filho de jumenta, e mesmo esta humilde criatura era emprestada, pois Ele não tinha nada de seu próprio. A ternura de Jesus é demonstrada no fato de Ele haver trazido a jumenta com o seu jumentinho para que eles não fossem separados. Ele era, como um Rei, cheio de gentileza e misericórdia. A sua grandeza não acarretava nenhuma dor, nem mesmo para a mais simples criatura vivente. Quão bem-aventurados somos por sermos governados por tal Rei!

6, 7. E, indo os discípulos, e fazendo como Jesus lhes ordenara, trouxeram a jumenta e o jumentinho, e sobre eles puseram as suas vestes, e fizeram-no assentar em cima.

Esta deve ser uma descrição precisa da conduta de todos os cristãos: os discípulos foram e fizeram *como Jesus lhes ordenara*. Eles não questionaram ou criticaram as ordens de seu Rei; eles obedeceram, e isso era muito melhor. Que igreja seria vista na terra, se isso fosse uma verdade universal! Eles executaram as ordens de seu Rei em cada detalhe.

Os discípulos também trouxeram a jumenta e o jumentinho; de modo algum se desviaram das ordens que haviam recebido. Eles acrescentaram ações que naturalmente advinham das ordens de seu Rei. Deve haver uma sela adequada para a montaria que será empregada em um desfile real, por isso eles colocaram as suas roupas sobre *a jumenta e o jumentinho*. Isso foi feito por vontade própria. Muitos estão prontos a buscar montarias que pertencem a outros homens, mas são lentos para emprestar suas próprias roupas; esses discípulos estavam dispostos e desejosos para fazer a sua parte no desfile triunfal do Senhor Jesus. Do início ao fim, não houve contribuição forçada ou serviço mercenário; tudo era muito voluntário: a jumenta e o jumentinho foram alegremente emprestados, e as vestes foram espontaneamente colocadas sobre eles. Tudo era simples e natural, cheio de verdade e sinceridade. Quão diferente isso era das cerimônias artificiais de monarcas comuns!

Fizeram-no assentar em cima. Quando os homens anteriormente haviam tentado tomar Jesus à força para o fazerem rei, em forma terrena, Ele se esquivou deles, mas a hora para a sua entrada pública em Jerusalém tinha chegado, e Ele, portanto, permitiu que seus discípulos o assentassem em uma humilde montaria que deveria levá-lo à cidade. Alegremente, eles colocaram o Senhor no lugar de honra e, com júbilo, caminharam ao seu lado.

8. E muitíssima gente estendia as suas vestes pelo caminho, e outros cortavam ramos de árvores, e os espalhavam pelo caminho.

As pessoas estavam em tão grande número, que elas são descritas como *muitíssima gente*. Uma unanimidade incomum prevaleceu entre a população: todos eles se reuniram em torno de Jesus. O patriarca Jacó havia predito, a respeito do Siló, *e a ele se congregarão os povos*[63]. Estas palavras foram cumpridas muitas vezes durante o ministério terreno do Salvador; e ainda estão continuamente sendo cumpridas.

A multidão estava em um estado de grande agitação e veio caminhando junto com Jesus com grande entusiasmo. Eles *estendiam as suas vestes pelo caminho*; e, como se isso não fosse suficiente, *outros cortavam ramos de árvores, e os espalhavam pelo caminho*. Nossos primeiros pais, em sua vergonha, fizeram roupas das folhas das árvores, mas agora roupas e folhas estão aos pés do redentor do homem. João diz que as pessoas *tomaram ramos de palmeiras, e saíram-lhe ao encontro*[64]. As longas folhas dos ramos de palmeiras eram adequadas tanto para balançarem no ar quanto para serem lançadas ao chão diante do Rei. As pessoas comuns, da maneira mais simples, contudo muito eficaz, prepararam uma recepção real para o Filho de Davi. Ah, que visão incomum! Eles estavam na ponta dos pés pela expectativa, à procura de um libertador real, e vagamente esperavam que Jesus, o profeta de Nazaré, pudesse ser o prometido. Ele havia provocado espanto nas pessoas, acendido suas esperanças e ganhado a sua reverência.

Por um momento, Ele foi tido em grande honra. Maravilhamo-nos d'Ele quando pensamos como curou os doentes; e quando alentou os milhares que estavam famintos?

---

[63] Cf. Gênesis 49.10.
[64] Cf. João 12.13.

9. E a multidão que ia adiante, e a que seguia, clamava, dizendo: Hosana ao Filho de Davi; bendito o que vem em nome do Senhor. Hosana nas alturas!

Muitas pessoas se reuniram até que houve não só uma multidão, mas multidões, alguns que iam adiante e outros que os seguiram. Essas multidões que rodeavam o Senhor eram unânimes a respeito d'Ele e, na verdade, elas pareciam ter uma só voz. Mal sabiam o que faziam, provavelmente sonhavam com um reino terreno; anunciaram uma e a mesma mensagem fiel de *Hosana ao Filho de Davi; bendito o que vem em nome do Senhor. Hosana nas alturas!* Eles citaram um Salmo antigo (118) e o aplicaram a Jesus; e, em todos os sentidos, expressaram sua alegria e expectativa. Ai! Quão rapidamente esse brilho da luz do sol deu lugar à escuridão das trevas! O dia das palmas foi seguido de perto pelo dia da crucificação. Os filhos dos homens são muito inconstantes. *Vox populi* de modo algum é *Vox Dei*[65].

10. E, entrando ele em Jerusalém, toda a cidade se alvoroçou, dizendo: quem é este?

Jesus esteve lá antes, mas não dessa maneira. Nunca havia sido cercado por essas multidões que o aclamavam com entusiasmo. Cidadãos pacatos, que não haviam deixado suas casas, admiraram-se da multidão. Grandes multidões tinham sido movidas por um impulso incontrolável a ir ao encontro de Jesus, *e, entrando ele em Jerusalém*, multidões ainda maiores foram atraídas, toda a cidade se comoveu. Nada pode "mover" a humanidade como a vinda de Cristo. Todos perguntavam: *quem é este?* Isso pode ter sido motivado por alguma curiosidade ou interesse fugaz, mas foi muito melhor do que a indiferença monótona que não se importa com nenhuma dessas coisas. Aonde Jesus chega, causa um alvoroço e suscita indagações: "Quem é este?"; esta é uma pergunta proveitosa, pessoal, adequada, oportuna. Que nosso leitor faça essa pergunta a respeito de Jesus e nunca descanse até que saiba a resposta.

11. E a multidão dizia: este é Jesus, o profeta de Nazaré da Galileia.

Todos os que entraram na cidade no desfile real estavam preparados para responder às perguntas dos cidadãos. A multidão unanimemente

---

[65] O autor faz referência à expressão latina *Vox populi, vox Dei*, que significa "A voz do povo é a voz de Deus".

respondia: *este é Jesus, o profeta de Nazaré da Galileia*. A resposta era a verdade, mas não toda a verdade. Raramente uma multidão é tão bem informada quanto neste exemplo. O nome de Cristo, seu ofício, sua breve estadia entre nós e sua origem humilde são todos indicados. Aqueles que queriam saber mais sobre Ele tiveram na resposta da multidão as chaves de tudo o que era necessário para eles conhecerem. Oh, se a nossa grande população soubesse tanto de Jesus quanto as multidões de Jerusalém! E, no entanto, pode ser que, se o fizessem, eles pudessem agir tão sordidamente quanto esses pecadores de Jerusalém, quando os seus hosanas foram tão rapidamente transformados em gritos cruéis de: *Fora com ele! Crucifica-o!*

MATEUS 21.12-14
O REI PURIFICA O TEMPLO

12, 13. E entrou Jesus no templo de Deus, e expulsou todos os que vendiam e compravam no templo, e derribou as mesas dos cambistas e as cadeiras dos que vendiam pombas; e disse-lhes: está escrito: a minha casa será chamada casa de oração; mas vós a tendes convertido em covil de ladrões.

Entrou Jesus no templo de Deus novamente, como fez no início do seu ministério[66]. Naquela ocasião, como profeta, anunciou a necessidade disso, e agora, como Rei, passa a executá-lo. Um templo dedicado a Deus não deve se tornar um lugar de comércio e roubo. *Jesus [...] expulsou todos os que vendiam e compravam no templo.* Os vendedores eram os mais permanentes obstáculos, mais constantemente ofensivos, por isso eles foram expulsos em primeiro lugar. Mas como não haveria vendedores se não existissem compradores, estes devem ser expulsos também. Aqueles que sustentavam *as mesas dos cambistas* poderiam alegar que estavam lá por conveniência pública, uma vez que eles forneciam siclos[67] e outros dinheiros do santuário, em vez de moeda romana. *As cadeiras dos que vendiam pombas* pareciam legais, visto que estes vendiam pombinhos e rolinhas para os sacrifícios. Mas esses comerciantes não faziam isso para servir a Deus, mas para produzirem lucro para si mesmos, e, portanto, nosso Senhor derribou todos os seus negócios e purificou o lugar santo.

Que temor deve ter rodeado esse homem, que todo o bando de comerciantes fugiu diante d'Ele enquanto as suas mesas e cadeiras eram derrubadas! Nem a guarda do templo nem os soldados romanos parecem ter interferido de alguma forma. Quando Jesus toma para si o poder, a oposição cessa. Que profecia esse incidente proporciona sobre como, em sua segunda vinda, Ele virá para promover uma purificação total!

Nosso Senhor, enquanto expulsa os profanadores do templo, vindica sua santa violência, dizendo: *está escrito*. Quer estivesse discutindo com o

---

[66] Jesus purificou o templo de Deus duas vezes, a primeira está registrada em João 2.13-16.
[67] *Siclo*: o padrão comum tanto para peso quanto para valor entre os hebreus. O siclo do santuário (Êx 30.13; Nm 3.47) era igual a vinte geras (Ez 45.12). Havia siclos de ouro (1Cr 21.25), de prata (1Sm 9.8), de bronze (17.5) e de ferro (17.7).

arqui-inimigo ou com homens ímpios, Jesus usava apenas uma arma, "a espada do Espírito, que é a palavra de Deus"[68]. Nisso, como em todas as outras coisas, vamos seguir o seu exemplo. Isaías 56.7 escreveu estas palavras: *A minha casa será chamada casa de oração para todos os povos*. Essa profecia tinha uma relação especial com o pátio dos gentios, que estava sendo tão grosseiramente profanado por esses mercadores. Nosso Salvador comparou a casa de seu Pai, quando ocupada por esses compradores e vendedores, a cavernas nas montanhas, onde ladrões estavam acostumados a se esconder naquele tempo: *vós a tendes convertido em covil de ladrões*. As palavras proferidas pelo Rei foram fortes, porém não mais do que o caso exigia. É um dos deveres do Rei destruir os esconderijos de bandidos, e Jesus assim o fez. Ele não podia suportar ver a casa de oração de seu Pai sendo convertida em um covil de ladrões.

14. E foram ter com ele no templo cegos e coxos, e curou-os.

A entrada no templo de cegos e coxos não contaminou o lugar santo. *Foram ter com ele* [...] *cegos e coxos*: para quem mais eles deveriam ir? Ele não era o bom médico? Eles foram ter com Jesus *no templo*: onde mais eles deveriam ir? Essa não era a casa de misericórdia? Jesus, em nome de seu Pai, *curou-os*. Algumas pessoas parecem pensar que, se alguém muito pobre entrar em locais de culto, ele está em um lugar inadequado; mas essa é a noção vã de um orgulho perverso. Os mais pobres e os mais pecadores podem vir a Jesus. Nós também entramos na assembleia dos santos espiritualmente cegos e coxos, mas Jesus abriu os nossos olhos e nos curou do nosso coxear. Se Ele não vê nada de errado conosco agora, temos a certeza de que Ele não nos levará para seus tribunais, mas nos curará imediatamente. Que todos os cegos e coxos venham a Jesus Cristo agora.

---

[68] Cf. Efésios 6.17.

**MATEUS 21.15,16
O REI CONHECE
AS ACLAMAÇÕES
DAS CRIANÇAS**

15, 16. Vendo, então, os principais dos sacerdotes e os escribas as maravilhas que fazia, e os meninos clamando no templo: Hosana ao Filho de Davi, indignaram-se, e disseram--lhe: ouves o que estes dizem? E Jesus lhes disse: sim; nunca lestes: pela boca dos meninos e das criancinhas de peito tiraste o perfeito louvor?

Os principais dos sacerdotes e os escribas estavam à espreita. Nada que glorifica o Senhor Jesus escapará de seus olhos. Não devemos esperar menos do que isso nestes dias. Se o evangelho prevalece, os formalistas ficarão enfurecidos. O louvor prestado a Jesus era veneno e fel para os religiosos cujos abusos Ele repreendeu. Eles não ousaram atacar seus feitos no templo, pois estavam evidentemente corretos; contudo, eles estavam cheios de ira por causa das *maravilhas que fazia*. Os principais dos sacerdotes e os escribas estavam cada vez mais indignados. Finalmente, louvores entusiasmados dos meninos que clamavam no templo, dizendo: *Hosana ao Filho de Davi*, deram-lhes uma oportunidade para dar vazão ao seu desprezo. Como poderia um verdadeiro profeta permitir que meninos e meninas seguissem após Ele clamando daquela maneira? No entanto, o seu desprezo ficou somente em palavras; na verdade, eles temiam a Jesus, e temiam o efeito do entusiasmo popular, e assim *indignaram-se*. Assim que encontrarem uma oportunidade, eles cuspirão o seu veneno sobre o Senhor.

Eles corajosamente falaram com Jesus sobre aquelas crianças. Eles disseram-lhe: *ouves o que estes dizem?* Estes te saúdam como se tu fosses um rei. Essas crianças tolas clamam após ti: *Hosana*. O que tu ganharás permitindo que façam isso? Ordena aos meninos que cessem seu clamor turbulento. Como podes tu como homem suportar tais clamores infantis? A resposta de nosso Salvador foi completa. Em resposta à sua pergunta: *ouves o que estes dizem?*, *Jesus lhes disse: sim; nunca lestes*. Os principais dos sacerdotes e escribas não tinham lido o seu próprio Saltério do qual professam ser estudantes diligentes? Se você o leu, lembre-se das palavras de Davi no Salmo 8.2: *Pela boca dos meninos e das criancinhas de peito tiraste o perfeito louvor*, nosso Senhor dá o sentido da passagem em vez das palavras exatas. O louvor de Deus é perfeito quando sai da boca das crianças. Nelas, a sua glória é vista e muitas vezes por elas é declarada. Quando os outros estão silenciosos, estas devem falar e, na sua simples sinceridade, hão de entoar o louvor do Senhor mais plenamente do que os homens e as mulheres adultas.

MATEUS 21.17-22
O REI DÁ UM SINAL DO JULGAMENTO DE JERUSALÉM E DO PODER DA ORAÇÃO

10. E, deixando-os, saiu da cidade para Betânia, e ali passou a noite.

Jesus não gostou muito dos sacerdotes sofistas. *Deixou-os*. Ele deu uma resposta bíblica ao inquérito deles e, em seguida, sabendo que continuar a argumentar com eles era inútil, deixou-os. Este é um sábio exemplo para nós seguirmos. Ele desejou quietude e então *saiu da cidade*. Jesus amava as aldeias e, portanto, se dirigiu para fora da habitação preferida dos homens ocupados e entrou em *Betânia*. Naquele lugar, vivia uma família muito amada, sempre feliz por recebê-lo; *e ali passou a noite*. Lá, Ele estava em casa, pois amava Maria, Marta e Lázaro. Um dia agitado foi seguido por uma noite de descanso em uma casa de campo. Ele passou a noite daquele dia tumultuado com seus amigos fiéis. Que contraste entre a sua entrada em Jerusalém e a visita aos seus amigos em Betânia! Senhor, visita-me! Faz de minha casa a tua morada!

18. E, de manhã, voltando para a cidade, teve fome.

Ele *teve fome*. Palavras maravilhosas! O Senhor do céu teve fome! Não podemos imaginar que seus anfitriões amáveis tivessem deixado de lhe preparar o que comer; provavelmente Jesus estava tão absorto em seus pensamentos, que se esqueceu de comer. Pode ter acontecido que, de acordo com seu costume, na parte da manhã, Ele havia levantado enquanto todos os outros na casa ainda dormiam, para que pudesse ter comunhão em privado com o seu Pai e receber força do céu para o trabalho que estava diante d'Ele. Pelo menos, esta não era uma coisa incomum na vida Jesus. Ele *voltou para a cidade*; não se esquivou da obra que ainda tinha para fazer, mas desta vez o Rei faminto foi para sua capital. Ele estava prestes a começar um longo dia de trabalho sem quebrar o seu jejum, ainda que a sua mão houvesse alimentado milhares de uma só vez.

19. E, avistando uma figueira perto do caminho, dirigiu-se a ela, e não achou nela senão folhas. E disse-lhe: nunca mais nasça fruto de ti! E a figueira secou imediatamente.

À procura de comida, uma *figueira* cheia de folhas prometia um alívio para sua fome. Aparentemente, esta figueira não pertencia a ninguém; ela estava *perto do caminho*, cresceu à beira de uma via pública, naturalmente. Sua posição era notável, e sua aparência, impressionante, de modo que Cristo a avistou rapidamente. Não era tempo de figos, mas a figueira tem essa particularidade, de a fruta vir antes das folhas; se, portanto, vemos folhas completamente desenvolvidas, nós naturalmente presumimos que haja figos bons para serem comidos. Essa árvore tinha produzido folhas fora de época, quando outras figueiras estavam sem folhas e não haviam começado a produzir seus primeiros figos. Ela, por assim dizer, se adiantou às suas companheiras, mas o seu crescimento prematuro era completamente enganoso. Nosso Senhor *dirigiu-se a ela, e não achou nela senão folhas*. A figueira havia ultrapassado a primeira etapa necessária para produzir figos verdes e tinha apresentado uma folhagem infrutífera. Ela possuía abundante madeira e folhas, mas nenhum fruto. Nisso, infelizmente essa figueira se assemelhava a Jerusalém, que possuía uma grande folhagem de pretensão religiosa e apresentava um entusiasmo vão, mas estava destituída de arrependimento, fé e santidade, que são muito mais importantes do que formalidades piedosas. O Senhor Jesus usou essa árvore verde, mas estéril e decepcionante, para ensinar uma lição objetiva. Jesus veio a ela como veio para os judeus; Ele nada encontrou, senão folhas, e a condenou à esterilidade perpétua: *nunca mais nasça fruto de ti!*; e Jesus pronunciou contra a árvore uma sentença que foi prontamente executada. O mesmo aconteceria com Jerusalém, que seria destruída em breve.

E a figueira secou imediatamente. Isso ficou conhecido como um milagre de julgamento feito por nosso Senhor; mas certamente o que é feito a uma árvore não pode ser chamado de vingativo, pois derrubar uma floresta inteira nunca foi considerado um ato cruel, e usar uma única árvore estéril como o objetivo de ensinar uma lição somente parecerá algo cruel aos olhos daqueles que são sentimentais e tolos. Foi um ato de bondade para as futuras gerações usar uma árvore inútil para ensinar lições salutares.

20. E os discípulos, vendo isto, maravilharam-se, dizendo: como secou imediatamente a figueira?

A palavra do Senhor foi tão imediatamente cumprida, que os discípulos *maravilharam-se*. Estamos maravilhados por vermos que eles *maravilharam-se*. A essa altura, eles deveriam estar acostumados aos atos de poder e com a rapidez com que eram realizados. Até hoje alguns duvidam quando uma obra é rapidamente realizada e assim imitam a fala: *como secou imediatamente a figueira?* Tudo o que o Senhor faz é perfeito e completo. A figueira foi *imediatamente* destruída.

21. Jesus, porém, respondendo, disse-lhes: em verdade vos digo que, se tiverdes fé e não duvidardes, não só fareis o que foi feito à figueira, mas até se a este monte disserdes: ergue-te, e precipita-te no mar, assim será feito.

Nosso Senhor deu aos primeiros discípulos o poder de operar milagres, e isso estava ligado a uma confiança simples, sem hesitações: *se tiverdes fé e não duvidardes*. Deus pode não fazer milagres para nós, mas Ele fará tudo o que precisamos, de acordo com a nossa fé; fará segundo a sua providência, de acordo com o espírito da presente dispensação. Mas agora também a fé que exercemos n'Ele deve ser livre de dúvida.

Diante de uma fé viva, sistemas estéreis da religião murcharão; e, pelo poder da firme confiança em Deus, *montes* de dificuldades serão *erguidos, e precipitados no mar*. Será que já falamos em nome de Cristo à figueira estéril e aos montes que obstruem nossa caminhada, ordenando-lhes que saiam do nosso caminho? Se não, onde está a nossa fé? Se tivermos fé e não duvidarmos, conheceremos a verdade dessa promessa: *assim será feito*. Se não possuímos realmente uma fé inabalável, as palavras de nosso Senhor parecerão meras fábulas.

22. E, tudo o que pedirdes na oração, crendo, o recebereis.

Isto nos dá uma folha de cheque do grande banco da fé, a qual podemos usar sem restrições. Quão amplos são os termos: *tudo o que pedirdes na oração, crendo!* Se somos capazes de fazer a oração da fé, obteremos a bênção, seja qual for. Isso não é possível no tocante às coisas não prometidas ou às coisas que não estão de acordo com a vontade divina.

    A oração da fé é o prenúncio da bênção vindoura. É um dom de Deus, não uma fantasia da vontade humana, nem um capricho de desejos inúteis. *Crendo, o recebereis*, porém muitas vezes o *crendo* está ausente.

MATEUS 21.23-32
O REI CONFUNDE E ALERTA OS SEUS INIMIGOS

23. E, chegando ao templo, acercaram-se dele, estando já ensinando, os príncipes dos sacerdotes e os anciãos do povo, dizendo: com que autoridade fazes isto? E quem te deu tal autoridade?

Jesus voltou para a casa de seu pai e lá foi novamente recebido por seus antigos antagonistas. *E, chegando ao templo, acercaram-se dele, estando já ensinando, os príncipes dos sacerdotes e os anciãos do povo*; eles haviam reunido suas forças e tido tempo para recobrar a sua coragem. Eles o interrogaram quando *estava já ensinando* e questionaram a sua *autoridade* para falar e fazer aquilo. Jesus havia deixado indignados os príncipes dos sacerdotes e os anciãos do povo por sua ousadia ao purificar o templo, desarmado e sem ajuda; e só depois do intervalo de uma noite eles ousaram questionar seu direito de agir como Ele tinha feito. Agora eles lhe fazem as perguntas: *com que autoridade fazes isto? E quem te deu tal autoridade?* Foi admitido que Ele fez coisas maravilhosas; mas com que autoridade oficial Ele agiu e quem o colocou neste ofício? Isso fez surgir uma guerra, e eles atacaram ferozmente o seu opositor. Eles esperavam feri-lo nesse ponto e vencê-lo. Pobres tolos! Eles não eram dignos de uma resposta de Jesus.

24. E Jesus, respondendo, disse-lhes: eu também vos perguntarei uma coisa; se ma disserdes, também eu vos direi com que autoridade faço isto.

Sim, *Jesus respondeu*. Suas respostas são sempre completas, mas raramente as que seus inimigos esperam. Os sofistas dos nossos dias não precisam se apressar tanto para formular suas declarações irresponsáveis. Jesus responderá por si mesmo no tempo devido. Ele diz a estes príncipes dos sacerdotes e os anciãos do povo: *eu também vos perguntarei uma coisa*. A pergunta foi recebida com outra pergunta, assim como as varas dos magos egípcios, quando transformadas em serpentes, foram tragadas pela vara de

Arão, que, como uma serpente, tragou as varas deles[69]. Frequentemente será sábio de nossa parte não responder às argúcias dos inimigos do evangelho, senão para propormos algum mistério profundo demais para eles.

As condições de nosso Senhor eram justas e razoáveis: *eu também vos perguntarei uma coisa; se ma disserdes, também eu vos direi com que autoridade faço isto*. Aparentemente, os interrogadores não levantaram qualquer objeção, pois Jesus imediatamente declarou sua pergunta para eles.

25-27. O batismo de João, de onde era? Do céu, ou dos homens? E pensavam entre si, dizendo: se dissermos: do céu, ele nos dirá: então por que não o crestes? E, se dissermos: dos homens, tememos o povo, porque todos consideram João como profeta. E, respondendo a Jesus, disseram: não sabemos. Ele disse-lhes: nem eu vos digo com que autoridade faço isto.

A pergunta de nosso Senhor aos príncipes dos sacerdotes e anciãos do povo seria simples o suficiente caso fossem homens honestos; mas, como estavam buscando surpreendê-lo em alguma palavra, não puderam responder sem grande dificuldade.

Homens que buscam agradar a outros são obrigados a ser políticos e seguir a maioria. Nosso Senhor colocou seus interlocutores na encruzilhada de um dilema. Se João o Batista foi enviado do céu, por que eles o rejeitaram? Que João era *dos homens*, eles não se atreviam a afirmar, pois o temor do povo os silenciou. Eles estavam encurralados e não viam nenhuma maneira de escapar e, por conseguinte, advogaram a ignorância: *e, respondendo a Jesus, disseram: não sabemos*. De modo algum esta era a verdadeira resposta deles, mas Jesus lhes replicou uma resposta justa e esmagadora: *nem eu vos digo com que autoridade faço estas coisas*. Eles poderiam ter dito a Jesus de onde era o batismo de João, mas não quiseram; e Jesus poderia ter-lhes dito tudo sobre sua autoridade divina, mas sabia que isso não resultaria em nenhum fim proveitoso, e, portanto, Ele se recusou a permanecer ali. É algo solene quando o próprio amor se cansa e se recusa a continuar a conversa. O tom usado por nosso Senhor para com esses interlocutores é o de alguém que está lidando com criaturas sem esperança, que não merecem um pequeno bem, uma vez que não

---

[69] Cf. Êxodo 7.12.

se beneficiariam da clemência. Eles não poderiam ser ganhos com brandura; eles devem ser sacudidos e expostos, e destronados de seu assento do poder, diante dos olhos daqueles que tinham sido enganados por eles.

28, 29. Mas que vos parece? Um homem tinha dois filhos, e, dirigindo-se ao primeiro, disse: filho, vai trabalhar hoje na minha vinha. Ele, porém, respondendo, disse: não quero. Mas depois, arrependendo-se, foi.

Através de duas parábolas, o Senhor Jesus lida com os líderes religiosos que lhe faziam oposição.

Na primeira parábola, sobre os dois filhos, Ele expõe as relações externas, porém falsas, daqueles homens para com Deus. *Um homem tinha dois filhos*. Ambos eram obrigados a trabalhar na propriedade da família e deveriam sentir prazer ao fazê-lo. O primeiro filho era intencionalmente rebelde, mas era verdadeiro, franco e diligente em tudo o que fazia. Seu pai disse-lhe: *filho, vai trabalhar hoje na minha vinha*; este comando contém o pedido do pai, o dever do filho, o caráter imediato desse dever e a esfera dele. O comando foi bastante claro, e assim também foi a resposta: *ele, porém, respondendo, disse: não quero*. Foi rude, rebelde, ingrato e não agiu como filho. Entretanto, ele falou precipitadamente; e, decorrido um pequeno intervalo e após calma reflexão, o filho rebelde reconsiderou sua atitude. *Mas depois, arrependendo-se, foi*. Este foi um verdadeiro arrependimento, pois conduziu à obediência prática. Ele não fez um pedido de desculpas verbal, nem qualquer promessa de bom comportamento futuro; ele fez muito melhor, porque foi para a vinha de seu pai, sem mais delongas. Oh, que muitos, que até agora se recusaram a obedecer ao evangelho, tenham suas mentes transformadas, ouçam a voz de Deus e entrem no seu serviço!

30. E, dirigindo-se ao segundo, falou-lhe de igual modo; e, respondendo ele, disse: eu vou, senhor; e não foi.

O segundo foi de temperamento mais ameno e de modos mais brandos. O pai falou para ele o mesmo que havia falado ao mais velho, e a resposta foi verbalmente tudo o que ele poderia desejar: *eu vou, senhor*. Como se fosse uma resposta natural, devido à sua educação exemplar, ele levou seu pai a considerar que estava totalmente disposto. Ele concordou e consentiu; ele era ortodoxo e preciso. Ele tinha uma religiosidade natural e agradável, o que fortemente contrastava com a impiedade rude de seu irmão. Mas observe estas palavras: *e não foi*. Suas frases bonitas e belas promessas consistiam em engano e falsidade. Ele nunca foi para a vinha e muito menos levantou a podadeira ou a enxada. Ele não se importava com qualquer dano que a vinha de seu pai viesse a sofrer; e, contudo, o tempo todo ele se curvou e prometeu o que nunca quis realizar.

31, 32. Qual dos dois fez a vontade do pai? Disseram-lhe eles: o primeiro. Disse-lhes Jesus: em verdade vos digo que os publicanos e as meretrizes entram adiante de vós no reino de Deus. Porque João veio a vós no caminho da justiça, e não o crestes, mas os publicanos e as meretrizes o creram; vós, porém, vendo isto, nem depois vos arrependestes para o crer.

Jesus aplicou a parábola aos sacerdotes hipócritas e julgadores. Ele lhes perguntou: *Qual dos dois fez a vontade do pai?* Somente uma resposta era possível: *Disseram-lhe eles: o primeiro*. Ficou claro que o primeiro filho, apesar de sua rude recusa ao ouvir pela primeira vez a ordem de seu pai, no final das contas fez a vontade do pai. Em seguida, Jesus salientou que *os publicanos e as meretrizes* eram como o primeiro filho, enquanto os príncipes dos sacerdotes e os anciãos do povo, com todas as suas belas profissões de piedade, eram enganosos e desobedientes como o segundo filho. Eles tinham professado grande reverência para com a Palavra divina; mas, quando esta foi pronunciada por João, *nem depois se arrependeram para o crer*. Aqueles que eram abertamente pecadores e que pareciam recusar a voz de Deus *o creram*, ao atenderem à pregação de João sobre o *caminho da justiça, e entram no reino de Deus adiante* das classes mais prováveis. O que esses sacerdotes e anciãos satisfeitos consigo mesmos devem ter pensado quando ouviram que os publicanos e as meretrizes estariam adiante deles? Rangeram os seus dentes e começaram a planejar o assassinato de Jesus em seus corações.

MATEUS 21.33-44
O REI FAZ COM QUE SEUS INIMIGOS JULGUEM A SI MESMOS

33. Ouvi, ainda, outra parábola: Houve um homem, pai de família, que plantou uma vinha, e circundou-a de um valado, e construiu nela um lagar, e edificou uma torre, e arrendou-a a uns lavradores, e ausentou-se para longe.

Nesta parábola, um *pai de família* fez tudo o que poderia ser feito pela sua vinha: foi bem *plantada, e circundada de um valado*, e vigiada por uma *torre* construída para essa finalidade. Do mesmo modo, a igreja judaica havia sido criada, treinada, guardada e totalmente provida pelo Senhor: *Porque a vinha do Senhor dos Exércitos é a casa de Israel, e os homens de Judá são a planta das suas delícias* (Is 5.7). Tudo estava em ordem para a produção dos frutos, pelo que o Senhor foi capaz de dizer: *Que mais se podia fazer à minha vinha, que eu lhe não tenha feito?* (Is 5.4).

O proprietário *ausentou-se para longe* e *arredou* a propriedade *a uns lavradores*, que deveriam cuidar dela para ele e lhe dar uma certa parte da produção como renda. Assim também o grande Senhor de Israel deixou o país sob os cuidados dos sacerdotes, dos reis e dos sábios, que deveriam ter cultivado essa herança de Jeová para Ele e entregado o fruto dessa vinha preciosa. Deus, por um tempo, parecia ter se ausentado de seu povo escolhido, pois os milagres haviam cessado, mas isso deveria ter feito com que os escribas e sacerdotes ficassem mais vigilantes, visto que os bons servos são ainda mais ativos para proteger a propriedade de seu mestre quando ele está longe.

34. E, chegando o tempo dos frutos, enviou os seus servos aos lavradores, para receber os seus frutos.

O pai de família esperou até que se aproximasse o tempo no qual ele poderia esperar um retorno. *E, chegando o tempo dos frutos*, como os lavradores não enviaram nenhum dos produtos da vinha, enviou os seus servos para receber os frutos que lhe pertenciam e trazê-los para si. Esses servos, como representantes do senhor, deveriam ser recebidos com a devida honra, mas não foi isso que aconteceu. Os líderes da nação judaica por um longo tempo não renderam ao Senhor nenhuma homenagem, amor ou serviço. Profetas foram enviados da parte de Deus para Israel, mas sua mensagem foi recusada pelos líderes do povo.

35. E os lavradores, apoderando-se dos servos, feriram um, mataram outro, e apedrejaram outro.

Os lavradores, a saber, as pessoas responsáveis e as autoridades, como reis, sacerdotes e mestres, se uniram para fazer o mal aos servos do pai de família. Eles mesmos não eram seus "servos"; eles não mereciam tão honroso título.

Ferir, matar e apedrejar são citados para exemplificar as várias formas de maus-tratos que os profetas do Senhor receberam das mãos dos lavradores de Israel, os líderes religiosos da nação. Aqueles a quem a vinha foi arrendada eram traidores do pai de família e fizeram violência aos seus mensageiros; em seu coração, eles desejavam se apossar da vinha para si mesmos.

36. Depois enviou outros servos, em maior número do que os primeiros; e eles fizeram-lhes o mesmo.

O senhor da vinha foi paciente e lhes deu mais oportunidades para melhorarem as suas condutas: *Depois enviou outros servos*. A falha em retornar com os frutos não foi culpa dos primeiros mensageiros, pois *outros servos* também foram rejeitados como eles foram. O dono da casa estava muito desejoso de levar os lavradores a um melhor estado de espírito, pois aumentou o número de seus representantes e os enviou *em maior número do que os primeiros*, confiando que os homens maus se renderiam ao seu novo chamado. Esse esforço de bondade não conseguiu produzir bem algum, pois os lavradores maldosos apenas continuaram em sua crueldade assassina: *eles fizeram-lhes o mesmo*. Evidentemente, esta era uma aplicação negativa. O povo judeu não quis ouvir as vozes dos servos do Senhor, e as suas autoridades lhes deram o exemplo de perseguir os homens que Deus enviou.

37. E, por último, enviou-lhes seu filho, dizendo: terão respeito a meu filho.

O envio de seu filho era o último recurso do pai de família. Lucas o representa dizendo: ele poderia ter resolvido punir de uma vez os malfeitores: "Que lhes fará, pois, o senhor da vinha?"[70]; mas sua ação provou que a misericórdia havia triunfado sobre a ira: *E, por último, enviou-lhes seu filho*. O envio de Jesus a Jerusalém foi o ultimato de Deus. Se Ele fosse rejeitado, o julgamento cairia sobre a cidade culpada. Parecia impossível que a sua missão pudesse falhar. Ao enviar o seu Filho amado, o Pai parecia dizer: "Certamente, *terão respeito a meu filho*". Eles chegarão ao ponto de desprezar o herdeiro de todas as coisas? Sua própria beleza e majestade não os intimidarão?

O céu o adora; o inferno treme diante d'Ele; certamente *terão respeito a meu filho*.

38. Mas os lavradores, vendo o filho, disseram entre si: este é o herdeiro; vinde, matemo-lo, e apoderemo-nos da sua herança.

As coisas não saíram como um coração amoroso esperava. O mal atingiu o seu ápice. *Os lavradores, vendo o filho*, isto é, assim que os principais dos sacerdotes e os fariseus perceberam que o verdadeiro Messias tinha vindo, *disseram entre si* o que não ousavam dizer abertamente. A simples visão do herdeiro de todas as coisas incitou a sua malícia. Em seus corações, eles odiavam Jesus, porque sabiam que Ele realmente era o Messias. Eles temiam que Jesus viesse a rejeitá-los e assumisse a posse de sua herança e, portanto, desejaram matá-lo: *Este é o herdeiro; vinde, matemo-lo*. Uma vez que o tirassem do caminho, eles esperavam manter a nação em suas próprias mãos e usar isso para seus próprios propósitos; por isso disseram entre si: *apoderemo-nos da sua herança*. Eles sabiam que Jesus era *o herdeiro* e o que era *a sua herança*, mas o fato de saberem disso não os impediu de tentar arrancar a vinha das mãos de seu legítimo proprietário. Nosso Senhor ilustrou o que se passava na mente dos religiosos orgulhosos em torno d'Ele e não hesitou em lançar isso em seus rostos. Nenhum nome foi mencionado, mas esta foi uma pregação pessoal do melhor tipo.

---

[70] Cf. Lucas 20.15.

39. E, lançando mão dele, o arrastaram para fora da vinha, e o mataram.

O Senhor Jesus se torna profético, enquanto na parábola Ele anuncia o sucesso da malícia deles. Os lavradores se apressaram para a realização de seu plano maligno. Eles agiram rapidamente. Havia três atos naquele drama, e um seguiu o outro brevemente. Consideraremos as figuras e desvendaremos os fatos. *Lançaram mão dele* no jardim do Getsêmani; *o arrastaram* no conselho de Caifás e quando Ele foi levado para fora de Jerusalém; eles *o mataram* no Calvário, porque o crime foi deles, embora os romanos tenham cometido o ato. Assim, o herdeiro foi morto; os assassinos retiveram a vinha por muito tempo, mas a justiça rapidamente os alcançou.

40. Quando, pois, vier o senhor da vinha, que fará àqueles lavradores?

Jesus coloca a questão diante deles. Das próprias bocas deles sairá o veredito. Há um momento em que *vem o senhor da vinha*. Para aqueles sumos sacerdotes, essa hora estava se aproximando; a questão para pensarem era: *que fará àqueles lavradores*? Como uma classe, os líderes religiosos dos judeus eram culpados do sangue de uma longa linhagem de profetas e estavam prestes a coroar sua longa carreira de crimes com o assassinato do Filho de Deus. Na destruição de Jerusalém, o Deus do céu os visitou e justamente os puniu.

O cerco da cidade e o massacre dos habitantes foi um terrível vingador do sangue inocente que o povo e seus governantes haviam derramado.

41. Dizem-lhe eles: dará afrontosa morte aos maus, e arrendará a vinha a outros lavradores, que a seu tempo lhe deem os frutos.

Provavelmente, a resposta foi completa e cheia de detalhes para que eles pudessem esconder a sua própria vergonha por uma demonstração de justiça em um caso que queriam que os homens pensassem não ter relação com eles. Em verdade, pronunciaram sobre si mesmos a sentença de serem *maus*, que deveriam ser *afrontosamente* destruídos e terem seus ofícios dados a homens melhores: *arrendará a vinha a outros lavradores*. Eles não podiam ou não quiseram dar uma opinião sobre a missão de João Batista, mas parece que eles poderiam formar um juízo a respeito de si mesmos. A vinha do Senhor passou para outros lavradores; e os apóstolos e os primeiros pregadores do evangelho foram declarados fiéis ao que lhes foi confiado.

Agora também há muitos que professam ser ministros de Cristo, os quais estão se desviando da verdade que Ele comissionou aos seus administradores como uma verdade sagrada e estão criando uma doutrina própria. Oh, que o Senhor levante uma raça de homens *que a seu tempo lhe deem os frutos*! A marca de um ministro fiel é dar a Deus toda a glória por qualquer obra que ele seja capacitado a fazer. Aquilo que não exalta o Senhor não abençoará os homens.

42, 43. Diz-lhes Jesus: nunca lestes nas Escrituras: a pedra, que os edificadores rejeitaram, essa foi posta por cabeça do ângulo; pelo Senhor foi feito isto, e é maravilhoso aos nossos olhos? Portanto, eu vos digo que o reino de Deus vos será tirado, e será dado a uma nação que dê os seus frutos.

Nosso Senhor os lembra da linguagem de Davi no Salmo 118, versículos 22 e 23. Eles eram declaradamente os *construtores*, e eles *rejeitaram* aquele que era *a pedra principal*. Ainda assim, o Senhor Deus tinha feito aquele desprezado ser *posto por cabeça do ângulo*. Ele era a pedra mais notável e honrada na construção de Israel. Contra a vontade do escriba e sacerdote, isso foi realizado, pois *pelo Senhor foi feito isto*. Eles poderiam se irar, mas as mentes santas adoravam e diziam: *é maravilhoso aos nossos olhos*. Os sofrimentos e a glória de Cristo são a maravilha do universo, *para as quais coisas os anjos desejam bem atentar* (1Pe 1.12). Tudo o que se relaciona com Jesus é maravilhoso aos olhos de seu povo.

A desgraça dos construtores religiosos infiéis foi o resultado de seu pecado: *Portanto, eu vos digo*. Eles deveriam amar as bênçãos do evangelho: *o reino de Deus vos será tirado*. Todo o compartilhamento das honras e ofícios daquele reino seria tirado deles. Essa perda seria agravada por vê-lo *dado a uma nação que dê os seus frutos*. Que aviso é este para o nosso próprio país! Nós também temos visto o sacrifício e divindade de nosso Senhor questionados e sua santa Palavra pervertida por aqueles que deveriam ser os seus defensores. A menos que haja uma mudança rápida, o Senhor pode tirar o candelabro de seu lugar e encontrará uma outra nação que se mostrará mais fiel a Ele e ao seu evangelho do que a nossa nação tem sido.

44. E, quem cair sobre esta pedra, despedaçar-se-á; e aquele sobre quem ela cair ficará reduzido a pó.

Aqueles que tropeçam em Cristo, a principal pedra angular da igreja, são feridos: eles sofrem graves machucados e dores, mas Ele permanece intacto. Oposição a Jesus é prejuízo para nós mesmos. Aqueles com os quais Ele se ira são reduzidos ao pó, pois os resultados da sua ira são esmagadores, fatais, irrecuperáveis. Oponha-se a Ele e você sofrerá; mas, quando Ele surgir em seu poder e se opuser a você, a destruição já terá chegado a você.

MATEUS 21.45-46
OS INIMIGOS DO REI TRAMAM CONTRA ELE

45. E os príncipes dos sacerdotes e os fariseus, ouvindo estas palavras, entenderam que falava deles.

Eles tinham tentado desviar o ponto de suas *palavras*, mas tentaram em vão, pois as semelhanças eram notáveis, os paralelos eram perfeitos, de modo que não podiam deixar de saber que Jesus falava deles. Sendo essas parábolas tão verdadeiras, tão penetrantes e pertinentes, como eles poderiam fugir delas ou suportá-las?

46. E, pretendendo prendê-lo, recearam o povo, porquanto o tinham por profeta.

Embora eles não pudessem responder-lhe, queriam prendê-lo. Felizmente, a multidão pensava muito bem sobre Jesus para permitir que *o prendessem*, embora *pretendiam fazê-lo*. Estes grandes religiosos eram tanto covardes quanto cruéis: *recearam o povo, porquanto o tinham por profeta*.

Eles não ousaram dizer a verdade a respeito de João, porque temiam o povo, e esse temor conteve a ira deles contra o Senhor de João. Pela providência, foi ordenado que a malícia dos religiosos fosse mantida sob controle pelo sentimento do povo. Esse foi um exemplo da maneira em que, muitas vezes, a terra ajudou a mulher (Ap 12.16) e a vontade das multidões guardou os servos de Deus da crueldade sacerdotal. Aquele que governa todas as coisas estabelece uma ordem elevada nos assuntos dos homens, em referência à sua igreja. Às vezes, os príncipes salvam homens de Deus do rancor sacerdotal; e, recentemente, a multidão os preservou do ódio de aristocratas. De uma forma ou de outra, o Senhor sabe como preservar seu Filho e todos aqueles que estão n'Ele, até que venha a hora em que eles mesmos, pela sua morte, possam glorificar o seu nome e entrar na glória.

MATEUS 22.1-14
A PARÁBOLA SOBRE O CASAMENTO DO FILHO DO REI

1. Então Jesus, tomando a palavra, tornou a falar-lhes em parábolas, dizendo.

Então Jesus, tomando a palavra, tornou a falar-lhes. Esta foi a sua resposta ao ódio dos principais sacerdotes e fariseus. Ele lhes respondeu prosseguindo com o seu ministério. Para eles, e para o povo também, Jesus falou novamente por meio de parábolas. Eles vinham até Ele com coisas triviais; Ele respondia por parábolas. No capítulo anterior, observamos que "eles entenderam que falava deles". No entanto, essa percepção não os levou ao arrependimento, mas somente aumentou o seu ódio contra o Salvador. Sua raiva parcialmente encoberta era ainda maior porque, por temor da multidão, eles ainda não podiam colocar as mãos em Jesus e matá-lo. Eles tinham deliberadamente fechado os olhos para a luz, ainda que ela continuasse a brilhar sobre eles. Se eles não queriam recebê-la, talvez algumas das pessoas a quem tinham enganado poderiam aceitá-la; assim, mais uma vez o Rei deu-lhes uma parábola a respeito de seu reino e sobre si mesmo. Essa parábola deve ser distinguida da que é registrada em Lucas 14.16-24, que foi dita em outra ocasião e com um objetivo diferente. Seria importante comparar as duas parábolas e observar as suas semelhanças e diferenças.

2. O reino dos céus é semelhante a um certo rei que celebrou as bodas de seu filho.

Um certo rei celebrou as bodas de seu filho. Assim, o Rei da glória celebra a união de seu Filho com a nossa humanidade. O divino Filho de Deus condescendeu em se unir à nossa natureza humana, a fim de redimir os sujeitos amados de sua escolha da penalidade devida por seus pecados e entrar em máxima proximidade com eles. O evangelho é uma festa gloriosa em honra deste casamento maravilhoso, pelo qual Deus e o homem são feitos um. Esse foi um grande evento; e o Rei se propôs celebrar isso grandiosamente por uma graciosa festa de casamento. O casamento e as festas de casamento foram todos organizados pelo Rei; Ele teve tal prazer em seu unigênito e bem-amado Filho, que tudo o que seria para sua honra e alegria proporcionava satisfação infinita para o coração do grande Pai. Além da glória do Filho, igual com a glória do Pai como criador, preservador e provedor, pelo seu casamento deveria ser coroado com novas honras como salvador, redentor e mediador.

3. E enviou os seus servos a chamar os convidados para as bodas, e estes não quiseram vir.

O tempo definido tinha chegado, e os judeus, que, como nação, foram *convidados para as bodas*, foram convidados a vir e participar da generosidade do Rei. Eles foram *convidados* muito antes pelos profetas que o Rei tinha continuamente enviado para eles; e agora que o dia de festa havia chegado, o Rei *enviou os seus servos a chamar os convidados para as bodas*. Era o costume oriental enviar um segundo convite para aqueles que receberam favoravelmente o primeiro. João Batista e os apóstolos e discípulos de nosso Senhor claramente disseram ao povo que o tempo para a festa se aproximava; na verdade, a hora marcada já havia chegado, o tempo definido para favorecer Sião tinha vindo, todo o necessário era que os convidados viessem para as bodas.

Os judeus foram muito honrados em serem escolhidos dentre todas as nações da terra para participar do casamento do Filho do Rei; mas, infelizmente, eles não valorizaram os seus privilégios: *não quiseram vir*. Eles foram instruídos, ameaçados e avisados, mas tudo em vão: *estes não quiseram vir*. Nosso Senhor estava muito perto do fim de sua permanência na terra e resumiu tudo o que tinha visto sobre a conduta de Israel em relação a si mesmo nesta curta frase: *estes não quiseram vir*. Não é dito que "estes não poderiam vir", mas que *estes não quiseram vir*. Alguns por uma razão, e alguns por outra, e talvez alguns sem qualquer razão absolutamente; mas, sem exceção, *estes não querem*. Assim, eles manifestaram sua infidelidade para com o Rei, sua desobediência ao seu comando, sua aversão ao seu Filho, sua repulsa em relação ao banquete real e seu desprezo aos mensageiros enviados a eles pelo Rei.

Observe que o Rei fez essa festa de casamento; portanto, recusar-se a estar presente, quando o convite implicava grande honra para aqueles que o receberam, era um insulto tão singular, que poderia muito bem ser considerado contra o Rei e seu Filho. Se uma pessoa comum os convidasse, eles poderiam pensar se aceitariam o convite, mas um convite real é um comando que, se desobedecido, representará um perigo para aquele que o recusa. Que isso seja lembrado por aqueles que agora estão recusando o convite do evangelho.

4. Depois, enviou outros servos, dizendo: dizei aos convidados: eis que tenho o meu jantar preparado, os meus bois e cevados já mortos, e tudo já pronto; vinde às bodas.

O Rei foi paciente e deu ao povo desleal mais uma oportunidade de vir para a festa de casamento: *Depois, enviou outros servos*. Ele desejava fazer toda provisão para aqueles que recusaram o convite, de modo que eles não tivessem desculpa para persistirem em sua recusa. Possivelmente pode ter havido algo nos servos que os repeliu em vez de atraí-los; ou eles podem não ter anunciado a mensagem do Rei da melhor forma possível; talvez a intimação não foi dada de forma suficientemente clara; ou, possivelmente, ao pensarem sobre o assunto, aqueles que "não queriam vir" poderiam lamentar a sua decisão precipitada e anelar por outro convite para as bodas.

Então o Rei enviou outros servos; e, para que não houvesse nenhum erro sobre a mensagem que deveriam anunciar, Ele lhes disse: *dizei aos convidados: eis que tenho o meu jantar preparado, os meus bois e cevados já mortos, e tudo já pronto; vinde às bodas*. Jesus aqui parecia olhar para o futuro próximo e prever o que aconteceria após a sua morte. Os apóstolos e os discípulos imediatos de nosso Senhor foram por toda a terra, anunciando o evangelho em toda a sua plenitude, verdade e prontidão. No início, eles permaneceram entre os judeus, de acordo com a palavra do Rei: *dizei aos convidados*. Em Antioquia, da Pisídia, Paulo e Barnabé disseram aos judeus que contradiziam e blasfemavam: *era mister que a vós se vos pregasse primeiro a palavra de Deus* (At 13.46). Os apóstolos parecem ter primeiro considerado a sua missão como restrita aos judeus, pois certamente pregaram o evangelho para eles. Disseram-lhes que, pela morte de Jesus, a preparação da salvação dos homens foi totalmente feita, de acordo com as palavras do Rei: *eis que tenho o meu jantar preparado*. Eles pregaram a salvação presente, a qual exibia as riquezas da graça divina: *os meus bois e cevados já mortos*. Na verdade, eles proclamaram a graça toda suficiente a cada necessidade da alma: *tudo já pronto*. E então proferiram a proclamação do Rei: *vinde às bodas*. Em nome do Rei, eles convidaram, solicitaram e até mesmo ordenaram os *convidados* a virem. Eles começaram em Jerusalém e chamaram às bodas a favorecida semente de Abraão, cuja honra era ser o primeiro convidado para o banquete real.

5. Eles, porém, não fazendo caso, foram, um para o seu campo, outro para o seu tráfico.

A maior parte da raça judaica deu pouca atenção à pregação apostólica: eles *não fizeram caso* disso, considerando-o de menos importância do que os assuntos mundanos em que seus corações estavam absortos. Ao não se importarem com o evangelho, eles realmente estavam fazendo pouco caso do próprio grande Rei, pisaram no Filho de Deus e fizeram agravo ao Espírito da graça. A doutrina da cruz foi uma pedra de tropeço para eles; o reino espiritual do Nazareno crucificado era desprezível aos seus olhos: *não fizeram caso*.

Eles seguiram os seus caminhos. Eles não foram para o caminho que o Rei queria que fossem, desprezaram o caminho d'Ele e seguiram seus próprios caminhos, *um para o seu campo, outro para o seu tráfico*. *Seu campo* e *seu tráfico* são estabelecidos contra o jantar do Rei: *meus bois e cevados*. Os rebeldes pareciam dizer: "Que o rei faça o que quiser com seus *bois* e seus *cevados*; cuidarei do meu campo, ou de meu tráfico". Homens carnais amam coisas carnais e "fazem pouco caso" das bênçãos espirituais. Infelizmente, aquela descendência de Abraão, o amigo de Deus, assim se torna tão mundana quanto aqueles a quem os judeus desdenhosamente chamavam de "pecadores dentre os gentios"!

6. E os outros, apoderando-se dos servos, os ultrajaram e mataram.

Os outros religiosos entre os judeus, que se agarravam às formas exteriores com um fanatismo feroz, se levantaram contra os primeiros pregadores do evangelho e os submeteram a perseguições cruéis. Eles não se importavam com a encarnação de Emanuel, aquele casamento misterioso entre Deus e a humanidade; eles em nada se importavam com o próprio Senhor Deus; mas, *apoderando-se dos servos* e, por açoitamento, apedrejamento, calúnia e prisão, *os ultrajaram*. Sua conduta cruel em relação aos servos do Senhor provou que eles estavam cheios de rancor, malícia e ira.

Saulo de Tarso, antes de sua conversão, era um dos fariseus fanáticos e líderes religiosos que eram *severos*[71] contra os seguidores de Cristo, como confessou ao rei Agripa. Em muitos casos, eles não somente ultrajaram completamente os servos do rei, mas os mataram. Estevão[72] foi o primeiro mártir da verdade após a crucificação de seu Senhor, mas ele de modo algum foi o último. Se "o sangue dos mártires é a semente da igreja"[73], a Terra Santa foi abundantemente semeada com tal semente nos primeiros dias do cristianismo. Essa foi a resposta de Israel ao Rei, que ordenou que a nação muito favorecida se unisse em prestar honra ao seu bem-amado Filho. Os judeus disseram ousadamente: "Nós desafiamos o Rei; não queremos que o seu Filho reine sobre nós; e para provarmos a nossa rebelião contra Ele, nós matamos os seus servos".

7. E o rei, tendo notícia disto, encolerizou-se e, enviando os seus exércitos, destruiu aqueles homicidas, e incendiou a sua cidade.

Nestas palavras terríveis, o cerco de Jerusalém, o massacre do povo e a destruição da capital são descritos. *E o rei, tendo notícia disto, encolerizou-se*. O Rei atingiu o limite máximo de sua grande tolerância e paciência. "O cálice do vinho do furor da sua ira" transbordou quando ouviu como seus servos foram maltratados e mortos; e Ele *enviou os seus exércitos*. O imperador romano pensou que estava enviando seus exércitos contra os judeus; mas ele estava, inconscientemente, realizando os propósitos eternos do Deus altíssimo, assim como os reis da Assíria e da Babilônia foram, em tempos antigos, os instrumentos pelos quais o Senhor puniu o seu povo rebelde (Is 10.5; Jr 25.9).

Os carrascos cruéis fizeram seu trabalho terrível da forma mais completa. Leia Josefo[74] e veja como os romanos destruíram: *destruiu aqueles homicidas, e incendiou a sua cidade*. As palavras são notáveis em sua força terrível e precisão. Apenas a onisciência poderia prever e predizer tão plena e fielmente as desgraças que sobreviriam aos assassinos e à sua cidade.

---

[71] Cf. Atos 26.5.
[72] Cf. Atos 7.
[73] Esta frase é atribuída a Tertuliano, escritor cristão do século II.
[74] Flávio Josefo (37 ou 38 - c. 100) foi um historiador e apologista judaico-romano, que registrou in loco a destruição de Jerusalém, em 70 d.C., pelas tropas do imperador romano Vespasiano. Suas duas obras mais importantes são: Guerra dos judeus (c. 75) e Antiguidades judaicas (c. 94).

O castigo divino que caiu sobre Jerusalém deve nos transmitir uma advertência solene nestes dias, quando tantos estão fazendo pouco caso da luz do evangelho em nossa terra grandemente favorecida. Nenhuma nação jamais recusou o evangelho sem ter algum juízo avassalador como a consequência de sua ousadia criminosa. A França está até hoje sofrendo os efeitos dos massacres de São Bartolomeu[75]. Se a Inglaterra rejeitar a verdade de Deus, a sua luz, como uma nação, será extinta em mares de sangue. Que Deus não permita uma calamidade tão terrível, por sua graça onipotente!

8, 9. Então diz aos servos: as bodas, na verdade, estão preparadas, mas os convidados não eram dignos. Ide, pois, às saídas dos caminhos, e convidai para as bodas a todos os que encontrardes.

Então; quando o Rei estava irado, mesmo assim foi gracioso. Em sua ira, Ele se lembrou da misericórdia. O julgamento é a sua obra extraordinária; mas "Ele se deleita na benignidade". *Então diz aos servos*: o Rei ainda tinha servos, embora seus inimigos tenham sido destruídos. Pregadores cristãos permaneceram quando os principais sacerdotes e fariseus foram extintos, e Jerusalém estava em ruínas. O anfitrião real reuniu seus servos e lhes anunciou exatamente o que acontecia: *as bodas, na verdade, estão preparadas*. A provisão do evangelho foi feita em abundância; não houve falta da parte do Rei. O casamento de seu Filho seria celebrado por um banquete; e uma festa requer convidados, *mas os convidados não eram dignos*. Essa é a última vez que ouvimos sobre aqueles que foram convidados. Vendo que eles mesmos se julgaram indignos da vida eterna, outros seriam chamados. A salvação não é uma questão de merecimento, ou ninguém seria salvo. Esses homens eram muito orgulhosos, muito autossuficientes, de espírito muito altivo para serem os destinatários dignos do favor do Rei. Eles preferiram os seus campos e seu tráfico a honrar ao Rei e seu Filho, pois eles eram traidores em seus corações.

O que deveria ser feito? As bodas deveriam ser canceladas e a provisão para a festa ser destruída? Não! O Rei disse aos seus servos: *Ide, pois, às saídas dos caminhos, e convidai para as bodas a todos os que encontrardes*. Glorioso foi o

---

[75] O massacre da noite de São Bartolomeu, ou a noite de São Bartolomeu, foi um evento de violenta repressão ao protestantismo, engendrado pelos reis franceses, que eram católicos. Os assassinatos de cristãos protestantes aconteceram em 23 e 24 de agosto de 1572, em Paris.

transbordar de graça que solicitou aos apóstolos que fossem aos gentios. Até agora eles não tinham sido convidados; mas, quando os judeus finalmente rejeitaram o Messias, Ele deu aos seus discípulos a sua comissão mais ampla: *Ide por todo o mundo, e pregai o evangelho a toda criatura*[76]. Na parábola, salteadores, presos, estrangeiros, mendigos e todos os tipos de pessoas são mencionados; e, portanto, Jesus deve ser pregado aos homens em todas as condições, mas especialmente para aqueles que estão *às saídas dos caminhos*. Não é comum que os homens convidem para um banquete de casamento aqueles que se desviam das estradas para as "saídas do caminho", mas Jesus estava estabelecendo a gratuidade gloriosa do convite do evangelho: *convidai para as bodas a todos os que encontrardes*.

Isso não indica nenhuma chamada limitada, nenhuma pregação somente para o de caráter gracioso. Era correto haver restrições a princípio; mas, após a morte de Cristo, todas as restrições foram removidas. Mesmo nosso Senhor disse: *Eu não fui enviado senão às ovelhas perdidas da casa de Israel*[77], e, quando enviou os seus doze apóstolos, a sua ordem para eles foi: *Não ireis pelo caminho dos gentios, nem entrareis em cidade de samaritanos*[78]. Mas havia chegado o momento da proclamação universal do evangelho. Depois de sua ressurreição, Jesus disse aos seus discípulos: *É-me dado todo o poder no céu e na terra. Portanto ide, fazei discípulos de todas as nações*[79].

10. E os servos, saindo pelos caminhos, ajuntaram todos quantos encontraram, tanto maus como bons; e a festa nupcial foi cheia de convidados.

E os servos, saindo pelos caminhos: eles fizeram o que lhes foi ordenado. Essa foi a ordem para os discípulos fazerem o que a princípio pareceu muito estranho para eles. Eles mesmos pertenciam à raça favorecida, que tinha sido antes convidada, mas a graça de Deus superou os seus preconceitos, e *saíram* entre as nações, anunciando as bodas do Filho de Deus e instando que os homens viessem para a festa de casamento. Os servos saíram em diferentes direções do caminho; a palavra está no plural, "pelos caminhos", a versão

---

[76] Cf. Marcos 16.15.
[77] Cf. Marcos 15.24.
[78] Cf. Marcos 10.5.
[79] Cf. Marcos 28.18-19.

revisada a traduz como "cruzamentos", onde se esperava que a maioria das pessoas estivesse reunida.

Seja onde for que as pessoas estejam, os pregadores do evangelho devem ir com sua mensagem dada por Deus.

Os servos do Rei eram tão sérios e diligentes, e a graça de seu mestre foi tão eficaz por meio deles, que seus esforços foram eminentemente bem-sucedidos. Eles *ajuntaram todos quantos encontraram*. A mensagem que foi desprezada pelos judeus foi acolhida pelos gentios; e, dos grandes caminhos pagãos do mundo — Roma, Atenas, Éfeso etc. —, muitas pessoas foram reunidas para a festa evangélica. Homens de todos os tipos, classes e condições vieram para o banquete de amor. Essas pessoas foram manifestamente dispostas a vir, porque os servos do Rei *ajuntaram todos quantos encontraram*. Características exteriormente muito diferentes foram unidas em obediência à convocação: *tanto maus como bons* foram reunidos para o banquete. No presente estado imperfeito da humanidade, a melhor reunião na igreja visível certamente será uma mistura; haverá alguns admitidos que não deveriam estar lá. O joio crescerá no meio do trigo; o milho e a palha estarão no mesmo lugar; a escória estará misturada com o ouro precioso; os bodes ficarão no meio das ovelhas; a rede do evangelho pegará todo tipo de peixes, "tanto maus como bons".

E a festa nupcial foi cheia de convidados: convidados felizes, dispostos, maravilhados, animados, foram reunidos das saídas dos caminhos, para a companhia do Rei; o mendigo foi retirado do monturo para se sentar com os príncipes na presença do Rei. Aleluia! Assim, o Rei estava satisfeito, o príncipe foi honrado, o salão era festivo; e todos estavam alegres ao som do sino de casamento. Que brados de alegria sobem desses miseráveis quando se sentam à mesa real! Tudo já estava pronto para a festa, nada estava faltando, senão os convidados para participarem da generosidade do Rei; agora que eles vieram, certamente tudo ocorreria bem. Isso nós veremos.

11. E o rei, entrando para ver os convidados, viu ali um homem que não estava trajado com veste de núpcias.

O sucesso dos servos em encher a sala do banquete não era tão pleno quanto parecia ser à primeira vista; pelo menos, não era tão perfeito de modo a ser sem mistura. Os visitantes continuaram a vir ao palácio, colocando as vestes fornecidas pelo Rei e se sentando com sincero prazer para desfrutar as coisas boas preparadas para eles, mas havia alguém entre eles que odiava o Rei e seu filho e que resolveu vir até o grupo festivo sem usar a veste de alegria, e, assim, mostrava, mesmo na presença real, seu desprezo por tudo o que ocorria. Ele veio por ser convidado, mas veio somente na aparência. O banquete era destinado a honrar o filho do Rei, mas esse homem não queria nada desse tipo; ele estava disposto a comer as coisas boas que foram colocadas diante dele, mas em seu coração não havia amor pelo Rei e por seu bem-amado filho.

Sua presença foi tolerada até um certo momento solene: *E o rei, entrando para ver os convidados*. Em seguida, o olhar que vê todas as coisas, e nada negligencia, observou o intruso ousado: *viu ali um homem que não estava trajado com veste de núpcias*. A veste de núpcias representa tudo o que é indispensável para um cristão, mas que o coração não regenerado não está disposto a aceitar. O homem que não vestia a roupa de casamento estava fora da comunhão com a assembleia, fora de harmonia com o seu objetivo, desprovido de fidelidade ao Rei, mas ele foi atrevido e colocou a si mesmo entre os convidados do casamento. Isso foi uma insolência desafiante, a qual não poderia passar despercebida e impune. Em alguns aspectos, ele era pior do que aqueles que recusaram o convite; pois, enquanto ele professou aceitá-lo, apenas veio para que pudesse insultar o Rei diante de sua face. Ele não colocaria a veste que foi fornecida gratuitamente, porque, ao fazê-lo, ele honraria o príncipe cujo casamento era para ele um objeto de desprezo e escárnio.

É bom lembrar que existem inimigos do Rei celestial, não apenas fora daqueles que professam ser a igreja de Cristo, mas também dentro de suas fronteiras. Alguns se recusam completamente a vir para as bodas do seu Filho, mas outros ajudam a encher a sala do banquete, porém ao mesmo tempo são inimigos do grande fundador da festa. Esse homem sem a veste nupcial é o tipo de pessoa que nestes dias finge ser cristã, mas não honra o Senhor Jesus, nem o seu sacrifício expiatório, nem a sua santa Palavra. Eles não estão de acordo com o propósito do banquete do evangelho, ou seja, a glória do Senhor Jesus em seus santos. Eles vêm à igreja para o lucro, para serem honrados, pela moda, ou com o propósito de minar a fé fiel dos outros. O piedoso muitas vezes pode vê-los: aquele homem deve ter sido notável entre os convidados do casamento.

Os traidores dentro da igreja, no entanto, têm muito a temer com a vinda do Rei; Ele os detectará em um momento, assim como o anfitrião real na parábola, quando entrou para ver os convidados e viu ali o homem que não tinha a veste nupcial.

12. E disse-lhe: amigo, como entraste aqui, não tendo veste nupcial? E ele emudeceu.

O Rei se dirigiu a ele muito gentilmente: *E disse-lhe: amigo*. Talvez, afinal, ele não tinha a intenção de insultar o Rei; portanto, o chamou de *amigo*. Tal homem fingia ser um amigo, logo o Rei se dirigiu a ele como tal. Ainda assim, ele tinha cometido um grave ultraje e deveria explicá-lo, *como entraste aqui, não tendo veste nupcial?* Foi por acidente ou de propósito? O guardador das vestes não te falou sobre as roupas fornecidas para todos os meus convidados? Não te sentiste como um pássaro de penas manchadas quando viste todos os teus companheiros em veste nupcial, enquanto tu, com tua própria vestimenta feia, adentraste nesta sala festiva? Se tu és um inimigo, como entraste aqui? Não havia outro lugar para me desafiar além do meu próprio palácio? Não haveria outro momento para este insulto além do dia do casamento do meu filho? O que tens a dizer como uma explicação ou desculpa para a tua conduta estranha? Observe quão pessoal é a pergunta. O Rei se dirige a ele como se fosse o único presente.

E ele emudeceu. Ele teve uma boa oportunidade para se desculpar, se pudesse fazê-lo, mas ficou impressionado com a majestade do Rei e foi condenado por sua própria consciência. Nenhuma evidência precisou ser dada contra ele, pois estava diante de todas as pessoas, condenado em si mesmo, culpado de infidelidade evidente e inegável. O original diz: "ele estava amordaçado". Ele poderia falar muito fluentemente antes de o Rei entrar, mas depois ele não teve uma palavra a dizer. Que silêncio eloquente é esse! Por que ele não cai de joelhos e pede perdão por seu crime ousado nesse momento? Ai! O orgulho o tornou incapaz de arrepender-se; ele não se renderia, mesmo no último momento.

Não há defesa para um homem que está na igreja de Cristo, mas cujo coração não é reto diante de Deus. O Rei ainda vem para ver os convidados que aceitaram o convite real para o casamento de seu Filho. Ai de qualquer um que Ele encontrar sem a veste nupcial!

13. Disse, então, o rei aos servos: amarrai-o de pés e mãos, levai-o, e lançai-o nas trevas exteriores; ali haverá pranto e ranger de dentes.

Tal homem disse por sua ação, se não em palavras: "Eu sou um homem livre, e farei o que eu quiser". *Disse, então, o rei aos servos: amarrai-o*; prendam--no, que ele nunca seja livre novamente. Ele tinha sido muito irreverente com as coisas santas, tinha insultado ativamente o Rei, havia levantado a mão em rebelião e se atreveu a pôr o seu pé no palácio do Rei: *amarrai-o de pés e mãos*. Preparem o criminoso para execução; que não haja possibilidade de fuga do rebelde. Ele estava onde não deveria estar. *levai-o*. O palácio do Rei não é lugar para os traidores. Às vezes, essa sentença de remoção da comunhão é executada pela igreja, quando os enganadores são considerados fora do povo do Senhor, apenas por disciplina; porém, é mais plenamente realizada na hora da morte. É digno de nota que a palavra para *servos* neste versículo não é a mesma que a utilizada nos versículos 3, 4, 6, 8 e 10. Não é *douloi*, aqui é *diakonoi*, ministros, indicando os anjos, cuja atividade é especialmente remover do reino de Cristo *todos os escândalos e os que praticam a iniquidade* (13.41) *e separarão os maus de entre os justos* (13.49).

O homem da parábola tinha recusado a veste resplandecente, assim o Rei disse aos seus servos: *lançai-o nas trevas exteriores*. Lancem-no para longe, como os homens lançam as ervas daninhas para fora do jardim ou lançam as víboras no fogo. Lancem-no para longe da sala do banquete, onde as tochas em chamas e lâmpadas são brilhantes, nas trevas exteriores. Será tudo mais escuro para ele, uma vez que ele viu a luz no interior. Sua ousada insolência merece o castigo mais notável: ele é designado para um lugar onde *haverá pranto e ranger de dentes*. Este não será um lugar de arrependimento, pois as lágrimas vertidas não serão devido à tristeza piedosa pelo pecado, mas serão escaldantes fluxos dos olhos que piscam com o fogo da rebelião e inveja queimando nos corações insubmissos. O *ranger de dentes* mostra o tipo do choro. O lançar de Deus provocaria o ranger de dentes em toda a fúria de ódio decepcionado, que foi frustrado em sua tentativa de desonrar o Rei nas bodas de seu Filho. Aqueles que são cristãos nominais e ainda assim são descrentes e desobedientes sofrerão tal desgraça aqui descrita. Que o Senhor, em misericórdia, salve a todos nós de um destino tão terrível!

14. Porque muitos são chamados, mas poucos escolhidos.

Muitos são chamados: a limitação não está no chamado. Nós não pregamos nenhum evangelho restrito. Todos os que ouvem o evangelho são chamados, mas ele não atua com poder em todos os corações: *mas poucos escolhidos*. O resultado mostrará que, de uma maneira ou de outra, muitos perdem a festa de casamento, e alguns espíritos escolhidos a encontram, pela eleição da graça de Deus.

Essas palavras, naturalmente, referem-se a toda a parábola. Aqueles que foram *chamados* inclui os que rejeitam o convite do Rei; os quais, por sua recusa, provam que eles não foram *escolhidos*. Mesmo entre aqueles que aceitaram o convite havia alguém que não era escolhido, pois ele insultou o Rei em seu próprio palácio e mostrou sua inimizade por sua desobediência às demandas reais. Havia, no entanto, os escolhidos; e os tais eram suficientes para encher a sala festiva do grande Rei e prestar a devida honra às bodas de seu Filho. Bem-aventurados todos os que se assentarão à ceia das bodas do Cordeiro! Que o escritor e todos os seus leitores estejam entre essa assembleia escolhida, e para sempre adoremos a graça distintiva de Deus, que tem tão altamente nos agraciado!

MATEUS 22.15-22
OS INIMIGOS DO REI TENTAM ENGANÁ-LO

15. Então, retirando-se os fariseus, consultaram entre si como o surpreenderiam nalguma palavra.

Então, retirando-se os fariseus: eles devem ter percebido que a parábola das bodas, como a dos maus lavradores, foi dita contra eles. As palavras do Senhor, no entanto, não os moveu ao arrependimento, mas apenas aumentaram a sua malícia e ódio contra Jesus. Seus corações foram endurecidos e as suas consciências se tornaram altivas, de modo que *consultaram entre si como o surpreenderiam nalguma palavra.* Eles não reconheceriam que Cristo era a sabedoria de Deus e o poder de Deus; se o reconhecessem, não tentariam essa tarefa impossível. Eles viram que enredar Jesus em seu discurso era uma tarefa difícil; e, portanto, *consultaram* como eles poderiam surpreendê-lo. Se Jesus fosse tão defeituoso quanto nós, eles teriam conseguido, pois os homens que desejam nos enredar em alguma palavra não precisam consultar muito sobre como fazê-lo.

Esse incidente nos ensina que os homens que podem ser tão precisos e formais quanto eram esses fariseus ainda podem deliberadamente tentar enredar um adversário. Grande religiosidade exterior pode coexistir com o espírito mais medíocre.

16. E enviaram-lhe os seus discípulos, com os herodianos, dizendo: mestre, bem sabemos que és verdadeiro, e ensinas o caminho de Deus segundo a verdade, e de ninguém se te dá, porque não olhas a aparência dos homens.

E enviaram-lhe os seus discípulos; eles provavelmente estavam com vergonha de aparecer novamente na presença de Cristo, depois da exposição de sua conduta em relação a si mesmo como o Filho do Rei; assim, enviaram um grupo seleto de seus discípulos, na esperança de que os estudiosos teriam sucesso onde seus mestres tinham falhado. Com *os herodianos*: os discípulos dos fariseus deveriam ser reforçados por um grupo da parte oposta dos inimigos de Cristo. O grupo unido poderia atuar contra Jesus a partir de diferentes posições. Os fariseus odiavam o governo de uma força estrangeira, enquanto os herodianos defendiam a supremacia de César. Esses dois grupos eram divergentes, até mesmo se odiavam, mas por um momento deixaram de lado as suas próprias disputas, para que, de uma forma ou outra, tentassem enganar o nosso Senhor.

Eles começaram com lisonjas. Eles se dirigiram a Jesus por um título de respeito, *mestre*: eles apenas usaram a palavra por hipocrisia, mas professavam considerá-lo como um mestre da lei e uma autoridade em pontos controversos da doutrina ou prática. Eles também admitiram a sua sinceridade e veracidade: *bem sabemos que és verdadeiro, e ensinas o caminho de Deus segundo a verdade*. Eles o elogiaram ainda mais por seu destemor: *e de ninguém se te dá*. Eles, então, o louvaram por sua imparcialidade: *porque não olhas a aparência dos homens*. Tu falarás sem qualquer consideração com o que César, ou Pilatos, ou Herodes, ou qualquer um de nós pense, diga ou faça. Assim, eles tentaram remover a sua vigilância pelo que pronunciaram por pura bajulação. Tudo o que eles disseram era verdade, mas eles não falaram sinceramente.

Em seus lábios, havia mera bajulação. Observemos que, quando os homens maus são muito elevados em seus louvores sobre nós, eles geralmente têm algum propósito mau contra nós. Eles bajulam e lisonjeiam para que possam enganar e destruir.

17. Dize-nos, pois, que te parece? É lícito pagar o tributo a César, ou não?

Dize-nos, pois: porque *és verdadeiro, e ensinas* o caminho de Deus segundo a verdade, porque não te importas com a opinião de qualquer homem quando tu afirmas o que é reto e porque tu não olhas a aparência dos homens, mas ousas falar a verdade, se eles ouvirão ou não; dize-nos, pois, *que te parece?* Nós estamos muito ansiosos para saber a tua opinião sobre este ponto importante, sobre o qual há ensinos divergentes. Essa é uma questão de grande interesse público, sobre a qual todos estão falando; que deve ser considerada em todos os seus aspectos por tal mestre sábio como és, e nós queremos saber os teus pensamentos sobre isso: *que te parece?* Prezados inocentes! Parecia que eles queriam instrução d'Ele! Durante todo o tempo em que estavam falando, interiormente se regozijavam sobre o triunfo que certamente teriam sobre Jesus, quando, por qualquer resposta que pudesse dar, ou mesmo por seu silêncio, Ele provocaria a hostilidade ou de uma parte do povo ou de outra.

Aqui está a pergunta feita ao nosso Senhor: *É lícito pagar o tributo a César, ou não?* Eles se referiam ao imposto de capitação anual exigido pelos romanos, o que era a causa de grande indignação entre os judeus e provocava insurreições frequentes. Judas da Galileia (At 5.37), um dos muitos falsos Messias, tinha ensinado que não era lícito dar tributo a César, e ele havia morrido em consequência de sua rebelião contra Roma. Aqueles que questionavam Cristo poderiam ter a esperança de que consequência semelhante aconteceria a Ele.

Sua pergunta era delicada e difícil de muitas maneiras. Qualquer resposta poderia lidar com questões pelas quais os seus inimigos esperavam capturá-lo. Se Ele dissesse: "É lícito", então o denunciariam como se estivesse unido aos opressores do seu povo e um traidor da teocracia de que eles se gloriavam, apesar de terem praticamente anulado a regra divina. Se Jesus dissesse: "Não é lícito", eles poderiam denunciá-lo ao governador romano como alguém que agitaria a multidão à rebelião. Essa foi, de fato, uma das falsas acusações feitas contra Jesus quando esteve diante de Pilatos: *Havemos achado este pervertendo a nação, proibindo dar o tributo a César, e dizendo que ele mesmo é Cristo, o rei*[80]. Se Jesus permanecesse em silêncio, eles o acusariam de ser um covarde que não ousaria dizer o que pensava, para que não ofendesse os seus ouvintes. O laço foi lançado muito habilmente, mas aqueles que tão astuciosamente agiram assim não imaginavam que estavam montando uma armadilha na qual eles mesmos seriam capturados. Assim frequentemente acontece, como disse Davi: *enlaçado foi o ímpio nas obras de suas mãos*[81].

18. Jesus, porém, conhecendo a sua malícia, disse: por que me experimentais, hipócritas?

Nosso grande Rei, que conhece os pensamentos, não seria enganado pela bajulação ou por questionamento malicioso: *Jesus, porém, conhecendo a sua malícia*; pois essa era uma malícia vingativa. Jesus arruinou a malícia e engano,

---
[80] Cf. Lucas 23.2.
[81] Cf. Salmo 9.16.

mas viu a astúcia de seus inimigos e percebeu a maldade que os levou a atacá-lo. Os espectadores podem não ter percebido a maldade deles, os discípulos do Senhor podem ter ficado confundidos sobre como Jesus responderia; mas, como em todas as outras circunstâncias difíceis, Jesus sabia o que fazer.

Provavelmente até os seus inimigos não esperavam tal pergunta como a que Jesus lhes fez: *por que me experimentais, hipócritas?* Eles imaginavam ter disfarçado seu propósito real tão inteligentemente, que foram surpreendidos por ter a sua máscara rapidamente arrancada de seus rostos e serem expostos diante dos ouvintes em seu verdadeiro caráter, como *hipócritas*. Jesus os comparou a atores, dissimulados, homens agindo falsamente com intenção de enganar. Jesus os chamou justamente de hipócritas e sabiamente lhes disse: *por que me experimentais?* É como se tivesse dito: "Vejam que eu não sou enganado por seus discursos falsos e lisonjeiros; eu posso perceber a malícia que está em seus corações, vocês são completamente impotentes diante de mim, se eu optar por tratá-los como posso fazer; o que pobres e insignificantes criaturas, tais como vocês, podem fazer contra mim?". *Por que me experimentais?* Há infinito desprezo na pergunta de nosso Salvador; ainda assim, há um tom de piedade mesmo por aqueles que não a mereciam: *por que me experimentais?* Eu lhes dei qualquer motivo pelo qual devam me prender? Por que vocês são tão tolos a ponto de fazer perguntas que são para a sua própria dor?

Sempre que os homens fingem grande reverência por Jesus e em seguida buscam derrubar o evangelho por seu ensino errôneo ou por sua falsamente chamada ciência, eles são hipócritas vis.

19. Mostrai-me a moeda do tributo. E eles lhe apresentaram um dinheiro.

Tendo exposto a insensatez e hipocrisia deles, Jesus prossegue em expô-los publicamente à vergonha. Ele lhes disse: *Mostrai-me a moeda do tributo*. Este pedido de sua parte e a conformidade deles com a solicitação tornariam toda a questão mais nítida e impressionante para os espectadores. Quando há algo para ver e manusear, uma lição se torna mais marcante. Nosso Senhor lhes pediu que mostrassem uma moeda geralmente paga como imposto de capitação; *e eles lhe apresentaram um dinheiro*. Essa moeda representava o pagamento diário de um soldado romano, e, na parábola da vinha, Ele disse que esse era o salário diário do trabalhador. Se aqueles homens soubessem como Jesus usaria o dinheiro, não teriam tão rapidamente dado uma moeda a Ele. Essa moeda comprou a própria confusão dos tais. Eles nunca mais conseguiriam olhar para a moeda do tributo sem recordarem como foram frustrados em sua tentativa de enganar o Nazareno que odiavam.

20, 21. E ele diz-lhes: de quem é esta efígie e esta inscrição? Dizem-lhe eles: de César. Então ele lhes disse: dai pois a César o que é de César, e a Deus o que é de Deus.

Ele fez outra pergunta, que eles mesmos responderam: *E ele diz-lhes: de quem é esta efígie e esta inscrição?* Diante deles estava a imagem e inscrição do imperador romano sobre a moeda, mas Jesus queria que eles mesmos o dissessem, então Ele pergunta: *de quem é?* Os rabinos judeus ensinavam que "se a moeda de um rei é usada em um país, os homens deste país, por meio disso, o reconhecem como o seu senhor".

Quando estamos lidando com homens ímpios, seria bom torná-los os seus próprios acusadores.

Eles disseram a Jesus: *de César*. Nenhuma outra resposta era possível. Esse dinheiro do tributo não era uma moeda da cunhagem judaica, mas o dinheiro do império romano. Essa era prova clara de que, gostassem ou não, eles eram súditos romanos e César era o seu governante. O que, então, deve seguir, senão que eles devem pagar ao seu governante o que lhe é reconhecidamente devido? Então ele lhes disse: *dai pois a César o que é de César, e a Deus o que é de Deus*. Tudo o que é de César deve ser tributado a ele.

Jesus não disse o que era de César, a própria moeda resolveu a questão sobre o pagamento de tributos; sua resposta envolvia todos os deveres dos súditos leais ao governante sob cuja jurisdição eles viviam, mas isso não afetava a soberania de Deus. Jeová tinha o domínio sobre as consciências e os corações; e eles deveriam ver que, como César tinha o que lhe era devido, o Senhor também deveria ter o seu. Portanto, dai *a Deus o que é de Deus*. Essa não foi uma resposta evasiva da parte de Cristo; era cheia de significado e muito pertinente; e, ainda assim, foi respondida de tal modo, que nem fariseus nem herodianos poderiam fazer nada com ela para as suas finalidades ou para o seu miserável objetivo de surpreender Jesus em alguma palavra. Nenhum dos dois grupos teve proveito em sua tentativa.

Para nós, a lição desse incidente é que o Estado tem a sua função e devemos cumprir os nossos deveres para com ele, mas não devemos esquecer que Deus tem o seu trono e não devemos permitir que o reino da terra nos transforme em traidores do reino dos céus. César deve manter a sua posição, e não deve intencionar ir além dele, mas somente Deus deve ter o domínio espiritual para si mesmo.

22. E eles, ouvindo isto, maravilharam-se, e, deixando-o, se retiraram.

Eles ainda tinham algum sentido, mesmo que não tivessem nenhum sentimento. Eles viram que seu plano tinha falhado vergonhosamente, *maravilharam-se* da sabedoria com que Cristo tinha confundido a sua astúcia, sabiam que não havia esperança de continuar o conflito; logo, *deixando-o, se retiraram*. O caminho deles não era o caminho de Jesus. Eles já haviam admitido em seu discurso lisonjeiro que Ele era um verdadeiro mestre do caminho de Deus; e agora eles completaram a sua própria condenação, deixando-o e seguindo o seu próprio curso.

Senhor, nos livra de seguir esse exemplo impiedoso! Em vez disso, que possamos ser unidos a Cristo e sigamos o seu caminho!

MATEUS 22.23-33
O REI E OS SADUCEUS

23. No mesmo dia chegaram junto dele os saduceus, que dizem não haver ressurreição, e o interrogaram.

No mesmo dia: não houve descanso para Jesus; assim que um grupo de inimigos foi expulso, outros chegaram para atacá-lo. Ele tinha silenciado os fariseus e os herodianos; agora chegaram junto d'Ele os saduceus, os religiosos liberais, os racionalistas dos dias de nosso Salvador: *que dizem não haver ressurreição*. Eles rejeitaram muito mais o ensino das Escrituras do que a questão da ressurreição, mas isso é especialmente mencionado aqui por ser o assunto sobre o qual eles esperavam enganar ou confundir o Salvador. Os saduceus *dizem não haver ressurreição*; ainda assim, eles vieram a Cristo para perguntar o que aconteceria em um determinado caso na ressurreição. Eles evidentemente achavam que poderiam indicar um caso que traria desprezo à doutrina da ressurreição dos mortos. Eles poderiam ter aprendido com a experiência dos fariseus e herodianos; mas, sem dúvida, sentiram-se tão seguros de sua própria posição, que esperavam ter sucesso, embora os outros tivessem falhado muitíssimo.

24. Dizendo: mestre, Moisés disse: se morrer alguém, não tendo filhos, casará o seu irmão com a mulher dele, e suscitará descendência a seu irmão.

Mestre; eles vieram com aparente respeito pelo grande *mestre*. Eles foram tão educados quanto o anterior grupo de maliciosos; mas, semelhante aos outros, embora as palavras de sua fala fossem macias como manteiga, havia guerra em seus corações; embora as suas palavras fossem mais suaves do que o azeite, eram espadas desembainhadas (Sl 55.21).
Moisés disse: eles citaram o assunto, mas não as palavras exatas registradas em Deuteronômio 25.5. A lei de Moisés, neste e em muitos outros casos, intervém em costumes reconhecidamente existentes, impondo determinadas regulamentações sobre eles. Um homem morrer sem deixar um

filho para carregar o seu nome e possuir a sua herança era considerado tão grande calamidade, que os judeus julgavam que todos os meios possíveis deveriam ser tomados para evitá-lo. A prática aqui descrita prevalece entre várias nações orientais até hoje.

25-28. Ora, houve entre nós sete irmãos; e o primeiro, tendo casado, morreu e, não tendo descendência, deixou sua mulher a seu irmão. Da mesma sorte o segundo, e o terceiro, até ao sétimo; por fim, depois de todos, morreu também a mulher. Portanto, na ressurreição, de qual dos sete será a mulher, visto que todos a possuíram?

Estes saduceus podem ter conhecido um caso como o citado, porém isso é extremamente improvável; provavelmente essa era uma das histórias que contavam para ridicularizar a ressurreição. Eles não tinham nenhuma crença em seres espirituais, portanto eles supunham que, se houvesse um estado futuro, seria semelhante ao presente. Tendo citado o caso, eles fizeram uma pergunta desconcertante ao Salvador: *Portanto, na ressurreição, de qual dos sete será a mulher, visto que todos a possuíram?* Sem dúvida, eles pensaram que essa questão confundiria Cristo, como confundiria outras pessoas se o mesmo lhes fosse perguntado, mas Ele não teve mais dificuldade em responder a essa questão do que teve nos inquéritos anteriores.

29. Jesus, porém, respondendo, disse-lhes: errais, não conhecendo as Escrituras, nem o poder de Deus.

Jesus, porém, respondendo, disse-lhes: errais. O erro não era com Ele, mas com os saduceus. Seu suposto argumento era baseado em suas próprias noções errôneas sobre o mundo invisível; e, quando a luz da Palavra de Deus foi derramada sobre estes supostos sete homens, eles desapareceram no ar. Hoje a resposta aos objetores, céticos e infiéis pode ser dada conforme as palavras de nosso Senhor: *Errais, não conhecendo as Escrituras, nem o poder de Deus.* Estes saduceus pensavam ter encontrado uma dificuldade nas Escrituras, mas seu erro surgiu de não conhecerem as Escrituras. A ignorância da Palavra de Deus inspirada é a raiz de quase todo o erro. Estes homens estavam familiarizados com a letra, mas eles realmente não conheciam as Escrituras, ou eles teriam encontrado ali revelações abundantes sobre a ressurreição.

Seu erro surgiu, também, da ignorância do poder de Deus. A ressurreição dos mortos é uma das maiores provas do poder de Deus, para quem todas as coisas são possíveis. Estes saduceus limitaram o Santo de Israel ao ignorarem ou limitarem o seu poder. O que há sobre a ressurreição que é impossível de ser crido para o homem que conhece o poder de Deus? Certamente, aquele que criou todas as coisas pela palavra do seu poder pode, por esse mesmo poder, ressuscitar os mortos em seu próprio tempo determinado.

30. Porque na ressurreição nem casam nem são dados em casamento; mas serão como os anjos de Deus no céu.

Na ressurreição: nosso Senhor deu a entender que há uma ressurreição; Ele nem sequer se esforça para provar essa verdade, mas passou a falar da vida após a ressurreição como sendo de uma ordem superior à nossa vida natural presente: *nem casam nem são dados em casamento; mas serão como os anjos de Deus no céu*. A resposta de nosso Salvador combateu outro erro dos saduceus; seus interrogadores não criam nos anjos. Jesus não tentou provar a existência dos anjos, mas também lidou com esse fato como certo, dizendo que *na ressurreição* os homens *são como os anjos de Deus no céu*. Ele não disse que eles são transformados em anjos; mas, como Lucas registra suas palavras, *eles são iguais aos anjos*[82]. Eles são seres espirituais, como Paulo explica em 1Coríntios 15.

31, 32. E, acerca da ressurreição dos mortos, não tendes lido o que Deus vos declarou, dizendo: eu sou o Deus de Abraão, o Deus de Isaque, e o Deus de Jacó? Ora, Deus não é Deus dos mortos, mas dos vivos.

Agora nosso Salvador dá mais instruções a esses saduceus: *E, acerca da ressurreição dos mortos*. Ele citou a fórmula que tantas vezes usou com aqueles que professavam ler as Escrituras, *não tendes lido?* Vocês rejeitam as tradições orais que os fariseus aceitam e ensinam em lugar dos mandamentos de Deus, e, ainda assim, *não tendes lido o que Deus vos declarou?* Jesus sempre manifestou

---
[82] Cf. Lucas 20.36.

máxima reverência pela Palavra de Deus revelada. Aqui Ele mostrou que a verdade conhecida nas Escrituras é muito pessoal. Essa mensagem foi manifesta àqueles saduceus, embora não a conheciam; foi falada por Deus, mas eles não a aceitaram.

Quão necessário é que examinemos as Escrituras, para que não haja verdades divinamente reveladas que nem sequer tenhamos lido! Quão indispensável também é o ensino do Espírito Santo, para que não leiamos, como aqueles saduceus, e ainda não conheçamos as Escrituras!

Jesus poderia ter se referido a muitas passagens do Antigo Testamento sobre a ressurreição; mas, como os saduceus consideravam o Pentateuco com honra especial, Ele citou o que Moisés tinha registrado em Êxodo 3.6: *Eu sou* [...] *o Deus de Abraão, o Deus de Isaque, e o Deus de Jacó*, e depois acrescentou seu próprio comentário e exposição: *Ora, Deus não é Deus dos mortos, mas dos vivos*. Abraão, Isaque e Jacó haviam morrido há muito tempo quando o Senhor falou a Moisés do meio da sarça ardente. Suas palavras indicavam que os patriarcas ainda viviam. Sua aliança foi feita com aqueles que ainda existiam.

Há muito ensino nesta verdade, que *Deus não é Deus dos mortos, mas dos vivos*. Alguns supõem que, até a ressurreição, os santos são praticamente inexistentes, mas isso não pode ser assim. Embora sem corpo, eles ainda vivem. Jesus não discute sobre isso, mas Ele afirma o fato como além de qualquer dúvida. O Deus vivo é o Deus dos homens vivos; e Abraão, Isaque e Jacó ainda estão vivos, e identificados como as mesmas pessoas que viveram na terra. Deus é o Deus do corpo de Abraão, bem como de sua alma, pois o selo pactual foi estabelecido sobre a sua carne. A sepultura não pode segurar qualquer parte dos pactuantes; Deus é o Deus de todo o nosso ser: espírito, alma e corpo.

33. E, as turbas, ouvindo isto, ficaram maravilhadas da sua doutrina.

A resposta de nosso Senhor aos saduceus foi tão completa, que eles *emudeceram* (v. 34). Eles não tentam qualquer outro ataque contra Jesus, pois devem ter sido convencidos de sua própria impotência. Aqueles que estavam ali como ouvintes, *as turbas*, que se reuniam em multidões e se deleitavam quando havia uma discussão pública, *ficaram maravilhadas da sua doutrina*.

Eles ficaram maravilhados, tanto com o conteúdo quanto com a forma do ensinamento de Cristo. Essa é uma expressão que muitas vezes encontramos na vida de nosso Senhor; mas, aparentemente, aqueles que foram maravilhados não aceitaram o seu ensino. Eles falaram uns com os outros sobre a maneira maravilhosa com que Jesus respondeu a todas as perguntas, mas não admitiram que tal mestre fosse o Messias que esperavam por tanto tempo. Mesmo os escribas, que elogiaram a Cristo por sua resposta (Lc 20.39), dizendo: "mestre, disseste bem", não prosseguiram com a confissão, de modo a se tornarem seus discípulos.

MATEUS 22.34-40
O REI É TESTADO POR UM DOUTOR DA LEI

34. E os fariseus, ouvindo que ele fizera emudecer os saduceus, reuniram-se no mesmo lugar.

A multidão que escutou Cristo e ficou maravilhada por suas respostas aos saduceus em breve anunciaria as notícias da derrota deles. Quando os fariseus ouviram dizer que Jesus havia silenciado os saduceus, sem dúvida sentiram prazer por seus inimigos serem vencidos, mas tristes por Jesus novamente se mostrar vitorioso em argumentos. Jesus, em um dia, confundiu os principais sacerdotes e os anciãos do povo, os fariseus e seus discípulos, os herodianos e os saduceus. Se Jesus continuasse a prevalecer, todas as pessoas seriam conquistadas por Ele. Então, mais uma vez, eles se consultaram entre si: *se reuniram*. Eles deveriam pensar em algum novo ataque, algum novo plano para que Jesus fosse vencido. Quão perseverantes os homens ímpios são em seus caminhos de impiedade! Enquanto lamentamos a sua maldade, imitemos a sua persistência.

35. E um deles, doutor da lei, interrogou-o para o experimentar, dizendo:

Aparentemente, o resultado da reunião deles foi que escolheram um dentre eles para fazer outra pergunta a Jesus: *um deles, doutor da lei, interrogou--o*. Marcos diz que este homem era um dos escribas, um daqueles constantemente envolvidos em copiar a lei e também alguém que explicava o seu significado para o povo. Ele era um senhor versado na lei. Ele veio, seja como representante dos fariseus ou por sua própria conta, e fez uma pergunta a Jesus, *para o experimentar*. Atribuindo o sentido mais brando à palavra "experimentar", ela transmite a ideia de testar e tentar em um sentido hostil. Provavelmente ele era um homem de maior conhecimento e discernimento entre os seus associados; pois, evidentemente, estava apenas meio envolvido na obra de experimentar Cristo. Marcos 12.28 diz que ele tinha ouvido as palavras do Senhor aos saduceus *e, percebendo que lhes havia respondido bem*, fez a sua própria pergunta a Jesus. Ele era, evidentemente, um homem sincero, possuindo bastante conhecimento espiritual. Isso pode ajudar a explicar a razão para a sua pergunta:

36. Mestre, qual é o grande mandamento na lei?

De acordo com os rabinos, havia muitos mandamentos que eram secundários, e outros que eram de maior importância. Eles muitas vezes ordenavam o que era, comparativamente, bem pequeno, como se fosse igual aos maiores. Um deles até ousava dizer que os mandamentos dos rabinos eram mais importantes do que os mandamentos da lei, porque os da lei eram pequenos e grandes, mas todos os mandamentos dos rabinos eram grandes. Alguns deles consideravam comer sem lavar as mãos como sendo tão grande crime quanto o assassinato; e classificariam a debulha de espigas de milho no dia de sábado equivalente ao adultério; assim, eles causavam grande confusão quanto à ordem real dos preceitos morais. Era, portanto, muito desejável obter desse professor prudente, que o escriba tratou como mestre, uma resposta com autoridade para esta pergunta: *qual é o grande mandamento na lei?* Esse questionamento poderia enredar o Salvador se não o respondesse com sabedoria; e nisso o doutor da lei o experimentou, testou, tentou e provou.

Bendito seja o seu querido nome, Jesus poderia suportar qualquer teste no qual fosse colocado! Satanás o tentou, testou e provou ao máximo de seu poder, porém mesmo o maligno nunca encontrou qualquer falha, defeito ou imperfeição n'Ele.

37, 38. E Jesus disse-lhe: amarás o Senhor teu Deus de todo o teu coração, e de toda a tua alma, e de todo o teu pensamento. Este é o primeiro e grande mandamento.

Estas eram palavras muito familiares aos ouvintes de nosso Senhor, pois todos os judeus devotos tinham o hábito de repeti-las todas as manhãs e noites.

Nosso Salvador citou Deuteronômio 6.4-9; esta era uma das quatro passagens que eram usadas como filactérios (23.5). Jesus disse-lhe: *amarás o Senhor teu Deus de todo o teu coração*. Porque Ele é o nosso Deus, Jeová reivindica o amor do nosso coração. Como nosso criador, preservador, provedor e juiz, Ele nos ordena que entreguemos a Ele todas as afeições de nossos corações; a amá-lo em primeiro lugar, a amá-lo mais e muito sinceramente; devemos amá-lo de modo que não se compare com o amor que temos por qualquer próximo ou por nós mesmos.

E de toda a tua alma. Devemos amar a Deus com toda a nossa vida, amá-lo mais do que a nossa vida; de modo que, se necessário, antes daríamos a nossa vida em vez de desistir de nosso amor a Deus.

E de todo o teu pensamento. Devemos amar a Deus com nosso intelecto, com todos os poderes da nossa mente, fazendo com que a memória, pensamento, imaginação, razão, julgamento e todas as nossas faculdades mentais se prostrem aos pés de Deus em adoração e amor.

Este é o primeiro e grande mandamento. É o primeiro quanto ao tempo, pois foi ordenado aos anjos antes que o homem fosse criado; foi ordenado a Adão desde o momento de sua criação à imagem de Deus. É o primeiro em importância, pois não há amor por uma criatura digno de comparação com o amor pelo criador. Este mandamento é também grande porque envolve todos os outros e porque as suas exigências são muito grandes, ou seja, exige todo o amor de nosso coração, alma e entendimento.

Quem pode dar a Deus esse amor perfeito? Ninguém de nossa raça caída. A salvação pelas obras da lei é, evidentemente, uma impossibilidade, pois não podemos obedecer mesmo ao primeiro mandamento. Há Alguém que obedeceu, e a obediência de Cristo é considerada como a obediência de todos os que confiam n'Ele. Sendo livres da condenação da lei, eles buscam sempre obedecer a esse *grande e primeiro mandamento*, pelo poder do Espírito Santo que habita neles!

39. E o segundo, semelhante a este, é: amarás o teu próximo como a ti mesmo.

A resposta é mais ampla do que a pergunta. O doutor da lei perguntou sobre *o grande mandamento*; Cristo respondeu à sua pergunta e depois acrescentou: *E o segundo, semelhante a este, é: amarás o teu próximo como a ti mesmo.* Quem de nós realmente tem amado o seu próximo como a si mesmo? Sob o evangelho, este mandamento certamente não é menos exigido.

40. Destes dois mandamentos dependem toda a lei e os profetas.

    O ensinamento de Moisés e de todos os profetas poderia ser resumido nestes dois mandamentos. O dever de amar a Deus e amar o nosso próximo como a nós mesmos é o tema supremo da revelação divina. Disso, como pendurado em um prego, *dependem toda a lei e os profetas*. Remova o prego, e o que você deixa como um suporte para o ensino dado pelo Senhor através dos homens santos do passado que escreveram ao serem movidos pelo Espírito Santo?

MATEUS 22.41-46
O REI FAZ PERGUNTAS

41, 42. E, estando reunidos os fariseus, interrogou-os Jesus, dizendo: que pensais vós do Cristo? De quem é filho? Eles disseram-lhe: de Davi.

Agora o Rei conduz a guerra ao país do inimigo. Ele respondeu a todas as perguntas que lhe foram feitas; era a sua vez de fazer perguntas para aqueles que vieram examiná-lo. *Estando reunidos os fariseus, interrogou-os Jesus*, ou seja, enquanto eles ainda permaneciam perto d'Ele, desapontados e derrotados, ainda buscando alguma oportunidade de atacá-lo, Jesus lhes perguntou, dizendo: *que pensais vós do Cristo?* Nosso Senhor aqui define aos seus servos o exemplo de como devem lidar com sofistas, enganadores e objetores. Tendo respondido sabiamente a todas as perguntas, instou com eles, perguntando: *que pensais vós do Cristo?* Eles tentaram confundi-lo com suas perguntas sobre a igreja e o Estado, a vida futura e a importância dos mandamentos, mas Jesus lhes fez uma pergunta muito mais vital: *que pensais vós do Cristo?*

Jesus também demandou de seus ouvintes mais investigação sobre o Cristo, pois as palavras usadas evidentemente intencionam o Messias: *De quem é filho? Eles disseram-lhe: de Davi*. Eles sabiam que o libertador prometido seria descendente de Davi; porém, ou eles não sabiam ou não queriam confessar que Ele tinha uma origem humana, bem como divina. Isso o Salvador anuncia por mais perguntas.

43-45. Disse-lhes ele: como é então que Davi, em espírito, lhe chama Senhor, dizendo: disse o Senhor ao meu Senhor: assenta-te à minha direita, até que eu ponha os teus inimigos por escabelo de teus pés? Se Davi, pois, lhe chama Senhor, como é seu filho?

Estas perguntas de nosso Senhor contêm em si mesmas as respostas para os críticos atuais que negam a inspiração divina das Escrituras e a autoria de Davi e aplicação messiânica de certos Salmos. *Disse-lhes ele: como é então que Davi, em espírito, lhe chama Senhor*, citando o Salmo 110.1, *dizendo: disse o Senhor ao meu Senhor: assenta-te à minha direita, até que eu ponha os teus inimigos por escabelo de teus pés?* Nosso Salvador declarou que essas foram as palavras de Davi, falando *pelo Espírito Santo* (Mc 12.36), sobre o Cristo, o Messias. Esse fato resolve para sempre a questão sobre a inspiração, a autoria e a aplicação desse Salmo. *Disse o Senhor ao meu Senhor*, Jeová disse a Adonai: Davi, pelo Espírito Santo, soube o que o Pai disse ao Filho; e assim ele teve comunhão com a santíssima Trindade. *Assenta-te à minha direita*: o Messias foi ordenado a descansar após a sua grande obra mediadora ser realizada e se assentar à destra de seu Pai, em lugar de honra, poder e majestade. *Até que eu ponha os teus inimigos debaixo dos teus pés*: Jesus deve permanecer em seu lugar até que todos os seus inimigos se prostrem aos seus pés.

Esse era o problema que os fariseus precisavam resolver: se o Messias era o Filho de Davi, como Davi, pelo Espírito Santo, chamou-o de seu Senhor? O Cristo deve ser mais do que mero homem; caso contrário, as palavras do salmista seriam inadequadas e até mesmo blasfemas. Ele era maior do que os anjos, pois a nenhum deles Jeová alguma vez disse: *Assenta-te à minha direita, até que eu ponha os teus inimigos por escabelo de teus pés* (Hb 1.13).

46. E ninguém podia responder-lhe uma palavra; nem desde aquele dia ousou mais alguém interrogá-lo.

Se os fariseus pudessem negar que o Salmo se referia ao Messias, seria fácil para eles responderem à pergunta de Cristo, mas *ninguém podia responder-lhe uma palavra*. Os rabinos da época de nosso Salvador admitiam que este era um dos Salmos messiânicos, sem confessar o que a sua admissão envolvia; no passado, como nos dias atuais, os falsos mestres tentavam perverter o significado próprio deste Salmo.

As perguntas de Cristo silenciaram os seus adversários em um duplo sentido; em primeiro lugar, eles não podiam responder-lhe uma palavra; e, em segundo lugar, *nem desde aquele dia ousou mais alguém interrogá-lo*.

Ele permaneceu o Senhor no campo de batalha. Eles não conseguiram enganá-lo ou enredá-lo em alguma palavra; se eles quisessem silenciá-lo, deveriam fazê-lo por matá-lo.

MATEUS 23.1-12
O ALERTA DO REI CONTRA OS FALSOS MESTRES

1-3. Então falou Jesus à multidão, e aos seus discípulos, dizendo: na cadeira de Moisés estão assentados os escribas e fariseus. Todas as coisas, pois, que vos disserem que observeis, observai-as e fazei-as; mas não procedais em conformidade com as suas obras, porque dizem e não fazem.

Então falou Jesus à multidão: o Rei começou seu último discurso ao povo. Ele estava prestes a se retirar do meio deles, mas primeiro os alertaria contra os falsos mestres. Eles ouviram o que Jesus disse aos escribas e fariseus; agora ouviriam o que diria sobre eles. *E aos seus discípulos*; segundo Lucas 20.45, Jesus falou aos seus discípulos quando todo o povo o estava ouvindo. Seu assunto era importante tanto para toda a população quanto para os seus discípulos. Jesus sabia que em breve seria tirado do meio deles, portanto Ele os advertiu contra aqueles que procuravam a sua ruína: *na cadeira de Moisés estão assentados os escribas e fariseus. Todas as coisas, pois, que vos disserem que observeis, observai-as e fazei-as*. Era o dever de Moisés expor a lei de Deus ao povo. Os escribas e fariseus ocuparam o seu lugar; mas, infelizmente, o Espírito que guiava Moisés não estava neles.

Eles falavam como na cadeira de Moisés, com autoridade; e, enquanto eles realmente ocupavam esse lugar e seguiam as palavras de Moisés, as suas palavras deveriam ser obedecidas. Nosso Salvador não intencionou que as pessoas concordassem com seus falsos comentários e interpretações tolas sobre a lei de Moisés, pois Jesus já havia declarado que, pelas tradições deles, haviam transgredido o mandamento de Deus e o tornado sem efeito.

Nesse momento, no entanto, nosso Senhor estava falando de outra falha grave nos escribas e fariseus; ou seja, que eles diziam uma coisa e faziam outra: *mas não procedais em conformidade com as suas obras, porque dizem e não fazem*. Essa triste verdade é o estado daquele mestre religioso, sobre quem o perscrutador dos corações diz: "Faça como ele diz, e não como ele faz". Muitos desse tipo ainda estão conosco, pregando uma coisa e praticando outra. Que o Senhor preserve as pessoas de seguirem esse mau exemplo!

4. Pois atam fardos pesados e difíceis de suportar, e os põem aos ombros dos homens; eles, porém, nem com o dedo querem movê-los.

O contraste entre os verdadeiros e falsos mestres é claramente anunciado neste versículo: *atam fardos pesados e difíceis de suportar, e os põem aos ombros dos homens*. Suas regras e observâncias morais e cerimoniais eram como enormes feixes ou fardos esmagadores transformados em um peso intolerável para qualquer homem suportar. Muitas dessas regras eram em si mesmas suficientemente graves, mas juntas formavam um jugo que nem o povo nem seus pais podiam aguentar. Os escribas e fariseus colocavam fardos pesados sobre eles, mas também não os ajudavam a sustentá-los, nem se ofereciam para aliviá-los em qualquer medida: *eles, porém, nem com o dedo querem movê-los*. Quão diferente era o ensino de Cristo: *Vinde a mim, todos os que estais cansados e oprimidos, e eu vos aliviarei*[83]! Tomando os seus fardos do pecado, dor e cuidados sobre os seus próprios ombros, Jesus troca-os por seu jugo suave, que dá descanso a todos que o usam.

5-7. E fazem todas as obras a fim de serem vistos pelos homens; pois trazem largos filactérios, e alargam as franjas das suas vestes, e amam os primeiros lugares nas ceias e as primeiras cadeiras nas sinagogas, e as saudações nas praças, e o serem chamados pelos homens; Rabi, Rabi.

Esta era a falha fatal no caráter deles: *fazem todas as obras a fim de serem vistos pelos homens*. Enquanto eles estivessem bem diante de seus semelhantes, pouco ou nada se importavam sobre como estavam diante de Deus. Eles eram muito específicos sobre a observância literal de certas prescrições mosaicas, embora eles perdessem completamente o significado espiritual delas: *pois trazem largos filactérios, e alargam as franjas das suas vestes*. Quatro passagens da lei, Êxodo 3.3-10, 11-16; Deuteronômio 6.4-9, 11.13-21, foram escritas em pergaminhos e eram usadas na testa e mão ou braço como amuletos ou proteção. Os escribas e fariseus evidenciavam os filactérios, mas ao mesmo tempo a Palavra do Senhor não estava escondida em seus corações nem era obedecida em suas vidas. O Senhor ordenou aos filhos de Israel que fizessem

---
[83] Cf. Mateus 11.28.

franjas nas bordas das suas vestes e sobre a franja colocassem um cordão ou fio azul, para que pudessem se lembrar de todos os mandamentos do Senhor e cumpri-los (Nm15.38,39). Esses ritualistas do tempo de nosso Salvador eram muito cuidadosos sobre ter franjas longas ou grandes pendentes em suas vestes, mas eles não se lembravam dos mandamentos do Senhor de modo a obedecê-los. Muitos mantêm a lei de Deus diante dos olhos, mas não a guardam no coração. Que o Espírito da verdade nos preserve de tal engano!

Jesus, a seguir, reúne as quatro coisas que os escribas e fariseus amavam: *os primeiros lugares nas ceias e as primeiras cadeiras nas sinagogas, e as saudações nas praças, e o serem chamados pelos homens; Rabi, Rabi.* Se eles se reuniam com seus semelhantes para a festa, para o culto, para o negócio ou para a instrução, amavam estar em primeiro lugar. Esse é um pecado comum, no qual podemos facilmente cair. Nosso Senhor achou necessário advertir até os seus discípulos contra esse mal, pois suas próximas palavras foram evidentemente faladas em especial para eles.

8-10. Vós, porém, não queirais ser chamados Rabi, porque um só é o vosso mestre, a saber, o Cristo, e todos vós sois irmãos. E a ninguém na terra chameis vosso pai, porque um só é o vosso Pai, o qual está nos céus. Nem vos chameis mestres, porque um só é o vosso mestre, que é o Cristo.

Na igreja de Cristo, todos os títulos e honras que exaltam os homens e dão oportunidade para o orgulho são aqui proibidos. Na comunidade cristã, devemos procurar realizar um verdadeiro "liberdade, igualdade e fraternidade", em vez de aquilo que o mundo clama em vão. Aquele que é chamado de *Rabi* rouba Cristo de sua honra como o único mestre ou professor de seus discípulos: *porque um só é o vosso mestre, a saber, o Cristo.* Tal pessoa também toma de seus companheiros cristãos o privilégio que compartilham igualmente com ele: *e todos vós sois irmãos.* Aqueles que usam títulos como "santo padre" e "reverendíssimo padre em Deus" devem ter dificuldade para explicar todas estas palavras de nosso Salvador: *E a ninguém na terra chameis vosso pai, porque um só é o vosso Pai, o qual está nos céus.* No décimo versículo, as palavras do Senhor podem ser traduzidas como: *nem vos chameis líderes* (guias, instrutores)*: porque um só é o vosso líder* (guia, instrutor)*, que é o Cristo* (o Messias). Se nós seguirmos a Cristo, não erraremos.

11, 12. O maior dentre vós será vosso servo. E o que a si mesmo se exaltar será humilhado; e o que a si mesmo se humilhar será exaltado.

Esta é quase a mesma lição que está registrada no capítulo 20, versículo 27. Nosso Senhor teve que repetir várias vezes esta lei do seu reino: *Aquele que é o maior entre vós será vosso servo*. Vocês são todos iguais; mas, se houver alguém entre vocês que afirma ser o maior, ele deve ser o servo de todos. Onde o nosso Rei governa, qualquer um dos seus discípulos que se exalta será humilhado; por outro lado, aquele que se humilha será exaltado. A maneira de ser elevado é humilhar-se; quanto menos nos considerarmos em nossa própria estima, mais seremos elevados na estima de nosso mestre.

MATEUS 23.13-33
O REI PROFERE *AIS*

13. Mas ai de vós, escribas e fariseus, hipócritas! pois que fechais aos homens o reino dos céus; e nem vós entrais nem deixais entrar aos que estão entrando.

Enquanto o nosso Salvador estava falando com o povo e os seus discípulos, os escribas e fariseus podem ter se aproximado novamente. De qualquer forma, as suas próximas palavras foram dirigidas a eles: *Mas ai de vós, escribas e fariseus, hipócritas!* Esse é o primeiro de oito *ais* que o Senhor Jesus tanto prediz como a condenação dos *hipócritas* reunidos diante d'Ele quanto revela a profundidade de sua piedade mesmo pelos tais. Em sete dos oito *ais*, Ele os chama de *hipócritas*, em um se dirige a eles como "guias cegos". Esse primeiro *ai* foi pronunciado contra eles, pois, tanto quanto podiam, *fechavam aos homens o reino dos céus*. Essa era uma terrível acusação a ser feita contra eles, pois Jesus podia ver os seus corações e em verdade poderia lhes dizer: *nem vós entrais nem deixais entrar aos que estão entrando*. Eles deveriam ajudar os homens a entrarem no reino; mas, em vez de fazê-lo, eles dificultavam àqueles que estavam entrando. Atualmente, não há falsos mestres que colocam pedras de tropeço em vez de degraus no caminho daqueles que estão entrando no reino dos céus?

14. Ai de vós, escribas e fariseus, hipócritas! pois que devorais as casas das viúvas, sob pretexto de prolongadas orações; por isso sofrereis mais rigoroso juízo.

O segundo *ai* foi apoiado por duas acusações muito graves, as quais o nosso Senhor não proferiria se não fossem verdadeiras: *devorais as casas das viúvas, sob pretexto de prolongadas orações*. Qualquer um desses pecados por si só seria muito grave; os dois juntos eram suficientes para afundar no inferno mais profundo aqueles que eram culpados deles. Os homens que enganavam viúvas deveriam responder por seus crimes diante do juiz das viúvas (Sl 68.5). Aqueles que buscavam encobrir seus pecados com o manto de santidade superior mereciam ser expostos diante das pessoas que tinham enganado e ouvir a justa sentença do Rei: *por isso sofrereis mais rigoroso juízo*. Essas palavras provam que existem graus de punição, uma vez que existem gradações na glória. Todos os ímpios serão julgados e condenados pelo justo juiz, porém *mais rigoroso juízo* será reservado para os hipócritas que *sob pretexto de prolongadas orações*, sob uma máscara, têm devorado os bens de viúvas e órfãos.

15. Ai de vós, escribas e fariseus, hipócritas! Pois que percorreis o mar e a terra para fazer um prosélito; e, depois de o terdes feito, o fazeis filho do inferno duas vezes mais do que vós.

O terceiro *ai* se relaciona com o zelo profano dos escribas e fariseus em ganhar adeptos ao judaísmo e para o seu próprio partido e, nesse processo, os tornarem ainda piores do que eles mesmos. Eles livremente dedicavam tempo e esforço à obra, com perspectiva de pouco retorno: *percorreis o mar e a terra para fazer um prosélito*. Eles, por assim dizer, jogariam uma rede no grande mar na esperança de enredar um prosélito em suas malhas; ou eles percorreriam toda a terra a fim de persuadir um gentio a ser circuncidado, de modo a se tornar um judeu no exterior. O resultado para o prosélito seria somente mau: *depois de o terdes feito, o fazeis filho do inferno duas vezes mais do que vós*. Apóstatas geralmente se tornam intolerantes. O prosélito naturalmente imitaria os vícios de seus mestres hipócritas, sem ter aquele conhecimento das Escrituras que poderia, em certa medida, exercer uma sã limitação sobre eles. Os pagãos circuncidados seriam um Judas em vez de um judeu, um verdadeiro filho da perdição.

16-19. Ai de vós, condutores cegos! pois que dizeis: Qualquer que jurar pelo templo, isso nada é; mas o que jurar pelo ouro do templo, esse é devedor. Insensatos e cegos! Pois qual é maior: o ouro, ou o templo, que santifica o ouro? E aquele que jurar pelo altar isso nada é; mas aquele que jurar pela oferta que está sobre o altar, esse é devedor. Insensatos e cegos! Pois qual é maior: a oferta, ou o altar, que santifica a oferta?

O aspecto do quarto *ai* difere de todo o restante; nos outros sete, o nosso Salvador disse: *Ai de vós, escribas e fariseus, hipócritas!* Neste caso, as suas palavras foram: *Ai de vós, condutores cegos!* Eles eram nominalmente os guias religiosos dos judeus, mas na realidade eram "condutores cegos". O pecado, preconceito, intolerância e hipocrisia tinham cegado os seus olhos.

Eles pensavam ser os sábios da nação, mas Jesus se dirigiu a eles como *insensatos e cegos*. Não há ninguém tão estúpido quanto aqueles que não querem aprender e ninguém tão cego quanto aqueles que não querem ver. Esse era o caso dos escribas e fariseus; eles eram deliberadamente insensatos e voluntariamente cegos.

Nosso Senhor aqui condenou os seus ensinos a respeito dos juramentos enganosos. Eles realmente ensinavam que, se um homem jurasse *pelo templo*, seu juramento não era definitivo, mas que, se ele jurasse *pelo ouro do templo*, ele estava obrigado a cumprir o seu juramento; e, semelhantemente, eles declaravam que jurar *pelo altar* não era definitivo, mas que, se um homem jurasse *pela oferta que está sobre o altar*, ele estava vinculado ao seu juramento! Não nos surpreendemos com a exclamação indignada de nosso Salvador: *Insensatos e cegos! Pois qual é maior: a oferta, ou o altar, que santifica a oferta?* A santidade estava no templo e no altar, e não no ouro ou na oferta.

Jesus tinha proibido todo juramento (veja o capítulo 5.34-36); assim, Ele não estava exaltando uma forma de juramento sobre outra, mas sim apontando a insensatez e cegueira dos escribas e fariseus em inverter a ordem correta das coisas. Se qualquer juramento fosse permitido, um juramento pelo templo seria mais vinculativo do que um *pelo ouro do templo*, mas esses falsos mestres diziam: "Nada é". Quando os homens se apartam do claro ensino de Cristo, eles facilmente se envolvem em todos os tipos de heresias e absurdos.

20-22. Portanto, o que jurar pelo altar, jura por ele e por tudo o que sobre ele está; e, o que jurar pelo templo, jura por ele e por aquele que nele habita; e, o que jurar pelo céu, jura pelo trono de Deus e por aquele que está assentado nele.

Os judeus inventaram formas fantásticas de juramento, a fim de evitar o uso do nome divino. Portanto, a seguir, o nosso Senhor provou o completo fracasso de todas as tentativas deles. Jurar pelo altar era jurar *por tudo o que sobre ele está*. Um juramento pelo templo era realmente *por aquele que nele habita*. A força de ligação do juramento não podia estar no mero edifício, mas no Deus altíssimo, que condescendeu em habitar nele. Muitos judeus poderiam jurar pelo céu, embora eles não invocariam a Deus para ser uma testemunha de sua declaração, mas Jesus mostrou que eles estavam fazendo a mesma coisa que tentavam evitar: *o que jurar pelo céu, jura pelo trono de Deus e por aquele que está assentado nele*. O único modo certo para nós é que obedeçamos à ordem de nosso Senhor: *Eu, porém, vos digo que de maneira nenhuma jureis; nem pelo céu, porque é o trono de Deus; nem pela terra, porque é o escabelo de seus pés; nem por Jerusalém, porque é a cidade do grande Rei; nem jurarás pela tua cabeça, porque não podes tornar um cabelo branco ou preto. Seja, porém, o vosso falar: sim, sim; não, não; porque o que passa disto é de procedência maligna*[84].

23, 24. Ai de vós, escribas e fariseus, hipócritas! pois que dizimais a hortelã, o endro e o cominho, e desprezais o mais importante da lei, o juízo, a misericórdia e a fé; deveis, porém, fazer estas coisas, e não omitir aquelas. Condutores cegos! que coais um mosquito e engolis um camelo.

Neste quinto *ai*, nosso Senhor chamou os escribas e fariseus de hipócritas e condutores cegos. Eles eram hipócritas quanto ao seu próprio caráter e conduta e condutores cegos como líderes religiosos da nação. Jesus falou pela primeira vez de sua minuciosa atenção a certas questões menores: *Dizimais a hortelã, o endro e o cominho*. Alguns deles eram tão escrupulosos sobre o pagamento de dízimos, que levavam ao templo o dízimo das ervas que compravam no mercado, bem como do que crescia em seus jardins. Embora eles fossem tão específicos sobre coisas que eram de importância secundária, *desprezavam o mais importante da lei, o juízo* (ou justiça), *a misericórdia e a fé*. Os seus corações não eram retos diante de Deus, por isso suas mentes estavam desequilibradas; eles consideravam as exigências menores da lei como as mais importantes, enquanto desprezavam completamente *o mais importante*. Nosso Senhor não lhes censura por pagarem os dízimos, mas mostra que eles deveriam primeiro exercer a justiça, a misericórdia e a fé: *deveis, porém, fazer estas coisas, e não omitir aquelas*. Nenhum mandamento de Deus é dispensável, mas o que se relaciona com a condição do coração e da vida diante do Senhor Deus deve receber nossa primeira e maior atenção.

Jesus usou uma comparação muito expressiva para expor a incoerência dos escribas e fariseus: *Condutores cegos! Que coais um mosquito e engolis um camelo*.

Eles elogiavam frivolidades como se fossem de primeira importância, e, assim, era como se removessem mosquitos de seus vinhos para que estes não

---
[84] Mateus 5.34-37.

se afogassem; mas eles cometiam grandes pecados sem quaisquer escrúpulos de consciência, e, assim, era como se engolissem um camelo, um animal impuro, equivalente ao tamanho de uma quantidade quase incalculável de mosquitos.

Ainda há coadores de mosquitos entre nós, os quais, aparentemente, não têm dificuldade em engolir um camelo, com corcova e tudo.

25, 26. Ai de vós, escribas e fariseus, hipócritas! pois que limpais o exterior do copo e do prato, mas o interior está cheio de rapina e de iniquidade. Fariseu cego! limpa primeiro o interior do copo e do prato, para que também o exterior fique limpo.

O sexto *ai* é pronunciado contra os escribas e fariseus em relação a seu comer e beber: *limpais o exterior do copo e do prato, mas o interior está cheio de rapina e de iniquidade*. Eles faziam lavagens frequentes, tanto de si mesmos como de seus utensílios para comer e beber. Eles agiam bem em limpar o exterior do copo e do prato; o mal consistia no método de enchimento e esvaziamento dos recipientes. Eles eram preenchidos por extorsões e usados para excessos; portanto, toda a lavagem exterior de nada valia. Lembrando-se de um dos malfeitos, nosso Senhor disse: *Fariseu cego! limpa primeiro o interior do copo e do prato*, livra-te da extorsão ao recolher e do excesso ao consumir; em seguida, o copo e o prato limpos estarão em harmonia com o que está dentro deles.

27, 28. Ai de vós, escribas e fariseus, hipócritas! pois que sois semelhantes aos sepulcros caiados, que por fora realmente parecem formosos, mas interiormente estão cheios de ossos de mortos e de toda a imundícia. Assim também vós exteriormente pareceis justos aos homens, mas interiormente estais cheios de hipocrisia e de iniquidade.

A razão dada para o sétimo *ai* revela o que os escribas e fariseus realmente pareciam aos olhos de Cristo: *sois semelhantes aos sepulcros caiados, que por fora realmente parecem formosos, mas interiormente estão cheios de ossos de mortos e de toda a imundícia*. O branqueamento anual das sepulturas era feito sazonalmente, de modo que os lugares das sepulturas pareciam melhores, mas a corrupção no interior dos túmulos continuava realizando a sua obra mortal. Os sepulcros eram caiados não somente para fins higiênicos, mas principalmente para manter as pessoas longe deles, para que não se contaminassem. Nosso Senhor certamente não bajulou os escribas e fariseus por esta comparação; mas, quanto mais perto o sepulcro é examinado, mais o seu caráter abominável seria provado. Por mais que eles *exteriormente parecessem justos aos homens*, interiormente estavam *cheios de hipocrisia e de iniquidade*. O santo Jesus bem pode bradar um *ai!* a tais pecadores insensatos.

29-31. Ai de vós, escribas e fariseus, hipócritas! pois que edificais os sepulcros dos profetas e adornais os monumentos dos justos, e dizeis: Se existíssemos no tempo de nossos pais, nunca nos associaríamos com eles para derramar o sangue dos profetas. Assim, vós mesmos testificais que sois filhos dos que mataram os profetas.

O oitavo *ai* se refere às suas falsas profissões de reverência para com a piedosa comunhão dos profetas e o nobre exército de mártires: *edificais os sepulcros dos profetas e adornais os monumentos dos justos*. Eles fingiam ter tal consideração pelos homens santos do passado, que, não podendo honrá-los pessoalmente, criaram monumentos à sua memória e adornavam os seus sepulcros com sinais de respeito. Eles também testemunharam sobre o que fariam se tivessem vivido nos dias de seus pais: *nunca nos associaríamos com eles para derramar o sangue dos profetas*. Que amarga ironia havia em tal linguagem dos lábios de homens que assim tramavam a morte do Senhor dos profetas e dos justos de todas as eras! Assim, os homens ainda falam com aparente horror das ações sombrias dos perseguidores do passado, dos quais são descendentes diretos, não apenas segundo a carne, mas também segundo o espírito. A partir de sua própria boca, nosso Senhor condenou os hipócritas: *Assim, vós mesmos testificais que sois filhos dos que mataram os profetas*. Na prática, Jesus lhes disse: "Vocês confessam que são os filhos dos assassinos dos profetas. Esta admissão traz consigo muito mais do que vocês imaginam. Vocês são os seus filhos, não só por nascimento, mas também por uma semelhança; vocês são realmente os filhos dos que mataram os profetas. Se tivessem vivido no dia de seus pais, teriam cometido os crimes que fingem lamentar".

32. Enchei vós, pois, a medida de vossos pais.

Esta é uma das frases mais terríveis que já foram ditas por Cristo. É semelhante à sua mensagem para Judas: *O que fazes, faze-o depressa*[85]. A

---

[85] Cf. João 13.27.

"medida" da iniquidade de Israel estava quase cheia. O Salvador sabia que os escribas e fariseus estavam determinados a matá-lo e, assim, estavam prestes a completar a sua própria condenação. Esse pior pecado encheria a medida da culpa de seus pais e derramaria sobre eles o justo juízo de Deus.

33. Serpentes, raça de víboras! como escapareis da condenação do inferno?

Nosso Senhor falou muito severamente, mas a fidelidade exigia tal linguagem. Um bom cirurgião corta profundamente; assim fez Jesus. Nossos pregadores modernos não falam assim, até mesmo com os escribas e fariseus que crucificam a Cristo novamente e lançam ignomínia sobre Ele. Jesus não é o amoroso que fala palavras lisonjeiras; o amor verdadeiro muitas vezes obriga um homem honesto a dizer que lhe dói muito mais do que afeta os seus ouvintes insensíveis.

MATEUS 23.34-39
O REI SE DESPEDE DE JERUSALÉM

34-36. Portanto, eis que eu vos envio profetas, sábios e escribas; a uns deles matareis e crucificareis; e a outros deles açoitareis nas vossas sinagogas e os perseguireis de cidade em cidade; para que sobre vós caia todo o sangue justo, que foi derramado sobre a terra, desde o sangue de Abel, o justo, até ao sangue de Zacarias, filho de Baraquias, que matastes entre o santuário e o altar. Em verdade vos digo que todas estas coisas hão de vir sobre esta geração.

Nosso grande Rei sabia que sua vida terrena logo acabaria; Ele, em verdade, estava se despedindo das pessoas que se reuniam no templo. Mas, antes de deixá-los, anunciou uma mensagem real e profética: *Portanto, eis que eu vos envio profetas, sábios e escribas*. Ninguém, senão o Rei dos reis, poderia falar assim, sem blasfemar. Esses *profetas, sábios e escribas* seriam dons de Cristo, ao ascender aos céus, para a igreja e para o mundo. Ele predisse que tipo de recepção seus servos teriam da parte dos judeus: *a uns deles matareis e crucificareis; e a outros deles açoitareis nas vossas sinagogas e os perseguireis de cidade em cidade*. Tudo isso foi literalmente cumprido.

O objetivo do Rei ao enviar os seus últimos representantes era que a cidade culpada fosse para sempre deixada inescusável quando a sua medida de iniquidade estivesse completa e sua terrível desgraça fosse selada: *para que sobre vós caia todo o sangue justo, que foi derramado sobre a terra, desde o sangue de Abel, o justo, até ao sangue de Zacarias, filho de Baraquias, que matastes entre o santuário e o altar*. A destruição de Jerusalém foi mais terrível do que qualquer coisa que o mundo já testemunhou, seja antes ou depois. Mesmo Tito parecia ver em sua obra cruel a mão de um Deus vingador. Verdadeiramente, o sangue dos mártires mortos em Jerusalém foi amplamente vingado quando toda a cidade se tornou verdadeira, ou campo de sangue.

O Rei e profeta predisse o tempo do fim: *Em verdade vos digo que todas estas coisas hão de vir sobre esta geração*. Antes que aquela geração passasse, Jerusalém foi cercada e destruída.

Houve um intervalo suficiente entre o anúncio completo do evangelho pelos apóstolos e evangelistas no início da igreja cristã e a reunião de pessoas que reconheceram a Cristo crucificado como o verdadeiro Messias. Depois veio o terrível fim que o Salvador previu e predisse, e essa visão arrancou de seus lábios e coração o grande lamento que seguiria a sua profecia sobre a iminente desgraça da cidade culpada.

37. Jerusalém, Jerusalém, que matas os profetas, e apedrejas os que te são enviados! Quantas vezes quis eu ajuntar os teus filhos, como a galinha ajunta os seus pintos debaixo das asas, e tu não quiseste!

Que compaixão e amor decepcionado o Rei demonstrou, quando, chorando, proferiu essas palavras! Que peculiar emblema Ele deu sobre a forma pela qual buscou atrair os judeus para si mesmo: *Quantas vezes quis eu ajuntar os teus filhos, como a galinha ajunta os seus pintos debaixo das asas.* Que ternura familiar! Que suave jardim de descanso! Que alimento para os debilitados! Que proteção para os fracos! No entanto, tudo foi fornecido em vão: *Quantas vezes quis eu ajuntar os teus filhos [...] e tu não quiseste!* Oh, que horrível perversidade da vontade rebelde do homem! Que todos os leitores destas linhas cuidem para que o Rei nunca tenha que proferir tal lamento como esse sobre vocês.

38, 39. Eis que a vossa casa vai ficar-vos deserta; porque eu vos digo que desde agora me não vereis mais, até que digais: bendito o que vem em nome do Senhor.

Nada restava para o Rei, senão pronunciar a sentença solene de morte sobre aqueles que não queriam vir a Ele para que tivessem vida: *Eis que a vossa casa vai ficar-vos deserta.* Toda a casa dos judeus foi desolada quando Jesus se retirou deles; e o templo, a santa e bela casa, tornou-se uma desolação espiritual quando Cristo finalmente os deixou. Jerusalém foi longe demais para ser resgatada da destruição que buscou para si mesma.

No meio de toda essa escuridão, havia um raio de luz: *porque eu vos digo que desde agora me não vereis mais, até que digais: bendito o que vem em nome do Senhor.* Depois de sua morte e ressurreição, o Senhor Jesus apareceu muitas vezes aos seus discípulos, mas nenhuma vez aos judeus incrédulos. Seu ministério pessoal para eles estava no fim, mas seria renovado quando viesse a eles uma segunda vez, sem pecado, para a salvação, e então eles diriam: *bendito o que vem em nome do Senhor*. Longas eras se passaram desde que o Rei partiu para o país distante. Todos os sinais dos tempos dizem-nos que a sua vinda está próxima. Oh, se os cristãos e judeus estivessem olhando para o verdadeiro Messias, cuja mensagem para todos é: *Eis que venho sem demora!*

MATEUS 24.1,2
O REI E A CASA DE SEU PAI

1, 2. E, quando Jesus ia saindo do templo, aproximaram-se dele os seus discípulos para lhe mostrarem a estrutura do templo. Jesus, porém, lhes disse: não vedes tudo isto? Em verdade vos digo que não ficará aqui pedra sobre pedra que não seja derrubada.

O Rei, tendo concluído o seu discurso final no templo, partiu para nunca mais voltar: *E, quando Jesus ia saindo do templo*. Seu ministério havia terminado. Enquanto os seus discípulos partiam com Ele para o Monte das Oliveiras, chamaram a sua atenção para as grandes pedras com as quais o templo foi construído e os adornos pomposos do belo edifício. Para eles, a aparência era gloriosa, mas para o seu Senhor era uma visão triste. A casa de seu Pai, que deveria ser uma casa de oração para todas as nações, havia se tornado um covil de ladrões e em breve seria totalmente destruída: Jesus disse-lhes: *não vedes tudo isto? Em verdade vos digo que não ficará aqui pedra sobre pedra que não seja derrubada*. Josefo nos diz que Tito primeiramente tentou salvar o templo, mesmo depois que foi incendiado, mas seus esforços foram de nenhum proveito; e, finalmente, ele deu ordens para que toda a cidade e o templo fossem derrubados, exceto uma pequena porção reservada para a guarnição. Isso foi tão bem executado, que o historiador diz que "nada foi deixado, de modo que aqueles que foram até lá, posteriormente, criam que jamais havia sido habitada".

Às vezes, nos deleitamos com a prosperidade temporal da igreja como se fosse algo que certamente deve continuar, mas tudo o que é exterior passará ou será destruído. Que nós apenas reconheçamos que somente é essencial aquilo que vem de Deus e é obra de Deus. *As coisas que se veem são temporais*[86].

---

[86] Cf. 2Coríntios 4.18.

MATEUS 24.3-31
O REI RESPONDE A PERGUNTAS DIFÍCEIS

3. E, estando assentado no monte das Oliveiras, chegaram-se a ele os seus discípulos em particular, dizendo: dize-nos, quando serão essas coisas, e que sinal haverá da tua vinda e do fim do mundo?

O pequeno grupo continuou subindo o monte das Oliveiras até que Jesus chegou a um lugar de descanso de onde podia ver o templo (Mc 3.3). Lá, Jesus sentou-se *e, estando assentado no monte das Oliveiras, chegaram-se a ele os seus discípulos em particular, dizendo: dize-nos, quando serão essas coisas, e que sinal haverá da tua vinda e do fim do mundo?* Essas são as perguntas que foram feitas em todas as eras, desde a época de nosso Salvador. Há aqui duas questões distintas, talvez três. Os discípulos perguntaram pela primeira vez sobre o tempo da destruição do templo e, em seguida, sobre o sinal da vinda de Cristo e sobre o *fim do mundo*. As respostas de Jesus continham muitas coisas misteriosas e que somente poderiam ser plenamente compreendidas quando o que Ele previu realmente veio a acontecer. Jesus disse aos seus discípulos algumas coisas relativas ao cerco de Jerusalém, algumas que se relacionavam ao seu segundo advento e algumas que precederiam imediatamente *o fim do mundo*. Quando temos luz mais clara, podemos perceber que todas as predições de nosso Salvador nessa ocasião memorável tinham alguma ligação com todos esses três grandes eventos.

4-6. E Jesus, respondendo, disse-lhes: acautelai-vos, que ninguém vos engane; porque muitos virão em meu nome, dizendo: eu sou o Cristo; e enganarão a muitos. E ouvireis de guerras e de rumores de guerras; olhai, não vos assusteis, porque é mister que isso tudo aconteça, mas ainda não é o fim.

Jesus sempre era prático. A coisa mais importante para os seus discípulos não era que eles pudessem saber quando essas coisas aconteceriam, mas que fossem preservados dos males peculiares do tempo. Por isso, Jesus respondeu, dizendo-lhes: *acautelai-vos, que ninguém vos engane; porque muitos virão em meu nome, dizendo: eu sou o Cristo; e enganarão a muitos*. Eles precisavam tomar cuidado para que nenhum dos falsos Messias os desviasse, como perverteriam a muitos outros. Muitos impostores antecederam a destruição de Jerusalém, anunciando que eram ungidos de Deus; quase todas as páginas da história são manchadas com os nomes de tais enganadores; e, atualmente, temos visto que alguns vêm em nome de Cristo, dizendo que são cristãos. Tais homens enganam a muitos, mas aqueles que atendem ao alerta do Senhor não serão iludidos pelos tais.

As palavras de nosso Salvador: *e ouvireis de guerras e de rumores de guerras*, podem ser aplicadas a quase todos os períodos da história do mundo. A terra raramente teve um longo período de quietude; quase sempre há realmente tanto a guerra quanto rumores de guerra. Havia muito disso quando Jerusalém foi derrubada; tem havido muito disso desde então; e ainda haverá muita guerra e rumores de guerra até o período glorioso em que "uma nação não levantará a espada contra outra nação, nem aprenderão mais a guerra"[87].

Olhai, não vos assusteis: é uma mensagem oportuna para os discípulos de Cristo em todos os tempos. *Porque é mister que isso tudo aconteça*, portanto não estejamos surpresos ou alarmados: *mas ainda não é o fim*. A destruição de Jerusalém foi o começo do fim, o grande tipo e antecipação de tudo o que acontecerá quando Cristo vier no último dia. A derrubada de Jerusalém foi *um fim*, mas não o fim: *ainda não é o fim*.

7, 8. Porquanto se levantará nação contra nação, e reino contra reino, e haverá fomes, e pestes, e terremotos, em vários lugares. Mas todas estas coisas são o princípio de dores.

Alguém poderia pensar que havia tristeza suficiente em *fomes, e pestes, e terremotos, em vários lugares*, mas o nosso Senhor disse que *todas estas coisas* eram apenas *o princípio de dores*, as primeiras dores do trabalho de parto que deve preceder sua vinda, a Jerusalém ou ao mundo inteiro. Se fomes, pestes e terremotos são apenas *o princípio de dores*, o que podemos esperar ser o fim? Essa profecia deveria tanto alertar os discípulos de Cristo sobre o que eles poderiam esperar quanto os levar a se desapegarem do mundo no qual todas essas tristezas, e outras ainda maiores, são experimentadas.

---

[87] Cf. Miqueias 4.3.

9. Então vos hão de entregar para serdes atormentados, e matar-vos-ão; e sereis odiados de todas as nações por causa do meu nome.

Nosso Senhor não só predisse o julgamento geral que viria sobre os judeus e sobre o mundo, mas também a perseguição singular que seria a porção dos seus preciosos seguidores. *Então vos hão de entregar para serdes atormentados, e matar-vos-ão; e sereis odiados de todas as nações por causa do meu nome*. O Novo Testamento dá abundante prova do cumprimento dessas palavras. Mesmo nos dias de Paulo, *quanto a esta seita [...] em toda a parte se fala contra ela*[88]. Desde então, há alguma terra que não foi manchada pelo sangue dos mártires? Em todos os lugares onde o evangelho de Cristo foi pregado, os homens se levantaram em armas contra os mensageiros da misericórdia e os oprimiram e mataram sempre que podiam.

10. Nesse tempo muitos serão escandalizados, e trair-se-ão uns aos outros, e uns aos outros se odiarão.

Este seria um juízo amargo para os seguidores de Cristo; no entanto, é algo que eles sempre tiveram que suportar. A perseguição revelará os traidores dentro da igreja, bem como os inimigos de fora. No meio dos eleitos, seriam encontrados os sucessores de Judas, que estariam dispostos a trair os discípulos como ele traiu o seu Senhor. O mais triste de tudo é a traição de bons homens por seus próprios parentes; mas, ainda assim, muitos deles têm suportado tal traição por amor de Cristo.

11, 12. E surgirão muitos falsos profetas, e enganarão a muitos. E, por se multiplicar a iniquidade, o amor de muitos esfriará.

Aquilo que não poderia ser feito por perseguidores de fora da igreja e pelos traidores de dentro seria tentado por pregadores de heresias: *E surgirão muitos falsos profetas, e enganarão a muitos*. Eles têm surgido em todas as épocas; nestes tempos modernos, eles têm surgido como que em multidões, até que os lugares fiquem sobrecarregados com eles, como com um exército de

---
[88] Cf. Atos 28.22.

gafanhotos devoradores. Esses são os homens que inventam novas doutrinas e que parecem pensar que a religião de Jesus Cristo é algo que um homem pode torcer e dar qualquer forma e aspecto que lhe agradar. Ai, tais mestres não deveriam ter nenhum discípulo! É duplamente triste que eles sejam capazes de enganar a *muitos*. No entanto, quando isso acontecer, nos lembremos de que o Rei disse que seria assim.

É surpreendente que, *por se multiplicar a iniquidade* e tal liberalismo, *o amor de muitos esfriará*? Se os mestres enganam as pessoas e lhes anunciam "outro evangelho; o qual não é outro"[89], não é de se espantar que haja uma falta de amor e zelo. A maravilha é que haja algum amor e zelo remanescentes após serem submetidos a um processo tão terrível e mortal quanto o adotado pelos defensores da moderna crítica destrutiva. Em verdade, o adjetivo *destrutiva* é justo, pois ela destrói quase tudo o que é digno de ser preservado.

13. Mas aquele que perseverar até ao fim será salvo.

Mais uma vez, o nosso Salvador lembrou seus discípulos da responsabilidade pessoal de cada um deles em um tempo de tribulações e provações, como o que eles estavam prestes a viver. Jesus quis que lembrassem que não é o homem que começa a corrida, mas o que corre até a chegada é o que ganha o prêmio: *aquele que perseverar até ao fim será salvo*. Se essa doutrina não fosse complementada com outra, haveria apenas pequenas boas novas nessas palavras para santos pobres, tentados, atribulados e em lutas. Quem entre nós perseveraria na corrida celeste se Deus não nos preservasse de cair e não nos desse graça para perseverar? Mas bendito seja o seu nome: *o justo seguirá o seu caminho firmemente. Aquele que em vós começou a boa obra a aperfeiçoará até ao dia de Jesus Cristo*[90].

14. E este evangelho do reino será pregado em todo o mundo, em testemunho a todas as nações, e então virá o fim.

O mundo é para a igreja como um andaime para um edifício. Quando a igreja for edificada, o andaime será retirado; o mundo deve permanecer até o

---
[89] Cf. Gálatas 1.6-8.
[90] Cf. Jó 17.9 e Filipenses 1.6.

último eleito ser salvo: *e então virá o fim*. Antes de Jerusalém ser destruída, provavelmente *este evangelho do reino* foi *pregado em todo o mundo* que era conhecido até então; mas deve haver uma proclamação mais perfeita do evangelho *em testemunho a todas as nações* antes da grande consumação de todas as coisas: *Então virá o fim*, e o Rei se assentará no trono da sua glória e decidirá o destino eterno de toda a raça humana.

15-18. Quando, pois, virdes que a abominação da desolação, de que falou o profeta Daniel, está no lugar santo; quem lê, atenda; então, os que estiverem na Judeia, fujam para os montes; e quem estiver sobre o telhado não desça a tirar alguma coisa de sua casa; e quem estiver no campo não volte atrás a buscar as suas vestes.

Estas palavras de nosso Salvador parecem estar relacionadas à destruição de Jerusalém. Assim que os discípulos de Cristo vissem *a abominação da desolação*, ou seja, as insígnias romanas, com seus emblemas idólatras, estando *no lugar santo*, eles saberiam que o tempo para que eles escapassem tinha chegado; e eles teriam que *fugir para os montes*. Os cristãos em Jerusalém e as cidades e vilas vizinhas *na Judeia* recorreram à primeira oportunidade para escapar dos exércitos romanos e fugiram para a cidade de Péla, na Perea, onde eles foram preservados da destruição geral que veio sobre os judeus.

Não havia muito tempo antes do ataque final à cidade culpada; o homem que estivesse *no telhado* não poderia descer para *tirar alguma coisa de sua casa*; e o homem *no campo* não poderia voltar *atrás a buscar as suas vestes*. Eles deveriam fugir depressa para os montes no momento em que vissem *Jerusalém cercada de exércitos* (Lc 21.20).

19-21. Mas ai das grávidas e das que amamentarem naqueles dias! E orai para que a vossa fuga não aconteça no inverno nem no sábado; porque haverá então grande aflição, como nunca houve desde o princípio do mundo até agora, nem tampouco há de haver.

Deve ter sido um momento difícil particularmente para as mulheres que precisaram fugir das suas casas justamente quando precisavam de quietude e descanso. Quão bem planejado e gentil foi o nosso compassivo Salvador ao simpatizar assim com o sofrimento das mães em sua hora de necessidade! Uma *fuga* [...] *no inverno* ou no *sábado* ocorreria com dificuldades especiais, de modo que os discípulos foram exortados a *orar* para que ocorresse em algum outro momento. O Senhor sabia exatamente quando eles seriam capazes de fugir, mas Ele lhes ordenou que orassem para que a fuga não ocorresse no inverno nem no dia de sábado. Os sábios dos nossos dias falariam que a oração era inútil sob tais condições, mas não foi assim com o grande mestre e exemplo de seu povo de oração; Jesus ensinou que esse era um momento para súplica especial.

A razão para essa ordem foi assim estabelecida pelo Salvador: *porque haverá então grande aflição, como nunca houve desde o princípio do mundo até agora, nem tampouco há de haver.* Leia o registro escrito por Josefo sobre a destruição de Jerusalém e veja como as palavras de nosso Senhor foram realmente cumpridas. Os judeus impiedosamente disseram a respeito da morte de Cristo: *o seu sangue caia sobre nós e sobre nossos filhos*[91]. Nunca qualquer outro povo invocou uma maldição tão horrenda sobre si mesmo, e sobre nenhuma outra nação tal maldição jamais foi cumprida. Lemos sobre judeus crucificados até que não houvesse mais madeira para fazer cruzes; sobre milhares de pessoas matando umas às outras em violentas lutas entre partidos dentro da cidade; sobre muitos deles serem vendidos como escravos no mercado, e todos por um preço qualquer; e sobre a temível carnificina feita pelos romanos quando adentraram na capital maldita; essa é a história de coagular o sangue que expressa exatamente a declaração que o Salvador proferiu quase quarenta anos antes que os eventos terríveis ocorressem.

22. E, se aqueles dias não fossem abreviados, nenhuma carne se salvaria; mas por causa dos escolhidos serão abreviados aqueles dias.

Estas foram as palavras do Rei, bem como do profeta; e, como tal, eram autênticas e autoritativas. Jesus falou sobre o que aconteceria não apenas como profeta que era capaz de predizer o futuro, mas como o soberano ordenador de todos os eventos. Ele sabia que uma terrível tribulação viria sobre a nação descrente e que, *se aqueles dias não fossem abreviados, nenhuma carne se salvaria.* Se os horrores do cerco continuassem por muito tempo, toda a raça dos judeus seria destruída. O Rei tinha o poder de abreviar os maus dias, e Ele explicou a sua razão para usar esse poder: *por causa dos escolhidos serão abreviados aqueles dias*. Aqueles que foram odiados e perseguidos por seus próprios conterrâneos serviriam como o meio de preservá-los da aniquilação absoluta. Assim tem ocorrido muitas vezes desde aqueles dias; e, para o bem dos seus eleitos, o Senhor tem retido muitos juízos e abreviado outros. Os ímpios devem mais aos piedosos do que imaginam ou do que poderiam reconhecer.

23-26. Então, se alguém vos disser: eis que o Cristo está aqui, ou ali, não lhe deis crédito; porque surgirão falsos cristos e falsos profetas, e farão tão grandes sinais e prodígios que, se possível fora, enganariam até os escolhidos. Eis que eu vo-lo tenho predito. Portanto, se vos disserem: eis que ele está no deserto, não saiais. Eis que ele está no interior da casa; não acrediteis.

É algo grandioso ter o tipo de fé em Cristo que não dá crédito a impostores. É importante não depositar a sua fé em qualquer um. Aqueles que acreditam em um pouco de tudo no fim não acreditarão em nada. Se você exercer fé completa no que é seguro e firme, *falsos cristos e falsos profetas* não serão capazes de fazer você crer neles. Em um aspecto, os modernos mestres de heresia são mais bem-sucedidos do que os seus protótipos da Judeia, pois eles, na verdade, buscam *enganar até os escolhidos*, mesmo que não *façam grandes sinais e maravilhas*. Um dos mais tristes sinais dos tempos em que vivemos é a facilidade com que *os escolhidos* são enganados pelos *falsos cristos e falsos profetas*, os quais, com língua lisonjeira, são abundantes em nosso meio. No entanto, nosso Salvador expressamente preveniu os seus seguidores contra eles: *eis que eu vo-lo tenho predito*. O prevenido vale por dois. Que assim seja em nosso caso. A ordem expressa de nosso Salvador pode ser apropriadamente aplicada a todo o sistema de "pensamento moderno" que é contrário à Palavra de Deus inspirada: *não acrediteis*.

27. Porque, assim como o relâmpago sai do oriente e se mostra até ao ocidente, assim será também a vinda do Filho do homem.

Quando Ele vier, saberemos quem Ele é e por que Ele veio. Não haverá mais nenhum mistério ou segredo sobre *a vinda do Filho do homem*. Não haverá necessidade de fazer qualquer pergunta; ninguém errará sobre a sua

---
[91] Cf. Mateus 27.25.

vinda quando este evento realmente acontecer. *Todo olho o verá*[92]. A vinda de Cristo será repentina, surpreendente, universalmente visível e terrível para os ímpios: *assim como o relâmpago sai do oriente e se mostra até ao ocidente*. Sua primeira vinda de julgamento, na destruição de Jerusalém, teve terrores que até então nunca haviam sido infligidos sobre a terra; sua última vinda será ainda mais terrível.

28. Pois onde estiver o cadáver, aí se ajuntarão as águias.

O judaísmo havia se tornado um *cadáver*, morto e corrupto; comida adequada para os abutres ou águias de Roma. Aos poucos, chegará um dia em que haverá uma igreja morta em um mundo morto, e *as águias* do juízo divino *se ajuntarão* para despedaçar aqueles que ninguém poderá libertar. As aves de rapina se reúnem sempre que corpos mortos são encontrados; e os juízos de Cristo serão derramados quando o corpo político ou religioso se tornar insuportavelmente corrupto.

29, 30. E, logo depois da aflição daqueles dias, o sol escurecerá, e a lua não dará a sua luz, e as estrelas cairão do céu, e as potências dos céus serão abaladas. Então aparecerá no céu o sinal do Filho do homem; e todas as tribos da terra se lamentarão, e verão o Filho do homem, vindo sobre as nuvens do céu, com poder e grande glória.

Nosso Senhor parece ter misturado de modo intencional as profecias sobre a destruição de Jerusalém e sua própria segunda vinda, de modo que não haja nada em suas palavras para satisfazer a curiosidade, mas tudo para manter seus discípulos sempre em alerta para a sua vinda. Estes versículos devem se aplicar à vinda do Rei no último grande dia. Pode ter havido um cumprimento parcial dessas palavras na *aflição* que veio sobre a sua cidade culpada; e a linguagem do Salvador poderia ser considerada metaforicamente, para expor as maravilhas nos *céus* e as desgraças sobre *a terra* em conexão com esse terrível juízo, mas devemos considerar as palavras de Cristo aqui como proféticas sobre a manifestação final do *Filho do homem, vindo sobre as nuvens do céu, com poder e grande glória*. Não haverá mais necessidade do *sol, e da lua, e das estrelas*

---

[92] Cf. Apocalipse 1.7.

quando aquele que é mais brilhante do que o sol resplandecer em toda a glória de seu Pai e de seus santos anjos.

A vinda de Cristo será fonte de alegria indizível para os seus amigos, mas trará tristeza sem precedentes aos seus inimigos: *e todas as tribos da terra se lamentarão*. Quando Jesus vier, encontrará as nações ainda não salvas, e o terror será a sua porção eterna.

31. E Ele enviará os seus anjos com rijo clamor de trombeta, os quais ajuntarão os seus escolhidos desde os quatro ventos, de uma à outra extremidade dos céus.

A primeira preocupação de nosso Senhor, quando voltar, será a segurança de *seus escolhidos*. Ele foi preparar um lugar para eles, e, quando o lugar estiver pronto e o tempo para a sua glorificação chegar, *ele enviará os seus anjos com rijo clamor de trombeta, os quais ajuntarão os seus escolhidos desde os quatro ventos, de uma à outra extremidade dos céus.*

> Leste e oeste, sul e norte, para todos os lados
> Seus anjos gloriosos serão enviados,
> E em suas asas brilhantes reunirão
> Os santos de Sião, ao Rei de Sião.

Que contraste entre o ajuntamento das águias para devorar a carcaça podre e o ajuntamento dos eleitos de Cristo na grande convocação ao som de trombeta, pelos seus santos anjos! Que cada leitor destas linhas esteja no último grupo! Os tais olharão para o futuro com alegria, como o tempo da vinda do Rei.

MATEUS 24.32-41
O REI FALA SOBRE O TEMPO DE SUA VINDA

32-35. Aprendei, pois, esta parábola da figueira: quando já os seus ramos se tornam tenros e brotam folhas, sabeis que está próximo o verão. Igualmente, quando virdes todas estas coisas, sabei que ele está próximo, às portas. Em verdade vos digo que não passará esta geração sem que todas estas coisas aconteçam. O céu e a terra passarão, mas as minhas palavras não hão de passar.

Nosso Senhor aqui, evidentemente, volta ao tema da destruição de Jerusalém, e com estas palavras Ele alerta seus apóstolos sobre os sinais dos tempos. Um pouco antes, Jesus tinha usado a figueira estéril como uma lição; agora Ele ordena que seus discípulos *aprendam uma parábola da figueira* e de todas as árvores (Lc 21.31). O grande livro da criação de Deus é cheio de ilustrações para aqueles que têm olhos para percebê-las; e o Senhor Jesus, o grande criador, muitas vezes fez uso de ilustrações claras para instruir as mentes de seus ouvintes. Nessa ocasião, Ele usou uma simples parábola da figueira: *quando já os seus ramos se tornam tenros e brotam folhas, sabeis que está próximo o verão*. Os ouvintes não poderiam se enganar com tão evidente sinal da proximidade do verão; e Jesus queria que eles muito rapidamente observassem os sinais que indicariam a vinda do julgamento sobre Jerusalém: *Igualmente, quando virdes todas estas coisas, sabei que ele está próximo, às portas*. Sua própria nação o rejeitou quando Ele veio em misericórdia, por isso a próxima vinda de Jesus seria um momento de terrível julgamento e castigo para a sua cidade culpada. Oh, se judeus e gentios hoje fossem sábios o suficiente para aprender a lição daquela terrível tribulação e buscassem a face de Cristo, aquele cuja ira eles não poderão suportar!

O Rei não deixou seus seguidores em dúvida sobre quando essas coisas aconteceriam: *Em verdade vos digo que não passará esta geração sem que todas estas coisas aconteçam*. Foi exatamente no limite normal de uma geração que os exércitos romanos cercaram Jerusalém, cuja medida da iniquidade foi, então, completa e transbordou em miséria, agonia, angústia e derramamento de sangue, tais como o mundo nunca viu antes ou depois. Jesus foi um verdadeiro profeta; tudo o que Ele predisse foi literalmente cumprido. Ele confirmou o que já havia dito, e que estava prestes a dizer, por uma declaração solene: *O céu e a terra passarão, mas as minhas palavras não hão de passar*. A Palavra do Senhor permanece para sempre e, embora o Senhor tenha vindo em forma de homem e sido crucificado como um malfeitor, suas palavras permanecerão quando o céu e a terra passarem, após haverem cumprido o propósito para o qual Ele os criou.

As promessas de Cristo sobre o perdão são tão seguras quanto as suas profecias de punição; nenhuma palavra sua *passará*.

36. Mas daquele dia e hora ninguém sabe, nem os anjos do céu, mas unicamente meu Pai.

Aqui há uma mudança manifesta nas palavras de nosso Senhor, o que indica claramente que elas se referem à sua última grande vinda para o julgamento: *Mas daquele dia e hora ninguém sabe*. Alguns gostariam de ser profetas e de esvaziar o significado evidente desse versículo, dizendo: "Ainda que não saibamos o dia e hora da vinda de Cristo, podemos saber o ano, o mês e até mesmo a semana". Se esse método de entender as palavras de Jesus não é uma blasfêmia, é certamente tolice e evidencia deslealdade para com o Rei. Jesus acrescentou que não somente ninguém sabe aquele dia e hora, mas essa informação também é desconhecida pelos seres angelicais: *nem os anjos do céu, mas unicamente meu Pai*. Nós não precisamos, portanto, ser perturbados por profecias ociosas de fanáticos insensatos, mesmo que eles afirmem interpretar as Escrituras, pois o que os anjos não sabem não foi revelado a eles. Mesmo Cristo, em sua natureza humana, voluntariamente limitou as suas próprias capacidades para que Ele não conhecesse o tempo de sua segunda vinda (Mc 13.32). É o suficiente que nós saibamos que Ele certamente virá; a nossa grande preocupação deve ser a de estarmos sempre prontos para a sua vinda, seja quando for que Ele volte.

37-39. E, como foi nos dias de Noé, assim será também a vinda do Filho do homem. Porquanto, assim como, nos dias anteriores ao dilúvio, comiam, bebiam, casavam e davam-se em casamento, até ao dia em que Noé entrou na arca, e não o perceberam, até que veio o dilúvio, e os levou a todos, assim será também a vinda do Filho do homem.

Embora o Rei não revelou o tempo da *vinda do Filho do homem*, Ele declarou claramente que a história se repetiria e que aqueles dias seriam *como foi nos dias de Noé*. Quando Jesus voltar, encontrará muitos despreparados, como estavam os antediluvianos quando *veio o dilúvio, e os levou a todos*. Ainda assim, em ambos os casos, os pecadores tiveram muitos alertas. Noé era um "pregoeiro da justiça"[93] aos homens de sua época; *e este evangelho do reino será pregado em todo o mundo, em testemunho a todas as nações, e então virá o fim* (v. 14). A vinda de Cristo, como o dilúvio, será repentina e inesperada, universal em seus efeitos e terrível para os ímpios, embora estes estarão totalmente indiferentes: *comiam, bebiam, casavam e davam-se em casamento, até ao dia* [...]. Aquilo que é reto e justo, em outras circunstâncias, torna-se um mal efetivo quando toma o lugar da preparação para a vinda do Filho do homem. Ai daqueles que, ao comer e beber, não incluam o pão e a água da vida; e quem casar ou se der em casamento, mas não ao esposo celestial! Este dia de ira será terrível para os pecadores.

> Dia do juízo, dia de maravilhas! Ouçam o som terrível da trombeta,
> Mais alto do que mil trovões, agita toda a vasta criação!
> Como esta convocação perturbará o coração do pecador![94]

40, 41. Então, estando dois no campo, será levado um, e deixado o outro; estando duas moendo no moinho, será levada uma, e deixada outra.

A divisão entre os piedosos e os ímpios, na vinda de Cristo, será muito exata. Companheiros de trabalho serão separados para sempre naquele dia: *Então, estando dois no campo*, arando, semeando, colhendo ou repousando; *será levado um, e deixado o outro*. O trabalhador crente será recolhido pelos anjos, para ser unido aos exércitos dos remidos, enquanto seu incrédulo companheiro de labores será deixado ao julgamento que rapidamente será derramado sobre ele. *Estando duas moendo no moinho*, elas podem ser companheiras de serviço na mansão de um homem rico, ou podem ser mãe e filha ou duas irmãs na casa de um homem pobre; contudo, embora estejam perto uma da outra, se uma é salva pela graça e a outra ainda está sob a sentença da condenação, *será levada uma, e deixada outra*. Essa separação será eterna, não há indício algum de qualquer nova união futura.

---

[93] Cf. 2Pedro 2.5.
[94] Spurgeon cita um trecho do hino *Day of judgment! Day of wonders!*, de John Newton.

MATEUS 24.42-51
O REI ORDENA OS SERVOS A VIGIAREM

42. Vigiai, pois, porque não sabeis a que hora há de vir o vosso Senhor.

Esta é a conclusão prática de toda a questão. Que o nosso Senhor está chegando, é certo; que a sua vinda pode ser a qualquer momento, é uma questão de fé; e que somos ignorantes a respeito do tempo de sua vinda, é uma questão de fato: *não sabeis a que hora há de vir o vosso Senhor*. As palavras de Cristo estão no tempo presente, de modo a nos manter sempre à espera d'Ele; e, para que estejamos atentos às suas palavras, Ele ordena em linguagem muito clara: *Vigiai, pois*. O título usado por Jesus dá força adicional à ordem aos seus discípulos para que vigiem, pois é nosso Senhor que está vindo rapidamente.

43, 44. Mas considerai isto: se o pai de família soubesse a que vigília da noite havia de vir o ladrão, vigiaria e não deixaria minar a sua casa. Por isso, estai vós apercebidos também; porque o Filho do homem há de vir à hora em que não penseis.

Se o dono da casa tiver informação confiável de que um ladrão está chegando, mas não sabe a que horas chegará, ele se manterá acordado durante toda a noite, à espera da vinda do ladrão; mas, se o *pai de família* souber quando o ladrão virá, ele estará especialmente em alerta naquele momento. Cada som atrairá a sua atenção. Ele pensa ouvir alguém na porta de trás; não, o ladrão está tentando entrar por uma janela na frente da casa! Não importa por onde ele venha, os ouvidos do dono da casa ouvirão, e os olhos do pai de família o verão, e suas mãos estarão prontas para prendê-lo, pois ele foi avisado em tempo sobre a vinda do ladrão. Os homens agem assim com sabedoria em relação aos assaltantes; é triste que eles não sejam igualmente sábios em atentar para a vinda de seu Senhor! Nós não sabemos, não podemos sequer imaginar a que vigília da longa noite da história da terra Ele virá: *o Filho do homem há de vir à hora em que não penseis*. Mais uma vez a frase está no tempo presente: *o Filho do homem virá*, Ele está vindo; suas próprias palavras são: *Eis que venho sem demora* (Ap 3.11).

A vinda de Cristo ao mundo será como a do ladrão, quando não houver suspeita ou espera e, portanto, quando os devidos preparativos para sua recepção não forem feitos, mas seus verdadeiros seguidores não deixarão que "aquele dia" venha a eles "como um ladrão" (1Ts 5.4). Eles devem sempre estar atentos à sua vinda. A afirmação do Senhor aos seus discípulos deveria ter um peso ainda maior para nós que vivemos muito mais perto do momento da sua segunda vinda do que aqueles para quem Ele dirigiu suas palavras de advertência: *Por isso, estai vós apercebidos também*. Devemos ser tão vigilantes como se soubéssemos que Cristo viria esta noite; porque, embora não saibamos quando Ele chegará, nós sabemos que Ele pode vir a qualquer momento. Oh, que estejamos prontos para a sua vinda, observando e esperando por Ele como servos cujo Senhor tem estado distante deles e que pode voltar a qualquer hora! Isso não nos fará negligenciar as nossas atividades diárias; pelo contrário, seremos ainda mais diligentes em realizar os nossos deveres terrenos, porque nosso coração repousa em nossos tesouros celestes.

45, 46. Quem é, pois, o servo fiel e prudente, que o seu senhor constituiu sobre a sua casa, para dar o sustento a seu tempo? Bem-aventurado aquele servo que o seu senhor, quando vier, achar servindo assim.

Os apóstolos eram *despenseiros dos mistérios de Deus* (1Co 4.1) e *bons despenseiros da multiforme graça de Deus* (1Pe 4.10). Uma grande qualificação para um mordomo era ser encontrado *fiel* tanto ao *seu senhor* quanto a todos na *casa* sobre a qual ele foi constituído. Era necessário também que ele fosse *prudente* em suas relações com seus companheiros de serviço; pois, não obstante a honra colocada sobre ele, ainda era um *servo* que deveria prestar contas de sua mordomia ao seu senhor. Essas palavras descrevem o serviço de um ministro, pregando a verdade com todo o seu coração e buscando *dar o sustento a seu tempo* a todos sobre quem o Espírito Santo fez dele um bispo[95]. Ou essas palavras descrevem um mestre, esforçando-se para nutrir as mentes dos jovens com a sã doutrina, ou retratam qualquer servo de Cristo, qualquer que seja sua vocação, fazendo o trabalho que seu mestre lhe designou, assim como gostaria de fazê-lo se soubesse que o seu Senhor estaria vindo naquele momento para examiná-lo: *Bem-aventurado aquele servo que o seu senhor,*

---
[95] Ou supervisor. Veja Atos 20.8.

quando vier, achar servindo assim. Tal servo de Cristo é bem-aventurado; ele é um homem feliz por ser encontrado por seu Senhor *servindo*. Que o nosso mestre nos encontre assim ocupados quando Ele vier!

47. Em verdade vos digo que o porá sobre todos os seus bens.

Antes o seu senhor constituiu sobre a sua casa o mordomo que tinha o cuidado de todos os servos. Sua conduta fiel e prudente nesse ofício garantiu a promoção a um cargo superior, de modo que o seu senhor resolveu lhe colocar *sobre todos os seus bens*. Assim, entre os servos do Rei Jesus, existem recompensas pelo serviço fiel, não segundo a dívida, mas segundo a graça; não de acordo com a regra da lei, mas de acordo com a disciplina da casa de Deus e a regra mais elevada do amor.

Deve-se notar que a fidelidade em um serviço é recompensada por maior serviço e maior responsabilidade. O servo que ganhou dez minas recebeu autoridade sobre dez cidades (Lc 19.17).

48-51. Mas se aquele mau servo disser no seu coração: o meu senhor tarde virá; e começar a espancar os seus conservos, e a comer e a beber com os ébrios, virá o senhor daquele servo num dia em que o não espera, e à hora em que ele não sabe, e separá-lo-á, e destinará a sua parte com os hipócritas; ali haverá pranto e ranger de dentes.

Este homem era um *servo*, de modo que temos aqui um alerta, não para os mundanos, mas para aqueles que estão em meio à igreja de Cristo e que professam ser servos de Deus. Esse é também um alerta especial aos ministros da Palavra, aqueles que são constituídos sobre a casa de Deus. Esse homem, embora fosse um servo, era um *mau servo*, um hipócrita, que exercia o ofício que não tinha direito de realizar. Seus pensamentos e palavras eram maus: *se aquele mau servo disser no seu coração: o meu senhor tarde virá*. Sua conduta para com aqueles que estavam aos seus cuidados era má: *e começar a espancar os seus conservos*, sua própria vida era ímpia: *e a beber com os ébrios*. Sua impiedade seria subitamente interrompida pela aparição de seu mestre: *virá o senhor daquele servo num dia em que o não espera*. Condenação imediata e terrível virá sobre ele: *e destinará a sua parte com os hipócritas*. Tal homem era um dos hipócritas e fingia ser um servo de Deus, quando a verdade era que o tempo todo ele era um escravo de Satanás, servindo a si mesmo e ao pecado; que ele seja unido àqueles que são seus devidos companheiros. De fato, ele era falso, pois exteriormente ele era um seguidor de Cristo, mas interiormente servia às suas próprias concupiscências; *e separá-lo-á*, isso será apenas uma perpetuação justa de seu próprio caráter duplo. Esse foi o seu fim? Não; *ali haverá pranto e ranger de dentes*. Que *porte* para aquele que era considerado um dos servos de Deus! Enquanto lemos sobre isso, vamos, com profunda humildade, nos lembrar da solene afirmação do apóstolo: *Aquele, pois, que cuida estar em pé, olhe que não caia*[96].

---

[96] Cf. 1Coríntios 10.12.

MATEUS 25.1-13
O REI E SEU CORTEJO NUPCIAL

Nosso Senhor ainda estava sentado, com os seus discípulos, sobre o monte das Oliveiras (veja o capítulo 24.3). A parábola instrutiva que se segue foi proferida por Ele na continuação do discurso que temos considerado. E, evidentemente, destina-se a estabelecer, sob uma figura familiar, a necessidade de preparação para o aparecimento do Rei glorioso quando vier para reivindicar sua noiva. Para aqueles de nós que não estarão vivos no segundo advento de Cristo, o grito da meia-noite, *ide ao encontro dele*, ressoará na hora da morte.

1, 2. Então o reino dos céus será semelhante a dez virgens que, tomando as suas lâmpadas, saíram ao encontro do esposo. E cinco delas eram prudentes, e cinco loucas.

De acordo com o costume oriental, o noivo é representado como tendo ido para a casa do pai de sua noiva, de onde ele conduziria sua esposa para o seu futuro lar. A parábola começa no ponto em que alguns daqueles que se dizem seus amigos estão esperando para se juntar ao cortejo e ir com ele para a festa de casamento. Assim a igreja nominal de Cristo está à espera da vinda do Senhor. Não parecia haver muita diferença na aparência externa das *dez virgens que, tomando as suas lâmpadas, saíram ao encontro do esposo*. Elas eram todas virgens, todas elas tomaram suas lâmpadas e todas saíram ao encontro do noivo. Todas fizeram uma profissão de que o seguiriam, o que as levou a se separarem de suas outras companheiras e conhecidas, para que pudessem sair ao seu encontro na noite de núpcias.

Havia, no entanto, uma diferença vital e essencial entre elas: *cinco delas eram prudentes, e cinco loucas*. Cremos que não estamos indo além das palavras do Senhor ao interpretarmos que metade da igreja professa é composta por aqueles a quem Ele chama de *loucas*. Contudo, nosso Salvador não teria falado de uma tão grande proporção se não houvesse realmente uma grande mistura de professos loucos junto àqueles que são os prudentes possuidores da graça de Deus.

3. As loucas, tomando as suas lâmpadas, não levaram azeite consigo.

Elas podem ter pensado que, se tinham lâmpadas, logo eram semelhantes àquelas outras que as traziam, e isso era o suficiente. Talvez elas julgaram que o depósito secreto de azeite, sendo invisível, era desnecessário. Elas estavam dispostas a levar uma lâmpada; contudo, usar a outra mão para cuidar de um frasco de óleo era algo além do que estavam dispostas a fazer. É a falta do óleo da graça a falha fatal na lâmpada de muitos que professam ser cristãos. Muitos têm um nome para viver, mas não têm a vida de Deus dentro de suas almas. Eles fazem uma profissão de que seguirão a Cristo, mas não têm o suprimento interior do Espírito de graça para mantê-los. Há um brilho ou uma luz passageira, mas não há luz permanente, e nem pode haver, pois, embora tenham *lâmpadas*, não têm nenhum *azeite consigo*.

4. Mas as prudentes levaram azeite em suas vasilhas, com as suas lâmpadas.

Elas tinham azeite em suas lâmpadas e azeite com as suas lâmpadas. Lâmpadas não possuem nenhuma utilidade quando desprovidas de azeite; assim também o azeite necessita da lâmpada ou não será usado. A graça revelará a sua presença, a fé em Cristo deverá ser declarada, mas é pior do que inútil fazer uma declaração de amor a Cristo, a menos que haja um depósito secreto de graça pela qual a parte externa da religião seja mantida diante do olho onisciente do próprio Rei. A menos que o Espírito de Deus esteja em nós, de fato, podemos por um tempo fazer um espetáculo de boa aparência na carne, mas o fim será a escuridão das trevas para sempre.

5. E, tardando o esposo, tosquenejaram todas, e adormeceram.

Quão triste verdade é que, na história da igreja de Cristo, santos genuínos e meros professos têm muitas vezes *tosquenejado* [...] *e adormecido* lado a lado!

Aqueles que têm o azeite da graça não estão sempre bem acordados para servir ao seu mestre e vigiar para a sua vinda. Nesse caso, mesmo os verdadeiros crentes se desapontaram pela demora da vinda de Cristo e ficaram cansados e letárgicos; e sua igreja caiu em sono profundo, quando ela deveria estar esperando pelo seu Senhor. Com relação às *loucas*, aqueles que se autoenganam ou são hipócritas, não havendo verdadeira vida de Deus em suas almas, depois de um tempo a seriedade aparente deles desaparece, e os entorpecentes de Satanás os fazem cair em um sono fatal.

6. Mas à meia-noite ouviu-se um clamor: aí vem o esposo, saí-lhe ao encontro.

Esse clamor da meia-noite: *aí vem o esposo*, espantou todos os dormentes. Seria bom que todos nós meditássemos mais na grande verdade do segundo advento de nosso Senhor. Quanto mais essa verdade for pregada, na devida proporção com as outras doutrinas reveladas, mais provavelmente haverá o despertamento de ambos, professos dorminhocos e aqueles que estão adormecidos, mas que amam a Cristo. Como a meia-noite do tempo presente nos aponta para um tempo mau, há uma crescente necessidade de que todos sejam convidados a ouvir o clamor como de clarim: *saí-lhe ao encontro*.

7. Então todas aquelas virgens se levantaram, e prepararam as suas lâmpadas.

O súbito alarme fez com que todas elas se levantassem, se examinassem e preparassem as suas lâmpadas. Elas não podiam ir ao encontro do noivo sem levar uma luz; essa foi uma parte essencial de sua preparação para a participação no cortejo nupcial do Rei. Aquelas virgens que possuíam *azeite em suas vasilhas, com as suas lâmpadas* logo terminaram de se enfeitar e estavam prontas para começar, mas aquelas que tinham lâmpadas, porém estavam sem azeite, foram incapazes de se enfeitar como era necessário. É uma pena que alguns somente buscarão abastecer suas lâmpadas quando estiverem para morrer ou quando o sinal do Filho do homem aparecer no céu; mas, se buscarmos fazer esse trabalho sem o Espírito ou a graça de Deus, isso resultará em uma falha eterna.

8. E as loucas disseram às prudentes: dai-nos do vosso azeite, porque as nossas lâmpadas se apagam.

Elas agora começaram a valorizar o que haviam outrora desprezado; elas tinham sido tão tolas a ponto de pensar que o azeite era desnecessário, e agora viram que era a única coisa necessária. Daí a sua solicitação para suas companheiras mais sábias: *dai-nos do vosso azeite*. Elas deram uma razão espantosa para o seu pedido: *porque as nossas lâmpadas se apagam*, ou estão se apagando; o pavio seco ardeu por um tempo, e depois desapareceu na escuridão, como o pavio de uma vela.

Essas são palavras terríveis: *as nossas lâmpadas se apagam*. É pior ter uma lâmpada que se apagou do que nunca ter possuído qualquer lâmpada. *As nossas lâmpadas se apagam*. As virgens loucas pareciam dizer: "Nós pensamos que tudo estava pronto para esta noite, nós até mesmo glorificamos nossas lâmpadas, as quais nos prometiam um futuro brilhante, nós pensamos que tudo estava bem em relação à nossa participação na ceia nupcial, mas as nossas lâmpadas estão se apagando e não temos azeite com que as abastecer". Que nenhum leitor desta página tenha alguma vez que pronunciar esse amargo lamento!

Aqueles que estão adiando o seu arrependimento para a hora de sua morte são como essas virgens loucas; sua loucura atingiu sua altura máxima. Quando o frio suor da morte começar a escorrer por sua testa, o azeite da graça, que antes foi negligenciado, será valorizado. Então virá o grito desesperado: "Tragam um ministro para orar por mim e chamem alguns cristãos para ver o que eles podem fazer por mim".

9. Mas as prudentes responderam, dizendo: não seja caso que nos falte a nós e a vós, ide antes aos que o vendem, e comprai-o para vós.

Nenhum crente tem mais graça do que ele precisa: as virgens prudentes não tinham azeite para dar. Elas deram o melhor conselho que podiam sob as circunstâncias, embora tenha sido em vão: *ide antes aos que o vendem, e comprai-o para vós*. Há um lugar onde o azeite pode ser comprado no tempo certo. Nós somos convidados a "comprar a verdade", a graça é vendida no mercado de Deus em termos evangélicos, "sem dinheiro e sem preço"[97]; mas, quando o clamor da meia-noite é ouvido, o dia da graça é findo, e a compra e a venda cessam para sempre.

---

[97] Cf. Provérbios 23.23 e Isaías 55.1.

10. E, tendo elas ido comprá-lo, chegou o esposo, e as que estavam preparadas entraram com ele para as bodas, e fechou-se a porta.

Sem dúvida, há arrependimentos no leito de morte, mas é de recear que, na grande maioria dos casos, as pessoas que despertam tão tarde para uma verdadeira convicção de sua condição descobrirão que, enquanto elas vão comprar a graça tão desejada, *o esposo* virá. A pobre cabeça pode estar tão distraída com a dor, que a mente talvez não seja capaz de reter a ideia do que a fé em Cristo é; a capacidade mental pode falhar totalmente naquela hora de pavor. O risco é tão grande, que ninguém, senão aquele que é fatalmente tolo, adiará a sua preparação para a volta do Rei.

As que estavam preparadas entraram com ele para as bodas; a sua preparação consistiu em ter lâmpadas acesas ou tochas de fogo; nossa preparação para a morte ou para a vinda de Cristo é a posse da graça no coração. *E fechou-se a porta*. Quando a porta é fechada uma vez, ela jamais será aberta. Há alguns que sonham com uma abertura dessa porta, depois da morte, para aqueles que morreram impenitentes, mas não há nada nas Escrituras para justificar tal expectativa. Qualquer esperança maior do que a revelada na Palavra de Deus é uma ilusão e um laço.

11, 12. E depois chegaram também as outras virgens, dizendo: Senhor, Senhor, abre-nos. E ele, respondendo, disse: em verdade vos digo que vos não conheço.

As outras virgens não estavam preparadas quando o noivo chegou; e não há nenhum indício na parábola de que elas estavam mais prontas quando vieram e clamaram em sua porta fechada: *Senhor, Senhor, abre-nos*. "Viemos para encontrar-te, trouxemos lâmpadas, estávamos com as outras virgens; Senhor, Senhor, abre-nos!" A resposta do noivo aniquilou toda vã esperança de admissão de que elas poderiam ter acalentado: *Mas, se alguém ama a Deus, esse é conhecido dele* (1Co 8.3). O Bom Pastor diz: *Conheço as minhas ovelhas, e das minhas sou conhecido* (Jo 10.14). Aqueles a quem Jesus Cristo conhece, nesse sentido, Ele ama; e esses o amam porque Ele os amou primeiro. As virgens loucas haviam professado ser amigas do esposo, mas foi provado que elas nem mesmo eram suas conhecidas. Que nenhum de nós jamais ouça dos lábios abençoados do esposo celestial esta terrível sentença de morte: *vos não conheço!*

13. Vigiai, pois, porque não sabeis o dia nem a hora em que o Filho do homem há de vir.

Nosso Senhor novamente ordena aos seus seguidores o dever da vigilância, como no capítulo 24.42; e repete, de uma forma um pouco diferente, a razão dada anteriormente: *porque não sabeis o dia nem a hora em que o Filho do homem há de vir.* É inútil dizer que podemos descobrir o ano, se não podemos descobrir o dia nem a hora da vinda de Cristo. O tempo do fim está oculto e não será conhecido até a sua súbita manifestação, quando Ele aparecerá, "nas nuvens do céu, com poder e grande glória". A nossa única preocupação deve ser nos assegurarmos de que estaremos prontos para encontrá-lo seja em que tempo Ele vier.

MATEUS 25.14-30
A PARÁBOLA DOS TALENTOS

14, 15. Porque isto é também como um homem que, partindo para fora da terra, chamou os seus servos, e entregou-lhes os seus bens. E a um deu cinco talentos, e a outro dois, e a outro um, a cada um segundo a sua capacidade, e ausentou-se logo para longe.

Nosso Salvador havia falado de si mesmo como o esposo celestial; agora Ele se compara a *um homem que partiu para fora da terra*. Aqui a palavra *partindo* sugere que nosso Senhor havia se ausentado somente por um tempo e que voltaria quando seu propósito de ir *para fora da terra* fosse realizado. A viagem que Cristo fez quando voltou da terra ao céu foi realmente longa, mas Ele não deixou os seus servos sem os suprimentos necessários para o período de sua ausência. Ele *chamou os seus servos*, seus servos domésticos, *e entregou-lhes os seus bens*. Os servos eram d'Ele, e os bens também; seus escravos não poderiam reivindicar nada como sendo propriamente deles, quer as suas pessoas ou seus bens; tudo pertencia ao seu senhor e deveria ser usado para Ele.

Ele não confiou a todos a mesma quantidade de bens: *E a um deu cinco talentos, e a outro dois, e a outro um, a cada um segundo a sua capacidade*. Ele era o juiz da capacidade de cada um dos seus servos e Ele não cometeu nenhum erro em sua atribuição dos talentos a eles. Podemos estar certos, se somos servos do Senhor, que Ele nos concedeu tantos talentos quanto podemos usar corretamente e segundo a nossa capacidade de prestar contas quando Ele retornar. O mais importante para nós é sermos fiéis ao que nos foi confiado.

E ausentou-se logo para longe. Nosso Senhor sabia de tudo o que deveria acontecer antes de deixar a terra — a sua paixão, crucificação e ressurreição —, mas Ele calmamente falou disso como um homem fala de seus preparativos para uma viagem a um país estrangeiro. Ele ausentou-se, e os seus servos foram deixados para trás para fazer o melhor uso que pudessem dos dons que Ele deu após ascender ao céu e ausentar-se.

Essa parábola, como a das dez virgens, tem a ver com os cristãos meramente nominais e os cristãos verdadeiros, com todos os que são ou que professam ser servos de Cristo. Os talentos são tudo e qualquer coisa que o Senhor nos deu para que usemos aqui como seus mordomos.

16-18. E, tendo ele partido, o que recebera cinco talentos negociou com eles, e granjeou outros cinco talentos. Da mesma sorte, o que recebera dois, granjeou também outros dois. Mas o que recebera um, foi e cavou na terra e escondeu o dinheiro do seu senhor.

É muito significativo que o nosso Salvador disse: *Mas o que recebera um, foi e cavou na terra e escondeu o dinheiro do seu senhor*. Muitos dos que têm *cinco talentos* ou *dois* não *negociam com eles*, e por isso não granjeiam *outros cinco* ou *outros dois*; mas Jesus sabia que era o servo com um talento que estava mais exposto à tentação de não fazer nada, porque ele só poderia fazer pouco. Há perigo envolvido com a posse de cinco talentos, ou dois, mas o homem que tem apenas um talento está em igual, se não maior perigo. Vamos todos lembrar que, assim como é pecado esconder um talento na terra, é um pecado maior esconder dois ou cinco talentos. Era *o dinheiro do seu senhor* que o servo preguiçoso escondeu. Teria sido errado enterrar o que pertencia a ele mesmo, mas ele foi duplamente censurável em esconder o que havia sido confiado a ele pelo seu senhor, em vez de negociar, de modo a fazê-lo render. Será que qualquer um de nós não está pecando assim contra nosso Salvador?

19. E muito tempo depois veio o senhor daqueles servos, e fez contas com eles.

O dia do ajuste de contas está chegando, embora *muito tempo* possa se passar antes *da vinda do senhor daqueles servos*. Jesus está voltando do país distante, para onde Ele foi; sua palavra é: *Eis que venho sem demora*[98]. Nós não devemos deixar essa grande verdade de fora do nosso acerto de contas; e, como seus mordomos, devemos estar preparados a qualquer momento para quando Ele vier fazer contas conosco a respeito dos talentos com que dotou cada um de seus servos.

---

[98] Cf. Apocalipse 3.11.

20, 21. Então aproximou-se o que recebera cinco talentos, e trouxe-lhe outros cinco talentos, dizendo: Senhor, entregaste-me cinco talentos; eis aqui outros cinco talentos que granjeei com eles. E o seu senhor lhe disse: bem está, servo bom e fiel. Sobre o pouco foste fiel, sobre muito te colocarei; entra no gozo do teu senhor.

Será que todos nós, que r*ecebemos cinco talentos* de nosso Senhor, ganhamos *outros cinco talentos*? Creio que não. Temos dobrado a graça que recebemos inicialmente? Trabalhamos dobrado em relação a quando começamos o nosso serviço para Deus? Crescemos duplamente em habilidade para a obra que Ele nos deu para fazer? Foi assim com esse servo; e, portanto, o seu senhor o elogiou e recompensou-o. Não havia proporção entre o seu serviço e sua recompensa: *sobre muito te colocarei*. Quem é fiel ao seu Senhor terá maiores oportunidades de provar sua lealdade e devoção em uma esfera superior; e, além disso, ele deve desfrutar da felicidade do retorno de seu Senhor: *entra no gozo do teu senhor*. Essa não é a porção do servo, mas a porção do mestre, que Ele compartilhou com seus servos fiéis. Essa será a consumação de todas as delícias celestiais; não somente teremos uma alegria em nós mesmos, mas também entraremos no gozo de nosso Senhor.

22, 23. E, chegando também o que tinha recebido dois talentos, disse: Senhor, entregaste-me dois talentos; eis que com eles granjeei outros dois talentos. Disse-lhe o seu Senhor: Bem está, bom e fiel servo. Sobre o pouco foste fiel, sobre muito te colocarei; entra no gozo do teu senhor.

O elogio e recompensa deste servo são exatamente os mesmos que os dados ao seu irmão mais privilegiado; como se o nosso Salvador nos ensinasse que a questão essencial não é o número de nossos talentos, mas o uso que fazemos deles. Ele não espera tanto do homem com dois talentos como daquele a quem deu cinco; o que Ele esperava é que ambos fossem fiéis nas poucas coisas que foram deixadas aos seus cuidados. Foi assim com os dois servos mencionados na parábola. O segundo havia dobrado o capital recebido de seu senhor, assim como também o primeiro fez com a quantidade maior de dinheiro que lhe foi confiada; portanto, eles foram igualmente elogiados e abençoados.

24, 25. Mas, chegando também o que recebera um talento, disse: Senhor, eu conhecia-te, que és um homem duro, que ceifas onde não semeaste e ajuntas onde não espalhaste; e, atemorizado, escondi na terra o teu talento; aqui tens o que é teu.

No dia do julgamento, o infiel, bem como os fiéis, terá de prestar contas de sua mordomia. Estas palavras e a desculpa deste homem eram autocontraditórias. Ele disse que conhecia que o seu senhor era um homem duro, que ceifava onde não semeou e ajuntava onde não espalhou, no entanto ele confessou que o talento que trouxe de volta tinha sido dado por esse senhor a quem ele representava como sendo tão duro e insensato. Ele também admitiu que era o dinheiro do seu senhor que tinha escondido na terra: *o teu talento*. Este foi confiado a ele, contudo, ainda que estivesse em sua posse, não pertencia propriamente a ele: *aqui tens o que é teu*. "Eu não fiz qualquer adição ao teu talento, mas eu também não o perdi. Eu o trouxe de volta, ei-lo aqui." Ele parecia falar como se isso fosse tudo o que poderia ser justamente esperado dele; no entanto, ele não estava, evidentemente, satisfeito consigo mesmo, pois disse: *atemorizado, escondi na terra o teu talento*. Veja como o medo pode se tornar a mãe da presunção. A fé em Deus gera santo temor, mas o medo servil é o pai da dúvida, que, por sua vez, tem uma família de incredulidade rebelde.

26, 27. Respondendo, porém, o seu senhor, disse-lhe: mau e negligente servo; sabias que ceifo onde não semeei e ajunto onde não espalhei? Devias então ter dado o meu dinheiro aos banqueiros e, quando eu viesse, receberia o meu com os juros.

Seu senhor tratou com o *mau e negligente servo* em seu próprio terreno e o condenou pelas palavras que saíram de sua própria boca. O senhor não admitiu aquilo que foi dito pelo escravo malicioso e indolente, como pode ser literalmente traduzido; mas, supondo que as palavras do servo fossem verdadeiras, o que foi que ele fez? Se ele estava com medo de negociar com o talento de seu senhor que estava sob a sua responsabilidade, ele poderia ter levado para os banqueiros, o que iria, pelo menos, mantê-lo seguro e renderia juros.

Se não podemos negociar direta e pessoalmente em favor da causa de nosso Senhor, se não temos a habilidade ou tato para gerir uma sociedade ou um empreendimento para Ele, podemos, pelo menos, contribuir com outros que já estão fazendo isso e juntar o nosso capital ao deles. Assim, por algum meio, nosso mestre terá aquilo de que tem direito. Seu talento não deve ser enterrado, mas investido onde ele possa trazer o melhor retorno quando o Senhor vier.

28-30. Tirai-lhe pois o talento, e dai-o ao que tem os dez talentos. Porque a qualquer que tiver será dado, e terá em abundância; mas ao que não tiver até o que tem ser-lhe-á tirado. Lançai, pois, o servo inútil nas trevas exteriores; ali haverá pranto e ranger de dentes.

O servo que ganhou cinco talentos do seu senhor manteve todos e ganhou outros cinco, por isso seu mestre falou o *que tem dez talentos*. O talento não utilizado do servo negligente também foi dado a ele, pois quem usa bem o que lhe é confiado deve receber mais. Quem tem fé deverá ter mais fé. Aquele que deseja as coisas divinas deverá desenvolver um maior anseio por elas. Aquele que tem alguma compreensão dos mistérios do reino irá entendê-los mais plenamente: *Porque a qualquer que tiver será dado, e terá em abundância*.

Perder o talento que tinha permanecido improdutivo foi apenas uma pequena parte do castigo do *servo inútil*. E o seu senhor ordenou que ele fosse *lançado nas trevas exteriores*, e sua punição é indicada por este refrão que o Salvador muitas vezes repetiu e que revela os horrores que esperam pelas almas perdidas: *ali haverá pranto e ranger de dentes*. Se tivéssemos que fazer uma descrição do mundo que está por vir, ela seria tão totalmente terrível, que seria suposto ter sido emprestada de Dante ou Milton, mas as descrições mais terríveis e angustiantes do inferno que já foram proferidas por lábios humanos não excedem a linguagem do próprio amoroso Cristo. Ele é o verdadeiro amante dos homens, aquele que fielmente os adverte a respeito da desgraça eterna que aguarda o impenitente; porém, aquele que retrata as misérias do inferno como se fossem insignificantes está buscando a morte das almas dos homens sob o pretexto de amizade.

MATEUS 25.31-46
O JUIZ REAL E UNIVERSAL

Aqui nós temos a própria descrição do Rei no dia do juízo; e, no silêncio solene de nosso espírito, bem podemos tirar os nossos sapatos dos pés à medida que nos aproximamos dessa terra santa.

31. E quando o Filho do homem vier em sua glória, e todos os santos anjos com ele, então se assentará no trono da sua glória.

Nosso Salvador tinha uma maravilhosa série de contrastes passando diante de Seus olhos quando pronunciou essa profecia sublime.

Dentro de três dias seria crucificado; no entanto, Ele falou do tempo: *quando o Filho do homem vier em sua glória*. Ele tinha consigo um grupo de discípulos, um dos quais iria traí-lo, outro o negaria e todos o abandonariam; contudo, pela fé, viu a comitiva celeste, que estaria com Ele em sua vinda: *e todos os santos anjos com ele*. Cansado e desgastado de seus trabalhos, e triste por causa da dureza dos corações dos homens e da desgraça iminente de Jerusalém, Jesus se assentou na encosta do monte das Oliveiras, mas seus pensamentos foram projetados através dos tempos enquanto Ele dizia aos seus ouvintes sobre o seu trono glorioso que iria ocupar no dia em que viesse para ser o juiz real e universal da humanidade: *então se assentará no trono da sua glória*. O grande trono branco será fixado no alto, todo puro e cintilante, brilhante e claro como um espelho polido, em que cada um vê a si mesmo e seus pecados refletidos; e nesse trono se assentará *o Filho do homem*. Atrás do trono real, *todos os santos anjos* serão ordenados, formando uma retaguarda inumerável e gloriosa, para enfeitar o tribunal de seu Senhor entronizado no dia do último grande veredito; e, à sua ordem, lançarão de sua presença todos a quem Ele condenará.

32, 33. E todas as nações serão reunidas diante dele, e apartará uns dos outros, como o pastor aparta dos bodes as ovelhas; e porá as ovelhas à sua direita, mas os bodes à esquerda.

No último grande dia do Senhor, todas as nações que já existiram sobre a face do globo serão reunidas diante do tribunal de Cristo. A terra, que agora está se tornando cada vez mais um vasto cemitério ou hospital, entregará seus mortos; e o próprio mar, transformado em um pavimento sólido, devolverá os milhões de corpos que jazem em suas sombrias cavernas. Toda a humanidade será reunida diante de seu juiz: *e todo o olho o verá, até os mesmos que o traspassaram; e todas as tribos da terra se lamentarão sobre ele*[99]. No início, eles serão reunidos em uma massa heterogênea, mas a miríade de multidões será rapidamente dividida em dois grupos: *e apartará uns dos outros*. O Rei será quem fará a separação naquele dia terrível. Como é Ele quem vai separar, ninguém pode dizer outra coisa, exceto que Ele o fará *como o pastor aparta dos bodes as ovelhas*. Nenhum bode ficará entre as ovelhas, nenhuma ovelha permanecerá entre os bodes. A divisão será muito direta e pessoal: *uns dos outros*. Eles não serão separados em nações, nem mesmo em famílias, mas cada indivíduo será colocado em seu devido lugar entre as ovelhas ou entre os bodes.

E porá as ovelhas à sua direita, mas os bodes à esquerda. Haverá apenas dois grupos, um à direita do juiz e outro à sua esquerda. O Senhor Jesus Cristo *há de julgar os vivos e os mortos, na sua vinda*[100]; e todos os que serão convocados perante o seu terrível tribunal estarão entre os ressurretos dentre os mortos ou entre os ainda mortos em delitos e pecados. Não haverá nenhum grupo intermediário naquele dia, assim como aos olhos de Deus não há uma terceira classe. Todos os nossos nomes estão ou no Livro da vida do Cordeiro ou no Livro da morte do juiz.

Alguns têm ensinado que o julgamento aqui anunciado é o da igreja professa, e não de todo o mundo. Pode haver alguma base para sua crença; no entanto, parece impossível aplicar o pleno significado das palavras majestosas de nosso Salvador a qualquer cena, exceto ao julgamento geral de toda a humanidade.

34. Então dirá o Rei aos que estiverem à sua direita: vinde, benditos de meu Pai, possuí por herança o reino que vos está preparado desde a fundação do mundo.

Começando pelo grupo escolhido à sua mão direita, a grande *multidão, a qual ninguém podia contar*[101], o Rei lhes dirá: *vinde*. Eles haviam

---
[99] Cf. Apocalipse 1.7.
[100] Cf. 2Timóteo 4.1.
[101] Cf. Apocalipse 7.9.

aceitado seu convite anterior, *vinde a mim*[102]; agora Jesus dá-lhes outro e mais glorioso *vinde*, que estava, entretanto, incluído no primeiro; pois, quando Ele disse: *Eu vos aliviarei*, o próprio céu foi prometido a eles. O Rei chama seus amados por um nome excelente: *benditos de meu Pai*. Nós não sabemos que felicidade esse título implica, até que o ouçamos dos lábios de nosso Salvador; e, mesmo assim, só começaremos a entender o que continuaremos a usufruir por toda a eternidade.

Todos os verdadeiros crentes são coerdeiros com Jesus Cristo, de modo que o Rei em seguida lhes dirá: *possuí por herança o reino que vos está preparado desde a fundação do mundo*. A "herança incorruptível, incontaminável, e que não se pode murchar"[103] é o direito inalienável de todos os que são feitos reis e sacerdotes para Deus; e aquilo que foi preparado para eles desde a fundação do mundo deve ser possuído por eles, quando o próprio mundo cumprir o objetivo de sua criação, e for queimado[104].

35, 36. Porque tive fome, e destes-me de comer; tive sede, e destes-me de beber; era estrangeiro, e hospedastes-me; estava nu, e vestistes-me; adoeci, e visitastes-me; estive na prisão, e fostes ver-me.

O Rei cita com grande prazer os detalhes das bondades que seus servos fizeram a Ele mesmo. Afinal, nós somos salvos por nossas obras? De maneira nenhuma. No entanto, as nossas obras são as evidências de que somos salvos. Se nossas ações são as que Cristo elogiará no dia do julgamento, elas provam que somos salvos pela graça e que o Espírito Santo tem operado efetivamente em e através de nós. Os serviços mencionados pelo Rei foram todos prestados a Ele mesmo: *tive fome, e destes-me de comer; tive sede, e destes-me de beber; era estrangeiro, e hospedastes-me; estava nu, e vestistes-me; adoeci, e visitastes-me; estive na prisão, e fostes ver-me*. Não há nenhuma menção do que os justos tenham dito ou de qualquer profissão de amor a Cristo que tenham feito; eles foram elogiados pelo que o Rei declarou que haviam realmente feito para servi-lo.

---

[102] Cf. Mateus 11.28.
[103] Cf. 1Pedro 1.4.
[104] Em 2Pedro 3.10, está escrito: *Mas o dia do Senhor virá como o ladrão de noite; no qual os céus passarão com grande estrondo, e os elementos, ardendo, se desfarão, e a terra, e as obras que nela há, se queimarão*.

37-39. Então os justos lhe responderão, dizendo: Senhor, quando te vimos com fome, e te demos de comer? Ou com sede, e te demos de beber? E quando te vimos estrangeiro, e te hospedamos? Ou nu, e te vestimos? E quando te vimos enfermo, ou na prisão, e fomos ver-te?

Eles timidamente rejeitaram o louvor pronunciado pelo Rei. Eles não tinham ideia de que havia algo de meritório no que tinham feito; eles nunca sonharam em ser recompensados por isso. Quando os santos estiverem diante do tribunal, o simples pensamento de que haja qualquer excelência no que eles fizeram será algo novo para eles, pois concebem uma estimativa muito humilde de seus próprios desempenhos. Eles alimentaram os famintos, vestiram os nus e visitaram o doente, por causa de Cristo, porque era a coisa mais doce no mundo fazer qualquer coisa por Jesus. Eles fizeram isso porque ficavam maravilhados ao fazê-lo, porque poderiam ajudar e porque a sua nova natureza os impeliu a isso.

40. E, respondendo o Rei, lhes dirá: em verdade vos digo que, quando o fizestes a um destes meus pequeninos irmãos, a mim o fizestes.

Cristo tem muito mais simpatia com a tristeza de Seus irmãos do que às vezes pensamos. Eles estão com fome? Ele diz: "Eu tive fome". Será que eles têm sede? Ele diz: "Eu tive sede". A simpatia de Cristo é contínua, e em todos os tempos vindouros Ele perpetuamente se identificará com os sofrimentos de seu povo tentado e aflito. Daí a oportunidade de servi-lo desde já.

41. Então dirá também aos que estiverem à sua esquerda: apartai-vos de mim, malditos, para o fogo eterno, preparado para o diabo e seus anjos.

Cada palavra da frase do Rei a respeito daqueles à sua esquerda infundirá o terror em seus corações. *Apartai-vos de mim*, o que implica ser banido da presença de Cristo, isso consiste no inferno. *Malditos*, eles não podiam alegar que mantiveram a lei ou obedeceram ao evangelho; eles eram de fato duplamente malditos.

Eles foram convidados a *irem para o fogo eterno, preparado para o diabo e seus anjos*. Eles haviam se juntado ao diabo no tocante a recusarem fidelidade ao

Senhor; por isso era correto que, imitando sua rebelião, eles devessem compartilhar a sua punição.

42, 43. Porque tive fome, e não me destes de comer; tive sede, e não me destes de beber; sendo estrangeiro, não me recolhestes; estando nu, não me vestistes; e enfermo, e na prisão, não me visitastes.

A pequena palavra *não* explica a diferença entre a sua conduta e aquela dos justos; pois, para aqueles que estiverem à sua direita, o Rei dirá: *Porque tive fome, e destes-me de comer*; mas, para aqueles que estiverem em sua mão esquerda, Ele dirá: *não me destes de comer*. Essa omissão da sua parte não era pouca coisa; foi fatal, e foi visitada com a sentença de morte eterna: *Apartai-vos de mim*. Os homens podem pensar ser algo fútil a sua falta de amor por Cristo e sua negligência em cuidar de seus irmãos pobres, mas sua conduta será vista de outra forma no último grande dia. No entanto, ainda assim, alguns vão tentar justificar-se.

44. Então eles também lhe responderão, dizendo: Senhor, quando te vimos com fome, ou com sede, ou estrangeiro, ou nu, ou enfermo, ou na prisão, e não te servimos?

Como o pecado é enganador! Tão presunçoso, que mesmo na presença do juiz onisciente nega o seu próprio verdadeiro caráter e cria em seus adeptos a pretensão de haverem alcançado o padrão divino de santidade!

45. Então lhes responderá, dizendo: em verdade vos digo que, quando a um destes pequeninos o não fizestes, não o fizestes a mim.

Nosso Senhor não intenciona ensinar que os homens serão condenados por não haverem sido caridosos para com os pobres e necessitados ou que eles serão salvos se forem generosos e liberais. Isso com certeza seria salvação pelas obras, da qual se poderia orgulhar por toda a eternidade. Ele quer dizer que apenas aqueles que produzem tais frutos provam que "a raiz da questão" está neles; ministrando aos seus irmãos pobres, por amor a Ele, eles mostram que são os sujeitos daquela graça que os distingue e torna diferentes dos outros. Todo o nosso futuro depende da maneira como nos relacionamos com o Senhor Jesus Cristo.

46. E irão estes para o tormento eterno, mas os justos para a vida eterna.

Eterno e *eterna* são diferentes traduções da palavra grega *sarne*. O *tormento* é da mesma duração que a *vida*. Um não é mais temporário ou finito do que o outro. No céu, *os justos* terão para sempre a feliz expectativa de um futuro feliz, enquanto desfrutam de perfeita felicidade presente; e, no inferno, os injustos serão sempre ansiosos pela *ira vindoura*, mesmo suportando o que o nosso Salvador aqui descreve como *tormento eterno* no *fogo eterno* (v. 41). Entre o céu e o inferno existe um grande abismo, um abismo que não pode ser cruzado, de modo que a separação entre as ovelhas e os bodes será eterna e imutável. Queira Deus que nenhum de nós esteja no lado errado desse grande abismo!

MATEUS 26.1-5
O REI PROFETIZA, SEUS INIMIGOS CONSPIRAM

1, 2. E aconteceu que, quando Jesus concluiu todos estes discursos, disse aos seus discípulos: bem sabeis que daqui a dois dias é a páscoa; e o Filho do homem será entregue para ser crucificado.

Nosso Senhor, tendo concluído todas estas palavras sobre a destruição de Jerusalém, sobre seu segundo advento e sobre o grande dia do julgamento, trouxe de volta os pensamentos de seus discípulos para a sua própria morte. Ele tinha muitas vezes predito qual seria o fim de sua vida; Ele agora afirma definitivamente quando seria: *bem sabeis que daqui a dois dias é a páscoa*. Em um sentido, os discípulos provavelmente não compreenderam plenamente que *a* páscoa, a única grande páscoa, estava prestes a ser observada. Depois de dois dias, o Cordeiro Pascal de Deus, *Cristo, nossa Páscoa*[105], seria morto. Sua traição era tão certa e estava tão próxima, que poderia ser mencionada como se já tivesse acontecido: *o Filho do homem será entregue para ser crucificado*. O tempo de Cristo ser entregue nas mãos dos pecadores estava quase chegando; e, então, uma vez que seus inimigos tivessem a Jesus em seu poder, eles jamais descansariam até que Ele fosse crucificado.

3-5. Depois os príncipes dos sacerdotes, e os escribas, e os anciãos do povo reuniram-se na sala do sumo sacerdote, o qual se chamava Caifás. E consultaram-se mutuamente para prenderem Jesus com dolo e o matarem. Mas diziam: não durante a festa, para que não haja alvoroço entre o povo.

Enquanto Jesus estava profetizando, seus inimigos estavam conspirando. Assim se cumpriu o Salmo 2.2: *Os governos consultam juntamente contra o Senhor e contra o seu ungido*. Seu objetivo era *matá-lo*, mas eles *consultaram* entre si como *prenderiam Jesus com dolo*. Eles decidiram não prendê-lo *durante a festa*; no entanto, a má ação deve ser adiada, e não por qualquer consideração religiosa à páscoa, mas *para que não haja alvoroço entre o povo*. O plano deles era contrário à profecia de Cristo, mas o evento provou que Ele estava certo e que eles estavam errados, pois Jesus foi crucificado no tempo que Ele profetizou.

---
[105] Cf. 1Coríntios 5.7.

MATEUS 26.6-13
O REI É UNGIDO PARA O SEU SEPULTAMENTO

6, 7. E, estando Jesus em Betânia, em casa de Simão, o leproso, aproximou-se dele uma mulher com um vaso de alabastro, com unguento de grande valor, e derramou-lho sobre a cabeça, quando ele estava assentado à mesa.

Nós não sabemos quem era este *Simão, o leproso*, nem se esta mulher era Maria, irmã de Lázaro, apesar de eu acreditar que ela era a pessoa que veio a Jesus, com *um vaso de alabastro, com unguento de grande valor*, e derramou sobre a sua cabeça, enquanto Ele estava assentado à mesa. A beleza do ato dessa mulher consistia no fato de que ela fez tudo por Cristo. Todos que estavam na casa poderiam perceber e apreciar o perfume do unguento, mas a unção foi apenas para Jesus.

8, 9. E os seus discípulos, vendo isto, indignaram-se, dizendo: por que é este desperdício? Pois este unguento podia vender-se por grande preço, e dar-se o dinheiro aos pobres.

Quando você faz o melhor que pode fazer, a partir dos motivos mais puros, e o seu Senhor aceita o serviço, não espere que seus irmãos aprovem todas as suas ações. Se você esperar, será muito desapontado. Nunca houve uma mais bela prova de amor a Cristo do que essa unção em Betânia; todavia, os discípulos encontraram uma falha nela. *Indignaram-se, dizendo: por que é este desperdício? Pois este unguento podia vender-se por grande preço, e dar-se o dinheiro aos pobres*. De acordo com o relato de João, era Judas, que perguntou: "Por que não se vendeu este unguento por trezentos dinheiros e não deu aos pobres?". O mesmo evangelista dá a razão para a pergunta do traidor: *Ora, ele disse isto não pelo cuidado que tivesse dos pobres, mas porque era ladrão e tinha a bolsa, e tirava o que ali se lançava*[106]. A queixa deve ter sido iniciada por Judas, e os outros discípulos se juntaram a ela. Se essa mulher dedicada e zelosa tivesse

---

[106] Cf. João 12.4-6.

esperado pelo conselho dessas pessoas prudentes, ela não teria vendido o unguento nem o haveria derramado. Ela fez bem em se aconselhar com o seu próprio coração amoroso e, em seguida, derramar o precioso nardo sobre aquela querida cabeça que brevemente seria coroada de espinhos. Assim, ela mostrou, pelo menos, que seu coração não era do mundo, pois a mulher pensava que nada era bom demais para o seu Senhor e que o melhor dos melhores deveria ser dado a Ele. Que ela tenha muitos imitadores em todas as épocas até a volta de Jesus!

10. Jesus, porém, conhecendo isto, disse-lhes: por que afligis esta mulher? Pois praticou uma boa ação para comigo.

Ela deve ter ficado muito feliz ao derramar o unguento sobre Jesus; provavelmente, a hora mais feliz em toda a sua vida foi quando deu esse presente valioso para o Senhor que tanto amava. Contudo, uma nuvem sombria passou sobre o seu rosto iluminado quando ouviu sussurros. Jesus percebeu que o murmúrio dos discípulos incomodou a mulher, então Ele os repreendeu e a elogiou: *por que afligis esta mulher? Pois praticou uma boa ação para comigo.* Ela fez algo que não podemos fazer, pois agora Cristo não está aqui em pessoa para ser ungido por aqueles que o amam como essa mulher fez. Nós podemos realizar boas obras a outros por causa de Jesus; e Ele aceitará tais obras como se fossem feitas para Ele mesmo.

11. Porquanto sempre tendes convosco os pobres, mas a mim não me haveis de ter sempre.

Nosso Senhor sempre cuidou dos pobres; Ele mesmo era pobre, pregou aos pobres, alimentou os famintos pobres e curou os doentes pobres. Ele sempre quis que o seu povo mostrasse amor por Ele cuidando dos pobres; mas Ele havia chegado a uma ocasião de sua vida em que era conveniente que algo fosse feito especialmente para si mesmo, e essa mulher, por intuição amorosa, fez exatamente isso. Oh, que todos nós amemos a Cristo tão intensamente quanto ela amou!

12, 13. Ora, derramando ela este unguento sobre o meu corpo, fê-lo preparando-me para o meu sepultamento. Em verdade vos digo que, onde quer que este evangelho for pregado em todo o mundo, também será referido o que ela fez, para memória sua.

Ela provavelmente não sabia tudo o que sua ação significava quando ungiu o seu Senhor para seu sepultamento. As consequências da ação mais simples feita por Cristo podem ser muito maiores do que pensamos. Venha, minha irmã, e faça o que Deus lhe pede; e será evidenciado que você fez muito mais do que imagina. Obedeça ao desejo santo dentro do seu espírito, meu irmão; e que você possa fazer dez mil vezes mais do que alguma vez pensou ser possível.

O transbordar da afeição dessa mulher, esse simples ato cordial de amor ao próprio Cristo, é uma daquelas coisas que devem existir enquanto houver evangelho. O aroma desse ato amoroso deve permanecer enquanto o próprio mundo durar.

MATEUS 26.14-16
O TRAIDOR BARGANHA

14-16. Então um dos doze, chamado Judas Iscariotes, foi ter com os príncipes dos sacerdotes, e disse: que me quereis dar, e eu vo-lo entregarei? E eles lhe pesaram trinta moedas de prata, e desde então buscava oportunidade para o entregar.

Que contraste com o incidente que acabamos de considerar! Jesus ser ungido deve ser o tema de admiração onde quer que o evangelho seja pregado, mas Jesus ser traído por *Judas* será um tema para repúdio por toda a eternidade. Foi *um dos doze, que foi ter com os príncipes dos sacerdotes*, para negociar o preço para trair o seu Senhor. Ele nem sequer menciona o nome de Cristo em sua pergunta infame, *que me quereis dar, e eu vo-lo entregarei?* O valor acordado, *trinta moedas de prata*, era o valor de um escravo; e demonstrou quão pouca estima os principais sacerdotes tinham por Jesus, e também revelou a ganância de Judas na venda de seu mestre por uma quantia tão pequena. No entanto, muitos já venderam Jesus por um preço menor do que Judas recebeu; um sorriso ou uma zombaria tem sido o suficiente para induzi-los a trair o seu Senhor.

Nós que fomos resgatados pelo precioso sangue de Cristo devemos estimar grandemente a Cristo, considerá-lo bem e louvá-lo muito. Enquanto nos lembramos dessas trinta moedas de prata, com vergonha e sofrimento, que nós nunca desvalorizemos a Jesus ou esqueçamos a preciosidade inestimável daquele que foi considerado como não valendo mais do que um escravo.

MATEUS 26.17-30
A ÚLTIMA PÁSCOA E O NOVO MEMORIAL

17, 18. E, no primeiro dia da festa dos pães ázimos, chegaram os discípulos junto de Jesus, dizendo: Onde queres que façamos os preparativos para comeres a páscoa? E ele disse: ide à cidade, a um certo homem, e dizei-lhe: o mestre diz: o meu tempo está próximo; em tua casa celebrarei a páscoa com os meus discípulos.

Quão verdadeiramente nobre era Jesus de Nazaré, mesmo em sua humilhação! Ele não tinha casa onde pudesse celebrar a páscoa com os seus discípulos; Ele estava prestes a ser conduzido a uma morte pública e vergonhosa; no entanto, precisava apenas enviar dois dos seus discípulos *à cidade, a um certo homem*, e os convidados, o local, a mobília e a refeição estavam imediatamente colocados à sua disposição. Ele não usou o lugar pela força arbitrária, como um monarca terreno poderia ter feito, mas Ele o conseguiu pela influência divina do amor todo-poderoso. Mesmo em seu estado de maior humilhação, o nosso Senhor Jesus tinha os corações de todos os homens sob o seu controle. Que poder tem agora aquele que reina em glória!

19. E os discípulos fizeram como Jesus lhes ordenara, e prepararam a páscoa.

Se os discípulos de Cristo sempre agem fielmente como Jesus lhes ordena, eles sempre cumprem com diligência as Suas ordens. Há mais pessoas no mundo dispostas a se submeterem a Cristo do que alguns de nós pensam. Se nós apenas os abordássemos, como Pedro e João fizeram com aquele homem em Jerusalém, e lhes disséssemos: *o mestre diz*, veríamos que os seus corações seriam abertos para receber a Cristo, assim como ocorreu com a casa daquele homem que voluntariamente se submeteu ao pedido de nosso Senhor.

20, 21. E, chegada a tarde, assentou-se à mesa com os doze. E, comendo eles, disse: em verdade vos digo que um de vós me há de trair.

Nosso Senhor permaneceu em reclusão até a noite, e depois foi para o lugar indicado, e sentou-se, ou melhor, se reclinou à mesa pascal, *com os doze*. E, enquanto comiam, disse: *em verdade vos digo que um de vós me há de trair*.

Esse era um pensamento muito desagradável para uma festa, no entanto era muito apropriado para a páscoa, pois o mandamento de Deus para Moisés sobre o primeiro cordeiro pascal foi: *com ervas amargosas a comerão*[107]. Essa foi uma meditação dolorosa para o nosso Senhor, e também para os seus doze companheiros escolhidos: *um de vós*, e seus olhos olhavam em volta da mesa enquanto Ele dizia: *um de vós me há de trair*.

22. E eles, entristecendo-se muito, começaram cada um a dizer-lhe: porventura sou eu, Senhor?

Esta pequena frase caiu como uma bomba entre os discípulos do Salvador. Eles se assustaram; todos já haviam manifestado afeição por Ele, e a maioria dessas manifestações era verdadeira. *E eles, entristecendo-se muito*: e bem poderia ser assim. Tal revelação foi suficiente para produzir as mais profundas emoções de tristeza e dor. É uma bela característica dos discípulos que eles não suspeitam uns dos outros, mas cada um deles perguntou, quase incrédulos, como a questão indica: *porventura sou eu, Senhor?* Ninguém disse: "Senhor, é Judas?". Talvez ninguém dos onze pensasse que Judas era vil o suficiente para trair o Senhor que havia lhe dado um lugar de honra entre os seus apóstolos.

Nós não podemos fazer qualquer bem em suspeitar de nossos irmãos, mas podemos fazer um grande serviço por suspeitar de nós mesmos. Suspeitar de si mesmo é o parente próximo da humildade.

23, 24. E ele, respondendo, disse: o que põe comigo a mão no prato, esse me há de trair. Em verdade o Filho do homem vai, como acerca dele está escrito, mas ai daquele homem por quem o Filho do homem é traído! Bom seria para esse homem se não houvera nascido.

Um homem pode ficar muito perto de Cristo, sim, pode pôr a mão no mesmo prato que o Salvador, e ainda assim o trair. Podemos ter ofício elevado e, aparentemente, podemos ser muito úteis, como Judas; ainda assim, podemos trair Cristo.

---

[107] Cf. Êxodo 12.8 e Números 9.11.

Aprendemos com as palavras de nosso *Senhor que os decretos divinos não removem a culpa de uma ação pecaminosa: Em verdade o Filho do homem vai, como acerca dele está escrito, mas ai daquele homem por quem o Filho do homem é traído!* A pecaminosidade de Judas é tão grande como se não houvesse nenhum *determinado conselho e presciência de Deus*[108]. Bom seria para esse homem se não houvera nascido. A condenação de Judas é pior do que a não existência. Ajuntar-se a Cristo como ele fez e depois entregá-lo nas mãos de seus inimigos selou o destino eterno do traidor.

25. E, respondendo Judas, o que o traía, disse: porventura sou eu, Rabi? Ele disse: tu o disseste.

Judas parece ter sido o último dos doze a fazer a pergunta: *porventura sou eu?* Aqueles que são os últimos a suspeitar de si mesmos geralmente são aqueles que deveriam ser os primeiros a ter autodesconfiança. Judas não se dirigiu a Cristo como Senhor, como os outros discípulos fizeram, mas o chamou de Rabi, mestre. De outro modo, a sua pergunta seria como a de seus onze companheiros, mas ele recebeu de Cristo uma resposta que foi dada a ninguém: *Ele disse: tu o disseste.* Provavelmente, a resposta atingiu somente os seus ouvidos, e, se ele não fosse um réprobo sem esperança, esse desmascaramento do seu propósito traidor poderia tê-lo conduzido ao arrependimento, porém não havia nada em seu coração que pudesse responder à voz de Cristo. Ele mesmo tinha se vendido a Satanás antes de ter vendido o seu Senhor.

26-28. E, quando comiam, Jesus tomou o pão, e abençoando-o, o partiu, e o deu aos discípulos, e disse: tomai, comei, isto é o meu corpo. E, tomando o cálice, e dando graças, deu-lho, dizendo: bebei dele todos; porque isto é o meu sangue, o sangue do novo testamento, que é derramado por muitos, para remissão dos pecados.

A páscoa judaica foi feita para culminar na ceia do Senhor, como as estrelas da manhã são ofuscadas pela luz do sol. *Quando comiam*, enquanto a ceia pascal estava ocorrendo, Jesus instituiu o novo memorial que deveria ser observado até que Ele viesse novamente. Quão simples era a cerimônia toda!

---
[108] Cf. Atos 2.23.

Jesus tomou o pão, e abençoando-o, o partiu, e o deu aos discípulos, e disse: tomai, comei, isto é o meu corpo. Cristo não intencionou que o pão era o seu corpo, pois seu corpo estava reclinado à mesa, mas Ele indicou que o pão partido representava o seu corpo, que estava prestes a ser ferido na cruz. Depois, realizou-se o segundo memorial, o cálice, cheio com "o fruto da videira", do qual Cristo disse: *bebei dele todos*. Aqui não há traço de qualquer altar ou padre, não há nada sobre elevar ou adorar a hóstia, não há nenhuma semelhança entre a ceia do Senhor e a missa romana. Consideremos estritamente a letra e o espírito da Palavra de Deus em tudo; pois, se acrescentarmos um pouco, outro acrescentará mais, e, se alguém alterar um ponto, outro e eu alteraremos outro ponto, e, assim, não há como dizer o quão longe nos afastaremos da verdade.

Os discípulos foram lembrados da sua própria responsabilidade para com o pecado; agora o seu Salvador lhes dá uma garantia pessoal do perdão dos pecados, de acordo com o registro de suas palavras por Marcos: *Este cálice é o novo testamento no meu sangue, que é derramado por vós*[109].

29. E digo-vos que, desde agora, não beberei deste fruto da vide, até aquele dia em que o beba novo convosco no reino de meu Pai.

Assim, Jesus fez o grande voto Nazireu de nunca mais beber do fruto da videira, até que Ele beba novamente com os seus discípulos no reino de seu Pai. Ele manterá o seu encontro com todos os seus seguidores, e eles, junto com Jesus, estarão em grande festa para sempre.

30. E, tendo cantado o hino, saíram para o monte das Oliveiras.

Não foi realmente corajoso da parte de nosso querido Senhor louvar em tais circunstâncias? Ele estava saindo para o seu último e temível conflito, ao Getsêmani, Gabatá[110] e Gólgota; no entanto, Ele estava com uma canção em seus lábios. Ele deve ter conduzido o louvor, pois os discípulos estavam *muito tristes para iniciar a adoração enquanto a festa pascal era concluída: e, tendo cantado o hino, saíram para o monte das Oliveiras*. Então se encaminhou para aquela luta desesperada em que o grande capitão da nossa salvação lutou até mesmo até suar sangue e prevaleceu.

---
[109] Cf. Lucas 22.20.
[110] Cf. João 19.13.

MATEUS 26.31-35
O REI PROFETIZA NOVAMENTE, PEDRO PROTESTA

31, 32. Então Jesus lhes disse: *todos vós esta noite vos escandalizareis em mim; porque está escrito: ferirei o pastor, e as ovelhas do rebanho se dispersarão. Mas, depois de eu ressuscitar, irei adiante de vós para a Galileia.*

Observe o costume de nosso Senhor de citar as Escrituras. Ele era capaz de falar palavras de verdade infalível, mas Ele citava os registros inspirados do Antigo Testamento. Sua citação de Zacarias[111] não parecia ser muito necessária, mas era muito apropriada para a sua profecia aos seus discípulos: *todos vós esta noite vos escandalizareis em mim; porque está escrito: ferirei o pastor, e as ovelhas do rebanho se dispersarão.* Jesus era o pastor que estava prestes a ser ferido e Ele predisse a dispersão das ovelhas. Até mesmo os líderes do rebanho que foram escolhidos primeiro por Cristo, e amáveis como eram com Ele, tropeçariam e se afastariam d'Ele naquela noite temível, mas o pastor não os perderia, haveria uma reunião entre Ele e as suas ovelhas. *Depois de eu ressuscitar, irei adiante de vós para a Galileia.* Mais uma vez, Jesus voltaria à posição de seu pastor e Rei e com eles veria novamente alguns de seus antigos lugares na Galileia, antes que Ele subisse ao seu lar celestial. *Irei adiante de vós* sugere o modo que o bom pastor conduz o seu rebanho no oriente. Felizes são as ovelhas de Cristo em ter um líder, e bem-aventurados são aqueles que o seguem aonde quer que Ele vá.

33. Mas Pedro, respondendo, disse-lhe: *ainda que todos se escandalizem em ti, eu nunca me escandalizarei.*

Este foi um discurso muito presunçoso, não somente devido à autoconfiança que demonstrou, mas também porque era uma declaração que contradizia o mestre. Jesus disse: *todos vós esta noite vos escandalizareis em mim.* Mas Pedro achou que sabia mais do que Cristo, então respondeu: *ainda que todos se escandalizem em ti, eu nunca me escandalizarei.* Sem dúvida, essas palavras foram ditas a partir do seu coração; mas *enganoso é o coração, mais do que todas as coisas, e perverso; quem o conhecerá?*[112] Na manhã seguinte, Pedro

---
[111] Cf. Zacarias 13.7.
[112] Cf. Jeremias 17.9.

deve ter sido surpreendido quando descobriu o engano e a maldade de seu próprio coração, como manifestado em sua tripla negação de seu Senhor.

Aquele que se acha muito mais forte do que seus irmãos é o próprio homem que provará ser mais fraco do que qualquer um deles, assim como Pedro, não muitas horas depois de sua jactância ser proferida.

34. Disse-lhe Jesus: em verdade te digo que, nesta mesma noite, antes que o galo cante, três vezes me negarás.

Jesus agora diz ao seu discípulo arrogante que, antes de o galo cantar na manhã seguinte, ele negará três vezes o seu Senhor. Pedro não somente tropeçou e caiu com os seus discípulos companheiros, mas foi além dos demais, pois repetidamente negou o querido mestre a quem professava amar com afeição mais intensa do que até mesmo a de João. Pedro declarou que permaneceria fiel a Cristo, se ele fosse o único amigo fiel deixado; Jesus predisse que, de todos os doze, apenas Judas excederia o arrogante Pedro em maldade.

35. Disse-lhe Pedro: ainda que me seja mister morrer contigo, não te negarei. E todos os discípulos disseram o mesmo.

Aqui, novamente, Pedro contradiz o seu mestre diante de sua face. Era triste que ele se vangloriasse uma vez depois da clara profecia do Senhor que, naquela noite, todos os discípulos se escandalizariam por causa d'Ele; porém, foi vergonhoso que Pedro repetisse a sua declaração autoconfiante mesmo diante da previsão expressa de Cristo que lhe dizia respeito. Ele não estava sozinho em sua declaração, pois *todos os discípulos disseram o mesmo*. Todos sentiam que sob nenhuma circunstância negariam o seu Senhor. Não temos nenhum registro da negação de Cristo pelos outros dez apóstolos, embora todos eles o abandonaram e fugiram, e, assim, o negaram na prática. Lembrando-se de tudo o que tinham visto e ouvido d'Ele, e especialmente tendo em conta os seus discursos mais recentes, a comunhão no lugar da ceia e sua maravilhosa oração de intercessão em seu favor, não estamos surpresos que eles se sentiram ligados a Cristo para sempre. Mas ai! Não obstante os protestos dos homens, a profecia do Rei foi completamente cumprida, pois naquela noite eles todos se escandalizaram, ou se ofenderam, e Pedro negou o seu Senhor por três vezes.

MATEUS 26.36-46
O REI NAS OLIVEIRAS

Aqui chegamos ao Santo dos Santos da vida de nosso Senhor na terra. Este é um mistério como aquele que Moisés viu quando a sarça ardia e não era consumida. Nenhum homem pode expor exatamente tal passagem como esta; é um assunto para a meditação em oração, com o coração quebrantado, mais do que para o discurso humano. Que o Espírito Santo graciosamente nos revele tudo o que pode ser visto sobre o Rei nas oliveiras no jardim do Getsêmani!

36. Então chegou Jesus com eles a um lugar chamado Getsêmani, e disse a seus discípulos: assentai-vos aqui, enquanto vou além orar.

Nosso Senhor dirigiu oito de seus discípulos para vigiar fora ou perto da entrada do Getsêmani, a prensa de azeite. Esse jardim era o lugar favorito de Cristo para a oração privada e foi bem escolhido como o palco da sua última súplica agonizante. Foi ali que o Senhor da vida apareceu, e suspirou e gemeu, orou e temeu; o Deus encarnado prensado por tudo o que teria que suportar; com força suficiente, e nenhuma de sobra.

37, 38. E, levando consigo Pedro e os dois filhos de Zebedeu, começou a entristecer-se e a angustiar-se muito. Então lhes disse: a minha alma está cheia de tristeza até a morte; ficai aqui, e velai comigo.

Os três discípulos que tinham estado com Jesus no monte da Transfiguração tiveram o privilégio de estar mais perto d'Ele do que seus outros irmãos; porém, mesmo estes não estarão realmente com Jesus. Sua dor era tão grande, que Ele deveria suportá-la sozinho; e também a Escritura deveria ser cumprida: *Eu sozinho pisei no lagar, e dos povos ninguém houve comigo*[112]. Ainda assim, Ele quis ter os seus três companheiros escolhidos perto de si, para que pudesse derivar tais pequenos consolos por sua presença, na medida em que

---
[112] Cf. Isaías 63.3.

conseguissem ter comunhão com Ele. Esses discípulos nunca tinham visto o seu Senhor submerso em tais grandes ondas de tristeza como aquelas que vieram sobre Ele quando *começou a entristecer-se e a angustiar-se muito*. Jesus foi inclinado para baixo como se um peso enorme repousasse sobre a sua alma, como de fato ocorreu. Esse era o fruto do trabalho da alma, oferecido como oferta pelo pecado, que foi consumado na cruz; e Ele bem poderia dizer: *a minha alma está cheia de tristeza até a morte*. A dor de sua alma era a alma da sua tristeza; sua alma estava cheia de tristeza, até que Ele pareceu alcançar o limite máximo da resistência e estar a pouco tempo de sua morte. Em tal angústia extrema, Ele precisou de amigos fiéis por perto, então disse a Pedro, Tiago e João: *ficai aqui, e velai comigo*. Ele teve que suportar sozinho o fardo terrível do pecado de seu povo, mas os seus discípulos poderiam demonstrar a sua simpatia com Ele, velando a uma distância respeitosa e fazendo as suas pobres orações por suas grandes lutas. Ai! Eles não valorizaram o privilégio que Cristo lhes deu. Não temos sido muito semelhantes a eles, quando nosso Salvador ordena que velemos com Ele?

39. E, indo um pouco mais para diante, prostrou-se sobre o seu rosto, orando e dizendo: Meu Pai, se é possível, passe de mim este cálice; todavia, não seja como eu quero, mas como tu queres.

Jesus foi ouvido? Sim, certamente, e sobretudo no que era a questão principal de sua oração: *não seja como eu quero, mas como tu queres*. Essa foi a parte vital da sua petição, a sua verdadeira essência; pois, ainda que a sua natureza humana se desviava do cálice, Ele se desviava ainda mais de qualquer pensamento de agir contra a vontade de seu Pai. O senso da filiação de Cristo estava claro e ofuscado nessa hora sombria, pois Ele iniciou sua oração com a declaração filial, *meu Pai*.

40. E, voltando para os seus discípulos, achou-os adormecidos; e disse a Pedro: então nem uma hora pudeste velar comigo?

Nós não podemos dizer quanto tempo Jesus esteve lutando sozinho em oração, mas foi tempo suficiente para que os discípulos adormecessem. Pedro havia se constituído o porta-voz do grupo, portanto foi a ele que o nosso

Senhor dirigiu a sua repreensão suave, que também era dirigida aos seus companheiros: *então nem uma hora pudeste velar comigo?* De acordo com Marcos 14.37, a pergunta foi feita pessoalmente a Pedro: *Simão, dormes?* Era mau o suficiente que Tiago e João tivessem adormecido em vez de estar velando; mas, depois de toda a jactância de Pedro, isso parecia pior no seu caso. Aquele que fez os maiores protestos de devoção merecia ser o mais culpado por sua infidelidade.

41. Vigiai e orai, para que não entreis em tentação; na verdade, o espírito está pronto, mas a carne é fraca.

Foi realmente bondoso da parte de Cristo oferecer um motivo para os seus discípulos fracos e cansados; foi como se Ele dissesse qualquer coisa para elogiá-los, embora eles dormiram enquanto deveriam estar vigilantes. No entanto, Jesus repetiu a ordem, *vigiai*, pois este era o dever especial do momento; e Ele acrescentou: *e orai*, pois a oração os ajudaria a vigiar, e a vigilância os ajudaria a orar. Vigilância e oração foram unidas para um propósito especial: *para que não entreis em tentação*. Jesus conhecia que tentações dolorosas estavam prestes a atacá-los, então quis que eles estivessem duplamente armados: "Vigiando em oração".

42. E, indo segunda vez, orou, dizendo: Pai meu, se este cálice não pode passar de mim sem eu o beber, faça-se a tua vontade.

Estas palavras calmas e simples malmente transmitem à nossa mente uma noção completa da agonia intensa em que foram proferidas. Lucas menciona que nosso Salvador, em sua segunda súplica, *orava mais intensamente. E o seu suor se tornou como grandes gotas de sangue, que corriam até ao chão*[113]. A tensão sobre todo o seu corpo se tornou tão grande, que sua vida parecia escorrer através de cada poro; e Ele estava tão fraco e debilitado devido à terrível tensão, que poderia muito bem temer que a sua natureza humana afundaria sob o julgamento horrível e que morreria antes do seu tempo. Contudo, mesmo assim Ele reconheceu a sua filiação: *Pai meu*. E Jesus absolutamente se rendeu à vontade de seu Pai: *faça-se a tua vontade*.

---

[113] Cf. Lucas 22.44.

43, 44. E, voltando, achou-os outra vez adormecidos; porque os seus olhos estavam pesados. E, deixando-os de novo, foi orar pela terceira vez, dizendo as mesmas palavras.

Grande tristeza produz resultados diversos em pessoas diferentes. No caso do Salvador, o conduziu de uma terrível agonia para a seriedade na oração; no caso dos discípulos, os levou a dormir. Lucas diz que eles estavam *dormindo de tristeza*[114]. Seu mestre pode encontrar um motivo por sua negligência, mas oh! Como eles se culpariam depois por falharem na última oportunidade de vigiar com o seu Senhor lutador! Como Jesus não obteve nenhum conforto deles, deixou-os, se retirou novamente e orou *pela terceira vez, dizendo as mesmas palavras*. Aqueles que ensinam que devemos orar apenas uma vez e que não devemos repetir a petição que apresentamos ao Senhor não podem citar o exemplo de nosso Salvador em apoio à sua teoria, pois naquela noite terrível Ele ofereceu a mesma súplica e usou as mesmas palavras. Paulo, assim como o seu mestre, *suplicou ao Senhor três vezes* que o *espinho na carne, a saber, um mensageiro de Satanás*, se desviasse dele[115].

45, 46. Então chegou junto dos seus discípulos, e disse-lhes: dormi agora, e repousai; eis que é chegada a hora, e o Filho do homem será entregue nas mãos dos pecadores. Levantai-vos, partamos; eis que é chegado o que me trai.

Eu não acho que Jesus estava falando ironicamente quando disse: *dormi agora, e repousai*, mas que Ele lhes permitiu ter um pouco de sono enquanto se assentava e vigiava. Jesus não demorou muito sentado, ou os discípulos dormindo, pois, em meio às oliveiras, Jesus conseguiu ver o brilho das tochas se aproximando; e o silêncio da noite foi quebrado pelo caminhar e gritos da turba que veio para prendê-lo. Ele gentilmente despertou os seus discípulos sonolentos, dizendo: *Levantai-vos, partamos*. Essas palavras acrescentadas devem ter atingido com terror os seus corações entristecidos: *eis que é chegado o que me trai*. O esmagamento na "prensa de azeite" estava acabado. A longa espera pela *hora* da traição terminou; e Jesus se levantou calmamente, divinamente fortalecido para passar pelas terríveis provações que ainda esperavam por Ele antes que cumprisse plenamente a redenção de seu povo eleito.

---

[114] Cf. Lucas 22.45.
[115] Cf. 2Coríntios 12.6-7.

MATEUS 26.47-56
O REI É TRAÍDO

47-49. E, estando ele ainda a falar, eis que chegou Judas, um dos doze, e com ele grande multidão com espadas e varapaus, enviada pelos príncipes dos sacerdotes e pelos anciãos do povo. E o que o traía tinha-lhes dado um sinal, dizendo: o que eu beijar é esse; prendei-o. E logo, aproximando-se de Jesus, disse: eu te saúdo, Rabi; e beijou-o.

É um fato notável que nós não lemos no Novo Testamento que qualquer um dos doze, à exceção de Judas, beijou Jesus. Parece que a familiaridade mais impudente era muito semelhante à traição covarde. Esse sinal de Judas era típico da maneira em que Jesus é geralmente traído! Quando os homens pretendem atacar a inspiração das Escrituras, como eles começam os seus livros? Ora, sempre com uma declaração de que desejam promover a verdade de Cristo! O nome de Cristo é muitas vezes caluniado por aqueles que fazem uma profissão elevada de afeição a Ele e depois pecam abominavelmente como o principal dos transgressores. Aqui o beijo de Judas veio em primeiro lugar, e a traição, em seguida. Assim, Judas disse: *eu te saúdo, Rabi e beijou-o*; traindo-o pelo gesto que deveria ser o sinal de muito firme amizade.

50. Jesus, porém, lhe disse: amigo, a que vieste? Então, aproximando-se eles, lançaram mão de Jesus, e o prenderam.

O manso e humilde Jesus falou como nenhum homem poderia ter feito em tais circunstâncias. Ele não se dirigiu a Judas como "miserável!" ou "desgraçado!", mas a sua primeira palavra, depois de receber o beijo do traidor, foi: *amigo*! Ele não o denunciou como o mais vil dos homens, mas disse calmamente: *a que vieste?*, ou "faça aquilo para o que vieste". Nosso Rei agiu muito nobremente naquela hora de aflição. *Então, aproximando-se eles, lançaram mão de Jesus, e o prenderam*. Ele não ofereceu resistência, embora toda a multidão fosse impotente para prendê-lo, a menos que Ele estivesse disposto a ser preso. Eles vieram para levá-lo, então Ele protegeu os discípulos da prisão, enquanto se rendia aos seus captores, dizendo: *se, pois, me buscais a mim, deixai ir estes*[116]. Jesus estava sempre pensando sobre os outros; Ele agiu assim no jardim e mesmo quando estava pendurado na cruz.

51, 52. E eis que um dos que estavam com Jesus, estendendo a mão, puxou da espada e, ferindo o servo do sumo sacerdote, cortou-lhe uma orelha. Então Jesus disse-lhe: embainha a tua espada; porque todos os que lançarem mão da espada, à espada morrerão.

A mão de um homem bom nunca está mais fora de lugar do que quando está empunhando uma espada; ainda assim, há sempre uma tendência, mesmo entre os cristãos, de retirar a espada da bainha. Teria sido muito melhor se as mãos de Pedro estivessem unidas em oração. Esse ato de cortar a orelha de Malco ajudou a identificá-lo como alguém que estava com Cristo no jardim e o conduziu diretamente a uma de suas negações de seu Senhor (Jo 8.26-27). A espada nunca ajuda a estabelecer o reino de Cristo; tudo o que é feito por ela sempre terá que ser desfeito. A força bruta arruinará o que a força bruta obteve.

53, 54. Ou pensas tu que eu não poderia agora orar a meu Pai, e que ele não me daria mais de doze legiões de anjos? Como, pois, se cumpririam as Escrituras, que dizem que assim convém que aconteça?

Como regiamente fala o nosso Rei! Ele era o verdadeiro mestre na situação. Ele podia apenas orar ao Pai *e mais de doze legiões de anjos* desceriam, flamejantes, desde a corte do céu. Cada discípulo tímido poderia ter como capitão uma legião de anjos, enquanto o seu Senhor poderia convocar muitos mais, segundo a sua vontade. Havia, no entanto, uma dificuldade no caminho: *Como, pois, se cumpririam as Escrituras, que dizem que assim convém que aconteça?* Jesus pensava mais em cumprir as Escrituras do que em ser libertado das mãos dos ímpios. Nem turbas de judeus nem cordas romanas poderiam mantê-lo cativo se Ele não tivesse se submetido a uma força mais poderosa, mesmo aquele pacto eterno no qual Ele entrou em favor de seu povo.

---

[116] Cf. João 18.8.

55. Então disse Jesus à multidão: saístes, como para um salteador, com espadas e varapaus para me prender? Todos os dias me assentava junto de vós, ensinando no templo, e não me prendestes.

Lucas diz que esta questão foi feita *aos principais dos sacerdotes, e capitães do templo, e anciãos*[117]. No entanto, mesmo para eles Jesus apenas dirigiu a suave pergunta, em vez da terrível denúncia que o comportamento deles merecia. Parecia ser uma grande farsa que a *multidão com espadas e varapaus* saísse de Jerusalém, à meia-noite, para prender "o homem de dores", que não permitiria que um de seus seguidores desembainhasse uma espada em sua defesa. No entanto, mesmo seus inimigos sabiam que Ele possuía poder extraordinário se apenas quisesse exercê-lo; e a multidão, armas e autoridade eram declarações inconscientes da dignidade real e poder de Jesus.

56. Mas tudo isto aconteceu para que se cumpram as escrituras dos profetas. Então, todos os discípulos, deixando-o, fugiram.

Uma grande preocupação de nosso Senhor foi que Ele pudesse consumar a obra que veio realizar e que, assim, as Escrituras dos profetas fossem cumpridas.

Jesus não se surpreendeu por todos os discípulos o abandonarem e fugirem, pois Ele havia predito que eles agiriam dessa forma. Jesus os conhecia melhor do que eles conheciam a si mesmos, por isso profetizou que o rebanho seria espalhado quando o pastor fosse ferido. Assim ocorreu, pois, quando os lobos ferozes vieram e o prenderam, todo o rebanho fugiu.

Seria a honra eterna de qualquer um dos discípulos ter permanecido perto de Cristo até o fim, mas nem o amado João nem o prepotente Pedro resistiram ao teste daquele momento solene. A natureza humana é tão miserável, mesmo na melhor das hipóteses, que não podemos esperar que qualquer um de nós seja mais corajoso ou mais fiel do que os apóstolos.

---

[117] Cf. Lucas 22.52.

MATEUS 26.57-68
O REI DIANTE DO SUMO SACERDOTE JUDAICO

57. E os que prenderam a Jesus o conduziram à casa do sumo sacerdote Caifás, onde os escribas e os anciãos estavam reunidos.

Alguns dos principais sacerdotes e anciãos estavam tão enfurecidos contra Cristo, que foram ao Getsêmani com os soldados romanos que foram enviados para prender Jesus; o restante deles se reuniu na casa de Caifás, o sumo sacerdote, à espera de sua vítima ser trazida até eles. Era noite, ou de manhã cedo, mas eles estavam muito dispostos a se sentarem para julgar o Senhor da glória e envergonhar o Rei de Israel.

58. E Pedro o seguiu de longe, até ao pátio do sumo sacerdote e, entrando, assentou-se entre os criados, para ver o fim.

Pedro não deveria ser responsabilizado por ter seguido a Cristo *de longe*, pois no início ele e João foram os únicos dois discípulos que seguiram o seu mestre preso. João entrou com Jesus no palácio do sumo sacerdote, e, por sua influência, Pedro também foi admitido. Atraído pelo fogo, Pedro se assentou com os servos; logo foi provado que esse era um lugar perigoso para ele. Quando um servo de Cristo, por sua própria escolha, fica com os servos do maligno, o pecado e a tristeza rapidamente seguem.

59-61. Ora, os príncipes dos sacerdotes, e os anciãos, e todo o conselho, buscavam falso testemunho contra Jesus, para poderem dar-lhe a morte; e não o achavam; apesar de se apresentarem muitas testemunhas falsas, não o achavam. Mas por fim chegaram duas testemunhas falsas, e disseram: Este disse: eu posso derrubar o templo de Deus, e reedificá-lo em três dias.

Os inimigos de Jesus queriam *dar-lhe a morte*; portanto, deveriam ter pelo menos duas testemunhas contra Jesus, pois, pela lei de Moisés, a evidência de uma testemunha não era suficiente para condenar qualquer pessoa acusada de um crime que merecia a pena de morte. *Ora, os príncipes dos sacerdotes, e os anciãos, e todo o conselho, buscavam falso testemunho contra Jesus, para poderem dar-lhe a morte; e não o achavam*; até que *por fim chegaram duas testemunhas falsas*, que tomaram as palavras de Cristo e deturparam o seu significado, mas mesmo eles não concordavam em seu depoimento (Mc 14.59), e, portanto, Jesus não poderia ser condenado.

62. E, levantando-se o sumo sacerdote, disse-lhe: não respondes coisa alguma ao que estes depõem contra ti?

Qual seria a utilidade de responder? Não havia realmente nada a ser respondido, exceto que a deturpação era evidente e intencional. Nosso Senhor também sabia que o conselho havia determinado matá-lo; e, além disso, havia outra profecia a ser cumprida: *Ele foi oprimido e afligido, mas não abriu a sua boca; como um cordeiro foi levado ao matadouro, e como a ovelha muda perante os seus tosquiadores, assim ele não abriu a sua boca*[118].

63, 64. Jesus, porém, guardava silêncio. E, insistindo o sumo sacerdote, disse-lhe: conjuro-te pelo Deus vivo que nos digas se tu és o Cristo, o Filho de Deus. Disse-lhe Jesus: tu o disseste; digo-vos, porém, que vereis em breve o Filho do homem assentado à direita do poder, e vindo sobre as nuvens do céu.

O tempo para Cristo falar havia chegado. Primeiro, Ele respondeu à adjuração solene do sumo sacerdote e declarou que Ele era *o Cristo, o Filho de Deus*. Não havia mais razão alguma para esconder esse fato, então Ele proferiu uma profecia que deve ter assustado os seus acusadores. Jesus estava ali amarrado, aparentemente sozinho e indefeso diante de seus inimigos poderosos, que esperavam em breve matá-lo; no entanto, o Rei e profeta declarou que eles seriam testemunhas da sua glória futura e o veriam *assentado à direita do poder, e vindo sobre as nuvens do céu*. Seus ouvintes entenderam corretamente que Ele afirmava ser Deus, e de bom grado nós confessamos a justiça da afirmação de Jesus.

---

[118] Cf. Isaías 53.7.

65, 66. Então o sumo sacerdote rasgou as suas vestes, dizendo: blasfemou; para que precisamos ainda de testemunhas? Eis que bem ouvistes agora a sua blasfêmia. Que vos parece? E eles, respondendo, disseram: é réu de morte.

Se Jesus não fosse Deus encarnado, seria culpado de blasfêmia e mereceria morrer. Pela lei de Moisés, um blasfemo deveria ser apedrejado até a morte (Lv 24.16). As obras de Cristo provaram que era Deus, portanto as suas palavras não eram as de um blasfemo, mas a sua confissão deu aos seus inimigos o motivo que eles estavam procurando, e declararam que Jesus era indigno de viver: *E eles, respondendo, disseram: é réu de morte.* Jesus havia predito que seria crucificado, embora a punição por blasfêmia era a morte por apedrejamento; em breve, mais formas de julgamento ocorreriam antes que chegasse o fim.

67, 68. Então cuspiram-lhe no rosto e lhe davam punhadas, e outros o esbofeteavam, dizendo: profetiza-nos, Cristo, quem é o que te bateu?

Una estes dois textos: *Então cuspiram-lhe no rosto* e *vi um grande trono branco, e o que estava assentado sobre ele, de cuja presença fugiu a terra e o céu; e não se achou lugar para eles*[119]. No dia da sua humilhação, eles o feriram e zombaram d'Ele, dizendo: *profetiza-nos, Cristo, quem é o que te bateu?* A menos que eles tenham se arrependido de sua impiedade, o dia virá quando o juiz divino apontará a cada um deles que, nessa ocasião, o escarneceu, e Ele dirá: "Tu és o homem!".

Oh, que vergonhosas indignidades e crueldades foram lançadas sobre nosso precioso Salvador! Veja como o paciente Jesus permanece insultado em seu estado de maior humilhação! Pecadores prenderam as mãos do Todo-poderoso e cuspiram na face do criador.

---

[119] Cf. Apocalipse 20.11.

MATEUS 26.69-75
O REI É NEGADO POR SEU DISCÍPULO

69, 70. Ora, Pedro estava assentado fora, no pátio; e, aproximando-se dele uma criada, disse: tu também estavas com Jesus, o galileu. Mas ele negou diante de todos, dizendo: não sei o que dizes.

Enquanto o nosso Senhor estava na casa do sumo sacerdote, Pedro *estava assentado fora, no pátio*. No pátio negligenciado pelas salas do palácio, os servos e os guardas acenderam um fogo para se aquecerem enquanto esperavam para ver o que seria feito com Jesus.

Pedro se uniu ao grupo, e *uma criada*, que o deixara entrar, a pedido de João, disse-lhe: *tu também estavas com Jesus, o galileu*. Agora chegou o teste de seu orgulho confiante diante de seu Senhor: "Ainda que me seja mister morrer contigo, não te negarei". Mas Pedro negou a Jesus diante de todos, dizendo: *Não sei o que dizes*. Quaisquer que fossem as consequências de Pedro confessar a Cristo, elas não poderiam ser tão más quanto era esta vil negação.

71, 72. E, saindo para o vestíbulo, outra criada o viu, e disse aos que ali estavam: este também estava com Jesus, o Nazareno. E ele negou outra vez com juramento: não conheço tal homem.

Havia tantos que viram Pedro com Cristo, que ele foi facilmente reconhecido como um dos companheiros do Nazareno. Sua segunda negação foi diferente da primeira, pois nesta ele acrescentou um juramento à mentira e declarou a respeito de Cristo: *não conheço tal homem*. Talvez o juramento tenha sido feito para provar que ele não era um seguidor daquele que disse: "de maneira nenhuma jureis", ou este poderia ser um retorno ao velho hábito de Pedro antes de sua conversão. Quando uma vez um filho de Deus se desvia do caminho, ninguém pode dizer o quão rápido e quão longe ele cairá, a menos que a graça todo-poderosa seja concedida a ele.

73. E, daí a pouco, aproximando-se os que ali estavam, disseram a Pedro: *verdadeiramente também tu és deles, pois a tua fala te denuncia.*

Mesmo quando Pedro jurou, havia algum sotaque da Galileia em sua fala, de modo que aquelas pessoas em Jerusalém observaram o seu dialeto provincial e lhe disseram: *verdadeiramente também tu és deles, pois a tua fala te denuncia.* Se um filho de Deus começa a perjurar, ele não vai fazê-lo como o ímpio e certamente será descoberto.

74, 75. Então começou ele a praguejar e a jurar, dizendo: não conheço esse homem. E imediatamente o galo cantou. E lembrou-se Pedro das palavras de Jesus, que lhe dissera: antes que o galo cante, três vezes me negarás. E, saindo dali, chorou amargamente.

Mentir leva a jurar, e jurar, a praguejar; ninguém, senão o Senhor, sabe quão mais longe Pedro teria caído se não tivesse sido divinamente detido em sua carreira pecaminosa. Muitos homens ouviram o galo cantar naquela manhã, mas Pedro recordou de um solene lembrete de advertência profética de seu Senhor: *antes que o galo cante, três vezes me negarás.* Havia algo que afetou a Pedro mais do que o cantar do galo. Lucas nos diz que *virando-se o Senhor, olhou para Pedro*[120]. Pedro deve ter olhado para o Senhor ou ele não teria visto aquele olhar de tristeza, piedade, amor e perdão que o Senhor lhe ofereceu, antes que *saindo dali, chorou amargamente.*

Se qualquer um de nós negou o Senhor que o comprou, olhe para aquele que agora olha para baixo desde o céu, pronto para perdoar o desviado que chora como no retorno do filho pródigo: *Pai, pequei contra o céu e perante ti, e já não sou digno de ser chamado teu filho*[121].

Esse mesmo Pedro, quando restaurado ao favor de seu Senhor, pregou no dia de Pentecostes o sermão que levou à condenação e à conversão de milhares de seus ouvintes.

---

[120] Cf. Lucas 22.61.
[121] Cf. Lucas 15.21.

MATEUS 27.1,2
O REI É LEVADO A PILATOS

1. E, chegando a manhã, todos os príncipes dos sacerdotes, e os anciãos do povo, formavam juntamente conselho contra Jesus, para o matarem.

Eles eram tão cheios de inimizade contra Jesus, que estavam ansiosos para aproveitar a primeira oportunidade para formar *juntamente conselho contra Jesus, para o matarem*. Eles tinham passado a última parte da noite e os primeiros momentos da manhã examinando, condenando e zombando de seu nobre prisioneiro. Jesus havia predito que seria entregue aos gentios, assim o próximo ato na terrível tragédia era o seu comparecimento diante do governador romano.

2. E maniatando-o, o levaram e entregaram ao presidente Pôncio Pilatos.

Aqueles que prenderam Jesus o tinham *maniatado* antes que o levassem a Anás (Jo 18.12-13). Anás o enviou *maniatado* a Caifás (Jo 18.24). Agora o Sinédrio oficialmente o prendeu, e seus membros *o levaram e entregaram ao presidente Pôncio Pilatos*. Como Isaque foi amarrado antes que fosse colocado sobre o altar, assim o grande antítipo foi maniatado antes de ser *levado como um cordeiro ao matadouro* e entregue ao governador romano.

MATEUS 27.3-10
O REMORSO E SUICÍDIO DO TRAIDOR

3, 4. Então Judas, o que o traíra, vendo que fora condenado, trouxe, arrependido, as trinta moedas de prata aos príncipes dos sacerdotes e aos anciãos, dizendo: pequei, traindo o sangue inocente. Eles, porém, disseram: que nos importa? Isso é contigo.

Talvez Judas esperasse que Jesus milagrosamente se libertasse de seus inimigos; e, quando ele viu que Jesus foi condenado, o remorso se apoderou dele, e levou de volta aos seus companheiros criminosos a recompensa de sua infâmia. Havia algo de bom em sua confissão desesperada: *pequei, traindo o sangue inocente*. Judas esteve com nosso Senhor em público e em privado; e, se ele tivesse encontrado uma falha no caráter de Cristo, este teria sido o momento para mencioná-la; porém, até mesmo o traidor, em sua última fala, declarou que Jesus era *inocente*. Os príncipes dos sacerdotes e os anciãos não tinham mais piedade de Judas do que tinham de Jesus; nenhum remorso os perturbaria, eles prenderam o Salvador e não se importavam com qualquer uma das consequências de suas ações. Quanto ao traidor, ele fez a sua obra e permaneceu impenitente.

5. E ele, atirando para o templo as moedas de prata, retirou-se e foi-se enforcar.

Estas palavras terríveis: *e foi-se enforcar* revelam o verdadeiro caráter do arrependimento de Judas. O arrependimento dele precisava se arrepender; não era aquela tristeza segundo Deus que opera arrependimento para a salvação. Na história da igreja de Cristo, tem havido alguns casos de remorso como o de Judas, o qual conduz os homens ao desespero e, por vezes, ao suicídio. Que Deus, em misericórdia, nos livre de quaisquer outras repetições de tal experiência horrível!

6-8. E os príncipes dos sacerdotes, tomando as moedas de prata, disseram: não é lícito colocá-las no cofre das ofertas, porque são preço de sangue. E, tendo deliberado em conselho, compraram com elas o campo de um oleiro, para sepultura dos estrangeiros. Por isso foi chamado aquele campo, até ao dia de hoje, Campo de sangue.

Se Judas comprou o *campo* no qual ele cometeu suicídio (At 1.18) ou se os *príncipes dos sacerdotes*, ouvindo como ele pretendia entregar as *moedas de prata*, prosseguiram em sua intenção, não faz nenhuma diferença real quanto ao resultado. O *Campo de sangue* se tornou o memorial perpétuo da infâmia de Judas. Quando ele vendeu o seu Senhor, pouco pensou o que seria feito com o dinheiro recebido como o preço da traição. No sentido mais amplo possível, ele era culpado do sangue do Senhor; este sangue estava sobre Judas, e não para selar o seu perdão, mas para confirmar a sua condenação.

9, 10. Então se realizou o que vaticinara o profeta Jeremias: tomaram as trinta moedas de prata, preço do que foi avaliado, que certos filhos de Israel avaliaram, e deram-nas pelo campo do oleiro, segundo o que o Senhor determinou.

Até as *trinta moedas de prata* cumpriram uma antiga profecia. Os enigmas dos profetas, bem como suas expressões mais evidentes, todos provaram ser verdadeiros, na medida em que todos se cumpriram.

O destino de Judas deveria ser um alerta solene para todos os cristãos professos e, especialmente, a todos os ministros. Ele era um dos doze apóstolos, mas era um filho da perdição e, por fim, ele foi para o seu lugar. Cada um de nós tem o seu próprio lugar: o céu ou o inferno; qual é o seu?

Senhor! Quando eu leio sobre a condenação do traidor, que foi enviado ao seu próprio lugar, que santo temor e humilde esperança, alternadamente, enchem minha mente! Eu também traí a ti, mas fui salvo pela graça incomparável, ou, de outro modo, o inferno mais profundo e ardente certamente seria o meu lugar.

MATEUS 27.11–26
JESUS, PILATOS E BARRABÁS

11. E foi Jesus apresentado ao presidente, e o presidente o interrogou, dizendo: és tu o Rei dos judeus? E disse-lhe Jesus: tu o dizes.

Jesus não parecia muito com um rei quando esteve diante de Pilatos; havia pouco das vestes da nobreza em suas roupas simples. No entanto, mesmo em sua humilhação havia tanta grandeza, que até o governador foi levado a perguntar: *és tu o Rei dos judeus?* Não havia mais nenhuma razão para que o Rei escondesse a sua verdadeira posição, então respondeu: *tu o dizes*. É como dizer: "tu disseste que eu sou o Rei dos judeus". Os judeus rejeitaram o seu Rei: *Veio para o que era seu, e os seus não o receberam*[122]. Jesus ainda era o Rei deles, ainda que se recusassem a se curvar diante do seu cetro de graça e misericórdia.

12-14. E, sendo acusado pelos príncipes dos sacerdotes e pelos anciãos, nada respondeu. Disse-lhe então Pilatos: não ouves quanto testificam contra ti? E nem uma palavra lhe respondeu, de sorte que o presidente estava muito maravilhado.

Este foi o momento para Jesus se comportar "como uma ovelha muda perante os seus tosquiadores"[123]. Seu silêncio surpreendeu Pilatos, assim como seu discurso antes havia intimidado os oficiais enviados para prendê-lo (Jo 7.45-46). Jesus *nada respondeu*, porque estava ali como o representante de seu povo; e, embora Ele não tivesse pecado, o seu povo era culpado de tudo o que Ele foi falsamente acusado. Jesus poderia ter negado toda a acusação feita contra Ele, mas isso deixaria a acusação sobre aqueles cujo lugar Ele veio ocupar; então Jesus *nem uma palavra lhe respondeu*. Tal silêncio foi sublime.

---

[122] Cf. João 1.11.
[123] Cf. Isaías 53.7.

15-18. Ora, por ocasião da festa, costumava o presidente soltar um preso, escolhendo o povo aquele que quisesse. E tinham então um preso bem conhecido, chamado Barrabás. Portanto, estando eles reunidos, disse-lhes Pilatos: qual quereis que vos solte? Barrabás, ou Jesus, chamado Cristo? Porque sabia que por inveja o haviam entregado.

Pilatos estava realmente ansioso para livrar Cristo de seus inimigos cruéis; mas, como a maioria dos homens ímpios, ele era um grande covarde, então tentou obter essa finalidade por meio de um artifício astuto. Ele sabia que *por inveja o haviam entregado* e poderia ter a esperança de que Jesus era tão popular entre as pessoas, que a pergunta à multidão resultaria em um veredito favorável a Cristo, ainda mais pelo fato de um homem notoriamente ímpio, *Barrabás*, ter sido escolhido para disputar a preferência do povo com o *Rei dos judeus*. Certamente, o *povo* pediria que o seu Rei fosse posto em liberdade! Pilatos pouco sabia sobre o domínio que os príncipes dos sacerdotes tinham sobre a população ou sobre a inconstância das multidões, cujo eufórico clamor de *Hosana* logo mudaria para raivosos gritos de *crucifica-o!*

19. E, estando ele assentado no tribunal, sua mulher mandou-lhe dizer: não entres na questão desse justo, porque num sonho muito sofri por causa dele.

Aqui havia uma inesperada testemunha da inocência de Cristo. Se o sonho da esposa de Pilatos foi uma revelação divina da glória de Cristo ou não, não podemos afirmar, mas a mensagem enviada por ela ao governador deve tê-lo deixado ainda mais ansioso do que antes.

20-22. Mas os príncipes dos sacerdotes e os anciãos persuadiram à multidão que pedisse Barrabás e matasse Jesus. E, respondendo o presidente, disse-lhes: qual desses dois quereis vós que eu solte? E eles disseram: Barrabás. Disse-lhes Pilatos: que farei então de Jesus, chamado Cristo? Disseram-lhe todos: seja crucificado.

Agora a sorte é lançada, a escolha da *multidão* é feita; *Barrabás* é preferido em lugar de Jesus. O Senhor da glória foi vendido por Judas pelo preço de um escravo; e agora um ladrão, assassino e líder de uma sedição é preferido pelas pessoas em vez de o príncipe da vida. Não houve clamores a favor de Cristo? Não houve ninguém em toda aquela multidão que, quando doente, foi curado ou aqueles que, estando famintos, foram alimentados por

Jesus e que pudessem se lembrar d'Ele naquele dia e pedir que fosse liberto? Não, nenhum; não havia ninguém no meio da multidão que simpatizasse com o Salvador, ainda que pelo silêncio; *todos disseram: seja crucificado*.

23. O presidente, porém, disse: mas que mal fez ele? E eles mais clamavam, dizendo: seja crucificado.

As pessoas estavam tomadas por um ódio cego e irracional. Elas não responderam ao inquérito de Pilatos: *mas que mal fez ele?*, pois Jesus não tinha feito nada de errado; eles só repetiram a solicitação cruel: *seja crucificado*.

O ódio a Cristo por parte do mundo é mostrado de forma semelhante hoje. Jesus não fez nenhum mal, ninguém sofreu um dano por suas mãos, todos se unem para declará-lo inocente; e ainda assim os mundanos praticamente gritam: "Fora com Ele! Crucifica-o!".

24. Então Pilatos, vendo que nada aproveitava, antes o tumulto crescia, tomando água, lavou as mãos diante da multidão, dizendo: estou inocente do sangue deste justo. Considerai isso.

Ah! Pilatos, você precisa de algo mais forte do que *água* para lavar o *sangue deste justo* de suas *mãos*. Você não pode se livrar da responsabilidade por essa farsa. Quem tem o poder para impedir um erro é culpado do ato se permite que outros errem, mesmo que ele não cometa o mal pessoalmente.

Pilatos se uniu a todas as outras testemunhas ao declarar que Jesus era *justo* ou *inocente*. Ele chegou ao ponto de declarar: *não acho nele crime algum* (Jo 18.38).

25. E, respondendo todo o povo, disse: o seu sangue caia sobre nós e sobre nossos filhos.

Todo o povo voluntariamente tomou sobre si a culpa do assassinato de nosso querido Senhor: *o seu sangue caia sobre nós e sobre nossos filhos*. Essa imprecação temível deve ter sido lembrada por muitos quando os soldados de Tito não pouparam nem idade nem sexo, e a capital judaica se tornou o verdadeiro Campo de sangue. Essa maldição que impuseram a si mesmos ainda repousa sobre o Israel incrédulo; e, até que aceite o Messias que tem rejeitado, a marca continuará sobre a fronte da nação obstinada.

26. Então soltou-lhes Barrabás, e, tendo mandado açoitar a Jesus, entregou-o para ser crucificado.

O açoite dos romanos era uma das mais terríveis punições a que qualquer um poderia ser sujeito. Os judeus baterem com varas era um castigo leve em comparação com a flagelação brutal infligida pelos soldados imperiais; no entanto, mesmo nesse momento o nosso Senhor sofreu por nós. Aquelas foram as feridas pelas quais nós fomos sarados (1Pe 2.24). No entanto, a flagelação era apenas o começo do fim terrível: *tendo mandado açoitar a Jesus, entregou-o para ser crucificado*. Sabendo que Jesus era inocente, Pilatos primeiramente mandou açoitá-lo e, em seguida, o entregou à fúria de seus inimigos fanáticos.

MATEUS 27.27-31
O REI É RIDICULARIZADO PELOS SOLDADOS

27-30. E logo os soldados do presidente, conduzindo Jesus à audiência, reuniram junto dele toda a coorte. E, despindo-o, o cobriram com uma capa de escarlate; e, tecendo uma coroa de espinhos, puseram-lha na cabeça, e em sua mão direita uma cana; e, ajoelhando diante dele, o escarneciam, dizendo: Salve, Rei dos judeus. E, cuspindo nele, tiraram-lhe a cana, e batiam-lhe com ela na cabeça.

É muito doloroso suportar a ridicularização. No caso do Salvador, havia grande crueldade misturada com zombaria. Aqueles soldados romanos eram homens para quem o derramamento de sangue era um entretenimento; e agora que foi entregue em suas mãos alguém que foi acusado de fazer de si mesmo um rei, podemos conceber que sujeito para zombaria o gentil Jesus era na consideração deles. Eles não foram tocados pela fragilidade do seu corpo nem por seu semblante triste, mas tentaram inventar todo tipo de escárnio para derramar sobre a sua santa cabeça. Certamente, o mundo nunca viu uma cena mais surpreendente do que o Rei dos reis assim, ridicularizado em seu caráter real pelos mais vis dos homens. *E logo os soldados [...] reuniram junto dele toda a coorte*, pois uma diversão estava sendo preparada para a *audiência*. Jesus é um Rei, então Ele deve vestir o manto da realeza: *E, despindo-o, o cobriram com uma capa de escarlate*, algum casaco ou capa velha e escarlate de algum soldado. O Rei deve ser coroado: *tecendo uma coroa de espinhos, puseram-lha na cabeça*. Ele deve ter um cetro: *e em sua mão direita uma cana*. Honra deve ser prestada a Ele: *ajoelhando diante dele*. Homens cruéis! No entanto, provavelmente não conheciam homens melhores.

Oh, se nós tivéssemos a metade da criatividade ao honrar o nosso Rei que aqueles soldados tiveram ao planejar a sua desonra! Prestemos a Cristo a honra real que aqueles homens fingiram lhe oferecer. Vamos coroá-lo Senhor de tudo, e, na mais verdadeira lealdade, nos ajoelhemos e o chamemos de *Rei*.

31. E, depois de o haverem escarnecido, tiraram-lhe a capa, vestiram-lhe as suas vestes e o levaram para ser crucificado.

Foi divinamente ordenado que Jesus prosseguiria com *as suas vestes*, para que ninguém dissesse que outra pessoa havia substituído o Salvador. Quando *o levaram*, vestido da bem conhecida túnica sem costura, tecida de alto a baixo, todos que olhassem para Ele diriam: "É o Nazareno que está indo ser executado; reconhecemos a sua veste, bem como a sua pessoa".

MATEUS 27.32–38
O REI É CRUCIFICADO

32. E, quando saíam, encontraram um homem cireneu, chamado Simão, a quem constrangeram a levar a sua cruz.

Talvez eles tivessem medo de que Cristo morresse de exaustão; então *constrangeram Simão a levar a sua cruz*. Qualquer um dos seguidores de Cristo desejaria ter sido aquele homem cireneu; mas não precisamos invejá-lo, pois há uma cruz para cada um de nós carregarmos. Oh, se fôssemos tão dispostos a carregar a cruz de Cristo como Ele se dispôs a carregar os nossos pecados na cruz! Se algo acontecer conosco devido à perseguição ou ridicularização por causa de nosso Senhor e do evangelho, alegremente o suportemos. Como cavaleiros são legitimamente reconhecidos pelo toque da espada do soberano, assim nos tornaremos príncipes no reino de Cristo, enquanto Ele coloca a sua cruz sobre os nossos ombros.

33, 34. E, chegando ao lugar chamado Gólgota, que se diz: Lugar da Caveira, deram-lhe a beber vinagre misturado com fel; mas ele, provando-o, não quis beber.

Gólgota era o lugar comum de execução de malfeitores, o Tyburn[124] ou Old Bailey[125] de Jerusalém, fora dos portões da cidade. Havia uma razão simbólica especial para o sofrimento de Cristo fora da porta, e seus seguidores são convocados: *Saiamos, pois, a ele fora do arraial, levando o seu vitupério* (Hb 13.11-13).

Uma mistura entorpecente era dada ao condenado, para minimizar um pouco da agonia da crucifação, mas nosso Senhor veio para sofrer e Ele

---

[124] Tyburn era um vilarejo no condado de Middlesex, próximo à localização do Marble Arch, da atual Londres. Seu nome vem de um tributário do Rio Tâmisa, que hoje é completamente coberto desde sua nascente até seu desembocar no Tâmisa. Durante muitos séculos, seu nome foi sinônimo de pena capital, tendo sido o principal local de execução dos criminosos de Londres. Sua notoriedade ficou ainda maior depois da construção, em 1571, de um grande cadafalso, conhecido como *A árvore de Tyburn*.

[125] Old Bailey é o nome popular do Tribunal Central Criminal na Inglaterra. O tribunal medieval que lhe deu origem foi mencionado inicialmente em 1585. No século XIX, o Old Bailey era um pequeno pátio adjacente à prisão de Newgate. Enforcamentos eram um espetáculo público até o final do século. Grandes e furiosas multidões se reuniam e atiravam pedras e alimentos podres nos condenados.

não quis que nada prejudicasse a sua consciência. Ele não proibiu seus companheiros de sofrimento de beberem *vinagre misturado com fel* (*vinho misturado com mirra*, Mc 15.23), mas Ele não quis beber.

Jesus não recusou essa mistura por ser amarga, pois Ele estava preparado para beber até as últimas gotas terríveis do amargo cálice da ira que era devida ao seu povo.

35. E, havendo-o crucificado, repartiram as suas vestes, lançando sortes, para que se cumprisse o que foi dito pelo profeta: repartiram entre si as minhas vestes, e sobre a minha túnica lançaram sortes.

Há muitíssimos significados nesta pequena sentença, *havendo-o crucificado*: cravaram pregos de ferro naquelas mãos e pés benditos, fixaram-no na cruz, e a ergueram para pendurá-lo ali, sobre um madeiro reservado para criminosos. Mal podemos compreender tudo o que a crucificação significou para o nosso querido Senhor, mas podemos participar na oração: "Senhor Jesus! Podemos amar e chorar, já que tu foste crucificado por nós".

Assim, cumpriu-se tudo o que o Senhor havia predito nos versículos 17 a 19 do capítulo 20, exceto a sua ressurreição, cujo tempo não havia chegado.

As vestes dos criminosos ficavam com os executores. Os soldados romanos que crucificaram Cristo não imaginavam estar cumprindo as Escrituras quando *repartiram as suas vestes, lançando sortes*; ainda assim, a atitude deles era exatamente o que foi predito no Salmo 22.18. A túnica sem costura teria sido estragada se fosse rasgada, então os soldados a sortearam enquanto repartiam as outras *vestes* de nosso Senhor. As vestes poderiam ser manchadas com o sangue de Cristo; mas, ainda assim, lançaram sortes estando ainda à sombra da cruz de Cristo. Lançar sortes é o vício que mais endurece. Afaste-se disso de todos os modos! Nenhum jogo de azar deve ser feito por cristãos, pois o sangue de Cristo parece ser salpicado sobre todos eles.

36. E, assentados, o guardavam ali.

Alguns o observavam por curiosidade, outros para se certificarem de que Ele realmente morreu, alguns até mesmo deleitavam os seus olhos cruéis com os sofrimentos d'Ele; e havia alguns, tocados pela cruz, que choravam e lamentavam, como por uma espada atravessando os seus próprios corações, enquanto o Filho do homem agonizava até a morte.

37. E por cima da sua cabeça puseram escrita a sua acusação: ESTE É JESUS, O REI DOS JUDEUS.

Que maravilhosa providência levou Pilatos a fazer esta escrita! O representante do imperador romano pouco provavelmente cederia a soberania a qualquer homem; no entanto, ele deliberadamente escreveu: *ESTE É JESUS, O REI DOS JUDEUS*, e nada poderia induzi-lo a mudar o que tinha escrito. Mesmo na sua cruz, Cristo foi proclamado Rei, em hebraico sacerdotal, grego clássico e latim comum[126], de modo que todos na multidão pudessem ler a inscrição.

Quando os judeus confessarão a Jesus como seu Rei? Eles o farão um dia, olhando para aquele a quem traspassaram[27]. Talvez eles pensarão mais sobre Cristo quando os cristãos pensarem mais sobre eles; quando findar a nossa dureza de coração para com eles, possivelmente a dureza do coração deles em relação a Cristo também pode desaparecer.

38. E foram crucificados com ele dois salteadores, um à direita, e outro à esquerda.

Como para mostrar que eles consideravam Cristo como o pior dos três criminosos, eles o colocaram entre os dois ladrões, dando-lhe o lugar de maior desonra.

Assim, a profecia foi cumprida: *E com os malfeitores foi contado*[128]. Os dois malfeitores mereciam morrer, como um deles admitiu (Lc 23.40-41); porém, o maior fardo de culpa estava sobre Cristo, pois *Ele levou sobre si o pecado de muitos*, e, portanto, Ele foi justamente distinguido como o Rei dos sofredores, que poderia verdadeiramente perguntar: *Já houve dor como a minha?*"[129].

---

[126] Cf. João 19.20.
[127] Cf. Zacarias 12.10.
[128] Cf. Isaías 53.12 e Marcos 15.28.
[129] Cf. Lamentações 1.12.

MATEUS 27.39-49
A ZOMBARIA AO REI CRUCIFICADO

39, 40. *E os que passavam blasfemavam dele, meneando as cabeças, e dizendo: tu, que destróis o templo, e em três dias o reedificas, salva-te a ti mesmo. Se és Filho de Deus, desce da cruz.*

Nada atormenta um homem sofrido mais do que a zombaria. Quando Jesus Cristo mais precisava de palavras de compaixão e olhares de bondade, *os que passavam blasfemavam dele, meneando as cabeças*. Talvez a parte mais dolorosa da ridicularização seja alguém ter pervertida e desprezada uma de suas afirmações solenes, como ocorreu com as palavras do Senhor sobre o templo do seu corpo: *tu, que destróis o templo, e em três dias o reedificas, salva-te a ti mesmo*. Ele poderia ter se salvado, poderia ter descido da cruz; mas, se Jesus tivesse feito isso, nunca nos tornaríamos filhos de Deus. Foi porque Ele era o Filho de Deus que não desceu da cruz, mas ficou pendurado ali até que consumasse o sacrifício pelo pecado do seu povo. A cruz de Cristo é a escada de Jacó pela qual nós subimos ao céu.

Este é o clamor dos socinianos atualmente: *desce da cruz*. "Desista do sacrifício expiatório, e nós seremos cristãos". Muitos estão dispostos a crer em Cristo, mas não em Cristo crucificado. Eles admitem que Jesus era um bom homem e um grande mestre; mas, ao rejeitarem a sua expiação vicária, eles praticamente negam a Cristo como Cristo, como fizeram aqueles escarnecedores no Gólgota.

41-43. *E da mesma maneira também os príncipes dos sacerdotes, com os escribas, e anciãos, e fariseus, escarnecendo, diziam: salvou os outros, e a si mesmo não pode salvar-se. Se é o rei de Israel, desça agora da cruz, e crê-lo-emos. Confiou em Deus; livre-o agora, se o ama; porque disse: sou Filho de Deus.*

Os príncipes dos sacerdotes, com os escribas, e anciãos, esquecendo a sua alta posição e ofício, se uniram à blasfema multidão que zombava de Jesus em suas dores de morte. Cada palavra era enfática; cada sílaba feriu e atravessou o nosso Senhor no coração. Eles zombavam d'Ele como um Salvador: *Salvou os outros, e a si mesmo não pode salvar-se*. Eles o zombaram como um Rei: *Se é o Rei de Israel, desça agora da cruz, e crê-lo-emos*. Eles zombaram d'Ele como um crente: *Confiou em Deus; livre-o agora*. Eles zombavam d'Ele como o Filho de Deus: *porque disse: sou Filho de Deus*. Aqueles que dizem que Cristo era um bom homem praticamente admitem a sua divindade, pois Ele afirmava ser o Filho de Deus. Se Ele não fosse quem dizia ser, Ele seria um impostor. Observe o testemunho que mesmo os piores inimigos de Cristo deram enquanto o injuriavam: *Salvou os outros, é o rei de Israel e confiou em Deus*.

44. E o mesmo lhe lançaram também em rosto os salteadores que com ele estavam crucificados.

Os participantes da sua miséria, os desgraçados que foram crucificados com Ele, se uniram para insultar Jesus. Nada estava faltando para encher o cálice de sofrimento e vergonha. A conversão do ladrão penitente foi ainda mais notável porque ele havia, um pouco antes, sido um dos zombadores de seu Salvador. Que troféu da graça divina ele se tornou!

45. E desde a hora sexta houve trevas sobre toda a terra, até à hora nona.

Alguns pensam que esta escuridão cobriu todo o mundo e por isso fez mesmo um pagão exclamar: "Ou o mundo está acabando ou o Deus que criou o mundo está em angústia!". Essa escuridão foi sobrenatural, não foi um eclipse. O sol já não podia olhar para o seu criador, rodeado por aqueles que zombavam d'Ele. O sol cobriu o rosto, e houve escuridão como que de dez noites, constrangido pelo próprio grande sol da justiça estar em tal terrível escuridão.

46. E perto da hora nona exclamou Jesus em alta voz, dizendo: *Eli, Eli, lamá sabactâni*; isto é, Deus meu, Deus meu, por que me desamparaste?

A fim de que o sacrifício de Cristo fosse completo, aprouve a Deus abandonar o seu bem-amado Filho. O pecado foi colocado sobre Cristo, logo Deus deve ter virado o rosto do portador do pecado. Ser abandonado por seu

Deus foi o auge do sofrimento de Cristo, a quintessência da sua tristeza. Veja aqui a distinção entre os mártires e seu Senhor; os primeiros têm sido divinamente sustentados em suas agonias de morte; mas Jesus, ao sofrer como o substituto dos pecadores, foi abandonado por Deus. Aqueles santos que souberam o que é ter a face do seu Pai escondida deles, mesmo por um breve momento, mal podem imaginar o sofrimento que fez o nosso Salvador clamar em agonia: *Deus meu, Deus meu, por que me desamparaste?*

47. E alguns dos que ali estavam, ouvindo isto, diziam: este chama por Elias.

Eles sabiam o que Jesus dizia, mas zombavam da oração do Salvador. De modo vil, voluntário e desdenhoso, eles ridicularizaram o brado da morte de Cristo.

48, 49. E logo um deles, correndo, tomou uma esponja, e embebeu-a em vinagre, e, pondo-a numa cana, dava-lhe de beber. Os outros, porém, diziam: deixa, vejamos se Elias vem livrá-lo.

Uma pessoa em tal agonia como a que Jesus estava poderia mencionar muitas dores que estivesse suportando, mas era necessário que Ele dissesse: *Tenho sede*[129], a fim de que outra Escritura se cumprisse. *Um deles*, o mais compassivo em relação aos seus companheiros, *correndo, tomou uma esponja, e embebeu-a em vinagre*, da vasilha que provavelmente os soldados usavam, e, *pondo-a numa cana, dava-lhe de beber*. Sempre me parece muito notável que a esponja, que é a menor forma de vida animal, fosse colocada em contato com Cristo, que está no topo de toda a vida. Em sua morte, todo o círculo da criação foi completado. Como a esponja trouxe refresco para os lábios de nosso Senhor moribundo, então o menor dentre o povo de Deus pode ajudar a agradá-lo agora que Ele subiu da cruz ao trono.

---

[129] Cf. João 19.28.

MATEUS 27.50–54
ESTÁ CONSUMADO

50. E Jesus, clamando outra vez com grande voz, rendeu o espírito.

A força de Cristo não havia terminado; sua última palavra foi pronunciada *com grande voz*, como o brado de um guerreiro conquistador. E que palavra foi essa: *Está consumado*[130]! Milhares de sermões têm sido pregados sobre essa pequena frase; mas quem pode anunciar todos os significados que existem nela? É um tipo de expressão de infinita largura e profundidade e cujo comprimento e altura são completamente imensuráveis. A vida de Cristo sendo terminada, aperfeiçoada, concluída; Ele *rendeu o espírito*, desejando morrer, entregando a Sua vida como disse que faria: *Dou a minha vida pelas ovelhas* [...] *dou a minha vida para tornar a tomá-la*[131].

51-53. E eis que o véu do templo se rasgou em dois, de alto a baixo; e tremeu a terra, e fenderam-se as pedras; e abriram-se os sepulcros, e muitos corpos de santos que dormiam foram ressuscitados; e, saindo dos sepulcros, depois da ressurreição dele, entraram na cidade santa, e apareceram a muitos.

A morte de Cristo foi o fim do judaísmo: *E eis que o véu do templo se rasgou em dois, de alto a baixo*. Como se estivesse impressionado com o blasfemo assassinato de seu Senhor, o templo rasgou as suas vestes, como uma pessoa com horror diante de um crime hediondo. O corpo de Cristo sendo partido, o véu do templo se rasgou em dois, de alto a baixo. Agora ali havia uma entrada para o santo dos santos, pelo sangue de Jesus; e um caminho de acesso a Deus foi aberto para todo pecador que confia no sacrifício expiatório de Cristo.

Veja que maravilhas acompanham e seguem a morte de Cristo: *tremeu a terra, e fenderam-se as pedras; e abriram-se os sepulcros*. Assim, o mundo físico presta a homenagem para aquele que o homem rejeitou, enquanto os tremores na natureza predisseram o que acontecerá quando a voz de Cristo, mais uma vez, abalará não somente a terra, mas também o céu.

---

[130] Cf. João 19.30.
[131] Cf. João 10.15-18.

Esses primeiros milagres operados em conexão com a morte de Cristo eram típicos das maravilhas espirituais que serão continuadas até que Ele volte: corações endurecidos são fendidos, as sepulturas do pecado são abertas, aqueles que estavam mortos em delitos e pecados e enterrados nas sepulturas da luxúria e do mal são vivificados, saem dentre os mortos e vão para a cidade santa, a Nova Jerusalém.

54. E o centurião e os que com ele guardavam a Jesus, vendo o terremoto, e as coisas que haviam sucedido, tiveram grande temor, e disseram: verdadeiramente este era Filho de Deus.

Estes soldados romanos nunca foram testemunhas de tais cenas vinculadas a uma execução antes e eles só poderiam concluir a respeito do prisioneiro ilustre a quem haviam condenado à morte: *verdadeiramente este era Filho de Deus*. Era estranho que os homens confessassem o que os príncipes dos sacerdotes, os escribas e os anciãos negaram; no entanto, desde aquele tempo, frequentemente os mais profanos e depravados têm confessado que Jesus é o Filho de Deus, enquanto seus líderes religiosos têm negado a sua divindade.

MATEUS 27.55-61
OS FIÉIS AMIGOS DO REI

55, 56. E estavam ali, olhando de longe, muitas mulheres que tinham seguido Jesus desde a Galileia, para o servir; entre as quais estavam Maria Madalena, e Maria, mãe de Tiago e de José, e a mãe dos filhos de Zebedeu.

Não temos registro de qualquer falta de gentileza para com nosso Senhor da parte de qualquer mulher, mas temos muitas narrativas sobre labores de amor de mulheres em vários períodos da sua vida. Era adequado, portanto, que mesmo no Calvário muitas mulheres estivessem *ali, olhando de longe*. A multidão blasfema e os soldados rudes não permitiriam que aquelas almas tímidas — ainda assim, corajosas — se aproximassem, mas podemos aprender em João 19.25 que algumas delas atravessaram a multidão até que chegassem *junto à cruz de Jesus*. O amor tudo enfrenta.

57, 58. E, vinda já a tarde, chegou um homem rico, de Arimateia, por nome José, que também era discípulo de Jesus. Este foi ter com Pilatos, e pediu-lhe o corpo de Jesus. Então Pilatos mandou que o corpo lhe fosse dado.

Este *homem rico de Arimateia, por nome José*, que era um membro do Sinédrio judaico, *era discípulo de Jesus, mas oculto, por medo dos judeus* (Jo 19.38). Todavia, quando seu Senhor estava realmente morto, uma coragem extraordinária moveu o seu espírito e ousadamente *foi ter com Pilatos, e pediu-lhe o corpo de Jesus*. José e Nicodemos são tipos de muitos que têm sido encorajados pela cruz de Cristo para fazerem o que sem esse ímã poderoso eles nunca tentariam. Quando a noite chega, as estrelas aparecem; assim, na noite da morte de Cristo, essas duas estrelas brilhantes resplandeceram com bendita luz. Algumas flores florescem apenas durante a noite: assim ocorreu com a coragem de José e Nicodemos.

59, 60. E José, tomando o corpo, envolveu-o num fino e limpo lençol, e o pôs no seu sepulcro novo, que havia aberto em rocha, e, rodando uma grande pedra para a porta do sepulcro, retirou-se.

Nosso Rei, mesmo na sepultura, deve ter o melhor dos melhores: *tomando o corpo, envolveu-o num fino e limpo lençol, e o pôs no seu sepulcro novo*, cumprindo, assim, a profecia de Isaías 53.9. Alguns veem nesse lençol de linho uma alusão às roupas com as quais os sacerdotes deveriam estar vestidos.

O sepulcro de José era novo, onde até então ninguém havia sido sepultado, de modo que, quando Jesus ressuscitou, ninguém poderia dizer que outro saiu do túmulo em vez d'Ele.

Esse sepulcro *aberto em rocha* santificou cada porção de terra em que os santos de Deus estão enterrados. Em vez de desejar viver até que Cristo venha, como alguns fazem, podemos, antes, orar para que tenhamos comunhão com Jesus em sua morte e sepultamento.

61. E estavam ali Maria Madalena e a outra Maria, assentadas defronte do sepulcro.

Tanto o amor quanto a fé foram tipificados por essas duas Marias, *assentadas defronte do sepulcro*. Elas serão as últimas a sair do lugar de repouso de seu Senhor e as primeiras a voltar quando o sábado terminar.

Conseguimos nos apegar a Cristo quando a sua causa parece estar morta e enterrada? Quando a verdade anda tropeçando pelas ruas ou é sepultada no sepulcro do ceticismo ou da superstição, ainda conseguimos crer em Jesus e anelar por sua ressurreição? Isso é o que alguns de nós estamos fazendo no presente momento. Oh Senhor, nos mantém fiéis!

MATEUS 27.62-66
A GUARDA DO SEPULCRO DO REI

62-64. E no dia seguinte, que é o dia depois da Preparação, reuniram-se os príncipes dos sacerdotes e os fariseus em casa de Pilatos, dizendo: Senhor, lembramo-nos de que aquele enganador, vivendo ainda, disse: depois de três dias ressuscitarei. Manda, pois, que o sepulcro seja guardado com segurança até ao terceiro dia, não se dê o caso que os seus discípulos vão de noite, e o furtem, e digam ao povo: ressuscitou dentre os mortos; e assim o último erro será pior do que o primeiro.

Estes meticulosos *sacerdotes e fariseus*, que eram tão cuidadosos em guardar o sábado, não se importaram em profanar o dia de descanso, por consultarem o governador romano. Eles sabiam que Cristo foi morto e sepultado, mas ainda estavam com medo do seu poder. Eles o chamaram de *enganador*; e ainda fingiram se *lembrar* do que Jesus, *vivendo ainda, disse*. No julgamento de Jesus, as suas falsas testemunhas deram outro sentido às suas palavras, mas eles sabiam o tempo todo que Ele estava falando da sua ressurreição, não do templo no monte Sião. Agora eles estavam com medo de que, mesmo na sepultura, Jesus viesse a reduzir a nada todos os seus planos de destruí-lo. Eles deveriam saber que os *discípulos* de Jesus não o furtariam e diriam ao povo: *ressuscitou dentre os mortos*; logo, eles provavelmente temiam que Jesus realmente saísse do túmulo. Seja qual for a consciência que tinham, eles eram grandes covardes; por isso, pediram a Pilatos que fizesse o possível para evitar o ressurgimento da vítima deles.

65, 66. E disse-lhes Pilatos: tendes a guarda; ide, guardai-o como entenderdes. E, indo eles, seguraram o sepulcro com a guarda, selando a pedra.

Os sumos sacerdotes e fariseus queriam que *Pilatos* guardasse o *sepulcro*, mas Pilatos deixou que eles o protegessem. Parece ter havido um tipo desagradável de ironia na resposta do governador: *tendes a guarda; ide, guardai--o como entenderdes*. Se ele quis dizer isso como uma provocação ou como uma ordem para que guardassem o sepulcro, eles se tornaram, inconscientemente, testemunhas de que a ressurreição de Cristo era sobrenatural. O túmulo na rocha não poderia ser aberto, exceto por rolar a pedra, e eles *seguraram o sepulcro com a guarda, selando a pedra*.

De acordo com o ensino absurdo dos rabinos, esfregar o milho era uma espécie de debulha e, portanto, era ilícito fazê-lo no sábado; ainda assim, aqui esses homens faziam o que, por um raciocínio semelhante, poderia ser chamado de trabalho de forno e fundição, e chamaram um guarda dos legionários romanos para ajudá-los a profanar o sábado. Sem tal intenção, eles honraram o Rei que estava no sepulcro, quando solicitaram que representantes do imperador romano vigiassem o seu lugar de descanso até o terceiro dia, quando Ele saiu vencedor sobre o pecado, sobre a morte e sobre a sepultura. Assim, mais uma vez, a ira do homem foi obrigada a louvar o Rei da glória, e o restante dessa ira foi restringido[132].

---

[132] Cf. Salmo 76.10.

MATEUS 28.1-7
O SEPULCRO VAZIO

1. E, no fim do sábado, quando já despontava o primeiro dia da semana, Maria Madalena e a outra Maria foram ver o sepulcro.

Enquanto o sábado judaico durou, elas prestaram a este dia o devido respeito. Elas nem sequer foram ao sepulcro para executar os serviços amáveis de embalsamamento; mas, quando o antigo sábado findou e o novo e melhor sábado começava a estar em vigor, essas santas mulheres voltaram ao túmulo de seu Senhor. A mulher deve ser a primeira diante do sepulcro, como ela foi a última diante da cruz.

Nós também podemos esquecer que ela foi a primeira na transgressão; a honra que Cristo colocou sobre ela tirou essa vergonha. Quem, senão Maria Madalena, deve ser a primeira no túmulo? Dela, Cristo expulsou sete demônios, e agora ela age como se sete anjos fossem enviados a ela. Maria tinha recebido tanta graça, que ela era cheia de amor por seu Senhor.

2. E eis que houvera um grande terremoto, porque um anjo do Senhor, descendo do céu, chegou, removendo a pedra da porta, e sentou-se sobre ela.

A morte estava sendo sobrepujada, e tudo que prendia Jesus à sepultura estava começando a ser removido. Quando o Rei despertou do sono da morte, fez o mundo tremer; o dormitório em que descansou por um tempo estremeceu enquanto o herói celeste se ergueu de sua cama: *E eis que houvera um grande terremoto*. O Rei não estava desassistido quando ressuscitou, *porque um anjo do Senhor, descendo do céu, chegou*. Não era apenas uma das hostes angelicais, mas algum anjo de poderosa presença, *um anjo do Senhor*, que veio para ministrar a Cristo naquela manhã da ressurreição. Jesus foi colocado na prisão do sepulcro como refém por causa de seu povo; portanto, Ele não deveria sair por si mesmo, mas um oficial angélico deveria trazer o mandado de libertação e libertar o cativo. Quando o anjo removeu *a pedra da porta, ele sentou-se sobre ela*, como se desafiasse a terra e o inferno a nunca moverem tal pedra novamente. Essa grande pedra parece representar o pecado de todo o povo de Cristo e o encerrar na prisão; tal pedra nunca mais será colocada novamente sobre a porta do sepulcro de qualquer filho de Deus. Cristo ressuscitou, e todos os seus santos ressuscitarão também.

3, 4. E o seu aspecto era como um relâmpago, e as suas vestes brancas como neve. E os guardas, com medo dele, ficaram muito assombrados, e como mortos.

Era necessário algo grandioso para alarmar os soldados romanos; eles estavam acostumados a todo tipo de terrores, mas o *aspecto* temível desse anjo e *suas vestes brancas como neve* fizeram com que os soldados ficassem paralisados *com medo dele, muito assombrados, e como mortos*. O anjo não parece ter mostrado uma espada flamejante, nem sequer falou com os guardas, mas a presença da perfeita pureza atemorizou aqueles rudes legionários. O terror traspassará os ímpios, quando todos os exércitos de anjos descerem e rodearem o trono do Cristo Rei no último grande dia!

5. Mas o anjo, respondendo, disse às mulheres: não tenhais medo; pois eu sei que buscais a Jesus, que foi crucificado.

Que os soldados tremam, que eles fiquem como se estivessem mortos pelo susto, mas *não tenhais medo; pois eu sei que buscais a Jesus, que foi crucificado*. Aqueles que buscam a Jesus não precisam temer. Essas mulheres estavam enganadas em buscar o vivente entre os mortos, mas a sua busca terminou quando o encontraram. Embora o anjo tenha dito *não tenhais medo*, elas temeram. Somente Jesus pode silenciar os temores dos corações trementes.

6, 7. Ele não está aqui, porque já ressuscitou, como havia dito. Vinde, vede o lugar onde o Senhor jazia. Ide pois, imediatamente, e dizei aos seus discípulos que já ressuscitou dentre os mortos. E eis que ele vai adiante de vós para a Galileia; ali o vereis. Eis que eu vo-lo tenho dito.

Jesus sempre cumpre a sua palavra: *já ressuscitou, como havia dito*. Ele disse que ressuscitaria dentre os mortos, e Ele ressuscitou; Ele diz que o seu povo também ressuscitará, e assim será. *Vinde, vede o lugar onde o Senhor jazia. Ide pois, imediatamente*, o anjo não deixou que as mulheres ficassem muito tempo olhando para a sepultura, pois elas tinham uma obra a fazer. Neste mundo, não podemos admitir que gastemos todo o nosso tempo em contemplação, por mais celeste que seja. Observe as palavras do anjo, em primeiro lugar: *vede*, e depois: *ide*. Certifique-se sobre o fato por si mesmo e faça com que os outros saibam disso. O que você conhece, conte, e o faça *imediatamente*. Que os seus pés sejam velozes; uma notícia tão boa quanto a que você possui não deve demorar a ser anunciada. *Porque o negócio do rei era apressado*[133].

Dizei aos seus discípulos que já ressuscitou dentre os mortos. E eis que ele vai adiante de vós para a Galileia; ali o vereis. Mateus escreveu o EVANGELHO DO REINO; ainda assim, em seus escritos há muito sobre aquela região desprezada chamada de Galileia dos gentios, que é a terra distante que diz respeito a nós e a toda a semente escolhida de Abraão. Ali, na Galileia, é o lugar onde Jesus realizará a primeira assembleia geral de sua igreja após a sua ressurreição.

---
[133] Cf. 1Samuel 21.8.

MATEUS 28.8-10
O REI RESSUSCITADO

8. E, saindo elas pressurosamente do sepulcro, com temor e grande alegria, correram a anunciá-lo aos seus discípulos.

Parece uma mistura estranha, *temor e grande alegria*, assombro e deleite, a dúvida e a fé; no entanto, a alegria era maior do que o temor. Não era alegria e grande temor, mas *temor e grande alegria*. Nós nunca experimentamos essa mistura de gotas de sofrimento como as chuvas de abril; com paz e alegria, como a luz celeste; formando um arco-íris glorioso que nos faz lembrar da aliança do Deus da paz? Um santo temor misturado com grande alegria é uma das misturas mais doces que podemos trazer ao altar de Deus; assim eram as especiarias que essas santas mulheres retiraram da sepultura de Cristo. Tanto temor quanto alegria fizeram com que elas corressem a *anunciá-lo aos seus discípulos*. Essas duas emoções tornam os pés velozes; mas, quando *temor e grande alegria* são combinados, correr é o único ritmo compatível com os sentimentos dos mensageiros.

9, 10. E, indo elas a dar as novas aos seus discípulos, eis que Jesus lhes sai ao encontro, dizendo: eu vos saúdo. E elas, chegando, abraçaram os seus pés, e o adoraram. Então Jesus disse-lhes: não temais; ide dizer a meus irmãos que vão à Galileia, e lá me verão.

Santos caminhando em obediência são suscetíveis de serem encontrados por *Jesus*. Alguns cristãos peregrinam para o céu tão lentamente, que são atacados por insensatez ou por falhas, por sonolência ou por Satanás, mas aquele servo de Cristo que está correndo deverá encontrar o seu mestre, enquanto anda acelerado em seu caminho.

E elas, chegando, abraçaram os seus pés, e o adoraram. Essas santas mulheres não eram unitarianas, pois sabiam que Jesus é o Filho de Deus; assim, não hesitaram em adorá-lo. Deve ter havido uma nova atração em Cristo, depois de ter ressuscitado dentre os mortos, algo mais doce nos tons de sua voz, algo mais amável na face que havia sido tão desfigurada no Getsêmani, Gabatá e Gólgota. Talvez aquelas almas tementes se agarraram ao seu Senhor por medo de que Ele fosse novamente tirado delas, logo, *elas, chegando, abraçaram os seus pés, e o adoraram*; o temor e a fé lutavam por proximidade.

Jesus percebeu a palpitação do coração daquelas pobres mulheres, então repetiu a mensagem do anjo: *Não temais*. Ele também confirmou a informação do anjo sobre a *Galileia*, mas Ele falou sobre seus discípulos como *meus irmãos*. Quando os servos de Cristo, angélicos ou humanos, falam o que Ele lhes ordenou, Jesus confirmará o que eles dizem.

MATEUS 28.11-15
FALSIDADE E SUBORNO

11. E, quando iam, eis que alguns da guarda, chegando à cidade, anunciaram aos príncipes dos sacerdotes todas as coisas que haviam acontecido.

Enquanto as pessoas boas estavam ativas, as pessoas más também estavam atuantes. *Alguns da guarda*, depois de terem se recuperado do susto, foram *à cidade* para anunciar as cenas surpreendentes que haviam testemunhado. É digno de observação que eles não foram a Pilatos; eles foram colocados à disposição dos *príncipes dos sacerdotes* e, por isso, enquanto alguns deles permaneceram em guarda no sepulcro, outros entre os soldados foram aos seus patrões religiosos e lhes contaram *todas as coisas que haviam acontecido*, ou seja, todos os detalhes que sabiam. Eles tinham uma história maravilhosa a anunciar, um relato que provocaria novo terror nos sacerdotes e levaria a um maior pecado de sua parte.

12-15. E, congregados eles com os anciãos, e tomando conselho entre si, deram muito dinheiro aos soldados, dizendo: Dizei: vieram de noite os seus discípulos e, dormindo nós, o furtaram. E, se isto chegar a ser ouvido pelo presidente, nós o persuadiremos, e vos poremos em segurança. E eles, recebendo o dinheiro, fizeram como estavam instruídos. E foi divulgado este dito entre os judeus, até ao dia de hoje.

Cristo foi traído por dinheiro, e por dinheiro a verdade sobre a sua ressurreição foi escondida, tanto quanto foi possível: *deram muito dinheiro aos soldados*. O dinheiro teve um efeito de endurecimento em alguns dos maiores servos de Deus, e todos que lidam com a torpe ganância têm necessidade de orar por graça para que sejam guardados de caírem nisso.

A mentira colocada na boca dos soldados era tão evidente, que ninguém seria enganado por ela: *Dizei: vieram de noite os seus discípulos e, dormindo nós, o furtaram.* Um soldado romano preferiria cometer suicídio a confessar que havia dormido em seu posto. Se eles estavam dormindo, como sabiam o que aconteceu? Os príncipes dos sacerdotes e os anciãos não temiam que Pilatos ouvisse sobre a mentira deles; ou, se ele a ouvisse, eles sabiam que argumentos persuasivos seriam tão convincentes para com ele como para com os soldados comuns: *E, se isto chegar a ser ouvido pelo presidente, nós o persuadiremos, e vos poremos em segurança.*

Os soldados agiram como muitos homens continuam a agir, desde aquele tempo até os nossos dias: *recebendo o dinheiro, fizeram como estavam instruídos.*

"O que torna uma doutrina correta e evidente? Cerca de cinco centenas de libras por ano." Este é um "velho ditado" que pode ser recitado atualmente. Quanto do ensino religioso pode ser explicado pelo fato de que receberam dinheiro! Há muitos que fazem alta profissão de piedade, mas que logo a abandonariam se não fossem pagos. Que nenhum de nós jamais seja afetado por considerar os lucros ou prejuízos no que diz respeito a questões de doutrina, de dever e de certo e errado!

E foi divulgado este dito entre os judeus, até ao dia de hoje. Esta mentira, que não tinha uma perna longa em que se apoiar, ainda era crida até Mateus escrever o seu Evangelho, e muito tempo depois. Nada vive tanto tempo quanto uma mentira, exceto a verdade; nós não conseguimos desfazer nem a verdade nem uma mentira, portanto tomemos cuidado com cada princípio de falsidade em seu curso terrível. Nunca ensinemos nem mesmo o menor dos erros a uma criancinha, pois esse pequeno erro pode se desenvolver e se tornar uma grande heresia muito tempo depois de estarmos mortos.

A filosofia moderna, que é impulsionada a avançar lançando insulto sobre as grandes verdades da revelação, não é mais digna de crédito do que essa mentira colocada na boca dos soldados; ainda assim, o falatório comum faz seu pagamento em dinheiro, e entre certos grupos tal mentira é patrocinada.

16, 17. E os onze discípulos partiram para a Galileia, para o monte que Jesus lhes tinha designado. E, quando o viram, o adoraram; mas alguns duvidaram.

Observe estas palavras, *os onze discípulos*. Havia doze, mas Judas, um dos doze, tinha ido ao seu próprio lugar; e Pedro, que havia negado o seu Senhor, tinha sido restaurado ao seu lugar entre os apóstolos. Os onze *partiram para a Galileia*, para o lugar específico que o seu Senhor havia estabelecido: *para o monte que Jesus lhes tinha designado.* Jesus sempre cumpre os seus compromissos, então Ele se encontrou com o grupo que foi ao lugar escolhido: *E, quando o viram, o adoraram*. Ao verem o seu Senhor, eles começaram a adorá-lo, a fim de prestarem honras devidas a Deus, pois, para eles, Jesus era Deus. *Mas alguns duvidaram*. Onde o Sr. Duvidoso e outros de seus familiares problemáticos não são encontrados? Nós nunca podemos esperar estar completamente livres de duvidosos na igreja, uma vez que, mesmo na presença do Cristo recém-ressuscitado, *alguns duvidaram*. Ainda assim, o Senhor se revelou ao grupo reunido, embora soubesse que alguns entre eles duvidavam que Ele realmente era o seu Senhor, que foi ressuscitado dentre os mortos.

Provavelmente essa foi a ocasião referida por Paulo, quando o Salvador ressurreto *foi visto, uma vez, por mais de quinhentos irmãos*[134]. Evidentemente, essa era uma reunião para a qual Jesus tinha um propósito especial, e suas próprias palavras às mulheres, após aquelas do anjo, parecem apontá-la como a assembleia geral da sua igreja na terra antes de subir ao Pai. Aqueles que se reuniram, portanto, eram um grupo representativo; e as palavras dirigidas a eles foram dirigidas à única igreja de Jesus Cristo em todos os tempos.

18-20. E, chegando-se Jesus, falou-lhes, dizendo: é-me dado todo o poder no céu e na terra. Portanto ide, fazei discípulos de todas as nações, batizando-os em nome do Pai, e do Filho, e do Espírito Santo; ensinando-os a guardar todas as coisas que eu vos tenho mandado; e eis que eu estou convosco todos os dias, até a consumação dos séculos. Amém.

Que discurso verdadeiramente próprio dos reis o nosso Rei fez aos seus súditos leais! Que contraste havia nessa cena na Galileia com os gemidos no Getsêmani e com a escuridão do Gólgota! Jesus afirmou a sua onipotência e soberania universal: *é-me dado todo o poder no céu e na terra*. Isso é parte da recompensa por sua humilhação (Fp 2.6-10). Na cruz, Ele foi proclamado Rei dos judeus; mas, quando João o viu, em sua visão apocalíptica: *na sua cabeça havia muitas diademas, e em seu manto e em sua coxa havia um nome escrito: REI DOS REIS E SENHOR DOS SENHORES*[135].

Em virtude de sua autoridade real, Jesus deu essa última grande ordem aos seus discípulos: *Portanto ide, fazei discípulos de todas as nações, batizando-os*

---

[134] Cf. 1Coríntios 15.6.
[135] Cf. Apocalispe 19.12-16.

em nome do Pai, e do Filho, e do Espírito Santo; ensinando-os a guardar todas as coisas que eu vos tenho mandado. Esta é a nossa comissão, bem como foi a deles. A partir dessa ordem, nós aprendemos que a nossa principal atividade é fazer discípulos de todas as nações, e somente podemos fazer isso ensinando-lhes a verdade como ela é revelada nas Escrituras e buscando o poder do Espírito Santo para tornar o nosso ensino eficaz naqueles que buscamos instruir nas coisas divinas.

Em seguida, aqueles que, pela fé em Cristo, se tornam seus discípulos devem ser batizados em nome do Trino Jeová; e, depois do batismo, eles ainda devem ser ensinados sobre tudo o que Cristo ordenou. Não estamos inventando nada novo, nem mudamos nada para que se adapte ao nosso contexto atual, mas ensinamos os crentes batizados a observarem *todas as coisas que* o nosso Rei divino ordenou.

Essa é a comissão permanente da igreja de Cristo; e o grande selo anexado ao reino, que dá poder para executá-la, e garante o seu sucesso, é a certeza da presença contínua do Rei junto aos seus fiéis seguidores: *e eis que eu estou convosco todos os dias, até a consumação dos séculos. Amém*. Que todos nós possamos perceber a presença de Jesus conosco, até que nos chame para que estejamos com Ele, *e assim estaremos sempre com o Senhor!*[136] Amém!

---

[136] Cf. 1Tessalonicenses 4.17.

Estação da Fé

Caixa postal 246
CEP 74001-970
Goiânia - GO
Tel.: (62) 3643-5251
www.estacaodafe.com.br

hagnos

Av. Jacinto Júlio, 27
CEP 04815-160
São Paulo - SP
Tel.: (11) 5668-5668
www.hagnos.com.br